Drug Research Series

禁毒研究丛书

国家出版基金项目

NATIONAL PUBLICATION FOUNDATION

赵群　韩丹 著

吸毒人群调查

基于口述史的合成毒品滥用问题研究

上海社会科学院出版社

SHANGHAI ACADEMY OF SOCIAL SCIENCES PRESS

序

上世纪末本世纪初，曾有两部以禁毒为叙事主题的电视连续剧《永不瞑目》(1999)和《黑冰》(2001)，此后，此类题材的禁毒剧似乎逐渐成为影视剧中的一种热门类型。近年来的《猎毒人》和《破冰行动》则更是爆红一时。之所以如此，毫无疑问是与其故事情节的扑朔迷离、演员的精湛演技以及其充溢的缉毒干警的凛然正义和对人性和灵魂的深刻揭示不能分开的。但如同一枚硬币存在正反两面一般，从社会学研究的角度来看，这类禁毒剧爆红的背后，其实正揭示着21世纪以来我们在禁毒工作上面临的吸食新型合成毒品现象的蔓延化、扩大化趋势。这本《吸毒人群调查》中对那些新型合成毒品受害者的经历和感受的访谈及有关分析，就是为了能从这一层面上揭示出我们禁毒工作所面临的严峻形势和某些新的社会问题。

法国思想家让·鲍德里亚在其名著《消费社会》中曾经提到："今天，在我们的周围，存在着一种由不断增长的物、服务和物质财富所构成的惊人的消费和丰盛现象。它构成了人类自然环境中的一种根本变化。"(1)这种根本变化就是以生产为主导的社会转向以消费为主导的社会，因而使"我们处在'消费'控制着整个生活的境地"。(2)

随着生产力的增长、经济的发展和现代化的进程，今天的中国正从过去的短缺时代快步跨入一个"物、服务和物质财富"都不断增长和日益丰盛的时代，"消费社会"也已悄然而至。而"消费社会"到来的一个重要标志便是娱乐消费的大规模扩展，从电视、网络到手机的普及，从旅游和户外活动的兴起、观众如潮的体育赛事和明星演唱会到遍及城乡的KTV……这一切，正使娱乐消费日益成为一种时尚，成为人们寻求快乐、获得某种幸福感和满足感的一种生活方式。

娱乐消费成为一种时尚和生活方式不仅仅与“物、服务和物质财富”的丰盛、人们经济收入的增加和闲暇时间的扩充有关，也与现代生活与人们的情感冲突有关。在现代化社会中，几乎任何职业性的工作都是要强调效率的，当然并不排斥有人会从日常的职业工作中获得生活的乐趣；但不少人的那些本能的欲望和情感，却会因对高效率工作的追求而受到压抑，以致需要在工作之外寻找某些娱乐消费来排解、宣泄和释放。

对以娱乐消费获得和享受生活的乐趣，我们完全没有必要加以嘲笑和挖苦，因为现代化的目的就是为了增进人们的获得感、满足感和幸福感。然而，我们却绝对不能忽视，某些娱乐消费的异化带给人的却绝非真实的快乐，而是巨大的毒害。从我们的访谈中可以看到，不少受害者都是在某些娱乐消费的诱惑下误入吸毒歧途的。那些娱乐场所，明里是这样那样的歌舞娱乐，暗里却以“娱乐消费品”的名义兜售合成毒品，很多青少年由于对合成毒品缺乏科学认识，将之作为寻常的“娱乐消费品”对待，以致在对快感的盲目追求下陷入吸毒的泥潭。

娱乐消费的“异化”，不仅仅是由于某些娱乐场所的不法经营者对超常利润的追逐，也由于被他们利用的受害者自身的某些心理弱点。

在《消费社会》一书中，让·鲍德里亚曾指出，好奇心与缺乏了解，是我们这个“消费社会”的特点。[3] 在娱乐消费中，许多青少年对被当成“娱乐消费品”的新型合成毒品，由于缺乏了解而带着更大的好奇心，当然这不是对科学和知识的好奇，而是青春期对快感和欲望的好奇。他们刚刚从压制个人情感和欲望的学校步入让人眼花缭乱的消费社会，往往很容易从不知所欲走向放纵自我、无所不欲的极端。而在这种趋势下，只要意志稍微薄弱一些，好奇心导致的就是误食“禁果”，寻求快乐异化成被毒害。

除了个人的心理弱点以外，家庭的因素也至关重要。从访谈资料来看，合成毒品的受害者堕入吸毒的越轨行为之中，往往与其自小缺乏良好的家庭教育和学校教育、缺乏社会规范约束有关。

在家庭中，父母对他们往往缺乏正面的教育和有效的交流，或者过于溺爱，或者缺少关心；在学校中，他们多是差等生、叛逆者或淘汰者。走上社会后，有的则并无稳定的工作和固定的职业，因而常常无所羁绊，天马行空，独往独来。在某种程度上可以说，他们大多是德国心理学家 K.勒温所说的那种长时间被排斥在社会主流群体之外的“边缘人”，“边缘人的特质之一是金钱地位上的卑微及性格上的桀骜不驯”，“他们在生活里大部分是颓废、内向与社会几乎格格不入的”。“边缘人”的地位，往往使他们中有些人很容易在社会主流群体外的吸毒亚文化群体中获得归属感和认同感，以致“破罐子破摔”而自甘堕落和沉沦，沾染上吸毒恶习。

概而言之，在娱乐消费中，如何进行“娱乐与毒害”的严格划界，规范娱乐场所经营者的行为，提高消费者对娱乐活动正当性的辨识能力，避免娱乐消费的异化，使之保持在健康的轨道之中？在教育活动中和社会体制上，如何弥合“中心与边缘”之间的裂缝，给予“边缘学生“和其他“边缘人”更多的关切，帮助他们更多地融入主流群体，消解社会的戾气，营造出每个人都积极向上、向善的社会氛围？——也许，这些可能是这本书所能带给大家的最终思考。

注：(1)(2)(3)［法］让·鲍德里亚著，刘成富、全志钢译.消费社会［M］.南京：南京大学出版社，2014：1、6、13、57.

张勇安

2019 年 10 月

目　录

导　论

一、合成毒品种类及危害

毒品是一个社会学概念，指具有很强成瘾性并在社会上被禁止使用的化学物质。目前社会上出现的毒品可分为五大类：

阿片类，包括阿片、海洛因及人工合成的杜冷丁、吗啡等；

古柯类，包括可卡因以及提纯物克赖克等；

大麻类，主要包括印度大麻、北美大麻、四氢大麻酚等；

中枢兴奋剂，主要包括苯丙胺、甲基丙胺、冰毒、摇头丸等；

致幻剂，包括麦角酰二乙胺（LSD）、仙人球毒碱（麦斯卡林）、苯环己哌啶（PCP）等。

所谓合成毒品（又称为新型毒品）是相对鸦片、海洛因等阿片类传统毒品而言的，主要指人工化学合成的致幻剂、兴奋剂类毒品，是由国际禁毒公约和我国法律法规所规定管制的、直接作用于人的中枢神经系统，使人兴奋或抑制，连续使用能使人产生依赖性的精神药品（毒品）。根据联合国毒品和犯罪办公室（UNODC）的定义（2015），合成毒品包括安非他明类兴奋剂（ATS），如安非他明、甲基苯丙胺（MA）、摇头丸[3,4-亚甲基二氧甲基苯丙胺（MDMA）及其类似物]和新型精神活性物质（NPS），在国内俗称的冰毒、麻果、摇头丸、迷幻剂、K粉、神仙水、强暴药丸等。近十多年来，合成毒品的滥用在不少国家和世界范围内都在急剧增长，合成毒品已逐渐代替海洛因成为21世纪滥用最广泛的毒品。2018年联合国毒品和犯罪办公室（UNODC）发表的世界毒品报告指出，合成毒品市场从未如此复杂和广泛，截至2016年底，全球ecstasy使用人数有2 060万，ATS使用人数达到了3 420万（UNODC，2018）。截至2016年底，中国共有250.5万人吸毒，其中合成毒品滥用者151.5万人（60.5%）。

合成毒品的直接危害是造成使用者的药物依赖，间接危害包括吸毒引致的一系列社会问题，诸如事故、暴力、危险性行为和疾病传播等。人体长期吸入合成毒品能引起一系列躯体症状与精神障碍，尤其对中枢神经系统的影响更为明显。具体的表现有意识与感觉相分离，神经中毒反应，幻觉、幻视、幻听，精神错乱，运动功能障碍，对认知、记忆和思维能力都造成严重损害，而急性中毒者可造成惊厥、昏迷甚至死亡。合成毒品滥用者除了导致身心严重受损外，受药物的影响，在极度兴奋的情况下极易发生越轨行为和各种违法犯罪行为。大量研究证明，合成毒品能够刺激大脑释放大量的多巴胺，使人异常兴奋，性欲增强，极易发生不安全性行为及群体淫乱，处于感染艾滋病毒（HIV）和性传播疾病（STDs）的高风险中。2015 年 6 月中国国家禁毒委员会首次对外发布的《中国毒品形势报告》称中国吸毒群体正向企业事业单位职工、自由职业者、演艺界人士甚至公务人员等人群扩散。该报告说，中国每年因吸毒造成的直接经济损失达 5 000 亿元，并且因吸毒引发的犯罪案件多发，自杀自残、伤害他人、毒驾、袭警抗法等极端肇事现象时有发生，合成毒品蔓延迅速并且危害较传统毒品更为严重。

（一）摇头丸

摇头丸，学名二亚甲基双氧苯丙胺，属安非他明类兴奋剂的一种，是一种中枢神经兴奋剂，兼有致幻作用。“摇头丸”有效成分主要为甲基安非他明（MA）、安非他明（A）、MDMA、MDA（4，5 -亚甲基二氧甲基苯丙胺）。掺杂物主要为咖啡因、氯胺酮、苯海拉明和苯巴比妥等。摇头丸常在歌舞厅等娱乐场所出现。服用后会使人极度亢奋，口若悬河，滔滔不绝，可引起幻觉、幻视、眩晕、空间定向力障碍，使人极度兴奋、摇头不止，可造成行为失控引发治安问题。滥用摇头丸可导致精神障碍，损害脑功能，影响思维和记忆。服用后作用时间一般为 6 小时。吸毒者一般开始小剂量口服，服后出现兴奋失态，听到音乐即会如醉如痴，摇头不止，丑态百出；且可会出现幻觉和冲动，造成行为失控。随着机体产生耐受性，服药剂量愈用愈大，进而为求得初用时的效力与快感，竟服用初始剂量的 100 倍，每天达数百毫克，这样的剂量对于一个未曾用过的人来说，是致死量。

（二）K 粉

K 粉，医学上称氯胺酮（Ketamine），是一种非巴比妥类静脉全麻药。氯胺酮是苯环己哌啶（phencyclidine）的衍生物。临床所用的氯胺酮是右旋氯胺酮和左旋氯胺酮两对映异构体的消旋体。氯胺酮的不良反应具有剂量相关的特点，使用剂量愈大，毒副作用愈显著。毒副作用可概括为精神、神经系统反应。表现为鲜明的梦幻觉、错觉、分离状态或分裂症、尖叫、兴奋、烦躁不安、定向障碍、认知障碍、易激惹行为、呕吐、流涎、谵妄、中等肌张力增加和颤抖等。

（三）冰毒

冰毒，又称甲基苯丙胺，甲基苯丙胺盐酸盐是一种白色透明的不规则结晶物，外观似冰块，故被称为“冰毒”，甲基苯丙胺的最大特点是药效作用时间比海洛因、可卡因长，可达 10 小时以上。吸食苯丙胺类兴奋剂的危害主要表现在两个方面：一是精神损害作用。滥用苯丙胺类兴奋剂后最常出现的后果是精神病样症状。大量的临床资料表明，甲基苯丙胺可以对大脑神经细胞产生直接的损害作用，导致神经细胞变性、坏死，出现急慢性精神障碍；二是生理（主要是对心脏）损害作用。苯丙胺类兴奋剂能对心血管产生兴奋性作用，导致心肌细胞肥大、萎缩、变性、收缩带坏死、小血管内皮细胞损伤和小血管痉挛，从而导致急性心肌缺血、心肌病和心律失常，成为吸毒者突然死亡的原因。

（四）麻果

麻果是泰语"麻古"的音译，其主要成分是冰毒，是一种加工后的冰毒片剂，外观与摇头丸相似，属苯丙胺类兴奋剂，经化验证实含有甲基安非他明和咖啡因，具有很强的成瘾性。服用后会使人中枢神经系统、血液系统极度兴奋，能大量耗尽人的体力和免疫功能。长期服用会导致情绪低落及疲倦、精神失常，损害心脏、肾和肝，严重者甚至导致死亡。麻果之所以能迅速蔓延，一个很重要的原因就是它吸食方便，一般来说，K 粉、摇头丸等新型毒品都是在人多的迪厅才会吸食，而麻果不限场地，不限人数，一个空瓶、几支吸管，什么时候都可以吸。

二、国内合成毒品问题研究及述评

21 世纪，新型合成毒品在中国蔓延，极大地改变了过去以传统毒品为主、新型合成毒品为辅的毒品滥用态势，新型合成毒品滥用问题成为当今社会的重要问题，越来越受到众多学者关注并展开多层次的研究。为了更好地理清国内新型合成毒品滥用问题的社会学研究脉络，我们通过对 2008—2018 年国内出版物（相关期刊和高校硕博士论文、公开出版著作）的检索，对国内新型合成毒品滥用问题的相关研究进行梳理，以期更好地了解社会学界对新型合成毒品滥用问题研究的主要指向。从现有研究成果来看，社会学界对于新型合成毒品滥用问题的相关研究成果可分为两类：描述性研究和解释性研究。描述性研究主要解决研究对象（新型合成毒品滥用）"是什么"的问题，解释性研究回答"为什么"的问题。[①] 具体来看，描述性研究主要涉及新型合成毒品的概念界定、吸食新型合成毒品的特征、吸食新型合成毒品的行为描述等方面；解释性研究主要着眼于探讨新型合成毒品问题的社会学解释、吸食新型合成毒品成瘾行为的社会学解释及新型合成毒品滥用问题的预防与干预性研究等方面。现有的对国内新型合成毒品滥用问题的社会学研究已经取得了一定的成果，但在研究方法、研究

---

① 李睿婕.描述性研究挖掘转型新知识[N].中国社会科学报，2015-09-09(006).

内容和理论视角等多个层面还应争取创新性地突破，以契合习总书记提出的“构建中国特色的毒品治理之路，坚决打赢新时代禁毒人民战争”的现实要求。

(一) 国内合成毒品滥用问题的社会学描述性研究

伴随着中国社会的急剧变迁，新型合成毒品滥用问题也越发严重，对问题本身的描述性研究也变得纷繁复杂。基于这种时代背景下，如何扎实地做好研究对象的描述性研究显得愈发重要。[①] 从现有的研究成果来看，学界较多地采取问卷访谈和个案调查的方式广泛收集实证资料，并在此基础上进一步深入地探讨新型合成毒品的概念鉴定、吸食新型合成毒品的相关性特征、吸食新型合成毒品的行为描述等问题。

定量研究方面，国内针对吸食新型合成毒品人群的大型调查中，有代表性的是王艳芳等通过自拟调查问卷对北京市公安局强制戒毒所的268名“合成毒品”滥用人员的问卷调查，他们提出的关于新型合成毒品的分类标准(依据毒理学性质划分)、吸食者的人口学特征、新旧毒品的区分标准、滥用现状与滥用特征、相关行为表现，以及新型合成毒品种类和使用阶层的扩大化趋势等观点在新型合成毒品问题研究中具有一定的代表性。[②] 从其他地域上看，阮惠风等对云南临沧、保山、大理、德宏四地州市的选取样本进行访谈与问卷调查，[③]并针对调查结果综合性地阐述上述区域内新型合成毒品滥用原因、滥用特点、犯罪现状、对策研究及治理建议。黄鹏翔、廖玫珍对青岛市吸食合成毒品人群的行为展开调查，[④]针对性地指出吸食新型合成毒品的场所具有隐蔽性，群体吸食后发生高危性行为的概率较高等的特征。董安琪、康殿民等人对烟台市新型合成毒品吸食者性行为特征与梅毒感染情况的相关调查，[⑤]发现吸食新型合成毒品的人群产生艾滋病等相关高危性疾病的现象广泛存在。从以上论述不难看出，相对于吸食传统毒品来说，吸食新型合成毒品呈现出场域多元化、人群扩散化、年轻化、高危性疾病关联化等异质性特征。就现有的针对新型合成毒品的问卷调查结果来看，纵使研究地域存在显著性的差别，但后续的分析结果在一定程度上却相互印证、共同诠释了我国目前针对新型合成毒品滥用问题的相关研究已达成一些共识。

---

① 李睿婕.描述性研究挖掘转型新知识[N].中国社会科学报，2015-09-09(006).

② 王艳芬，刘志民.我国“合成毒品”的滥用特征及其危害[J].中国药物滥用防治杂志，2007，13(2)：63-66.

③ 阮惠风.云南合成毒品滥用危害评估探析[J].云南警官学院学报，2007(2)：62-65.

④ 黄鹏翔，廖玫珍，康殿民等.青岛市吸食合成毒品人群的行为调查及性病感染情况[J].中国艾滋病性病，2015(9)：803-806.

⑤ 董安琪，康殿民，段曦等.烟台市合成毒品吸食者性行为特征与梅毒感染情况[J].山东大学学报：医学版，2017，55(4)：101-106.

定性研究方面，韩丹对南京强制戒毒所和江苏句容女子劳教所劳教人员进行深度无结构个案访谈，深度挖掘吸毒人群的生命历程，深入细致地展现了吸食新型合成毒品人员的生活境况、吸食行为及越轨行为表现，通过结合南京市禁毒处有关合成毒品流行的数据资料并参照国内相关调查资料，概括性地指出现有的合成毒品具有吸食人群年轻化、人群向一般阶层扩散、场域多元化等特征，也在一定程度上与上述的定量研究成果相互印证、共同诠释了我国目前针对新型合成毒品滥用问题的相关研究（定性、定量）已达成一定程度的共识。①

归纳来看，国内对新型合成毒品滥用问题的描述性研究，从定量研究和定性研究两个方法维度出发，基本把握了对新型合成毒品的概念建构、使用行为表现、滥用现状及合成毒品滥用蔓延化趋势的大致脉络，为研究者后续分析和阐释新型合成毒品滥用问题打下了坚实的基础。但面对社会的纷繁复杂与急剧变化，目前对于新型合成毒品滥用问题的描述性研究也需要与时俱进，将个体的差异性、特定的时间和空间因素纳入描述性研究工作当中，对新型合成毒品滥用现象真实状态进行客观性描述，从而为后续的解释性研究奠定坚实的基础。对此，需要学者们在深化现有的描述性研究范畴的同时，适时地拓展相关研究领域，比如对新型合成毒品滥用人群的群体生成及扩散化机制研究、吸食新型合成毒品者回归社会的长效机制等方面的探讨，从而为拓展解释性研究领域的广度和深度打下坚实的基础。②

（二）国内合成毒品滥用问题的社会学解释性研究主要领域

针对 2008—2018 年国内对新型合成毒品滥用问题的相关文献考察，笔者将已有的社会学解释性研究概括性地阐述为新型合成毒品问题、吸食新型合成毒品成瘾行为研究以及新型合成毒品的预防和干预等多个领域。

1. 合成毒品问题

随着时代的发展，吸食新型合成毒品问题早已成为当今社会的重要问题之一，“吸毒”行为本身已不仅仅只是对个体自身具有极大的危害性，同时也深刻地影响着一个家庭、社会甚至是一个国家的稳定与和谐。新型合成毒品问题是指吸食行为本身所衍生的一系列社会危害问题，既有个体层面的新型合成毒品成瘾问题，也有社会层面的由新型合成毒品引发的肇事肇祸问题。

个体层面而言，我们应当认识到新型合成毒品滥用行为本身并非是一种孤

---

① 韩丹.南京合成毒品现状调查及其防范[J].江苏警官学院学报，2009，24(05)：128 - 131.

② 韩丹.国内吸毒问题的社会学研究述评[J].唯实，2008(05)：73 - 77.

立的社会现象,它受到了诸如个体自身特质、社会环境及社会控制薄弱等多方面因素的影响。就目前合成毒品滥用格局而言,“在打击中发展,在治理中蔓延”已成为近年来我国新型合成毒品滥用问题的基本态势所在,[①]在这种态势下,从多主体多层面角度探讨如何遏制新型合成毒品滥用问题的发展趋势便显得极为重要,这就涉及后面将要阐述的新型合成毒品问题的预防与干预研究。此外,对个体层面的新型合成毒品滥用问题而言,学界大多围绕着新型合成毒品使用方式探讨、滥用新型合成毒品的人数与年龄结构、新型合成毒品的种类及吸食场所[②]、滥用新型合成毒品对个体自身造成的影响等问题展开相关研究。从已有的研究成果来看,新型合成毒品相对传统毒品而言,具有群聚群吸的特点,且个体吸食新型合成毒品的种类较多,吸食场域极具多元化特征,差异性的新型合成毒品种类有着不同的滥用方式与滥用场所特征,滥用人员呈现不同的症状或体征,[③]新型合成毒品滥用对使用者的危害性不仅表现在生理性危害和心理性危害两个方面,[④]而且还很大程度上导致滥用者业已建立的社会关系网络部分错位和断裂,为了获得一种群体性的支持,他们会转而形成或是接受一种独立于主流文化之外的亚文化体系。

从社会层面来讲,由新型合成毒品引发的肇事肇祸问题也不容忽视。笔者对知网的相关文献搜索发现,与新型合成毒品衍生的社会问题相关的表述有“合成毒品犯罪”、合成毒品滥用引发的“肇事肇祸”问题与公共安全问题三个类别。对于合成毒品犯罪问题研究而言,学界普遍认识到现阶段我国毒品犯罪形势依然十分严峻,合成毒品犯罪处于高发态势。从现有的研究来看,主要涉及对合成毒品犯罪问题涉及范畴、现状特点及成因性问题探究[⑤];合成毒品犯罪的法律适用性问题研究[⑥];合成毒品犯罪的预防性问题研究等多个层面。但限于本文的立足点在于与新型合成毒品滥用问题相关的社会学研究,对此,笔者在实际的论述过程中对与合成毒品犯罪相关的法律适用性问题将不予讨论。针对其他研究层面而言,具体来讲,学界认为,随着合成毒品种类日趋复杂化、毒品来源多样化、消费场所多元化以及制毒、贩毒、吸毒一体化趋势显性化等特点导致了合成

---

① 何荣功.十年来我国毒品滥用趋势与特点的实证分析——兼论我国毒品治理方向的调整[J].辽宁大学学报(哲学社会科学版),2012,40(2):117-123.

② 崔连义.近十年内我国合成毒品滥用问题的总体变化趋势[J].辽宁警察学院学报,2011(5):48-52.

③ 阮惠风,徐南.云南合成毒品滥用群体相关指标及分类实证研究[J].犯罪研究,2008(2):53-61.

④ 阮惠风.云南合成毒品滥用危害评估探析[J].云南警官学院学报,2007(2):62-65.

⑤ 罗思英.我国合成毒品犯罪若干问题研究[D].西南政法大学,2009.

⑥ 李光懿,阮惠风.合成毒品违法犯罪及法律适用问题研究[J].武汉公安干部学院学报,2010,24(2):78-82.

毒品犯罪的高发态势，与此同时，合成毒品“犯罪主体组织化、武装化，参与成员特殊化、复杂化，犯罪手段智能化、专业化，藏毒方式隐蔽化、运毒渠道多样化”[①]等特点使得合成毒品治理难度显著增强，如何有效地预防合成毒品犯罪问题成为学界研究的热点问题所在，从现有研究内容来看，学界主要从媒体宣传、社会合力、控制模式、预防教育、相关体制机制的构建、政府立法、国际合作等多主体多视角探讨可能性措施，以期有效遏制合成毒品犯罪问题。

此外，针对新型合成毒品滥用引发的“肇事肇祸”问题与公共安全问题而言，学者陈帅峰认为：“吸食新型合成毒品产生的危害冲击社会生活的各个领域，由此衍生的自杀自残、暴力杀人、驾车肇事、绑架杀人、寻衅滋事等暴力极端行为，将严重危害公共安全，扰乱社会秩序。”[②]类似地，张黎等人认为新型合成毒品滥用行为作为一种风险强化机制，吸食行为本身产生的风险扩大效应使得公共安全隐患转变为公共安全危机，并且以初级风险、扩大风险、核心风险和高级风险四个维度建构了新型合成毒品滥用引发的公共安全的表现形式。[③] 可见，新型合成毒品滥用所衍生的社会危害问题不容忽视，倘若放任其发展蔓延将严重影响社会和谐，不利于构建社会主义和谐社会。

2. 滥用合成毒品成瘾行为研究

滥用合成毒品成瘾问题作为一种长期性存在的社会问题，其成因极具复杂性，包括行为、认知、心理、社会和生理需求等多方面的因素，[④]而成瘾行为的产生则是受到个人、家庭、社交群体亚文化及社会因素等多种因素共同作用的结果。从现有的社会学研究来看，学界对吸食新型合成毒品成瘾行为的个人因素的探讨大致呈现以下一些观点：社会压力过大之下个体宣泄内心郁闷的途径[⑤]、新型合成毒品认识的误区所致[⑥]、自我好奇心驱使下的非理性行为[⑦]、基于“快乐—风险”博弈下的理性选择[⑧]、失控的个人主义和“新自恋情结”的物质享乐主

---

① 周光明.我国合成毒品的滥用与犯罪问题研究[D].中央民族大学，2010.

② 陈帅锋.当前合成毒品滥用引发的肇事肇祸问题及思考[J].北京警察学院学报，2016(02)：70－75.

③ 张黎，张拓，陈帅锋.合成毒品滥用引发的公共安全问题研究[J].中国人民公安大学学报(社会科学版)，2014，30(02)：28－36.

④ 夏国美，杨秀石，李骏等.合成毒品滥用的成因与后果[J].社会科学，2009(03)：73－81，189.

⑤ 阮惠风.云南合成毒品滥用危害评估探析[J].云南警官学院学报，2007(2)：62－65.

⑥ 阮惠风.新型合成毒品滥用原因、主要人群及治理对策——以云南省保山市为例[J].政法学刊，2015，32(05)：5－12.

⑦ 黄鹏翔，廖玫珍，康殿民等.山东某地吸食冰毒人群的行为特征定性研究[J].中国艾滋病性病，2013(6)：416－418.

⑧ 韩丹，赵群，耿柳娜.青少年合成毒品使用行为的“快乐—风险”分析——基于江苏的个案研究[J].中国青年研究，2015(06)：66－72.

义倾向下的自甘堕落①、对合成毒品态度不正确及拒绝毒品的自我效能低所致②、合成毒品吸食人群对毒品成瘾性错误性地自我解读与建构，③④这些观点之间存在一定的交叉性特征，但不可否认的是，个体自身因素是分析青少年吸食合成毒品成瘾行为的重要维度。可见，那种认为“青少年滥用合成类毒品的决定性因素源自其个体本身的观点”⑤存在其合理性。

家庭是基于婚姻、血缘或收养关系基础上形成的亲密合作共同体，是人们社会生活的基本单位，也是构成社会的重要细胞，对个体的成长起着至关重要的作用。对此，学界十分注重探讨与个体成长息息相关的“家庭因素”与吸食新型合成毒品成瘾行为之间的关系：张云等人通过对云南临沧、保山、大理、德宏四地州市选取的样本进行访谈与问卷调查，分析发现无业者合成毒品滥用群体和“high”妹群体等受家庭因素的影响最大⑥；阮惠风等人在运用美国社会学家赫希控制理论基础上，通过对三类合成毒品滥用群体家庭因素的分析认为：家庭因素对各类合成毒品滥用群体或是对同一滥用群体影响的程度具有很大的差异性，但不可否认家庭因素本身对个体选择吸食合成毒品成瘾行为具有极大的影响性⑦；韩丹认为“身处问题家庭及家庭教育问题”是走上吸毒道路的社会因素之一。⑧ 此外，认为“生活方式定型化是吸毒成瘾的社会根源之一”，⑨而个体在家庭、婚姻和孩子观系上缺乏责任感是导致生活方式定型化的关键性因素。可见，家庭是个人成长的重要影响因素，青少年吸食新型合成毒品成瘾行为与破裂的家庭环境、家庭毒品预防知识教育效果不佳及教养方式不当之间有密切联系。⑩

此外，有研究表明，吸食传统毒品具有隐蔽性的特点，其场所大多限制在家庭领域，相比而言，合成毒品吸食者具有公开性，场所大多选择诸如：歌厅、酒

① 夏国美.合成毒品泛滥及其社会文化背景[N].文汇报，2009-06-29(005).

② 钟田飞，姚晓欣，夏希，等.广州市高校学生合成毒品滥用意向及其影响因素[J].中山大学学报(医学科学版)，2014，35(03)：476-480.

③ 赵金仙，蔡英，陈黎跃，等.社区合成毒品滥用人群对毒品成瘾性的自我解读与建构[J].现代预防医学，2016，43(06)：1041-1043.

④ 林少真.话语建构视角下的合成毒品吸食行为研究[D].上海大学，2010.

⑤ 莫关耀，杜敏菊.云南35岁以下青少年滥用合成毒品的现状及原因分析[J].中国药物滥用防治杂志，2016，22(01)：4-9.

⑥ 张云，阮惠风，甘开鹏.合成毒品滥用原因的实证分析[J].云南师范大学学报(哲学社会科学版)，2010，42(1)：101-107.

⑦ 阮惠风，徐南，杨光.云南合成毒品滥用群体家庭因素的实证分析[J].云南警官学院学报，2009(01)：30-34.

⑧ 韩丹.吸毒的社会成因分析——南京吸毒人群个案研究[D].南京大学，2006.

⑨ 韩丹，耿柳娜.生活方式：吸毒成瘾的社会学解释视阈[J].社会科学论坛(学术研究卷)，2009(02)：77-81.

⑩ 莫关耀，杜敏菊.云南35岁以下青少年滥用合成毒品的现状及原因分析[J].中国药物滥用防治杂志，2016，22(01)：4-9.

吧、舞厅、夜总会等公共性较强的场所，合成毒品滥用者具有“群聚群吸”[①]的特点。合成毒品吸食群体构成独立于主流群体之外的亚文化群体，具有不同的群体表现。对此，近年来学术界将“亚文化”视角作为解释吸食新型合成毒品成瘾行为的重要理论视角，认为合成毒品亚文化影响及亚文化认同是吸食新型合成毒品问题不断蔓延的社会根源。[②] 对此，韩丹等人认为“社交环境和社交群体”在很大程度上影响青少年对合成毒品的认知，不能孤立于社会文化背景之外看待吸食合成毒品的行为[③]，并用符号建构理论对吸毒人群的阶层扩散化，追求快感、身体与性的行为、公共娱乐空间的体验场域加以分析，探究基于“消费文化”与“享乐主义文化”基础上吸食新型合成毒品群体的亚文化认同，阐述了新型合成毒品亚文化影响及认同是其吸食行为蔓延的根源性所在的观点[④]；类似地，阮惠风认为：“滥用合成毒品呈现群体性和群体的‘转换化’特征，[⑤]寻求刺激和来自同辈的影响或压力[⑥]是诱导青年群体吸食合成毒品的重要因素，强调‘朋辈群体因素’[⑦]是导致新型合成毒品滥用的重要微观原因”；夏国美认为合成毒品流行现状本身不能逃离特定的社会阶层或群体，借助群体性的场景刺激，“合成毒品亚文化群体”建构的特殊话语体系，赋予吸食合成毒品行为以流行、时尚和前卫的标签，由此导致了合成毒品泛滥现象。[⑧] 对此，学者莫关耀等人将来自朋友间的不良影响及对朋友的过分依赖作为吸毒的主要外因。[⑨]

当然，除了上述的个体、家庭以及社交群体亚文化因素外，宏观层面的“社会因素”也是作为解释吸食合成毒品成瘾行为的重要理论视角，对此，学界引入了与社会因素息息相关的知识体系来探讨成瘾行为原因。从现有的社会学研究来看，学界对吸食新型合成毒品成瘾行为的社会因素的探讨大致呈现以下一些观点：“社会压力过大，使得一些人选择吸食合成毒品作为宣泄烦恼和郁

---

① 胡军，康殿民，王国永等.山东省合成毒品滥用人群吸毒相关行为的定性研究[J].中国艾滋病性病，2013(12)：883－885.

② 韩丹.吸食合成毒品问题的亚文化视角分析——以江苏省为例[J].消费导刊，2008(04)：11－13.

③ 韩丹，赵群，耿柳娜.青少年合成毒品使用行为的“快乐—风险”分析——基于江苏的个案研究[J].中国青年研究，2015(06)：66－72.

④ 韩丹.流行文化视野中的吸食合成毒品行为研究——以南京市为例[J].青年研究，2008(03)：43－49.

⑤ 阮惠风，李光.云南合成毒品滥用行为相关指标调查报告[J].云南警官学院学报，2008(02)：21－29.

⑥ 阮惠风.云南合成毒品违法犯罪形势与对策研究[J].云南警官学院学报，2007(01)：29－37.

⑦ 张云，阮惠风，甘开鹏.合成毒品滥用原因的实证分析[J].云南师范大学学报(哲学社会科学版)，2010，42(1)：101－107.

⑧ 夏国美.合成毒品泛滥及其社会文化背景[N].文汇报，2009－06－29(005).

⑨ 莫关耀，杜敏菊.云南 35 岁以下青少年滥用合成毒品的现状及原因分析[J].中国药物滥用防治杂志，2016，22(01)：4－9.

问的途径”[①]、“社会宣传不够，导致人们对合成毒品的危害认识不足”[②]、“合成毒品立法滞后，对合成毒品吸贩行为打击力度不够”[③]、“社会参与不足，难以形成合力，共同应对新型合成毒品的流行”[④]、“社会干预不足，缺乏对特定人群的健康教育和干预工作”[⑤]、“不良社会文化思潮，如毒品文化辐射下导致合成毒品的泛滥”[⑥]。

综上所述，学界从与吸毒者构建的社会关系网络相关联的多主体视角对吸食新型合成毒品成瘾行为加以研究，为深入探讨吸食新型合成毒品问题的根源提供了坚实的理论基础和实践基础。

3. 合成毒品的预防与干预

社会学解释“合成毒品的预防与干预”问题，主要围绕“改变宏观的社会环境因素、中观的社会制度结构以及微观个体的人际关系从而合理地规导个体行为”的研究路径加以展开，这一研究思路本身涉及了合成毒品的供应、运输、需求三个层面的要素。研究中所关涉的主体视角不外乎“个人”“家庭”“社交群体亚文化”及“社会因素”。

从“个人”层面出发，由于青少年群体作为新型合成毒品使用较为广泛的群体，同时由于这一群体本身具有生理和心理上的双重脆弱性特征，由此受到学术界的广泛关切。相关研究表明，青少年群体一方面对新型合成毒品成瘾性、危害性缺乏正确的认知，个体禁毒意识不强。与此同时，在上述认知不足状态下，加之不良群体诱导、“消费文化”与“享乐主义文化”的影响下易于形成游离于主流文化之外的新型合成毒品亚文化。对此，学术界普遍认为应当通过加强新型合成毒品预防宣传教育[⑦]、积极开展心理危机干预[⑧]、展开社区服务等全方位的工作促进青少年群体对新型合成毒品危害性形成正确的认知，提升青少年拒绝毒

---

① 阮惠风.云南合成毒品滥用危害评估探析[J].云南警官学院学报，2007(2)：62-65.

② 张云，阮惠风，甘开鹏.合成毒品滥用原因的实证分析[J].云南师范大学学报（哲学社会科学版），2010,42(1)：101-107.

③ 李光懿，阮惠风.合成毒品违法犯罪及法律适用问题研究[J].武汉公安干部学院学报，2010,24(2)：78-82.

④ 黄鹏翔，廖玫珍，康殿民等.青岛市吸食合成毒品人群的行为调查及性病感染情况[J].中国艾滋病性病，2015(9)：803-806.

⑤ 段曦，黄鹏翔，廖玫珍等.青岛市某社区合成毒品吸食者艾滋病知识及艾滋病/梅毒感染状况调查[J].预防医学论坛，2014(5)：325-328.

⑥ 李文君，聂鹏.毒品文化辐射研究[J].中国人民公安大学学报（社会科学版），2008(01)：122-127.

⑦ 阮惠风.新型合成毒品滥用原因、主要人群及治理对策——以云南省保山市为例[J].政法学刊，2015,32(05)：5-12.

⑧ 赵金仙，蔡英，陈黎跃等.社区合成毒品滥用人群对毒品成瘾性的自我解读与建构[J].现代预防医学，2016,43(06)：1041-1043.

品的自我效能感，打破青少年对吸毒亚文化生活方式的推崇与认同，减少青少年吸毒亚文化群体的蔓延趋势。

社会学将“人”本身看作是社会化的动物，个体生活在特定的由位置间客观关系限定的社会场域之中，“家庭”和“社交群体”便是重要的社会场域所在。对此，一些研究者将研究的视角集中在“家庭”与“社交群体亚文化”层面上，认为这两个特定场域在对青少年群体选择吸毒越轨行为和复吸者戒毒后难以融入社会层面上具有重要的影响作用。对此，学术界认为应当通过营造良好的家庭环境、采取正确的教养方式教育青少年，特别是要强化家庭毒品预防知识教育、选择正确的社交群体等多种途径形成良好的青少年社会关系网络，减少新型合成毒品滥用行为滋生的可能性。

此外，学术界也十分重视宏观社会因素对青少年吸毒亚文化群体的塑造作用，认为社会因素贯穿于吸毒亚文化群体的产生、发展和不断蔓延的整个过程当中，从吸毒行为的产生原因来看，相关解释认为社会压力过大是导致理性个体选择新型合成毒品吸食行为的重要因素；此外，诸如社会宣传不足，社会立法滞后，社会参与不足，社会干预不足，不良社会文化思潮都是阐释新型合成毒品成瘾行为产生的重要社会因素。对此，有学者提出要通过“加强禁毒宣传教育，提高全民防范意识、加强打击力度，不断地开展专项斗争、加强立法，尽快出台有关司法解释、加强娱乐场所管控、加强队伍培训，提高打击力度、弘扬主流价值观，抵制不良社会文化思潮”①等多种途径遏制蔓延的新型合成毒品滥用势头，降低相关危害。

可见，现有的新型合成毒品的预防与干预研究主要围绕与毒品使用者相关的社会关系网络加以展开，试图通过合成毒品的“供应管制”与“需求管制”②双向并举，通过“打源头，堵通道，降需求”的路径开展对策性研究，为有效减少青少年合成毒品吸食行为的产生提供了较为完善的可行性对策。

4. 其他研究领域

国内相关社会学研究还借助西方理论来阐释国内新型合成毒品吸食行为，扩展了新型合成毒品滥用问题的研究视角。

“社会性别”历来是社会学理论研究的重要视角之一，在中国根深蒂固的父权制文化体系下，表面上是男女平等的社会，在实际运作过程中却有父权社会的倾向，新型合成毒品滥用问题作为社会问题的一个重要分支，也存在一定的父权

---

① 阮惠风.云南合成毒品违法犯罪形势与对策研究[J].云南警官学院学报，2007(01)：29－37.

② 夏国美.时尚文化的可怖陷阱合成毒品滥用的社会学调查[J].中国社会科学报，2009(02)：15.

主义倾向。对此，有学者将社会性别视角纳入新型合成毒品问题研究范畴当中，①②③将女性吸毒者建构成为男权主义主宰下新型合成毒品消费市场的“受害者”。从已有的相关研究来看，大多认为女性基于相对弱势的“生理、心理、社会角色、社会刺激因素”，加之受到“毒友圈与圈子亚文化”④的束缚，使得女性新型合成毒品吸食者较之男性有更为强烈的“被动吸食”特点。⑤ 具体来讲，刘晖等人认为：“长期以来，女性在社会各方面受到的歧视、不公平对待和弱势地位是她们被迫卷入合成毒品吸食漩涡的社会刺激因素，而在合成毒品本身极具欺骗性和诱惑性的药理特性和女性被动依附人格弱点的双重影响下，合成毒品吸食女性，特别是娱乐场所的女性陪侍者乃至商业‘性’交易者往往易于成为合成毒品的最大受害者。”⑥而蒋凌月运用质性研究方法，通过对女性吸毒者的吸毒经历进行社会性别分析，揭示了传统的社会性别制度下，女性所面临的生活压力、情感压力、商业性性行为等加剧了女性吸毒风险，而家庭和社会支持系统的相对缺失、社会污名化程度相对严重等因素又恶化了女性吸毒者的社会处境。对此，应将“女性视角”纳入相关禁毒工作乃至禁毒政策的制定当中，在着重强调对吸毒女性“病人”和“受害者”身份的理解和宽容的同时构建与之相对应的社会支持网络。⑦

应当说，社会性别视角下新型合成毒品吸食行为研究的观点鲜明且视角新颖，极大地拓展了国内新型合成毒品滥用问题的研究领域。但由于缺乏相关研究的争鸣，导致了研究的深度和广度无法得到有效拓展，短期内也无法引起相关研究热潮。

（三）国内合成毒品滥用问题的社会学研究进路、方法及存在的问题

秉承社会学描述性研究和解释性研究这两条主线，学者们对新型合成毒品的概念界定、吸食新型合成毒品的相关性特征、吸食新型合成毒品的行为描述等方面达成一定程度的共识，同时也大致沿着探讨新型合成毒品问题的社会学解

---

① 蒋凌月.社会性别视角下的女性吸毒者个案研究[J].云南警官学院学报，2011(03)：24-28.

② 蒋凌月.男女两性吸毒群体社会性别意识调查——基于云南省强制隔离戒毒所收戒的吸毒群体研究[J].云南警官学院学报，2015(5)：6-12.

③ 刘晖，刘霞.女性吸毒特质诱因的社会学述评——以合成毒品为解释视角[J].学术界，2011(06)：166-173，288.

④ 刘柳，段慧娟.毒友圈与圈子亚文化：青年女性之吸毒生涯扩张期探析[J].中国青年研究，2018(01)：11-17.

⑤ 刘晖，刘霞.女性吸毒特质诱因的社会学述评——以合成毒品为解释视角[J].学术界，2011(06)：166-173，288.

⑥ 刘晖.从社会成因看娱乐场所女性吸毒的防控[J].新疆警官高等专科学校学报，2011，31(01)：27-31.

⑦ 蒋凌月.社会性别视角下的女性吸毒者个案研究[J].云南警官学院学报，2011(03)：24-28.

释、吸食新型合成毒品成瘾行为的社会学解释及新型合成毒品滥用问题的预防与干预性研究这一条主线加以展开(如图1所示)。

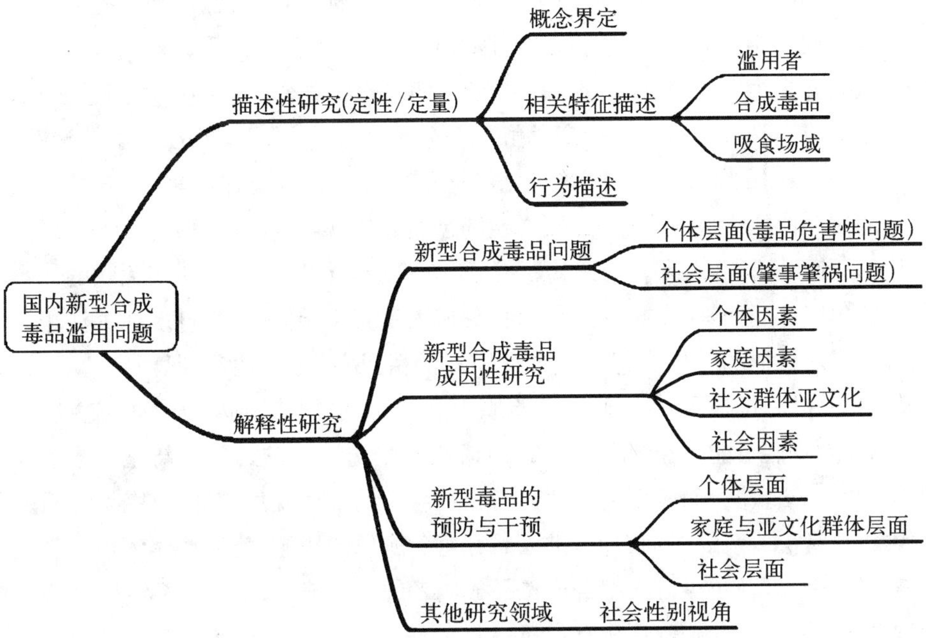

图1　国内新型合成毒品滥用问题研究

不可否认,国内对于新型合成毒品滥用问题的相关研究取得了一定的成果,在研究方法、研究内容和理论视角等多个层面还应争取创新性的突破。

从研究方法来看,现有针对新型合成毒品滥用问题的相关研究,在方法选择上倾向于采用定性研究方法而非定量研究方法,这可能受到议题本身、研究者对研究方法的掌握程度、相关材料的收集难易程度等多方面因素的影响。但就已有关于新型合成毒品滥用问题的定性研究来看,取得一定建树的同时也往往囿于现有的观点或视角,无法做出创新性的研究成果。

就新型合成毒品的现状、成因、预防和干预等领域的研究成果而言,在开展正式研究之前往往已形成了相应的理论假设,研究者凭借自身对新型合成毒品滥用问题的直觉、经验或感知,直接从实际观察入手,有选择性地从原始资料中归纳出经验概括,用以填充理论假设。基于这种研究方法,对新型合成毒品滥用问题产生原因、相关性特征以及发展变化规律的研究,往往过于关注个体间的共性而忽视了个体的差异性所在,不可避免地导致在探寻共性规律的同时忽略了引起独特个性特征的探讨,缺乏一定的科学性和准确性。其次,纵使采用定量分析的方法，从过去十余年的相关研究成果来看，大多数国内社会学研究采用在公安机关开设的戒毒所和劳教所抽取样本的问卷调查方法，限于特定的自然和社会环境，问卷调查样本本身具有不可复制性和代表性不足的特点，基于此问卷样本资料得出的相关研究结果的科学性和可推广性难免会受到质疑。

从研究内容本身来看，在过去的十余年里，学界对合成毒品滥用问题在“吸食新型合成毒品成瘾行为的社会学解释”“新型合成毒品问题的社会学解释”及“新型合成毒品的预防与干预”等方面有一定的建树。但总体上来看，对这三个角度的研究内容大同小异，缺乏根本性的创新。比如，从吸食新型合成毒品成瘾行为的原因上看，相关研究过于宽泛化，大多沿着个体以及与个体相关联的社会关系的角度泛泛而谈，概括性地指出相关成因及其主导性因素，过多地关注于合成毒品滥用人群的共性而忽略了个性因素的探讨。但就事实状况而言，基于个体化的差异性，选择吸食合成毒品的原因有所不同，诸多原因当中亦有主次之分。对此，我们不能一味地采取个案访谈或问卷访谈的方式了解新型合成毒品滥用者的生活状况，而应当引入生命历程社会学的理论视角，在使研究者与研究对象建立紧密关系的基础之上，进入研究对象所属的场域，关注具体环境中真实的家庭和个人，以此探讨新型合成毒品成瘾者的生活境遇、个人与社会大环境之间的断裂或者不协调表现，只有通过这样的研究才可能对新型合成毒品滥用行为和活动的复杂性和多元性有深入的认识。

从理论视角上看，现有的新型合成毒品滥用研究总体来说在两方面对理论总结尚有不足。一方面，能够向我们提供丰富的事实资料，以此让我们对新型合成毒品滥用者的生活环境和生活方式有所了解的研究不多。尽管有关合成毒品滥用行为探讨的研究颇多，但大多以个案访谈为主，并未深入地了解滥用者的日常生活状态。很多研究都指出新型合成毒品滥用行为的产生与生活环境、同辈群体、家庭背景以及个体性格等因素有关，但却很少有研究“能够具体说明滥用者在日常生活里做些什么，以及如何看待自己、社会和他人的行为”。因此，在研究和发展有关新型合成毒品滥用的理论时，往往倾向于根据那些支离破碎的研究以及特定时空领域的个案访谈来形成对新型合成毒品滥用者生活状况的阐释，无法通过掌握研究对象较为全面的资料之后来建立理论，根据不全面的资料为依据来建立的理论不可避免地存在一定的错误或片面性。

此外，还应当指出的是：目前政府层面对非传统类毒品尚未给出明确的称谓，进而导致学界呈现出“合成毒品”“新型毒品”以及“新型合成毒品”三种不同名称同时使用的格局，不利于国内针对非传统类毒品相关研究的学术交流。

（四）研究展望预测

近十年来，合成毒品滥用现象迅速蔓延，新型合成毒品滥用态势愈演愈烈，新型合成毒品滥用行为已经成为危害家庭、影响社会稳定的关键性问题，这一方面为新型合成毒品问题研究提供了良好的契机，但另一方面，值得反思的是，新型合成毒品滥用迅速蔓延现状实际上也在一定程度上反映了已有的针对合成毒品滥用问题的相关性研究成效甚微。对此，我们应当在研究方法、研究内容和理论视角等多个层面争取创新性的突破。

首先，从研究方法层面而言，定性研究和定量研究应当协同并进，使两者相辅相成、互为补充、灵活运用，以取得研究的最佳效果。对于定性研究而言，我们应当对理论进行"去魅"，不能人为地将原始资料用以填充理论假设，而应当直接从实际观察入手，对原始资料加以归纳概括，然后再上升到理论层面。对于定量研究来讲，应当整合不同区域、不同时间的数据信息，针对新型合成毒品这一研究议题建立专门的数据库，运用大数据分析方法，确保相关研究结果的科学性、适用性和可推广性。

其次，对于研究内容本身而言，在肯定学界针对国内新型合成毒品滥用问题的相关研究取得一定建树的基础上，我们不难看出现有的许多研究内容大同小异，缺乏根本性的创新。特别是针对新型合成毒品成瘾行为的原因探讨过于宽泛化，过度关注个体间的共性特征而忽略了特性的探讨，对此，我们提出了在新型合成毒品研究中应当引入生命历程社会学的理论视角，研究者通过融入被研究者所属场域之中，关注具体环境中真实的家庭和个人，由此才能形成对研究对象较为深入全面的认识。

再者，对于理论视角而言，在研究和发展有关新型合成毒品滥用的理论时，往往倾向于根据那些支离破碎的研究以及特定时空领域的个案访谈来形成对新型合成毒品滥用者生活状况的阐释，无法通过掌握研究对象较为全面的资料之后来建立理论，根据不全面的资料为依据来建立的理论不可避免地存在一定的错误或片面性。对此，在研究过程当中，研究者应当与研究对象建立较为紧密的关联性，通过深入到研究者的日常生活情境当中，以此来对研究对象的行为和活动的复杂性和多元性形成较为深入的认识。当然，倘若研究对象是新型合成毒品滥用者，由于个体自身滥用行为的隐蔽性和研究者在试图与研究对象建立联系和信任过程中遭遇的主客观性困境而言，研究中遇到的技术性难题与伦理困境是不可小觑的，这都是我们在后续的研究过程中应加以阐释和完善的。在今年的国际禁毒日，国家主席习近平①就禁毒工作作出了重要指示，强调，"我国要

① https：//view.inews.qq.com/a/NEW2018062600512104?uid=&from=groupmessage&isappinstalled=0.

着力构建中国特色的毒品治理之路，坚决打赢新时代禁毒人民战争”，对此，要求“各地区、各部门要统筹运用法律、行政、经济、教育、文化等手段，综合采取禁吸、禁贩、禁种、禁制等措施，着力构建同国家治理体系和治理能力现代化要求相适应的‘六全’毒品治理体系[①]，努力走出一条具有中国特色的毒品问题治理之路”。应当说，习近平总书记关于禁毒工作的一系列重要指示，“科学阐释了治理毒品问题的一系列重大理论和现实问题，能够为我们新时代禁毒工作、夺取禁毒斗争提供很好的行动指南。新时代也赋予了我们新的使命，作为禁毒工作战线中的一员，我们应当加强禁毒理论研究工作，服务于禁毒事业发展的需要”，旨在为禁毒事业长远发展奠定坚实的理论基础。

三、理论视野

（一）美国吸毒问题的社会学理论视角

中国社会学界对药物滥用问题一般称为“吸毒问题”，而美国的社会学研究更多地是在“多种药物滥用”上进行阐释。美国学者普遍认为，用社会学的方法研究吸毒问题似乎为他们了解其涉及广泛且不断变化的全貌提供了一个有力的工具。近年来的美国，吸毒已经牵扯到了美国社会的很大一部分人群和阶层，或者说至少一部分青少年以及相当部分的成年人受到了影响。

虽然美国学者论及的药物滥用包括了很多物质：各种麻醉剂如大麻和麻药；海洛因；可卡因；安眠酮；美沙酮；非法处方药；包括大范围的镇静剂，巴比妥酸；安非他命类（合成毒品），或者其他相似化合物，等等，但许多文献讨论的重点主要还是在海洛因、大麻上，这也许是由于这两种药物吸食者的信息更容易被美国学者获得的缘故。美国学者运用社会学方法研究药物滥用问题对该研究领域的贡献，更多体现在其独特解释视角的解释力上。

1. 紧张理论解释视角

美国学者默顿将法国社会学家迪尔凯姆的失范理论学说应用于分析美国社会，创立了紧张理论。默顿认为，人的欲望由社会文化引起，尽管社会文化认可的成功目标在整个社会中是一致的，但实现成功的机会在各阶层中并不均等，当下层阶级无法用合法手段实现社会承认的成功目标时，就会产生紧张情绪。个人缓解紧张情绪的方式有五种：遵从，即接受传统文化目标并用制度性手段实现之；创新，即接受社会确立的目标，但拒绝使用制度性手段而是采取新的手段

---

① “六全”毒品治理体系：一要构建全覆盖毒品预防教育体系；二要构建全环节服务管理吸毒人员体系；三要构建全链条打击毒品犯罪体系；四要构建全要素监管制毒物品体系；五要构建全方位毒情监测预警体系；六要构建全球化禁毒国际合作体系。

获取财富;形式主义,即拒绝传统的文化目标,但接受社会认可的制度性手段;退却主义,即拒绝社会文化目标和制度性手段,疏远和退出正常社会生活;造反,即用新的价值观取代传统社会价值观。在默顿看来,除遵从之外的四种社会适应方式都构成"越轨",但它们并非都必然引起犯罪。紧张理论成为美国20世纪犯罪学研究的重要分支之一。[①]

从默顿理论派生出来一种对吸毒问题的"逃避主义"的解释。默顿把吸毒看作是一种"逃避主义",吸毒者逃避文化规定的成功目标,它们被隔断了或者拒绝成功的道路。对这种成功目标和方式的拒绝不仅包含吸毒者,还有酗酒者、精神病人、被放逐者和流浪汉。不幸的是,在这个理论形成(1949年)之后积累的绝大多数关于吸毒的事实和"逃避主义"在理论上并不是太相容(Lukoff 1972; Lukoff and Brook 1974; Waldorf and Daily 1975)。因为吸毒者的生活几乎是狂热的,为了吸毒它们在尽力躲避警察时,还要拼命去筹集一笔钱,四处去找毒品。

Cloward和Ohlin 1960年的理论是默顿公式的延伸,不过他们把重点放在机会结构上。他们通过"取得一些文化上定义的回报或成就"的不同机会解释吸毒的成因,有些年轻人,往往是在那些传统的成功之路甚至是犯罪之路都走不通时成了吸毒的首要人选。这一解释也说明了下面的事实:少数族群的青少年因为更难爬上犯罪组织的上层,所以他们比有这样机会的底层白人青少年吸毒率要高。

2. 社会场域解释视角

布迪厄说:"一个场域可以被定义为在各种位置之间存在的客观关系的一个网络(network),或一个构型(configuration)。"[②]场域是以各种社会关系联结起来的表现形式多样的社会场合或社会领域,场域对影响社会行动者及其实践的外在力量有自主的形塑机制。场域表现为不同类别或不同形式,各种场域都是在特定的社会结构或阶级结构中存在的,都具有某种特殊的利益要求和政治作用。场域制约着个人心理、个人行为及个人的地位和作用,等等。场域的规则是共同的,但是行动者却因自己的资本与位置不同在场域中发生不断的争斗。

绝大多数的美国吸毒社会学调查,即使是那些没有清晰的理论基础的描述性调查或者病理学调查,也都会以社会阶级和种族这类场域作为社会重大结构变量的重要参照,通过检验根据年龄、性别、社会阶级和种族得出的毒品吸食率,

① 王冠.西方犯罪学理论百年嬗变脉络梳理[J].中州学刊,2006(1).
② 布迪厄,康华德.实践与反思[M].李猛等译,北京:中央编译出版社,1998:135.

以反映出不同群体对吸毒的不同倾向。这些调查表明，现在，海洛因吸食主要集中在黑人和西班牙裔人中，这种现象似乎为研究比较低的社会经济地位和不利的种族身份与海洛因吸食之间的关系提供了重要的线索。

但是，在世纪之交，各种各样的阿片类吸食因为医疗的目的主要集中在中产阶级白人妇女之中。在英国，海洛因吸食和规模大的社会阶级分布大致相当，而黑人并不是典型代表。一个关于美国贫民窟吸食海洛因的详细研究表明吸食海洛因的分层更为复杂。Vaillant(1966)对比了列克星敦的吸食者和他们自己社区的吸食者，发现他们比在同一地区同龄人的受教育水平更高。所以，海洛因吸食者并不必然来自曾被认为吸食者最集中的社会最底层。

因为海洛因吸食是相对来说比较罕见的，绝大多数人口调查报道的人数太少而不能做出可靠的估计。所以，美国学者认为，在做动态分析的时候需要谨慎推论。在一个对选择性服务登记者的研究中，O'Donnell 和他的同事们在 1976 年通过对报道的同龄人吸食镇静剂的研究，发现在后一个同龄人中黑人的比例下降，白人增多。在一项对哈莱姆黑人的调查中，Brunswick 和 Boyle 在 1979 年研究了同龄人的比例，发现他们之中年龄较小的成员吸食者下降。大麻的吸食更可以说明吸毒趋势的易变性。当 Becker(1963)20 世纪 60 年代调查吸食大麻的时候，吸食人群主要集中在城市黑人和爵士歌手。20 世纪 70 年代末大麻和酒精成了尤其是在年轻人中最流行的毒品(Jessor and Jessor 1977; Johnston et al. 1978; Kandel 1978a)。Jessor 在 1978 年研究吸食大麻趋势的时候，发现一些分类因素诸如城乡、种族和社会经济地位正逐渐丧失其意义。

虽然性别因素在海洛因吸食上还有一些意义，性别因素在大麻上也逐渐模糊。"从人口统计的角度来说，吸食大麻的男女有持平的趋势。"虽然有惩罚性的制裁，对于那些只是尝试过的人还是经常吸食的人来说，吸食大麻还是变得越来越流行。如果绝大多数常用的社会指标正在变得没有意义，那么有一个大麻吸食的特点始终是很重要的：绝大多数吸食者是年轻人。并且首次吸食大麻的年龄有减小的趋势(Abelson et al. 1977; Johnston et al. 1979)。因为大麻在短时间内流行起来，可能现在的年轻吸食者在年龄变大时还会继续吸食。年龄因素同样在海洛因吸食者中也很明显。至少绝大多数美国海洛因吸食者在年轻时就开始吸食了(Brunswick and Boyle 1979; Lukoff 1972; Nurco 1979; Robins 1975a)。

当成年人同龄者年龄逐渐增长时，绝大多数吸食者放弃了海洛因。Winick 在 1964 年估计典型的毒瘾持续时间为八年。虽然还存在年龄较大的吸食者，年轻的海洛因吸食者还是占大多数。所以，一个和吸毒持续相关的因素，至少在西方，是毒品和年轻人的关系(Braucht et al. 1973)。绝大多数吸毒的人都是年轻人;那些上瘾的人都会随着年龄的增长减少或者终止吸食毒品。结构性变量，比如阶级、种族，根据已有的研究显示，和吸毒的关系都非常的模糊。

3. 社会化理论解释视角

社会规范的识别假设每个社会行为人都会根据生存的环境，倾向于坚持合适的信念和相应的行为。这说明社会化的重要作用，虽然有时候只是副产品，而观念本身也被识别出来而进行传播(Jessor et al. 1968; Merton 1957)。家庭抚养对于人格形成，并将文化价值和规范传递给后代人非常重要。

除了家庭在个体社会化过程中的重要作用，社会控制的其他媒介也很重要。相关研究最多的是朋辈群体的影响，以及影响朋友选择和此类影响对同龄人行为、观念适应的参与机制上。这就引发了两个理论问题。第一个问题对于父母正当性和其他鼓励传统行为媒介下降的相互抵消的力量。第二个问题是年轻人如何形成一个具有内在价值系统和目标的同龄群体文化。还有一件事，虽然它不全等于上述论述。

关于年轻人家庭社会化的文献有两个焦点，并且两个焦点各有变化。第一个焦点放在家庭成员的吸毒、文身、酗酒，甚至是医生开的改变情绪的处方药上。在这方面，研究假设是：孩子会模仿父母的行为，即使在选择毒品上有差别。从这个角度来说，即使吸食毒品的种类可能会发生变化，但是此类行为会有持续性。即使不像人想象的具有那么高的一致性，美国学者的研究发现是和这个假设相符合的。诚然，这个可能有可能是个假象，因为社会舆论报道出来的家庭成员吸食率相对于青少年吸食率来说是非常小的。当然，酗酒在这方面和吸毒是有差异的。但是美国学者遇到的问题是，父母行为的直接示范影响作用在很多年龄超过 25 岁吸毒率猛然下降的青年人来说很难解释清楚。年轻人家庭社会化的另一个焦点是研究不同的抚育孩子的方式和父母孩子之间关系的质量，也就是说，他们之间是否充满温暖和爱。这些研究总的来说表明了父母管教和青少年吸毒之间是有关系的(Brook et al. 1977a, 1978)。研究表明，管教越严，吸毒的比例就越小。另外，青少年对父母的看法越正面，吸毒的比率也越小(Gerstein 1976)。

本文认为，社会化理论解释视角是一个非常重要且有用的研究方向。但可惜的是，从美国学者研究的角度来看，这个视角只是一些中间研究过程，因为在识别社会结构对青少年的影响方面，期待彻底解决这个问题来理解吸毒问题可能导致不同的社会化社会结构。虽然开始吸毒的年龄并不常放在社会化的背景下分析，但是它却可以当作社会化不同的维度，即视为摆脱社会控制的一个风向标。那些很年轻就开始吸毒或者有其他越轨行为的人更有可能继续其行为并且抵抗治疗的劝告。

说起镇静剂吸食者，Nurco(1979，p.321)指出："越轨行为开始得愈早，其过程就越有害，治疗效果就越差……开始的年龄越早，对吸毒就会越痴迷。"吸毒和其他越轨行为开始得越早，这些人就越可能完不成学业，得不到一份长久的工作，不参加有助于变成成人身份的一些活动。在这个意义上来说，他们社会化的道路被阻断了，并且他们对社会上对成年人的要求更缺乏准备。

他们处在社会成年人世界的边缘。他们有着未成年人的生活方式，和同辈聚集在一起，不参加工作，并且到了相当大的年龄还维持着和父母的家庭关系(Preble and Miller，1977)。同样重要的是如 Robins 在 1979 年提出的，任何异常行为，尤其是在年轻人中，都预示着其他的异常行为，包括酗酒、逃学、犯罪、性乱。

通过 Robins(1975a)对吸毒行为的纵向重建，从越战前的吸毒和退役后的吸毒，显著地表明了毒品的易得性使吸毒率大幅提升。毒品对于所有参加越南战争的士兵都唾手可得，但是并不是所有士兵都吸毒。但是那些在从军前就有反常行为的士兵是不反常士兵吸毒比率的四倍。这些发现强调了虽然在毒品非常容易得到的环境下会使吸毒率大幅增加，但是个体之前的历史也有很大的影响。海洛因的吸食者在开始吸食之前经常有犯罪行为也支持了这个观点(Lukoff 1972；NIDA 1976)。即使可能得上毒瘾，一些人只是尝试一下或者短期吸毒；另外一些在没有戒毒治疗的情况下也停止了吸毒。

分类似乎是有必要的，比如把那些开始吸食年龄大，短时期吸食毒品的人分为一组，把开始吸毒年龄小，经常吸毒的人分为一组。对于第一组来说，吸毒仅限于某个特殊的社会环境，吸毒只是一个文化趋势，就像尝试音乐和衣服一样(就是说，吸毒受反映现时社会方面的临近变量的影响)。

在第二组中，吸毒是可以根据之前的变量预测的，比如说被认为的或者实际的父母角色和家庭关系的质量(Jessor and Jessor 1977；Jessor et al. 1968；Braucht et al. 1973；Brook et al. 1977a，1978；Lukoff 1977)。

当吸食大麻从那些当时还有很重的惩罚的吸食大麻的先锋队转移出来时，它似乎也从不同程度上吸引了那些不能融入和社会不相容的亚文化的人。

虽然在很多调查中使用的概念反映了社会调查的混乱性，但是一种趋势似乎在继续，就是青少年开始大麻是和父母管教的放松、早年叛逆和家庭期望不相符的行为相联系的，就是成年人的控制大幅度减弱，因此两代之间的延续性减弱(Braucht et al. 1973；Jessor and Jessor 1977；Kandel 1978a)。

4. 代际隔离解释视角

美国学者在研究吸毒问题的视角中，将吸毒作为文化系统出现过程的一部分加以考察，笔者认为是有创新性的，至少用出现吸毒者的社区的标准来看是这样。所以，问题又出现了：把吸毒作为一个重要部分的生活方式是怎样出现的呢？

如果家庭和其他社会控制的对接能够一贯有效，吸毒行为就几乎不会发生，因为吸毒并不是成年人生活方式的典型特点。因为社会化展现了一些通常交给家庭、学校和教堂的年轻人基本的适应策略的教化方式。

但是这个过程从来没有彻底地解释清楚一个问题，那就是竞争经常从其他来源跑出来，尤其是同龄人那里。有证据表明，仅仅同吸毒者来往，虽然是吸毒的一个重要特征，并不能解释吸毒。Andrews 和 Kandel 在 1979 年表示，在吸毒之前的社会化过程中，那些吸毒者已经有了促进吸毒的态度。Jessor 在 1977 年表示，虽然吸食大麻者总是和吸毒者有联系，但是并不是所有人都选择吸毒。尝试过海洛因并且还和海洛因吸食者保持密切联系的人中有很多不吸毒。Vaillant (1966b)发现本地出生的移民后代吸毒者超过一般的比例，而不是那些在其他地方被抚养长大而后迁到城区的移民后代。他猜测，两代之间的文化差异似乎增加了吸毒的倾向。Lukoff 和 Brook 在 1974 年发现贫民窟中报道的海洛因吸食者来自社会经济地位高的群体中的比例很大，但是和移民比起来本地出生的人社会经济地位比较高也起了作用。

最重要的因素是移民和本地人，其中本地出生的人相对占了海洛因吸食者更大的比例。在同一个调查中也有一种观点是儿童的抚养造成了两代的不同。所有四个种族的移民，包括非裔美国人，西印第安黑不列颠人、白人、波多黎各人管教后代都比本地的父母严厉。

虽然各个群体之间海洛因吸食的情况不同，但是有一点确实相同的：那些管教不严的家庭，即使是移民家庭，海洛因的吸食率以及与吸毒者接触的频率较高。(Braucht et al. 1973；Commission of Inquiry into the Non-Medical Use of Drugs 1973；Gerstein 1976)

随着父母管教孩子更加严厉，吸毒的人也越来越少。从另一个角度来说，吸毒者很多来自有家庭虐待或者父母没有能力管教孩子的家庭。(Commission of Inquiry into the Non-Medical Use of Drugs 1973；Robins 1975a；Zinberg 1979)

不管是海洛因吸食者反常的生活方式还是吸食迷幻药(合成毒品)的中产阶级的生活方式，这两种生活方式只有在年轻人文化在自由的不受社会控制的气氛下时才会发芽成长。由此可以推断包括家庭在内的社会化机制正在丧失其正当性。城市社会环境的多元化，和农村相比城市有很多相互竞争的文化是重要原因。

此外还存在着家庭的隔绝日益严重的问题。不仅是有更多的单亲家庭，虽然这个事实和海洛因吸食的关系还不甚明朗(Lukoff and Brook 1974)。更有可能是家庭支持网络体系越来越小，而且，从城市环境的本质来讲，即使有这个网络，它对年轻人的影响也微乎其微。

和农村不一样，一个人很难遇到可以给他父母报信的阿姨、叔叔，或者表哥这些亲戚。此外，一些以前家庭承担的活动现在在别的地方进行，从学前班开始的一系列教育过程，而在这一过程中成人群体对其影响很小。

在中产阶级当中，尤其是白人青少年，传统的价值观和现实之间的巨大落差正吸引着更多人的注意，不管它是不是民权斗争，或者反对他们认为不公正的战争。很多年轻人认为这种现象是对整个中产阶级价值体系的全盘否定。随着社会控制工具正在丧失其正当性，青年人固有的创新活动也似乎越来越旺盛。在这种背景下，吸毒从一开始只有一小部分人而发展成年轻人文化中一个正常的部分，至少对大麻来说是这样。父母对孩子的态度是有关系的。以上引述的若干个调查父母对孩子的态度总是和吸毒息息相关。孩子自己的意志也是另一个因素。

这是城市本身复杂性的一个产物，这种产物在小城镇和农村不那么常见，在移民者固有的传统文化中也不常见，虽然这种产物融入了他们后代的意识形态之中。

这种现象经常伴随着控制和监视儿童活动的意愿性降低，还有对代理监护的大范围运用。当孩子们认为在另一个地方得到的奖励更刺激更有挑战性的时候，家庭提供的选择的影响力就下降了。

对同龄的更大的接受性似乎是源自家庭的规范和价值观"国际化"程度较小的后果。我们只是对青少年文化在新的价值观和行为进化中更有优势的集中方式进行研究，当然吸毒也是这些活动的一个部分。它采取的方式，从 Suchman 描述的"hang loose"，或者 20 世纪 60 年代的"嬉皮"文化，或者贫民窟的"酷猫(cool cat)"文化。它们取决于经常来源于成人文化的社区中亚文化的形式和价值观以及活动的种类。这种方式源于成人文化，但是经过了深刻的转化。

5. 结论与讨论

综上视角所示，笔者认为，从美国社会学的研究成果来看，主体社会结构及特点和青少年吸毒有着直接关系。事实上，似乎有事实证明吸毒者开始吸毒的年龄越来越小(Abelson et al. 1977；Johnston et al. 1979)。其他的一些社会结构特点，比如社会阶级或者种族因素，虽然在历史的角度或者在过去的几十年来看，也和吸毒的很多方面有清晰的关系，但是这种关系只是暂时的。虽然似乎固有的文化有塑造的力量，但是它们并不是决定性的因素。因此，从美国的研究来看，所探讨的似乎不只是对美国有效，或许还包括西欧也是正确的，对于中国的研究也是有启发的。

孤立地谈论吸毒意义不大，因为吸毒也是整体生活方式的一部分。美国学者认为大麻因为被很多年轻人吸食，所以对很多人来说是不重要的。但是对于那些从年轻时开始并且经常吸毒的人来说，美国学者的证据是和他们的问题相符的：吸毒不是一个孤立的现象，它必须放在一个更大的背景下去理解。并且从美国学者拥有的关于吸毒者的信息来看，似乎在吸毒之前吸毒者有一个背弃传统价值观和规范的过程。

从上述美国学者的阐述中获得启发，笔者认为，在中国，近年来合成毒品的使用和泛滥背景下吸毒人数蹿升的原因可能有两个：一个是传统规范和价值观影响力的衰减和社会控制工具作用的削弱；另一个则是使青少年在主流控制体系之外获得更多自由的结构性力量的增强。在这个意义上来说，吸毒和伴随着的文化规则代表了一种社会变迁的过程。

（二）标签理论视角

威廉·福克纳在其著作《我弥留之际》[①]中这样写道："有时候我并不太确定谁有权利去评判一个人是不是疯子。有时候我认为没有纯粹疯癫的或纯粹理智的人，只有当人们倾向于这么认为时才是如此，就像一个人做了什么并不那么重要，重要的是多数人如何看待他的行为。"我们不禁会问，一个行为或物品之所以获得美名或"污名"，很大程度上并不单纯地决定于行为或事物本身，而是基于掌控话语体系基础之上的人为建构的产物。由此，霍华德·贝克尔继承了"互动论"的研究传统，将"艺术"和"越轨"这两种日常生活中最常见的人类活动定义为镜中影像般的话语建构过程，定义为一种经掌权者引导、集体性参与的主观定义过程。

1. 社会性建构下的去神秘化：艺术与越轨

社会学的传统研究有三个迥异的研究范式，他们分别是结构功能范式、社会冲突范式和符号互动范式。艺术和越轨作为社会学试图解释的重要议题，也无法逃离上述的三种解释路径。贝克尔正是以符号互动范式为理论基础，研究作

---

① As I Lay Dying. William Faulkner 1962.转引自霍华德·贝克尔.局外人：越轨的社会学研究[M].张默雪译.南京：南京大学出版社，2011：8.

为“标签化”存在的艺术和越轨，从而发展出了独具特色的越轨社会学和艺术社会学理论。对于社会学三大研究传统之一的符号互动论范式而言，最早可以追溯到托马斯的情境定义理论。这一理论认为，“假如人们将情境定义为真，那么其结果必将为真”[①]。也就是说，人们对世界及其内容的理解决定了他们的行为，在一个行为的产生过程中，“所有的情境参与者都对发生的事情有影响”[②]。因此我们应当认识到，一个行为之所以“被标签化”为越轨行为，一件作品之所以“被标签化”为艺术作品，并不是一个固有的社会事实，而是在特定时空视域下，集体行动参与者共同定义而产生的。

对于“越轨”行为而言，贝克尔在其著作《局外人：越轨的社会学研究》(以下简称《局外人》)中这样阐述，“现有的研究过多探讨越轨行为的成因、解释、表现等面上的问题，对问题探讨本身便前提预设了这些行为本身的‘内在越轨性’，缺乏对越轨性标签的‘质疑’”，无形中就赋予了越轨行为以无法“追本溯源”的神秘感，仿佛越轨行为是一种脱离客观现实、“一成不变”的先验性存在。然而事实上，越轨行为本身却是一个社会建构的产物，无论是不同地域还是不同时期，人们对“越轨行为的判断过程是变化的”。在试图把握其变化趋势之前，我们要先理解何谓“越轨”。对此，贝克尔系统梳理了“越轨”概念的由来，发现越轨在某种意义上导源于“偏差”。从统计学来看，“偏差”是任何偏离平均水平或平均值过多的一种现象，往往倾向于根据特定的特征属性来判定其是否偏差。事实上，并非所有“偏差”要素都纳入越轨性范畴，越轨更多地指涉违背或破坏了既定社会规范的行为或现象。也有学者从病理学角度定义越轨，认为是精神疾病导致了越轨的产生，但这种相近的观点本身“在接受一些非专业性判断的同时，无形中却把越轨研究限制在了个体行动者的身上”[③]。换言之，这些研究都仅仅着眼于何为“越轨性行为”，或产生“越轨性”行为的因素、越轨行为的表现形式等表层分析，忽略了这个话语界定行为背后所隐含的全部“权力博弈”与主体间互动过程。“越轨”概念毕竟不是先天存在，而是“社会性创造”的结果，是被权力阶层主导的人为建构的产物，“越轨不取决于一个人行动本身的性质，而是他人执行规范和判断的结果”[④]，规范的制定与行为的判定都是不同群体间相互作用的过程。在这个过程中，处于相对弱势地位的群体成员往往会被优势群体贴上“越轨标签”。

---

① Berk B B. Labeling Theory, History of[M]//Wright J D. International Encyclopedia of the Social & Behavioral Sciences (Second Edition). Oxford: Elsevier, 2015: 150 - 155.

② 霍华德·贝克尔.局外人：越轨的社会学研究[M].张默雪译.南京：南京大学出版社，2011：12 - 13.

③ 霍华德·贝克尔.局外人：越轨的社会学研究[M].张默雪译.南京：南京大学出版社，2011：25.

④ 霍华德·贝克尔.局外人：越轨的社会学研究[M].张默雪译.南京：南京大学出版社，2011：27.

相对越轨而言，“艺术”也经历了一个标签化的过程。什么是艺术？可能对于大部分普通人而言，艺术是艺术家灵感迸发、自主性的创新活动，从特定的时空情景来看，艺术、艺术品、艺术家、灵感这些要素都不具备可复制性，由此往往会陷入一种对艺术家的个体性崇拜当中，让我们无法审视艺术的客观性与真实性。正是在上述的意识、话语塑造的过程中，我们将艺术品等同于艺术家个人创作的内在个体性崇拜转变为对“‘艺术品＝艺术家之天赋’‘艺术品＝艺术家之意图’‘艺术品＝艺术家之手’‘艺术品＝艺术家之名’‘艺术品＝艺术家之个体’”[①]等观点的认同，这也体现了传统艺术学过度关注于艺术的形式与内容。正是在这样地理解与阐释方式下，我们不知不觉将艺术本身塑造成了一种超凡脱俗、“形而上”的产物。对于上述理解与塑造过程，贝克尔并不苟同，他试图从标签理论视角去解构“艺术”的神秘性，将艺术本身视作一种常规性的社会现象，把艺术家的创作实践界定为一种在特定的社会情境下社会化活动的产物。在这样的理论视角下建立起来的“艺术社会学”，其关注点已经从单纯研究艺术现象与形式本身过渡到整个艺术演变过程。在这样的研究过程中，贝尔克不仅关注作为艺术创作主体的艺术家自身的创作理念、特定情境下所涵盖的社会条件、社会观念和社会心理等多方面因素，还注重多主体、多种因素之间的相互作用、交叉影响过程。概言之，艺术社会学领域中的“艺术”过多地剥离了艺术家个体的独创性，强调艺术本身的超个体性、超历史性、永恒性，强调艺术作为一种一般性、普遍性概念所应有的共性特征，这就像将高高在上的、仿佛只有艺术家才能获得的“艺术”降低到普通人也能理解的概念范畴，由此在很大程度上消解了艺术的“神秘感”。而这种“消解”的理念，正是将其视作一项集体性活动的产物。

2. 作为一项集体性活动的产物：艺术与越轨

在贝克尔看来，社会学的研究对象应该是一项多主体参与的“共建共享式”的集体性活动，而艺术与越轨作为两种重要的活动形式，也无法逃离这一解释路径。那么，到底什么是“集体性活动（行动）”？对此，贝克尔在《局外人》一书中这样论述：“我们每个人在自己行动的同时也关注他人过去和现在的所作所为，以及未来可能产生的行动。个体会努力使自身的行动与他人行动趋同并相适应，而其他人中的任何一个也会依照自己所见并根据别人的期望调整自身的行动。这类在调整和适应方面的努力都可以称为一种集体行动。”[②]从某种意义上来

---

① 卢文超.社会学视野中的艺术家——霍华德·贝克尔的艺术家观念探析[J].艺术学界，2016(02)：10-20.

② 霍华德·贝克尔.局外人：越轨的社会学研究[M].张默雪译.南京：南京大学出版社，2011：168.

看，贝克尔想要强调的就是人们在定义艺术和越轨的过程中会不自觉地考虑到周围发生的情况以及可能带来的影响，由此无法重视与之相关联的多元主体的相互作用。本书从贝克尔的《局外人》与《艺术界》这两本极具代表性的著作中选取相关内容与论述来引证上述观点。

一方面，为了更好地解释“越轨”本身是一项集体性活动的产物，贝克尔列举了现实生活中常见的“工厂活动”来加以说明：“当工人们要共谋限制工业生产时，他们需要得到工厂检察员、维修工和工具管理员的帮助。当工厂职员偷窃公家物品时，他需要上级和下级两方面的积极配合。”①可见，上述工厂环境中常见的两种活动都是一种集体参与的、彼此互动构成的产物，其中涉及多主体间的互动可能是直接性的，也可能是间接性的；可能是彼此面对面的交流互动，“也可能是从不碰面，但却一样维持着长期性紧密关系的互动交往”②。也许也正是经由这些在群体和组织中广泛存在于主体间的多样性互动形式，人类活动才得以产生，这也集中性地体现了一种“互动理论”的普遍性观点。回到“越轨”本身来看，贝克尔将类似于吸食大麻之类的“越轨性行为”定义为一种“职业类型”。为了更加深入全面地理解越轨行为，贝克尔对这种“职业类型”的分析并不单纯地停留在关注那些被标签为违反既定规范的群体层面，而试图将“那些制定和执行规范的群体”纳入研究范畴之内，将“越轨以及被贴上越轨标签的个体视作两个群体互动的结果，其中一个群体出于自身的利益来制定和执行规范，另一个群体是因为具有一些由个人利益出发的行动而被标签为越轨”③。换言之，贝克尔一再强调“越轨”的人为建构性、社会性以及集体创造性，重申“越轨”本身是由许多人和不同群体之间默契而全力配合下的产物这样一个“社会事实”。可见，贝克尔研究视域下的越轨不限于探讨越轨者的个人和社会特征，而更倾向于把关注点放在“被标签的过程及其对判断的反应上，试图将所有涉及和参与该现象的人都纳入研究视野当中”④，以此来分析作为一项集体性活动产物的“越轨”。

与此同时，贝克尔认为“艺术”（艺术品）也是作为一项集体性活动的产物。他使用“艺术界”这一专业性的术语来分析艺术品的产生过程。何为“艺术界”？通俗来讲，就是认为艺术本身是一种集体性活动。正如贝克尔所言：“所有的艺术工作，就像所有的人类活动一样，包括了一批人，通常是一大批人的共同活动。通过他们的合作，我们最终看到或听到的艺术品形成并且延续下去。艺术品总

---

① 霍华德·贝克尔.局外人：越轨的社会学研究[M].张默雪译.南京：南京大学出版社，2011：169.
② 霍华德·贝克尔.局外人：越轨的社会学研究[M].张默雪译.南京：南京大学出版社，2011：169.
③ 霍华德·贝克尔.局外人：越轨的社会学研究[M].张默雪译.南京：南京大学出版社，2011：26.
④ 霍华德·贝克尔.局外人：越轨的社会学研究[M].张默雪译.南京：南京大学出版社，2011：139.

会展现出那种合作的迹象。合作的形式可能是短暂的，但经常变得或多或少常规起来，产生了我们可以称作一个艺术界的集体活动模式”[①]。贝克尔认为，这样一种集体性活动模式最为显著性的体现便是艺术品的产生过程，这就涉及贝克尔关于艺术的生产阶段与分配阶段的相关论述：“对于生产阶段而言，必然需要原料供给、辅助人员，比如摄影作品产生过程中所需的胶卷，音乐会的演奏人员等等。对于分配阶段而言，贝克尔主要以艺术家从事艺术创作过程中的赞助人（教会、富人、政府和公司）为例，认为这四种赞助人基本上是以自身利益本位去从事赞助行为。对此，艺术家在从事艺术创作的过程中不可避免地需要迎合赞助人的利益，由此导致其不能完全自由自主地追求美学利益。”[②]由此可见，尽管“一个艺术界的参与者对于完成工作有共同的利益”，但他们也有潜在的相互冲突的个人利益。事实上，“不同种类的参与者之间的冲突是长期的和传统的”[③]，艺术家正是在这张相互制衡的网中工作的，由此不可避免地带有集体性活动的烙印。

3. 标签视角下的镜中影像：艺术与越轨

正如贝克尔在《局外人》一书的引言中所述，艺术和越轨都是“类似的、极具普遍性”的研究议题，两者的定义都不那么地清晰，“类似的争论与过程在学术领域中同样存在”。与“越轨”不同的是，艺术标签能够起到增添价值的作用，而“越轨”标签却是一种会对被贴标签的人或事物产生伤害的、污名化的产物，“被贴上‘艺术’标签的过程与被标签为‘越轨’相比就如同镜中影像般，是恰好相反的”[④]。

那么，艺术、越轨与镜中影像是什么关系呢？这需要从艺术和越轨的相似性与差异性加以论述。从相似性而言，贝克尔通过多方交互分析及其引起的反应将“艺术和越轨”细分为四种差异性的类型，见表1、表2。

表1　越轨行为的种类[⑤]

	遵从规范的行为	违反规范的行为
被他人视为越轨的行为	被错判的	纯粹越轨
不被他人视为越轨的行为	顺　从	秘密越轨

① 霍华德·贝克尔.艺术界[M].卢文超译.南京：译林出版社，2014：134.
② 霍华德·贝克尔.艺术界[M].卢文超译.南京：译林出版社，2014：114.
③ 霍华德·贝克尔.艺术界[M].卢文超译.南京：译林出版社，2014：194.
④ 霍华德·贝克尔.局外人：越轨的社会学研究[M].张默雪译.南京：南京大学出版社，2011：7.
⑤ 霍华德·贝克尔.局外人：越轨的社会学研究[M].张默雪译.南京：南京大学出版社，2011：125.

表2 艺术类型①

	遵循特定规范的	违反特定规范的
被他人视为艺术的	有实有名的艺术	无实有名的艺术
不被他人视为艺术的	有实无名的艺术	无实无名的艺术

从越轨行为的分类属性上看，所谓的顺从行为是指行为主体遵从了既定的社会规范，这种合乎规范的行为模式也得到了评价主体的认可，纯粹越轨则与之相反，指行为主体违反了既定的社会规范，这种偏离既定规范的行为也得到了评价主体的认可，这是两种常见的行为模式。但在客观现实当中，还存在另外两种有趣的行为模式：被错判的越轨行为与秘密越轨行为。对于前者而言，它指"被指控者的行为本身可能并无过错，但他人认为不合理"的一种"名实不符"的情况。对于后者而言，指代那种"客观存在的有悖于社会规范的行为不为人所知或知情人并未表示明确异议"的情形。

对于"艺术"的四种类型而言，学者卢文超根据事物本身的艺术之实与其创造者是否寻求艺术之名细分了"实名兼具的艺术、无实有名的艺术、有实无名的艺术、无实无名的艺术"②这样四种差异性的艺术类型，以此来将贝克尔《艺术界》一书中暗含的分类方式显性化。正是秉承这样一种多方交互分析下的分类方式，让我们看清了看似普遍的"艺术和越轨"现象背后的显著性差异。不过，正如霍华德·贝克尔所言，标签化的艺术和越轨并不是先天性就存在的，它是一个"社会性创造过程"，是一项多主体参与的、共建共享式的集体性活动。③ 可见，贝克尔一再重申的是"越轨和艺术"的社会建构性而非先验性。本书认为，如果我们单纯地从社会性建构角度去审视标签化的"越轨和艺术"，表1中的"顺从"和表2中的"无实无名的艺术"，本身并不属于越轨和艺术。由此，这里参照霍华德·贝克尔原有的分类标准，从"社会性创造过程"的视角对越轨与艺术的分类加以调整，详见表3。

应该说，无论是霍华德·贝克尔本人对"艺术和越轨"所作的类型学分析，还是本文从"社互性创造过程"视角对原有分类模式的部分调整，都初步证明了"艺术与越轨"两者之间存在着互为"影像性"的共性特征。

---

① 卢文超.作为标签的越轨和艺术：从标签理论解读贝克尔的《局外人》与《艺术界》之关联[J].社会，2014，34(02)：231－242.

② 卢文超.作为标签的越轨和艺术：从标签理论解读贝克尔的《局外人》与《艺术界》之关联[J].社会，2014，34(02)：231－242.

③ Becker，Howard S.，1963，Outsiders：Studies in the Sociology of Deviance (New York：The Free press).

表 3　社会性创造过程视角下的“越轨与艺术”

	遵从特定规范的	违反特定规范的
被他人视为越轨的行为	被错判的	纯粹越轨
不被他人视为越轨的行为		秘密越轨
被他人视为艺术的	有实有名的艺术	无实有名的艺术
不被他人视为艺术的	有实无名的艺术	

但“镜中影像”毕竟有两维：一是实体性的物体存在，另一个是虚拟化的“影像性”存在，两者之间还是存在着显著性的差异的。在此，我们不能单纯地将“艺术”和“越轨”作一个实体性与虚拟性的划分，因为从某种意义上讲，两者都是贝克尔经验社会学研究中极具典范性的研究议题存在。不过，我们也能够清晰地看到两者之间存在的“对立性”差异，这种差异集中体现在对“被标签”对象所带来的影响层面。通常情况下，标签化的“艺术”是一个增添价值的、有积极影响的过程，相对而言，标签化的“越轨”却往往成为污名化、极具消极影响的过程。

对于标签化的“艺术”而言，贝克尔列举了杜尚的《泉》来说明其增添价值的过程。对于《泉》这件艺术品而言，在其成为“艺术品”之前，不过只是一个普普通通的工厂流水线上生产的马桶而已，而杜尚本身实际上并没有参与这件“艺术品”的整个制作过程。正是由于上面有了杜尚个人的签名，人们将它标签化为“艺术品”，这个标签化的过程正是使其价值增值的过程。其实在现实生活当中，大自然中可偶然拾得的物品不胜其数，人们在将普通的物品移植到博物院、展览馆等场所中，将其“标签化”为艺术品的整个过程即对这个物品本身产生了独特而有利的影响，从而集中体现了标签化的“艺术”其实是一个增添价值的、有积极影响的过程。

相比较之言，标签化的“越轨”就没有那么幸运，因为它往往是一个污名化、贬低个体价值的过程。贝克尔以一种社会公认的“大麻吸食行为”为例来讨论“越轨”，分析标签化的“大麻吸食者”这一身份给每一个普通个体带来的消极影响。在美国，大麻吸食是被认定为一种违法行为，谈到大麻吸食者人们会不自觉地认为他们是一群缺乏责任感、毫无自控能力，甚至是神经错乱的群体，在这样的固有认知观念下，被贴上“大麻吸食者”标签的个体难免会遭受非大麻吸食者的歧视与排斥，进而导致个体正常社会关系出现部分断裂状况，正是在这样一种业已构建的污名化身份下，他会“使越轨行动者陷入一种境遇，在这种境遇中他很难回到日常生活的常规轨道上来，并使他产生‘反常’的行为”[①]，陷入一种恶

① 霍华德·贝克尔.局外人：越轨的社会学研究[M].张默雪译.南京：南京大学出版社，2011：159.

性循环的泥潭。可见,标签化的“越轨”对个体成长过程中产生的消极影响是不容小觑的,“艺术”的标签与“越轨”的标签仿佛是“标签化理论”的正反面,促使我们更加理性、清晰地看待“标签”所带来的客观效果。

4. 再谈标签理论:理解艺术和越轨的新向度

贝克尔秉承符号互动范式的研究传统,将“艺术和越轨”这两种常见的人类现象看作通过“人们共同面对的情境与其他人的相互作用而出现的”。[①] 正是通过这样一种分析路径,将“艺术和越轨”看作是一个社会性建构的过程,不仅关注建构过程中人与人之间共处的情境性因素,同时也将与之相关的多个主体纳入分析范畴之内,使得上述的两种如同镜中影像般的“标签过程”进入大众视野,消解了传统的、先验性的“艺术和越轨”所具有的神秘感。或许正是通过这样一种分析社会现象的视角,它能够使“原本模糊的意义逐渐清晰起来”,由此开创了理解艺术和越轨的新向度。

客观地看,用标签理论来理解“艺术和越轨”也存在着诸多问题,这些问题往往成为学界广泛诟病的原点,具体来看,有两个方面的问题:

其一,过度强调“艺术和越轨”的标签性本身就存在一定问题。一方面,对于标签化的“艺术”而言,过度强调“艺术”本身是一种一般性社会建构下的产物,一再重申“艺术”是一种集体性的创作过程,这种倾向于将“艺术”本身不加区分地作一般化处理的方式难免会存在忽视艺术家个人天赋、弱化其个人成就的风险,这与那些伟大艺术家本身所具有的非共性、反常规性的特征不相匹配,这集中性地体现了标签化的“艺术”解释的不足之处。与此同时,虽然贝克尔一再重申标签化的“越轨”只是一种将客观事实清楚地呈现在我们眼前的方式,但限于议题本身的敏感性,在实际操作过程当中,倘若过度解读权力阶层的“越轨”强加过程,难免会对常规道德基础产生冲击,进而“有损权力基础的稳固”,沦为“包庇和姑息敌人”的发声者。相反,倘若只是中规中矩“抨击”压制性的底层机关,选择性地忽视高层的责任,这种将问题的产生都归因于底层机关的方式事实上也是对制度高层的维护,由此难免会获得“作为现存制度的拥护者”的角色定位。针对上述的两种批评,正如贝克尔所言:“就我们目前的知识状态来说,我们只能以猜疑的方法来处理这些问题。”[②]换句话说,贝克尔也无法对上述的问题作出科学性的解答,也就无法赋予标签化的“越轨”以确切的合理性。

其二,标签理论并未解释“为什么”人们最初从事的是越轨行为,抑或是“为

① 周晓虹.现代社会心理学:社会学、心理学和文化人类学的综合探索[M].南京:江苏人民出版社,1991:396.

② 霍华德·贝克尔.局外人:越轨的社会学研究[M].张默雪译.南京:南京大学出版社,2011:324.

什么”偏偏是某一特定的物品成为“艺术品”，并未将这些问题加以理论化。更具争议的是，标签理论易于在高估标签和污名的影响的同时也低估了官方标识程序的重要性。犯罪作为一项严重的越轨行为，并不是说当一个人被标签化为“越轨者”之后他才会从事犯罪的“越轨”行为，有的人可能先天性的就具有“积极性的异常行为倾向”，也有可能只是一种单纯性地过失犯罪行为，这些都是标签理论所无法阐释的。此外，标签理论也不能确切地说明，若一个个体较早地获得“越轨”污名，将如何影响一个人的长期生活，也无法完全说明标签化为“艺术”后对特定的物品会产生那些显著性的影响，这些都体现了“标签理论”解释社会现象的薄弱性所在。

鉴于此，我们应当清醒地看到，贝克尔基于自身独特的人类学视角和田野观察的经验，在充分利用特定的社会学文化转向背景下，将其掌握的社会学领域中的标签理论延伸至艺术、越轨两个研究范畴当中，这或许给了我们以一种焕然一新的感觉，开拓了我们理解“艺术和越轨”的新视野，深化了我们对这两个研究范畴的认识。但我们切勿陷入书本的理论陷阱当中，毕竟这是在特定的语境下，根据特定的条件与自身经历得出的理论性成果，且不论其成果本身的不足之处，即使是完美无缺，它也并不完全能够推论到现代化环境当中。对此，我们在把握贝克尔的《局外人》与《艺术界》两本著作中对于“艺术和越轨”的分析方法的基础之上，要学会跳出“标签理论”陷阱，不拘泥于文本本身，用自己反思性的、批判性的思维能力去理解“艺术与越轨”这两个理论议题，将这两个研究范畴放置到当下的时空视域当中，结合自身所属的时代背景来对“艺术与越轨”加以解读。那么，基于现代语境下，我们应该怎样审视“标签理论”下的“艺术和越轨”？本文认为可以从以下三个维度展开：

第一，关注“标签理论”本身的局限性。应该说，当我们试图将特定的研究内容上升到理论性层面的时候，不可避免地需要对理论本身所适用的时空情景、特定对象等范畴加以限定。对于“标签理论”下的越轨行为而言，不同时空情境下对“越轨”的定义存在显著性的差异，正如霍华德·贝克尔在《局外人》一书中所指出的那样，“所有社会群体都有自己的群体规范，这些规范在特定的时间以及情形下会得以执行和实施”，不同时空场域中的规范及其执行往往存在显著性的差异。对此，一方面我们不能脱离客观性的时间和空间两个维度去分析标签下的“越轨”。与此同时，我们也应当认识到“标签理论”下的越轨行为理应具有明确的指向性特征，并不是所有的通常意义上的行为都可以称之为越轨行为，在重申“标签理论”所具有的社会建构性特征的基础之上，我们可以将霍华德·贝克尔对越轨行为的分析限定到被错判的、纯粹的以及秘密性越轨三个对象范畴，以此提升标签理论的适用性。类似地，对于“标签理论”下的艺术而言，霍华德·贝克尔更多地将艺术作为一种社会现象，将艺术品作为一种物化的产品，把艺术家创作的实践作为一种在特定的社会情境下社会化活动的产物。对于普通化的、中规中矩的艺术家的艺术创作而言，他可能更多地受到外在的客观性社会因素影响；但对于那些具有伟大艺术性天赋的艺术家而言，可能与生俱来的天赋性因素却占据着主导性地位。因此，我们在试图运用“标签理论”去分析艺术现象的时候，不仅需要从社会性建构的角度去筛选出真正意义上的艺术，而且我们应当细分艺术分析对象，区别对待那些中规中矩的艺术家与具有伟大艺术性天赋的艺术家。

第二，将“标签理论”视作一种分析视角而非“人们批评的那种意义上的理论”[①]。虽然我们倾向于将贝克尔的研究旨趣归纳为“标签化理论”，但其本人却不认同这样一种表达方式。在他看来，他认为自己关于越轨与艺术的研究并非“人们批评的那种意义上的理论”，抑或是说霍华德·贝克尔的主观目的并不是要试图建立一种完美的“越轨和艺术”的解释路径，而是想要通过具体的案例性研究来揭示标签行为所产生的实际效果，以此作为客观现实的关照，“它试图解决的是一个经验性问题，而非理论性问题”。[②] 从这个意义上讲，对于艺术和越轨而言，“标签理论”作为我们看待这两种差异性的人类活动的重要理论视角，不仅能够“阐明在一般性的成规制约下进行研究的对象，而且拓展了我们看待这些现象的学术视野”。它让我们意识到，对越轨与艺术的研究不应该局限于概念本身的表现形式上，而要拓展到更大范围的人和事件当中，用过程性的思维去看待标签化的越轨与艺术。特别是对于标签化的“越轨”而言，不能选择性地将那些德高望重或声名赫赫的人排除在研究对象的范围之外，要秉持一种价值中立的研究方式，对现象的所有参与者进行调查研究。坚决排斥任何对“越轨”定义的强加过程——“对事件情形、人的行动和行动者本身”，因为“这些定义强加过程通常是由权力阶层或者是有足够合法性去执行的人来完成”[③]。

第三，构建一种多元性分析视角，对“艺术和越轨”作全面性地阐释。“艺术和越轨”都是一种多因性的社会现实，可以从多种角度来加以阐释。对于越轨现象而言，来自生物学、社会学、心理学等诸多学科在这一领域做了大量的研究，提出了许多解释越轨行为的理论视角。在生物学者看来，个体的越轨行为是一种病态性的表现，侧重于从个体的外貌特征以及内在生物性因素（遗传基因、染色

① 霍华德·贝克尔.局外人：越轨的社会学研究[M].张默雪译.南京：南京大学出版社，2011：166.
② 霍华德·贝克尔.局外人：越轨的社会学研究[M].张默雪译.南京：南京大学出版社，2011：167.
③ 霍华德·贝克尔.局外人：越轨的社会学研究[M].张默雪译.南京：南京大学出版社，2011：188.

体等）来解释越轨行为；在心理学者看来，个体天生具有越轨的动机而非遵从社会规范的潜质，只有通过一定的社会化过程，才能抑制原始的越轨动机；在社会学者看来，越轨行为的发生离不开特定的社会环境因素，同时也可能是不对等权力关系下“他者”定义的结果，由此衍生出社会反常理论、文化相对理论以及标签理论等的理论派别。正如学者周晓虹所言：“作为探讨越轨行为产生、发展的理论，每种观点都各有千秋，但也各有偏颇”①，正是不同观点之间的相互争鸣、相互影响，为推动构建一种多元性的分析视角奠定了重要的理论基础，从而促进我们对越轨行为产生更为完整、全面的认识。类似地，当我们试图完整地追溯“艺术”的解释路径，也能够归纳出两种差异性的阐释方式：传统美学视域下的艺术和艺术社会学视野下的艺术。② 前者突出艺术家的先天性禀赋，对艺术家与生俱来的个体性因素展开深入的研究，却也存在忽视艺术家集体性的危险；后者过度突出艺术家的集体性，认为艺术不过是一种“社会性建构下的产物”，也在一定程度上存在弱化艺术家个人禀赋的危险。对此，在实际的研究过程当中，我们应当将传统美学视域下的艺术与艺术社会学视野下的艺术统筹考虑，在注重考查艺术家个人天赋性因素的过程中也应关注艺术家的创作环境，以此构建一种多元性的分析视角来对“艺术和越轨”作全面性的阐释。

我们认为，在上述的三个维度中最为重要的是要搭建一个多元的分析视角，以此实现对不同研究议题的全面与完整的阐述。当然，所谓的多元性分析视角并不等同于传统意义上的将不同理论视角进行机械式地叠加，最后使理论综合的愿景沦为过于简单化的折中主义。而是要在把握学科发展前沿的基础之上，找到实现两种甚至是多种方法论有效融合的“契合点”。就客观现实而言，在跨学科研究过程当中，不同的理论资源和方法论之间实际上存在着理论张力，如何在有效把握张力的同时保持不同方法论的独特性、交融性，本身就是一个“知易行难”的现实困境。对此，我们应当以问题为导向，在理清核心问题的前提下找到能够有效解决问题的方法，这不等同于完全照搬式的“拿来主义”，而是要在历史的语境意识和地方性的语境意识之下紧扣问题开展研究，富有针对性地选择相关的理论视野，这样才能做到有的放矢。对于“艺术”现象的分析而言，现在正在发展中的新艺术社会学，正是以问题为导向，意识到传统美学视域下的“艺术”和艺术社会学视野下的“艺术”都是艺术当中不可分割的一部分，试图将审美纳入艺术社会学的图景当中，将艺术社会学关注的“人与人的互动”扩展到“人与物

① 周晓虹.现代社会心理学：社会学、心理学和文化人类学的综合探索[M].南京：江苏人民出版社，1991：399.

② 卢文超.论艺术社会学的双重面相——以霍华德·贝克尔为例[J].艺术界，2015(01)：148-161.

的互动”,试图同时关注人与物互动过程中两个不同主体层面的内容,以此实现将审美带回艺术社会学当中的伟大图景。[①] 应该说,随着新艺术社会学的深入发展,以问题为研究导向,将美学带回艺术社会学是完全有可能的,也是学科发展的前沿方向,这也恰好佐证了问题导向思维在构建多元性分析视角当中的重要性所在。倘若我们将这种以问题为研究导向下构建的多元性分析视角运用到其他的研究议题当中,势必会对既有研究产生独特而重要的参考性意义。

---

① 卢文超.将审美带回艺术社会学——新艺术社会学理论范式探析[J].社会学研究,2018(05):93-116,244.

上篇 描述性研究

——吸毒人群口述史(2000—2019)

第一部分　21世纪初的十年

（2000—2009）

飙车一族

他——一个父母离异、父亲早亡、喜欢飙车的男孩，因吃摇头丸来到戒毒所。管教员告诉我，他在所里表现很好。我递上一支烟，开始了我们的交谈……

访谈对象：个案1　男性　1985年生　小学文化

访谈地点：南京市戒毒所（石佛寺）

【个案1】我是南京人，1985年生，我爸爸妈妈以前是工人，在厂里面上班，小的时候，大概在我四五岁的时候，父母就离异了，我跟着父亲生活。离婚前他们两个人经常吵架，我妈妈喜欢出去玩，不怎么顾家，我爸爸也打过我妈妈的，后来他们就离婚了。过了没几年，我爸爸因为意外去世了。1996年以后，我就跟着我的奶奶生活，一直到现在。

【调查者】你爸爸是什么原因意外去世的？

【个案1】是这样，我父亲在我五六岁的时候，因为一次出差受伤，就歇在家里头，单位每个月发他工资，然后他在家里头做一点事情，帮别人加工东西。后来，有一次加工油桶的时候，不幸油桶爆炸被烧死了。这对我的打击很大。我小的时候，就是我爸爸管我，我妈妈从来都不管我，我爸爸和我的感情更深一些，从我四五岁到他去世，都是他照顾我，所以当时他死了我哭得很厉害。

【调查者】你爸爸去世了，你怎么不和妈妈一起生活？

【个案1】我妈和我爸离婚以后，两年后就结婚了，后来生了一个女儿，所以我也不好去。至于抚养费，我去拿她也给我。但是他们刚离婚的时候，抚养费是三十几块钱，后来我家老子没去世之前到法院去上诉的，加到75块钱一个月。

【调查者】你是什么文化程度？

【个案1】我上到小学六年级，我父亲就去世了，而且我小的时候身体不好，有哮喘，三天两头学习跟不上，一周上五天课，最起码有三天在医院。所以后来就上不下去了。我感觉，这里面有一些家里的因素，毕竟跟着爷爷奶奶生活，他们年龄也大了，也管不了我。后来就在外面接触一些人和一些事情。

【调查者】接触的这些人都是些什么人？

【个案1】都是十二三岁的青少年，那时候天天玩游戏机，不然就是到外面玩玩，歌舞厅是我十三四岁开始去的。这中间，我很少在家，经常出去玩，接触一些社会上面的人，后来还吃了一次官司。

【调查者】说说怎么吃官司的？

【个案1】因为家里面的事情。我感觉我的家庭关系很复杂，我父亲有两个弟弟一个妹妹。我家二叔叔后来结婚了，但是他的老婆蛮霸道的，我小的时候就不喜欢她。那时候他结婚，我爸爸还没去世呢，大概是1994年。那时候，我爸爸在我们这个大家庭里面讲话蛮算数的。我们这个大家庭住在一起，因为我爷爷的房子比较大。后来就因为房子的事情，有一些小矛盾，我家爸爸和二叔叔老婆还因为房子事情打过几次架。后来，我爸爸去世以后，那个女的还蛮恶毒的，在家里面就天不怕地不怕了，我叔叔呢，也怕她。后来是我十二三岁的时候，她骂我奶奶，我就和她打了一架。那次是因为房子事情，就是我奶奶想把房子给我，但是她不愿意。还有一次，她妒忌我奶奶对我好，对她的女儿不好，那时候我喜欢开摩托车，一次摩托车坏了，我和奶奶要钱修一下车子，她在旁边就和我奶奶吵起来了，说不应该给我钱、护着我；当时我没理她，但是晚上，一回家她还在那边吵房子的事情，我那时候脾气也蛮暴躁的，我就一生气，说你们吵房子，我把房子烧了，谁也拿不到。我就从摩托车里面拿了一点汽油下来，泼到她房间，点一把火就走了。后来就到朋友家里去了。过了两天，派出所就来找我，因为这个事情，我被送去劳教了18个月。

【调查者】你当时很生气吧？

【个案1】是啊，我现在也和她闹。我和我奶奶在一起住，我自己有一间房子。有一次，我在朋友家玩，我妈妈的妹妹告诉我，家里头好像出事情了，说我的家具都给搬出来了，他们的家具搬进去了。我就生气了，我就带了几个人把他们的东西又搬出去了。哎，都是过去的事情了。现在很少和他们见面。

【调查者】你脸上的伤疤？

【个案1】是和别人打架，别人搞的，今年的事情。就是因为家门口一个神经病，那天也是我在家里面喝酒喝多了，他家住在二楼，我家住在一楼，我和几个朋友在家里面吃饭吃得好好的，吃过饭准备出去，突然有一个啤酒瓶子从二楼飞下来，从我头前面落地了。我就气了，然后我就吵了。他说我要砍你。我回去拿把菜刀就往楼上冲，他一个手拿把斧子，另外一个手拿了一把菜场的大刀，我们在一楼半的地方碰到了，我准备砍他的，没有砍到，手一滑就飞了。他另一个手的刀就下来了。我朋友上来了，一把把我拉到旁边去了，用膀子帮我挡刀，挡了五刀。后来，他又冲到我小叔叔那边，砍他了。最后我们被送到医院去了。我伤得不重，我朋友倒是很重，大家花了不少钱。当时钱还是朋友帮我们垫付的。

【调查者】回想一下，你是什么时候接触到摇头丸的？

【个案1】我是2000年底，那时候经常蹦迪，新街口的FT，以前的好多场子都有摇头丸，就接触到这些东西了。那时候还不经常吃。

【调查者】第一次怎么接触摇头丸的？

【个案1】我第一次是在场子里开了包间，大家在一起吃的。那个时候，南京还不怎么流行这个东西，那时候摇头丸贵，K粉便宜；现在是K粉贵，摇头丸便宜；以前是买药送K粉，现在是买K粉送药。

【调查者】你最初吃这个东西，有什么感觉吗？

【个案1】比较兴奋，而且要有音乐，没有音乐就会吐，同时会产生一些幻觉。我们一般嗨都是十一二点开一个包间，通宵嗨，一直到早上六七点钟。吃了摇头丸，就不知道哪里来的劲，能一直摇到早上都不觉得累。我们那个时候，都是关系比较好的人，一起开一个包间，喝喝酒，吃了药，就开始嗨。一般一个包间里面七八个人，也有多的。后来，南京疯狂的时候，也有一百多人开一个包间在嗨的，一般都是公司聚会，或者是大型的嗨场。像南京XRDS的场子，有一个包间七八十人在里面都不嫌挤。

【调查者】那时候，你一般间隔多久去嗨一次？

【个案1】要看心情的，你说这个东西没瘾也不现实，心里也想；不过如果今天晚上没有嗨的了，就找别的活动，唱唱歌、打打牌，在家租租碟子看看也行，不像那些抽粉的人，不抽会难受啊什么的。我有的时候是天天嗨，有的时候隔一两个星期去一次也有。主要是看情况，钱嘛，都是到时候再说。有的时候别人过生日，肯定是他出钱；如果说大家都想玩，情况又不是特别好，就每人出几百块钱，大家出去开个包间，就是大家抬石头(表示AA的意思)。嗨的次数增多，用的量也在增加，相应的费用也增加了。比如说，现在卖K粉和药的，都很贵，特别是K粉，现在都要万把块一盎司。

【调查者】你们在场子里面都怎么买新型毒品？

【个案1】都是找熟人，在以前，场子里面也有人兜售，但后来公安抓得紧了，场子里面就少了，现在不敢了。在场子里面一定被抓。我们现在拿货都是在兄弟那边。我以前被抓过两次，当时还不严，只是罚点钱，一起玩车子的朋友，帮我交的钱。我们以前有一个车队，在南京很有名，几百辆车子，叫蝙蝠车队，在南京登过报纸的，当时公安抓过的。

【调查者】你们车队规模不小吧？

【个案1】是啊，我当时开公路赛车，马力非常足。我也喜欢冒险和刺激，我小学时候，我奶奶爷爷比较惯我，四年级，他们就给我买了一辆金鸟摩托车，就开车上学，后来不上学了，车子就慢慢换，由小到大，越来越好。我开车子也开了八九年了。中间也出过事情的，有好几次都差一点送了命。有一次，酒喝多了，也嗨大了，神志不清，连头盔和手套都没有带，从HY出来，在城西干道开车，我开到时速150公里，虽然没出事，但是还是蛮害怕的。还有一次，在玄武湖隧道，有一次闯过去了，别人还追我，开了170，转一个弯子，差一点跌下来。还有一次从紫金山上连人带车摔下去了。一个网子把我挡住了，否则人都没有命了。那天我酒喝多了，喝了12瓶啤酒、半斤白酒，很热很热。我朋友让我去唱歌，我说不去了，就开车子回家，但是开着开着就开到太平门去了，一个人三点钟就开上山了，我开到山顶，我也不知道自己在那边干什么，我就往山下开，开得蛮快的，一脚刹车没有踩好，就栽下去了，正好在山腰给一个网子挡住了。我也受伤了。后来联防发现我，就把我救上去了。

【调查者】你那时候谈女朋友了吗？

【个案1】我谈的，小的时候开窍比较早，十三四岁就开始谈了，有家门口的、有学校里的，谈的都是比我大的，十五六岁的女孩子比较多。现在我的女朋友比我还大两岁呢。那时候一点点大，都是玩，谈朋友哪能很认真呢！

【调查者】嗨大了是什么状态？

【个案1】怎么讲呢，就是有幻觉。为什么很多女孩子喜欢我带着她们嗨呢，就是因为我带着她们嗨有劲，不像人家嗨得没劲，都是软软的。我给你形容一下，一般我们都是手挽着手，跟着音乐，我的动力和劲头都是别人不能比的。像她们有的时候嗨大了，就会产生种种幻觉，感觉像开着跑车，很过瘾的感觉。嗨这个东西，我有两个月嗨了十四五万。那时候和两三个女的，天天在HY，一次消费都是几千块钱。

【调查者】钱怎么办呢？

【个案1】在外面搞一点，从来都不和家里人要，有时候倒一倒车子，有的时候也发一点摇头丸和K粉。我有一个非常好的朋友，经常和他在一起干，后来他被抓到了，被判得很重。我呢，主要是赚一个中间差价，就这样搞点钱。我卖了一套房子，18万。用这钱去开了一个服装店，亏了2万，其他钱都嗨掉了。

【调查者】你跟我详细说一下嗨一次的花费？

【个案1】那时候一般4 000块钱一盎司，我认识朋友，一般3 000一盎司，我一晚上一般要用1 500块钱，药一般300块钱(50块一颗)。开一个包间，经理我认识,一般 400 块就拿下来了。还有酒啊香烟啊,一个晚上,保守一点要 3 000 块钱。

【调查者】你周围吃摇头丸的人多吗?

【个案 1】好多,太多了,因为我接触的都是这些人,见得也多了,我接触的人大多数都是大家一起喝喝茶、打打牌、进档,有时候就算是进档,结束了,干什么呢?一般想到的就是开个包间,去嗨。南京的嗨场太多了,讲一句难听话,今天查过了,过两天,这个场子又有人嗨了,很正常的。因为场子里面主要靠嗨来赚钱,讲句难听话,场子老板手下人在发药,这样可以赚更多的钱。我们被抓过两次,就不吃这个亏了,就到厅比较大的朋友家里玩,要么就在自己家里玩,哪怕是开房间嗨也很好。我们这一次,是庆祝车队两周年,被抓住了。是南京防暴大队来抓的,是 2004 年的 7 月 18 日。

【调查者】经常摇头,你感觉身体有什么反应?

【个案 1】怎么讲呢,如果不是天天嗨,什么感觉都没有,只要白天睡好觉。但是连续搞,身体就有点反应了,比较累。

【调查者】经历这么多,你对社会有什么看法?

【个案 1】我对社会没什么好的看法,小的时候,把别人打伤了(脑溢血、眼睛内出血)我就跑,全国都转过了,像合肥、淮安、杭州、苏州啊,我都去过的。

【调查者】你身边的人对你有什么想法?

【个案 1】我爷爷奶奶那时候都在,后来我吃官司的时候,我爷爷去世了。就是进来嘛,我没有和他们讲,因为不太好意思。我到这边,都是外面玩的朋友过来看看我,给我送一点钱。这一次被抓起来,基本上一分钱都没有朝家里人要。

【调查者】你对发货的人(贩毒者)有什么看法?

【个案 1】这个我很熟悉,你就说广东那边,迪吧都是一条街一条街的,一到晚上,每一个迪吧都有人出来招揽生意,有的坐台小姐出来,还有一些妈咪,乱得很呢。我在广东也嗨过,那边真的很疯狂。我那时候就是和我的一个贩毒的朋友下去的,他就是在安徽城郊收费站给抓住的,1 400 颗药、1 公斤 K 粉,被称为大毒枭,电视台不是报道了吗?为什么他被抓了呢,因为他发药和 K 粉,南京圈子里的人都认识他,外号皮皮,确实名气比较大。我和他以前也被抓过,那时候我们在 BL 嗨,好像是别人举报的,我们就一起被逮到了。那一次,我们被抓的时候也蛮危险的,因为他的车上有两百多颗药(摇头丸)和大麻。但是他车上有个小老弟,后来公安来抓他,他就赶紧打电话给他小老弟让他开车走了,就没有抓到车。后来他就一直在公安的视线中,6 月份他又被抓了。我还认识一个人,他也是发货(摇头丸)的,他家里面很有钱,爸爸是房地产公司的董事长,他妈是开租赁公司的，他手里的汽车就有十几辆。他每一次都是开车开 18 个小时到下面去拿货，一般都是开车子去。我们 6 月 1 日还去看演出的，还有几个别的朋友，什么开档的、开酒档这些人。当天晚上，我们就到安全的私人场所去嗨，我车子开得很好，他说明天去拿货，他就希望我陪他去，因为我以前经常去。后来我也不好拒绝，但是第二天我睡过了，就没去。结果 6 月 8 日他就在安徽一个收费站被抓住了，因为贩毒。我还是蛮幸运的。

我们这一次被抓了，其中开房间那个人，被判了容留吸毒，他家里人是做生意的，做得不错，我们关系蛮好的。我们这群人关系都非常好。我好多朋友都很好，大家都很讲义气。我还是很欣慰。

涉黑与贩毒

从他魁梧的外表、凶恶的面容来看，我无法想象他是一个大学生，经过交流我才得知，他是摔跤专业的特招生，曾获全国摔跤比赛少年冠军。在我访谈的个案中，他是年龄较小却吸毒、贩毒并涉嫌黑社会的青年，其经历令人震撼。

访谈对象：个案 2　男性　1984 年生　大学文化（运动员）

访谈地点：南京市戒毒所（石佛寺）

【个案 2】我是 1984 年生的，南京人，从小练体育，先练网球，练到六年级就不练了，然后练习摔跤，后来拿到了全国少年冠军。我爸爸妈妈都是在南京做生意的。他们太惯我了，我跟你讲，我 16 岁的时候，上初二，我家人给我买了一辆桑塔纳 99 新秀（14.5 万），让我开车子上学。只要我想要的，他们都尽可能满足。我小学的时候学习成绩很差，比较好动，性格也还好，到了初中，有了一些变化。我先在××中，学校环境很不好，读了两年多，也一直在体校训练，课也没怎么上了，后来转到××中学以后，变化是最大的。主要那个时候生活条件很好，从小穿名牌，我一直穿运动服，那时候湖南路耐克专卖店才开，我就去买了衣服，以后就一直穿名牌，那时候南京还没有人穿这个品牌，我就穿了。体校的同学反正没有好人，个个都是要强，攀比心比较重，你比我，我比你，什么都比。比穿、比女朋友，等等吧。就这么比，要不我也不能让我家人给我买车子，一步到位了。

【调查者】练习摔跤苦吗？

【个案 2】我练摔跤，是 1997 年开始练，第二年开始，连续三年省比赛冠军，1999 年转到省队，然后拿了全国少年比赛冠军，就被保送到上海××学校读书，后来腰受伤了，回来了。当时不想在外地，人生地不熟的，不太习惯，想回南京。就到南京来读体育运动系。我是去年开始不练的。后来到 2002 年，就到社会上混，我的学籍还在××学校，开的证明，运动员的文化课不用上，我当时是国家一级运动员。在体育学院，我是比较小的，但我的人际关系、各方面都很好。我在里面，实际上就是一个小领导。反正就这么回事吧。后来，就在外面混。

【调查者】后来怎么会到外面混？出入哪些场所？

【个案 2】练摔跤的时候玩得好少，主要是同学在一起玩。那时候就喜欢抽抽烟，就相当于玩，当时感觉就蛮开心的，在 1999 年谈了一个女朋友，她在体校练击剑。现在我们感情还不错的。

【调查者】你那个时候还没有十八岁，怎么学的驾驶啊？

【个案 2】我家老早在水西门那边卖香烟，家里面买车买得早，1993 年还是 1994 年就买了。没事了，我就喜欢玩车子，慢慢地就会开了，我家里人也雇了 3 个驾驶员，一辆桑塔纳、两辆面包车拖香烟。我 1994 年就会开了。买了车以后，我也没有驾照，我家人就给我开了。我家人也讲，只要我不在外面调皮捣蛋，无照驾驶也没关系。我记得，第一次给交警拦下来了，我就打电话回家，我家里人找人的，后来交警就把我放了。

我爸爸这一代，兄弟姐妹好几个，三代单传，所以家里头就惯我。父母生意上做得也不错，赚了几百万块钱。但是今年不做了，生意不好做了。

【调查者】你刚才说你变化最大的时候是在社会上混的时候，说说那个时候的一些经历？

【个案 2】2001 年，我就开始在社会上混，我也不用上课，因为我运动成绩好，学习成绩就无所谓。当时保送以后呢，特别照顾。不练以后也没有通知学校，我就在社会上转了。我有几个练体育的朋友，他们在外面混，通过他们就慢慢认识了一些岁数蛮大的活闹鬼，都是老杆子，就和他们在一起窜，进档赌一赌钱（32 张牌），赢也赢过的，最多赢了 6 万多。输得最多的一次输了 30 万。输赢都在几万块钱上下。后来就不赌了。怎么讲呢，该我走这条路吧。2001 年那个时候我把桑塔纳卖了，搞了一点钱，就开始卖摇头丸。南京第一批摇头丸是我卖的。最高峰的时候南京的摇头丸我们都垄断了，那时候，我亲自坐飞机到深圳、惠州那边去进货，十四五块钱一颗，一次进一两万颗，十几万块钱卖 150 万到 200 万。回来以后，就是一百多万。在 FT 夜总会卖，然后到 AJ，之后就是跳舞吧，卖给我们这么大岁数的。大部分都是岁数比较小的人，反正那个时候，一天最少能赚到几万块钱，一天几百颗。那时候国家还没有出台相关措施，就比较安全，也没人管。再加上那个时候人小，胆子大。当时，场子里面有人发，还有一些人帮着卖。当然，一行有一行的规矩。我一般都是把多少摇头丸给他，然后他说好自己拿多少钱，交给我多少钱。这个要之前谈好。大家都在外面混，能做就做了。钱对我无所谓，只要我够用就行了。但我蛮敢拼的。

2002年，我买了一辆本田雅阁，走私车，南京扫黑组把我扫黑扫掉了，涉嫌黑社会，他们老早就盯上我这辆车了，把我的车子没收了。我在社会上，混得还不错，在80年代这一批，我算是混得不错的了。那时候又带了不少小弟，后来给玄武刑警队抓到了，从我的车子里面搜出来100多颗摇头丸、50克K粉，三把斧子、四把刀。

【调查者】你那个时候贩卖摇头丸？

【个案2】也不能说是卖，就是玩这个东西，有人要，就给他们。当然要给钱。怎么讲呢，当我混到一定程度，就不需要自己去做了，只要把东西搞到，让小弟去办了。我在小弟面前，还是老大。我自己有收入，在一些赌档里面，我每天要拿4 000块钱，还有我的几万块钱，放在赌档里面放高利贷，反正每天六七千块钱收入。那时候有钱了，就认识了几个抽粉的，他们说抽抽玩玩。他们抽了好几年了，年龄也比我大，也是我们场所的。第一次，他们在那边抽，我在那边玩，我就说我也来抽两口，我晓得这个东西不好，但是自己好奇，就吃了。

【调查者】感觉你经历非常丰富。

【个案2】有些人说，我的经历，比一些70年代在社会上混的还要丰富，确实是这样。因为一方面我家里人都惯我，另一方面，我父母也在社会上混，白道黑道都熟悉。我爸爸妈妈也赌钱，打麻将打三千、六千的。南京第一批打靶的像曹某这些人，我家里人都认得，关系都蛮好的。从他去年被抓到以后，公安就一直想抓我。我就在逃，跑了有三四个月，从上海回来的路上，给抓到了。他们用高科技，手机卫星定位，把我抓到了。后来家里人找人，在看守所待了一个月，就回家了，摇头丸这个事情就不了了之了。

【调查者】那次以后呢，还抽海洛因吗？

【个案2】那一次抽过，就不抽了。这个东西不能抽了。从看守所回来以后，手上就有钱了，回来以后就给乱七八糟的朋友打电话，他们马上换换衣服，就过来玩，当时我没有什么心情，刚回来，总是很闷的。反正没事干，就抽粉了。那时候手上面30万块钱，都抽了，还被抓了。这一年多，后来都是注射。抽的过程中，就是飘，讲不出来的感觉。抽到后来就不飘了，就上瘾了。一天就1克，要1 000块钱。也不工作，人一抽粉，什么事情都不想干了，也没有斗志了。以前人家说话稍微冲一点，我就可能上去给他打一顿，但是后来抽粉抽多了，什么都无所谓。

【调查者】这一次来戒毒所，是怎么回事？

【个案 2】这一次是出去买针的，买针的时候，被公安抓到了，有人举报的。反正经历丰富还是蛮丰富的，但是一团糟，什么都没有得到，抽粉就是这个结果。路是越走越窄，不管哪方面，什么都没有了。家破人亡！

【调查者】进来以后，有什么感受？

【个案 2】犯瘾过，但挺过来了。药倒是没有用，对我没有什么效果，主要靠自己硬扛。

【调查者】最后想问你，你对社会，特别是娱乐场所有什么感受？

【个案 2】在社会上混，还是要讲德，像那些欺负别人的人，都是一瓶子不满半瓶晃的人，我们又不会欺负别人。对未来，我也没想过，出去再说吧。我现在真的是非常迷茫。

"嗨"大以后

我遇到了一个健谈的女孩，身材小巧、容貌漂亮、性格开朗，我们聊了近 1 个小时，她喜欢"嗨"，喜欢那种摇头的梦幻感觉，至今迷恋。

访谈对象：个案 3　女性　南京人　1978 年生

访谈地点：南京市戒毒所(石佛寺)

【个案 3】人总要找一个宣泄的方式，各人宣泄的方式都不一样。每个人都不一样，也许我选择的也不一样吧，其实摇头也是一种宣泄。那个时候我也经常会和其他一些朋友去摇摇头、打打 K(K 粉)，因为这些东西不上瘾，不像海洛因。

【调查者】能跟我说说在迪厅摇头的感受吗？

【个案 3】好像每个人感觉都不一样。反正我呢，就是在音乐的伴随下，摇头啊，感觉人很舒服、发汗，如果能够嗨出来的话，就会感觉全身都是汗，不知道你相不相信，人家不是常说嗨大了吗？嗨大了以后，就上了另外一个空间，好像比起我们这个世界，那个世界美好得不得了、漂亮得不得了。我自己感觉，嗨大了以后啊，人最大的体验就是这个。在现实世界中人和人不是很熟悉，但是嗨大了以后，我们就很亲切，就好像是多么要好的朋友一样。用这种境界来放松和娱乐自己。也许是现在的人太假了，在这种境界中，感觉人比平时亲切。但嗨这个环境，都是你带我，我带你，他带她，都是这种，花的钱肯定是人越多钱越多。

【调查者】那要花多少钱？

【个案 3】也要看药，像现在的荷兰豆，要 300 元一颗，弱一点的要 200 多。反正药的种类多呢。现在还有一种叫鬼 K，打过以后，人能看到很多很多鬼。反正满恐怖的。不好的药，可能吃了就不好了，比如 100 块钱的就会拉肚子。药里面的成分不好。现在抓得紧了，一般嗨的话，都是后半夜，而且这些药迪厅里面也不敢卖了。现在的娱乐场所，如果他不开嗨包的话，就赚不到钱。嗨包如果一个晚上场合好，锁了门，开了几个的话，一个包间最起码赚两千到三千块钱。如果是好的药，如果是 10 颗，就要三千，K 粉的话，一盎司 K 最起码要五六千，有的时候还要补药，也要万把块钱。这都是场合比较好、瘾比较大的情况。像他们小打小嗨也就是 800 到 1 000 块左右。

【调查者】南京你们都去过哪些场所？

【个案 3】南京的场子那就多了，像 MGM 不知被封过多少次了，还有 XRDS，多呢，南京没有一家不开嗨包的。但一般都是后半夜。像现在娱乐场所竞争这么激烈，上半夜生意都不好，体内不行体外补，就利用后半夜，关上门锁了门，就在里面。

【调查者】你一般多长时间去嗨一次？

【个案 3】我还好，我属于自控能力还好的，像这种场合，想嗨的话，天天都可以去。我从来都不请，女孩子出去玩，从来都不花钱。基本上都是和做生意的、关系比较好的，我一般都是看场合，如果场合好，就大一点；一般做生意的朋友，遇到好这个东西的，就组织，让我也去，有的时候也是别人请他，他带着我和他老婆，都是比较好的。这个东西不是随便嗨的，嗨大了，给人带走了都不知道。大了以后，什么事情都不知道，自控能力好的人还好，像那些十七八岁没有钱的跟着别人去嗨的，我们讲白了，有些男人不就是想占便宜，天下哪有白吃的筵席呢？我们去的时候都是打好招呼的。这是我老婆的好朋友啊，你们不要瞎玩啊，都讲好的。他们就明白了。人家就不可能带走干什么的。而且我嗨大了，也不可能被带走，意志力强就是不走。有的人嗨大了，就会乱跑。到最后人家把她带走了，她也不知道。这样的事情多呢。各人各扫门前雪，何必管别人呢？你又不能让别人不要去钓“潘西”。你是她什么人啊？现在嗨的人都不讲了，改称小支支。都讲搞了一个小支支，基本上意思就是带走(小女孩)。

云上的日子

访谈那天，天空湛蓝，就像这个小伙儿一样阳光帅气。在过去的时光里，他过着“飘在云上”的日子，但他的观念和生存方式令人不敢苟同。

访谈对象：个案4　男性　南京人　1980年生　职高
访谈地点：南京市戒毒所(石佛寺)

【调查者】你能不能说说嗨的感觉?

【个案4】比如嗨大了,就控制不住自己了。从1999年起,我就在XRDS嗨,现在这里面的摇头组,都没有我摇得凶呢。我天天在那边玩,都是认识的人在一起摇头。12点钟以后,坐台的小姐下班了,就大家一起玩。现在外面都嗨疯掉了,1999年还好,现在太多了。嗨之前,吃一颗摇头丸,K粉那时候少,但不要钱,可以买摇头丸送K粉;现在不行,K粉贵得不得了,一盎司一万多。我昨天还打电话回去问的,一万多。抓我的时候,我在桑拿里,我朋友在包间里面嗨。像我们这些在外面混的人,如果是嗨的人,人家不会在意;如果是抽粉的,人家都认为你是粉呆子。比如我以前抽粉,现在不抽了,他会和你在一起玩。但一旦知道你又抽粉了,他就不和你玩了。因为吸到最后,就是一无所有,出去偷啊。但是嗨就不一样了,我今天嗨,明天不嗨也没关系。吸粉必须天天抽。

【调查者】嗨的感觉能说一下吗?

【个案4】感觉人在飞、在飘,感觉人在开航空母舰,什么都有,有的时候还有鬼影,都是一些幻觉,很神奇。我有一次嗨大了,我感觉我死了,哎呀,我感觉自己到阴间了,我已经死了,我心里面想,哎呀,我怎么想得起来去嗨呢?我以后再也不嗨了。醒了之后,我就决定,再也不嗨了。但是无聊就又去了。我总感觉,我最主要还是无聊。像我们天天除了玩就是玩,一般都是白天睡觉,晚上出去玩。麻将我也比较喜欢,但主要是消磨时间。

【调查者】你带女孩子上班怎么收费呢?

【个案4】潘西上个班,一天坐个台200块,交给妈咪20块,然后回来180块交给我;出台,收入1 000块,交200块,800块都给我。她天天和我在一起,肯定给我。她要吃什么、喝什么、穿什么我都买给她。我这些女朋友,好多都是家里面离婚的,没人管,就出来玩,给人一带就上去了。外地的、农村的也有。像我们这些人,都是欺骗感情,也没有感情的,讲起来,爱得天昏地暗,其实呢,都是骗她钱。对你们来说,是不是不可思议?我估计,我们做出来的事情,你们做不出来,她们要是不听话,就要打啊,打到听话了,让她一定要怕我,听我的话,只要听话就不打;不听话,晚上回来没什么好讲的,就是打。场子里面都有认识人,我送过去,来回接送,钱拿到了,就出去拿货。

【调查者】你要和场子里的人混得很熟啊?

【个案4】像你们接触的圈子和我的圈子不一样，我们出来玩，接触的都是出来玩的人。

迪厅里的诱惑

一个在南京玩了4年的女孩，留着长长的黄色头发，她沉迷于在南京娱乐场所坐台、摇头的生活，我想，摇头丸正致命地诱惑着她。

访谈对象：个案5　女性　1982年生　高中文化

访谈地点：南京市戒毒所（石佛寺）

【个案5】我是无锡人，家在无锡，父母做服装生意，开店的。我是2000年到南京来玩的，我的表姐在南京，我就过来玩了四年。本来想过来读大学，但是我还是比较喜欢玩，也比较叛逆，后来就没有读了。一开始到南京，就是瞎玩，跳跳舞。

【调查者】什么时候接触摇头丸的？

【个案5】来南京以后接触的。小的时候一直都很开朗，性格比较外向，到了南京，很快就适应了南京的环境。经常去XRDS、SGSD这些场子，反正都去玩。一般钱都是和姐姐要的，要不就是男孩子出钱。那时候，我记得第一次嗨是和几个女孩子，我也不想和家里人要钱了，朋友就叫我去坐台。坐台呢，一开始也不会，时间长了也就习惯了。我记得，第一次嗨是2000年，我来到南京不长时间。那天我和好几个女孩子一起去洗桑拿，中间有一个女孩子，经常在外面嗨，我又从来没有嗨过，也好奇，就跟她去了。到了那边，就吃药，我当时吃了半颗，但还是吃多了，吐得一塌糊涂。一开始，都是女孩子带我嗨的，那时候我不会，但也嗨出来了。后面，慢慢地就会了。第二次我是陪别人嗨，有了第一次的经验，就稍微好一点。我陪的那个男孩子我也不认识，都是初次见面，但很心动的感觉，也很兴奋。一般都是嗨一夜。

【调查者】你还喝酒吗？

【个案5】坐台都要喝酒的，一般都是下了班去嗨，坐台的时间也不定，要看客人的时间，有早有迟，有的时候到后半夜还在坐台的也有。这些客人，什么人都有，有钱的也有，没钱的也有。原来小费是200块，后来是300块，几乎南京每一个场子我都做过的，都多少年下来了，很熟悉，习惯了。现在吃摇头丸的人太多了，在公司上班的人、在学校里的学生，都嗨。

【调查者】前几年嗨，公安抓吗？

【个案5】以前嗨，没有人管，也很宽松，不像现在这个样子，抓得这么严。

【调查者】你觉得，你接触的这个环境是一个什么氛围？

【个案 5】以前，我的感觉，是太可怕的一个环境，太乱了。

【调查者】你谈了几个男朋友？

【个案 5】我第一个谈的男朋友，也是抽粉的，那时候他也在场子里上班，也很照顾我，他没有什么正式工作，家里面条件蛮好的，一开始他骗我，说他比我大三岁，其实他和我一样大。在一起有两年，但是我也是受不了他抽粉，他也到男强戒过的，但是后来，就是 2004 年，听说他一针打死了。

【调查者】后来不谈了，又接触了别人吧？

【个案 5】我又认识了一个男孩子，他不在社会上玩，刚从学校出来，他的父母也蛮传统的。我认识他以后，我就不嗨了，天天上班。他家人就蛮奇怪的，说我每天晚上都往外头跑，回来都是酒气熏天的，我就说我在外面卖啤酒，卖不掉就要和别人喝，人家才会买你的。那时候，有一年多没有嗨了，就是因为这个男孩子。后来呢，有一段时间，心情不好，和他闹别扭，我就连续嗨了两天，都没有回家。后来，我回无锡一下子，发现他又找了一个女孩子，我是用他的 QQ 发现的。我打开他的 QQ，发现一个女孩子和他说莫名其妙的话。我就知道了一些事情，就和他分手了。

【调查者】之后呢？

【个案 5】又认识了一个男孩子，是发这个东西的男人，就在我上班的地方认识他的。那一次是他们几个人过来找小姐，当时不是他来找我，是他朋友，但是过了几天，他又过来找我，当时我正在坐台，他就把我拉过来，我说过不来，他就一直等我，等我到下班，他跟我一样大，长得也不丑，胖胖的，蛮健康的，送我回家。第二天，又带我到金鹰买了点东西。那天，他打电话过来，说在金鹰带你买点东西，我说你不要买，他说已经买了。我就蛮感动的。他晚上又来找我，给我订了三个包间，我就觉得不好意思了。我就跟他在一起了。后来，我们到 XRDS 开了一个嗨包，当时我也感觉蛮危险的，后来他出去了，我也想走，但是我发现我的包在包间，还有他的手机都在里面，我就回去拿。哪知道刚进去，公安就进来了。我第一次被抓，心里害怕。当时抓了 30 多人。我就被送过来了。因为我前面被抓过，被罚款过两次，2 000 元。所以这一次被送过来了。

【调查者】嗨对身体有什么伤害吗？

【个案 5】我觉得没有什么，我认识一个朋友，从 90 年代就开始嗨，一直到现在，还不是好好的吗？胖胖的。

【调查者】你对 XRDS 有什么印象？

【个案 5】老的 XRDS 不怎么样，但是后来改造了，把底下都改装成嗨包。其实条件不怎么样，但是还是可以嗨的。场子里面都有人发摇头丸。一般都是从朋友那边调。南京现在发摇头丸的人太多了。这个东西太赚钱了，一个成本也就10来块钱，但是可以卖100多。现在的K粉都要2万元一盎司，贵得吓人。而且现在的药也不好，以前吃一颗药可以嗨一夜，但现在吃了一颗药，一点感觉都没有。刷K现在刷一晚上都不舒服。刷的时候，用吸管，然后吸到鼻子里面。吸得凶的时候，就把K放在盘子里面，一般都是半盎司，大家在一起刷。把K打成一条一条的，然后大家玩，谁输了谁刷。

【调查者】其他时间你做点什么呢？

【个案5】睡觉、逛街、上班，基本上都是这样。

【调查者】你有存款吗？一个月赚多少钱？

【个案5】一开始，我是把钱寄回去，自己只留2 000块钱。我一直不想回无锡，因为觉得这自由，而且也比较好玩。主要是无锡不认识这些人，想玩玩不着。就是我这个男朋友，总是带着我到处去嗨，无锡、常熟、常州，都去过。

【调查者】以后还会去这些环境嗨吗？

【个案5】要看个人，其实像我，我就觉得嗨没有必要了。但实在是无聊，也可能去。因为我家里人现在也不知道我在这里，还以为我被人杀了呢。

【调查者】能描述一下和你最熟悉的人和你的圈子吗？

【个案5】其实我的圈子蛮广的，我哪边都去，舞厅、酒吧、学校也去，他们同学都蛮喜欢我的。什么人都有。接触了好多人。我姐姐、姐夫还不知道呢。

【调查者】今年还回去过年吗？

【个案5】我今年不回家过年，我还要在南京，不回家过年了。平常过年我都回去，但今年发生了这个事情，多丑啊。

【调查者】怎么不想和爸爸妈妈做点生意？有什么想法？

【个案5】想找一个好老公，也不要太有钱，有钱男人靠不住。

【调查者】你谈了这么多感情，对感情有什么想法？

【个案5】男人不可靠，太不可靠了。

性的冲动

娱乐场所里那些年轻前卫、穿着暴露的女孩子，使他一走进去便倍感兴奋，融入那种环境后，他走进了毒品的深渊。我们从他的家庭谈起……

访谈对象：个案6　男性　1983年生　职高文化

访谈地点：南京市戒毒所（石佛寺）

【个案 6】 我是南京人，我这一次是在侯家桥的场子里被抓来的，和个案 5 一起被抓过来的。

【调查者】 能说说你的家庭吗？

【个案 6】 我爸爸是××局的，我母亲现在在家，家里就我一个小孩，中学有两年没有上，去徐州学的医药，今年年头学完回来的。本来准备今年还念的，但因为有事，就没念了。

【调查者】 怎么接触到摇头丸的呢？怎么认识 Y 的呢？

【个案 6】 早了，我是 2000 年接触到摇头丸的，那时候我还小，十六七岁，认识的朋友很多喜欢到歌舞厅去玩。我中学时在二中，初中毕业以后，有快两年了，朋友在一起玩，有一次到南京的 FT 夜总会，2000 年 FT 很红火，去了以后，朋友给我吃了一颗摇头丸，一开始我也不知道什么东西，让我试试，我就试了。那时候我还不会嗨，因为那时 FT 是整场嗨，气氛比较好，很多人都在摇头，我就跟着模仿，模仿就会了。第一次嗨还嗨出来了，我悟性比较好，能适应，但还是吐了。

【调查者】 那个环境有什么感受？

【个案 6】 兴奋，那个场合，女孩子穿着都比较前卫和暴露，都很时尚，让人看了很兴奋。虽然吃了摇头丸有一点晕，但后来很舒服、很刺激。我觉得，这个环境，年轻人占大多数，基本上都是十六七岁到二三十多岁。

【调查者】 初中毕业，就没上学？

【个案 6】 在家两年就在外面玩。整天在外面瞎转，打游戏、打电脑、蹦迪，也认识了不少社会上的朋友，他们也没事情做，在社会上混的。

【调查者】 怎么认识个案 5 的？她 2000 年就在南京的场子里。

【个案 6】 那时候是 2000 年，我们有过一次接触，但是印象不深了，她在场子里，我们一起嗨过一次，但是之后一直都没有见到过。直到今年 2004 年我们被抓，我们是第一次见面。

【调查者】 她一直在场子里坐台，你能不能跟我讲讲这些女孩子的特点？

【个案 6】 哦，太多了，场子里坐台的女孩子太多了。她们也很现实的，坐个几年的台，自己出来做个小生意还是没有问题的。一般都能苦到几十万，而且，如果比较放得开，出台的话，一般都会来钱很快。我感觉，个案 5 也是一个比较开放的女孩子。你可能对我们这个圈子里的人并不是很熟悉，现在的年轻人，特别是在外面玩的，一般都能接受一些新的观念，大家在一起玩，如果放不开，玩不开心的。像一夜情这种事情，在我们这个环境中非常普遍。而且，大家都不在意。女孩子来这边嗨的，很多都是空虚无聊，想体验一些刺激和快感。

【调查者】是，我也听说，有的时候，嗨大了，很多女孩子都被带走开房间了，是吧？

【个案 6】是，这个很正常。但是，也不是男孩子故意害她，因为一个巴掌拍不响，女孩子如果没有意思，男孩子也不会强行带走。大家看得都很淡，也都很开放。

【调查者】这在摇头丸这个圈子里是不是很普遍？

【个案 6】很普遍。我也带走过很多女孩子，很多次，好像都没有什么，很正常的感觉。大家在一起，睡一下，只要大家玩得开心，也很正常。

【调查者】哦，说说你从徐州回来的一些经历？

【个案 6】我还是比较喜欢南京，毕竟在徐州人生地不熟。回来以后，本来想去单位上班的，但是就是感觉自己还坐不住，还想玩，也可能是自己意志不坚定，而且我比较喜欢那个环境。那个环境是一个非常诱人的环境，可以认识各种不同的女孩子。也可以讲，是对女孩子的性的冲动。我感觉，我和她们很轻易地就可以发生关系，而且大家玩得很愉快。这些你可能不相信，年轻人在这个环境，很快就会接受很多很前卫的观念。真的是这样。

【调查者】你觉得 Y 小姐坐台，还会出台吗？

【个案 6】我感觉会，不过女孩子都很聪明的，估计如果人也不错，给的钱多，她还是会去做的。毕竟现在的场子里赚钱也很不容易，竞争很激烈。一个场子都有四五十个小姐，多的有上百人，生意很难做。而且聪明的女孩子，手上都有一个固定的客户，拴住这些客户的办法，当然包括出台，这样才能保证自己的收入比较稳定。我感觉，她们会把出台和谈对象截然分开，毕竟如果能找到一个很好的男人把她包养起来，她也很高兴的。她们心中也都有一本账，自己还是要给自己留足够的钱的。

【调查者】哦，这样。你对未来有什么打算？

【个案 6】我啊，走一步看一步吧。估计以后摇头丸是不会去碰了，主要是再被抓到要被送去劳教两年，但对于未来的路，我还真的没有太多的思考。不过我估计，出去以后，还有可能去嗨，只是不吃摇头丸了。

圈子里的“元老”

她年龄和长相都不老，但语言中却略显沧桑，从标准的普通话和有条不紊的言谈中，不难看出她经历丰富。她是南京第一批接触新型毒品人群中的“元老”。

访谈对象：个案 7　女性　1981 年生

访谈地点：南京市戒毒所（石佛寺）

【调查者】你们这些年轻人为什么会接触新型毒品呢？

【个案7】我们接触这个东西主要还是因为平时比较空虚、比较无聊，年轻人也比较有热情、好奇心。我们又没有一个正式的工作，再加上接触一些这个圈子里面的朋友，然后就会在好奇心的驱使下，尝试这个东西。这些东西，都是刺激大脑的，让人会比较兴奋的，而且产生一些感觉，比较好的感觉，特别是生活中找不到的感觉，抽过、溜过以后都会有的。而且还会产生一些幻觉，比如嗨大了以后，会经常感觉到钱啊、帅哥，反正想什么有什么。男性也会感觉到在和美女在一起，等等吧，这个东西蛮吸引人的。

【调查者】你尝试过海洛因吗？

【个案7】尝试过的。但我感觉，海洛因比较容易上瘾，特别是生理上。新型毒品比起海洛因，在生理上不会上瘾，身体不痛。海洛因有两种瘾，一种是身体上的，一种是心理上的。你常年不吸食海洛因，身体上会有不舒服的感觉。

【调查者】南京最早有摇头丸的时候是哪一年？

【个案7】最早是1998年就有了，那个时候我就吃过了。我记得那个时候药是200块钱一颗，最早没有K粉，主要是摇头丸和大麻。大麻这个东西也让人兴奋，像抽烟一样，抽了以后人不想睡觉，精神处于极度兴奋的状态。配着摇头丸吃，在嗨吧里面摇头。那个时候的XX、DD、FT，几乎没有人管摇头丸。到了2003年以后，公安才开始抓。一开始都不抓。你知道，南京一般不生产摇头丸和大麻，都是人家从南方带过来的，而且这个东西，都是听说，人家说"没吃过猪肉都看过猪走路的"，听说了就好奇，然后就是试。我记得第一次吃了摇头丸以后，配着嗨曲，自己就能嗨出来，产生幻觉。就不停地在酒吧里面喝酒、跳舞，头要是不摇，反而难受。因为正常人摇头，脖子会酸，第二天会疼，嗨的时候好像人的痛得神经就麻木了，特别得弱。直到第二天药力过去以后才会感觉到。嗨大了，有一种灵魂出窍的感觉，就可以看到自己的魂在空间里面跑；我喜欢打麻将，当出现幻觉的时候，就会幻觉到打麻将。我感觉，这些药会激发平时喜欢的一些东西，达到极致。像我呢，玩这个东西，就要找一个能够养得起我的男人，因为这样我就不用上班，这样一来人就比较空闲，一空闲下来人就要去找一些刺激，就会去搞这些东西。

【调查者】你的男朋友是做什么的？

【个案7】他是开麻将档的，你知道，吸毒这个东西，一个月花费很多钱的，我们接触新型毒品，都是觉得这个东西好玩，才想尝试。我一般白天在档里打麻将，一到晚上那个点，大家不约而同地就会往那个方面去想：晚上到哪里去嗨？到哪里去溜冰？而且摇头丸这个东西，如果你不听到音乐、不去那个场合还好，也不会太想；但是如果经常出入这样的娱乐场所，在那个气氛下听到那种音乐，人就会特别想嗨。一般来说，都是男的去拿货，几个男人拿了货以后，不可能只是几个男人在一起嗨，也没意思，就要叫我们女孩子，肯定是要找一点异性在一起玩。说白一点，嗨大了，有的时候也会嗨上床，就是大家嗨得很和谐可能就会去做一些男女之间的事情。其实，这个东西如果没有这个方面的吸引力，也不会吸引这么多的青年男女。所以，男的为什么会愿意花一两千去找陪嗨的小姐过来？陪嗨的小姐就要尽职，要做到位。一般嗨过了，有的男人还溜冰，溜了以后要散冰(就是发泄一下的意思)，就找个小姐出台。其实讲实在话，也是社会造就了我们。因为以前1980年代，哪里有坐台的？都不允许的，人的思想都是很传统的，但现在呢？出台都司空见惯。

【调查者】嗨大了的人都什么样？

【个案7】我看到过，有的女孩子，真是，嗨大了就在地上游，因为药吃多了，已经神志不清了，千姿百态的。加上药也不一样，有一种药叫"呆子药"，吃了以后就什么都不知道了，把她拖到哪边都不知道的。吃了药以后，就有这种感觉，什么都无所谓了，哪怕明天地球爆炸了，跟我没有关系。在这种状态下，人的心里面很舒畅，把什么都看得很淡。

【调查者】2002年到2003年南京嗨得很厉害，你那段时间呢？

【个案7】是，外面嗨得很厉害，我那段时间基本上天天嗨，因为嗨的时候会磨牙，自己不知道，结果嘴咬的全是泡，第二天才知道。所以就过这种生活，白天睡觉，晚上嗨，因为晚上如果嗨不出来，白天还睡不好觉。连续这么一弄，人就特别瘦。在外面我最瘦的时候才90斤。

【调查者】你身边的坐台的女孩子嗨的多吗？

【个案7】很多啊。因为很多夜总会以前是提供嗨的，这个也没有办法，人家要生存。2003年南京的嗨吧很多，现在少了很多了。那个时候有XG、FT、XX、DD、XB，等等，太多了。很多嗨吧不认识的人是不给进去的，都是要拉卷帘门进去的。不过现在，上有政策、下有对策。

【调查者】说说溜冰吧。

【个案7】我觉得也没有什么，只是觉得时间长了，也会有瘾的。溜冰的人，会对一件事情非常执着，比如化妆能化很久。

【调查者】你觉得这个社会上，溜冰的人多吗？

【个案7】我觉得是越来越多，因为这个东西很流行，就像你刚才说的2003年的摇头丸。所以，没准哪天，还有新的玩法出来了，溜冰就不流行了。我呢，是赶新潮，什么都玩玩，但什么都没有太大的瘾，包括海洛因，说实话我没有瘾。

【调查者】你觉得到目前为止对你影响最大的毒品是海洛因？是摇头丸？还是溜冰？

【个案 7】还是海洛因，虽然难得玩玩。抽粉的人给人感觉比较颓废，坐在那里呆呆的，也不喜欢动。

【调查者】你平时都怎么过每一天？

【个案 7】我基本上就在麻将档，不是有一句话，叫“人在麻将档，生活有保障”，那边管三顿饭。

【调查者】你看了这么多女性，特别是未成年的男孩女孩，如何能够让他们摆脱新型毒品，摆脱这个环境？

【个案 7】有一句诗，“野火烧不尽、春风吹又生”，真的是，首先，他们没有了货源才会不玩，拿不到东西了，他们就可以远离了，但是现在社会上有这么多发药的。那为什么有好多进过戒毒所的人还会来第二次？来第三次？这就说明他们出去照样玩，因为还有环境和货源。这个东西只能说控制，整个让它没有，短期内是不可能的。还有，这些孩子都不读书，过早走入社会了，比如到酒吧玩了，认识一些不该认识的朋友，这样一个人带一个人，就这样知道了，甚至是接触了新型毒品。

【调查者】我们也看到，这个社会中有很多男性，到酒吧里面寻欢作乐，他们很有钱，你觉得他们都是什么人？怎么会这么有钱？

【个案 7】很多都是做生意，有的是正道上面做生意的，也有很多歪门邪道的，这个社会就像一个大染缸，到这里来的男人，什么样的人都有，所以包括政府官员、老总。地痞流氓玩的，没准公司老总、高级白领也玩这个，因为新型毒品对于人来说是一样的，性对于每一个男人来说也是一样的。

【调查者】现在很多女孩子都找不到工作，她们是不是只能到这种环境来上班？

【个案 7】对于一些自身条件比较好的、有点姿色的女孩子，本身学上得不多，又不满足低工资，就在社会上找赚钱快的工作，找来找去就发现了这个工作——坐台。她们想有钱、想过物质富足的生活，只有这样，别无他法。因为这样的工作，社会也是默认了，也不抓，所以才有大量的女孩子做这个。而且很多档次比较高的酒店有这样的夜总会，好多生意都可以在这种场所给签下来，好多合同也是在小姐的服侍下给签下来的。这一点是不能否认的。所以，这个东西是不可能避免的。

【调查者】那你觉得这个社会中，最重要的东西是什么？

【个案 7】还是钱，不仅对我，对于每一个人都是最重要的。

冲动的代价

与他的交谈不太顺利，他的话语中缺乏描述性语言，也许与他的舞蹈生涯有关。原本有一技之长的男孩，却因身处娱乐场所，陷入了毒品世界，不知他是否在为当初的冲动而悔悟。

访谈对象：个案 8　男性　1981 年生　高中

访谈地点：南京市戒毒所(石佛寺)

【个案 8】我今年 23 岁，南京人，父母都是做服装生意的，做得还可以吧。我想告诉你，我不是吸海洛因的，我是吃摇头丸的。摇头丸是一种致幻剂，它没有生理上的瘾，只有心瘾。一开始吃这个东西感觉没有害吧，但后来接触了以后，感觉这个东西还是有害的。

【调查者】你在南京长大?

【个案 8】是，我小学、中学都在南京，小时候父母对我要求还可以，不是太高，我本身学习也不是很好，就没有考虑上大学。我属于活泼开朗的，小学开始就学舞蹈，我跳舞跳得不错，后来就到上海去领舞。一般在夜总会和舞厅跳劲舞。自编自导，都是集体劲舞。我以前在××艺术团练过的。1999 年，我到上海去工作，就是专业跳舞。

【调查者】对上海有什么感受?

【个案 8】五光十色，接触摇头丸也是在那里开始的。我到上海，待遇还是挺好的，公司包吃包住，底薪 3 000 元，每跳一场给 50 元。一般一天都要跳三场。一个月 7 000 多块钱。因为没有什么压力嘛，所以自己也比较放纵自己。那边有摇头丸比南京早，我回到南京，发现南京也有了。但这个东西，感觉是很不错的。

【调查者】你第一次吃是什么感觉?

【个案 8】这种东西的感觉，就是想要什么有什么，就这种感觉。我第一次吃是 1999 年在舞厅里面，对于摇头丸，我也是一种好奇心，听得比较多，就想尝试尝试。当时吃了感觉不错。兴奋，幻想很多。当时我在上海待了两年，有了第一次就有第二次，所以就经常吃。本身工作就在那里。反正我身边的跳舞的同事和身边的人都和我差不多吧。多多少少都会接触到摇头丸。

【调查者】这个阶段你有没有接触感情？谈没谈恋爱?

【个案 8】感情，怎么说呢，谈也谈了，但是不是很认真的吧，有一种玩的心态，现在这个社会就是这个样子。女朋友没有统计过，反正蛮多的。

【调查者】后来为什么离开上海了呢?

【个案 8】后来在上海打架,当时是酒后闹事,酒喝多了,就打人的。那个时候就是比较冲动,比较喜欢玩,跳舞、唱歌、喝酒、泡妞,也就是这些日常生活吧,有时候逛逛街,买买衣服。消费上,比较赶潮流,喜欢名牌,我一般都穿一些休闲运动类的名牌。而且看到喜欢的东西就买,从来不犹豫。本身我们都有打折卡,而且我们工资也高。

【调查者】你在上海的娱乐场所,都有哪些见闻?

【个案 8】反正大学生去摇头的挺多的。我就和很多女大学生摇过。一般都是一些小女孩一起来的,看到她们中间高的、漂亮的,邀请过来喝喝酒、聊聊天,聊聊日常生活的事情。然后就大家一起摇头。但第一次肯定不会大家摇头,几次以后了就可以大家一起摇头了。我接触的大学生还可以,比较多的。这些小女孩来迪厅心态有很多种。有的是好奇、好玩,有的是通过摇头来谈朋友,都有。那个时候一般也都在包间里面摇头。

【调查者】对这段生活有什么感受? 有人用糜烂来形容,你觉得呢?

【个案 8】我觉得就是一种年轻人的生活,没有什么。但是从目前的发展趋势看,以后摇头丸的群体肯定会比海洛因更多。我感觉这个东西吃的人越来越多。

【调查者】那 K 粉呢? 是不是搭配吃?

【个案 8】K 粉来得快、去得也快,上头快、下去得也快。摇头丸拖的时间可以比较长。打 K 检查不出来,但是吃药能检查出来。我一般都是打一点 K 粉。

【调查者】你那个时候的作息时间是怎么样的呢?

【个案 8】白天睡觉多,早上睡到 10 点钟,一般 10:45 有一场,跳个 40 分钟,吃个饭,洗澡睡个午觉,下午不过两三点钟散场。晚上夜总会大多数在 8 点半、9 点钟才会有节目,一般开到后半夜一两点钟关门。我们跳拉丁、探戈、爵士、民族舞都有。

我后来打架被抓了,父母花了点钱把我保出来了,在那该看的、该吃的、该玩的都经历过了,我就回南京了。那是 2001 年年底。回来就开了一个店,也做服装生意了。我爸爸妈妈他们做他们的,我做我的,我做得一般吧。回来以后,白天做生意,晚上还是出去玩,偶尔上上网。好多一起去摇头的朋友都是网上认识的,还有就是在迪厅里面。这个东西我感觉已经饱和了,都知道嗨了。那时候我接触的,要么就是生意上的朋友,要么就是在社会上混的朋友,男女都有。一开始这个东西瘾很大,但是后来就觉得吃不消了。每天去很累。后来新鲜感过去了,也就觉得没什么了。就偶尔去一去。因为这个东西必须需要人多,人不多的话，玩不起来。在大家嗨的过程中，真的是千姿百态。什么样子的都有，站着的，还有躺到沙发上的，头在晃。年龄大的也有，因为都知道了，吸食海洛因对身体有害，吃摇头丸没有。而且这种东西是一种高消费的娱乐产品。大家在一起嗨一次，一般都要几千到上万块钱。

在这个社会上，人学坏很容易。这么大的社会，什么都要知道一点。有的时候是不想去，但是朋友邀请；还有的时候是酒喝多了，糊里糊涂的，就去了。因为大脑不能控制了。一般都是这样的。有的时候除了上网，就是这个。

【调查者】这一次进戒毒所是怎么回事呢？

【个案 8】这一次是酒喝多了，2004 年的 7 月 18 日，给拉去了，拉去了就给抓到了。好多人一起被抓到的。但是因为我是第二次被抓，就被送过来了。

【调查者】第一次是怎么回事？

【个案 8】有一次，和做生意的几个朋友，晚上没事，我们骑摩托车，一起出来玩，那时候快过年了，在迪厅里面蹦，就给逮到了。那个时候，每个人罚了两千多块钱，放回去了。

【调查者】进来以后有什么感受？

【个案 8】感受啊，我跟你说啊，我本来根本不了解海洛因，到这里（戒毒所）来，全是海洛因，像我这样的不懂的也懂了，真的，有一说一啊，你看，这里面的好多吃海洛因的很上路子的，大家处得也蛮好的，他跟你要电话号码，你是给还是不给；等出去了，打个电话给你，喊你出来玩，然后就把海洛因拿出来，在那边搞，人的心理，怎么说呢，万一再来个好奇，抽上了，就更完蛋了。这东西比摇头丸严重多了。

【调查者】你对社会有什么看法？

【个案 8】社会造就人。这个社会就是有钱好办事，没钱就遭殃，就这么多。以后就是结婚生小孩子。事业上呢，就是开家店，过日子。摇头丸嘛，尽量不碰就不碰了。来这里就感觉很窝囊了。以后可不能再碰了。

夜 猫 子

她给我的印象很深，牙齿有些黑，还有很大的缝隙，短短的头发，一双大大的眼睛少了些许神采。她操着一口常州普通话，开始讲述她的夜生活。

访谈对象：个案 9　女性　常州人　1981 年生

访谈地点：江苏强制戒毒所

【个案 9】2004 年我父母离异，我有一个哥哥，父亲做生意，我的文化程度是小学。

【调查者】为什么只读到小学？

【个案 9】我爸爸在家门口做做水果生意，小学放了学就到水果店去玩，我对做生意也蛮感兴趣的，对上学不感兴趣。我常帮我爸卖水果，就接触到了家门口的社会环境，蛮好奇的，就和社会上的人有了接触。

【调查者】估计你那时候和社会上的人谈朋友了吧？

【个案 9】谈的，开始是和学校的学生谈恋爱，但是和他谈了一段时间后，我的心野了，就没心思念书了，就不上学了，也不和他谈了。我记得我那时候成绩还是蛮好的，就是回到家不肯做作业，我爸爸就很生气，我的班主任也三番五次跑到我爸爸的店里面，和他说不做作业，我爸爸也没听老师的，就跟我说："不想做作业算了，不要去上学了，跟着我做做生意算了。"后来我就退学了。

【调查者】你爸爸的文化程度呢？

【个案 9】我爸爸也没怎么读过书，也是小学文化，我妈妈是工人，后来下岗了。

【调查者】你是怎么接触到毒品的？

【个案 9】我十六岁的时候（1995 年），就在我家门口，我正在走路呢，走得蛮好的，正好碰到一个男的，后来知道他抽粉（海洛因），他就叫我一起去"开会"（吸毒在当地俗称开会），那个时候我根本听不懂他说的什么意思，但我和他的关系还蛮好的，经常在一起玩，我就跟着他们跑去玩了，是在我的一个小姐妹的家里，看到他们拿了一点白粉在那边抽呢，我就觉得蛮好奇的，就跟着学着抽了。抽了好几口以后，我觉得蛮好玩的，因为很多人都说抽了以后蛮难过的，要吐的、想睡觉，可是我没有，感觉不错。我记得那天我肚子疼，但是抽过以后，就不疼了。你知道，1995 年我们那里的毒品很贵的，买不到的，都跑到周边城市拿。

【调查者】带你去开会的男孩子是什么样的人？

【个案 9】他比我大，我当时年纪最小，所以我接触的人都比我大，因为不可能跟我年纪相仿的人玩，因为像我这个年纪的男孩子还都在念书。他是在社会上混的，就像"二流子"一样的。

【调查者】那后来呢？

【个案 9】后来呢，他们介绍了一个男朋友给我，是他们一起的，后来知道他就是做毒品生意的，年龄比我大七八岁。后来就跟着他，刚跟他的时候，他有女朋友的，我跟了他以后，他就把他的女朋友不要了，让我做他女朋友，搞得我像第三者一样的。我记得他正式要我做女朋友的时候，我还跟他说不行，让他回到那个女孩那里，不要害人家，因为我知道那个女孩子蛮好的，她蛮学好的，不是那种坏女孩。现在想想还蛮好笑的。我跟了他以后，抽粉上就不需要花钱，男朋友做这个生意的，就他提供。那个时候也蛮奇怪的，1995 年以后的几年，抽粉非常时尚和流行，好像社会上都是混得比较好的人才能抽得起粉，而且粉的货也非常好，一克粉能抽一天。

【调查者】你男朋友那个时候一个月发货能赚多少钱？

【个案 9】这个没计算过，不过蛮赚钱的，每天到他这里拿货的人很多。我们的货是从无锡等地拿的，有的时候是打车，有的时候乘火车去。你知道，无锡抽的人也比较多，我们家门口的另一个人在无锡抽得蛮早的，就介绍我们去无锡拿货，带回来卖。

【调查者】那后来呢？成瘾了吗？

【个案 9】后来吗，肯定成瘾了，到 1997 年我开始注射，注射只要一点点就有感觉，比起口吸更爽一点。是一个朋友帮我打的第一针。我打针还是很注意的，女孩子夏天出去有针眼会比较难看，所以我都打在比较隐蔽的地方。

【调查者】你们还经常搞一些聚会吗？

【个案 9】就是我们的开会。我们也经常通过电话联系。一起出去娱乐娱乐。到后来，我没什么事，也要赚点钱，就出去坐坐台。1980 年带出去坐台，钱蛮好赚的，特别是到外地去，钱很好赚。我 1996 年那时候都想去深圳了，到深圳去做小姐，但最后还是怕，因为我当时年龄实在太小。我就留在本地坐台，陪人唱歌、喝酒，做平台以前是 200，像我们比较能讲、口才好的，客人给的钱都是 500、800，等下次再来的时候，客人都会 1 000、2 000 块地给，因为第二次以后来找我的老板，都是比较喜欢我的，一般都是想长期相处，而且他们都不太懂的，也没有什么包夜不包夜的，不像现在的老板都很精了。所以以前客人给的钱真的蛮多的。现在 200、300 就能叫个小姐包夜了，钱现在不好赚了。我记得那个时候，很多客人都愿意把某个喜欢的小姐包月一样的包起来，每个月给她多少钱，即便如此，被包的小姐也不是就不能有其他客户了，小姐一般都有几个这样的客户，因为每一个客户都是有钱人，都比较忙，还有家人、各种事情，所以，像我们，都有几个这样的客户。这样，我们的钱就比较多了。钱多了，就抽抽粉。

【个案 9】我在外面是很漂亮的那种，我到这里是第二次，第一次来管教就说我蛮漂亮的，但现在都不敢看了，胖得要死。

【调查者】你觉得你们这些 1980 年代的女孩子和现在的这些娱乐场所的女孩子有什么不同？

【个案 9】我觉得，我们还是蛮矜持、蛮高傲的，不是谁追我们、让我们做女朋友我们就去的，不像现在的小女孩，很开放的。我就觉得，我那时候头脑好像想不通，我要是以前像现在这样头脑想得通一点，我不知道现在有多少钱了。因为以前就是放不开，拿别人的钱就觉得心里不舒服，现在就正好相反了。现在拼命想男人给她钱的女孩子多得要死(特别多的意思)。现在我真的有点后悔了。不过话说过来，那时候就算多赚好多钱，可能也是抽粉抽掉了。

【调查者】你觉得海洛因能戒掉吗？你接触了这么多人。

【个案9】怎么讲呢，身体上的肯定是能戒掉，心瘾是戒不掉的。我抽粉，已经抽到了最高境界，我感觉。

【调查者】你那时候除了抽粉还做点什么呢？

【个案9】白天睡觉，晚上出来，典型的夜猫子。

【调查者】你还经常去嗨吗？

【个案9】经常去嗨。我到这里面之前，一天到晚嗨。我被抓进来之前，已经对抽粉没什么感觉、不感兴趣了。因为抽粉经常会犯瘾，没办法，麻果、溜冰都没有用的。

【调查者】麻果是什么？

【个案9】是新型毒品，就是一种小药片，有很多种颜色，40块钱一粒。K粉也分好坏的，有的闻起来比较舒服的，东西就比较好，9 000块钱一盎司。摇头丸吃一粒能挺一晚上，我最长一次几天几夜连续摇，我身边有朋友摇了一个星期不出门的，因为摇头一般不会饿，摇头的人一般不吃饭的，买的水果也是高档水果，买的吃的也都是好的。在常州的娱乐场所，还有就是一些私人开的房子给熟悉的人摇头，收一定费用。

【调查者】摇头有什么感觉啊？假如摇大了？

【个案9】哎呀，嗨大了，就会有幻觉。那次我嗨大了，如果他们不叫我的话，我就可能嗨死了，真的有人嗨死的。这个东西和抽粉是一样的，摇头丸吃到一定量，心脏承受不了。那次我就是把K粉混水倒在杯子里喝下去了，没十分钟就倒下去产生幻觉了，不过幻觉的感觉蛮好的，就像电脑里面打游戏一样的，一幕一幕进去，我记得我是躺在一个板子上已经死掉了，然后他们就喊我，给了我一颗阿尔卑斯奶糖，我就进入了阿尔卑斯宫殿，那个宫殿太漂亮了，太美好了。这些都是我那一次的幻觉。

【调查者】你还经常带着男孩子嗨吗？

【个案9】一般嗨都是一男一女，抱在一起嗨，我经常带着不太会嗨的男孩子一起嗨。我们嗨一般不脱衣服，也有裸嗨，但那个就没有意思了。我们嗨都是朋友认识的，不存在那些乱七八糟的东西。摇头是主要的，发泄一下，蛮开心的。

【调查者】你们怎么聚到一起嗨呢?

【个案 9】都是朋友之间,比如今天想嗨了,就由一个人给大家打电话:"今天嗨不嗨,叫两个小姐妹!"或者是我给别人打电话:"今天有方向吗?"就是这样大家就聚到一起了。一般嗨的人,很多都是在社会上混得比较好的、赌赌钱的人,而且现在做生意的老板嗨的、溜冰也比较多。

【调查者】溜冰是什么?

【个案 9】冰毒和麻果是一起抽的,就像摇头丸和 K 粉一样。冰毒抽了以后,人是会发骚的,特别骚,需要男人的那种。本身这些东西属于兴奋型的东西,冰毒,一定要人多、讲话,不讲话冰毒的药性就压抑在头脑中,因此通过讲话等方式把药性发泄出来。像我们大热天、大夏天,房间里面都开热空调,让人身上的汗都出来,达到一种汗如雨下的效果。溜冰的时候,基本上是不穿衣服的,溜冰类似于从前抽的水烟一样,有专用的瓶子,通过水的过滤,用火烧,咕噜咕噜,就可以抽。现在好多小店有全套的溜冰设备,几块钱一套,打个电话就送上门。就卖这个也是蛮赚钱的。溜了冰,就感觉蛮开心的、蛮舒服的,人也比较想做爱。而且这个东西提神的,一个星期都不吃东西,减肥蛮好的。

【调查者】男性也一样有这些感受吗?

【个案 9】男性好像不行的,抽了麻果就不行了,经常是出去到药店买一些硬起来的油,蛮搞笑的。溜冰的时候,一般都是一对一对的,一般四五个人、五六个人,人多了也不好。现在外面已经不流行抽粉、摇头了,都是溜冰。

【调查者】你觉得这些新型毒品对你的身体有影响吗?

【个案 9】会有很大的影响,比如我的记性不行了,而且特别是我到这里来了以后,很多溜过冰的姐妹都说,有人溜冰溜出神经病了。因为溜冰可能会导致神经错乱,好多女孩子都回家了,就是回去看脑科医生了。

【调查者】是啊,现在溜冰的人都是很小的青少年吧?

【个案 9】是,很多小女孩子以前陪别人摇头,一晚上都是 500、800 的,摇头加开房间是 1 000,陪别人麻古最少 1 000 块钱,我在外面看到好多十八九岁的小姐,都是外地的,没有办法混,我就帮他们介绍这些生意。我做了那么多年的小姐也什么人都认识了,这么多年了我不能还做小姐了,多没面子,就开始做妈咪了。我抽小姐的台费,1 000 块钱抽 200。像我这样的人还不少,专门有一些湖北的男孩子带了一帮小女孩,看好这些小女孩让她们做这个。这些男的从这些小女孩的 1 000 块钱小费中抽 700、800。

【调查者】这些陪别人的小女孩你怎么找到的?

【个案 9】现在娱乐场所这么多,总归有的,在外面出来混的女孩都是年纪比较小的，像我们这些二十七八岁的女孩子都被淘汰了。我也经常教育这些年纪小的小女孩，我说你们年纪小，赚的钱自己存在那边比较好，不要赚的钱还贴给男人用，很多女孩子愿意把钱贴给小白脸，我经常说她们头脑坏了。现在的男孩子一个月不过八百到一千块钱，太少了，还不如找一个女孩子，让她上班坐台，钱拿回来给他买吃买穿的，男孩子整天什么都不做。

【调查者】那为什么女孩子心甘情愿呢？

【个案 9】男孩子比较帅，她们也比较纯情，经历得比较少。

【调查者】在酒吧、迪厅坐台的女孩子中，有多少是嗨的？多少是愿意和客人出去的？

【个案 9】太多了，比例很高。能坐台的女孩子基本上都能和客人出去，我们叫出台。你知道，常州的歌厅、迪厅太多了，歌厅也开嗨包，这些场所的小姐也太多了，本地的、乡下的、外地的。我那时候不在歌厅做，我就是在家，自然会有圈子里的朋友打电话找我要小姐，有的要陪摇头的，有的要麻古，也有要陪溜冰的，他们讲讲他们的标准，我选好了人送过去，好的就留下来，不好的给 100 块打的费回来，就这样。因为现在喜欢出来玩的人，都是赌完钱再去找小姐，摇头基本上到 11 点以后。所以很多小姐都不愿意坐台，坐了几个小时才给 100、200 小费，还不如陪人摇头赚的多。

【调查者】你 1999 年在常州强制戒毒过？

【个案 9】是，很痛苦，我进去了一看，全是平时在外面认识的人，一个走道上面，全是认识的这些在外面混的人。再说现在在社会上摇头、吸麻果、赌钱的那些男人，都是以前抽过粉的，因为以前抽粉，是混得好的人，其实他们现在还是混得好，等于他们不抽粉了，改新型毒品了。

【调查者】那他们怎么混得好的？怎么赚钱？

【个案 9】以前男人赚钱，更讲究“义”，我倒是没弄明白他们怎么到现在还这么有钱的。但有一点，开赌档、到处打打杀杀的，是赚钱的。他们有点黑社会性质的赚钱方式。1998 年在常州不是枪毙了一批，其中几个都是我一直当成哥哥看的朋友。

【调查者】那你有时候也要他们照应一下吧？

【个案 9】肯定有啊，我一个女孩子，没几个哥哥罩着，我怎么混啊！我出道早，就是跟着他们屁股后面混，他们到哪里、我就到哪里，他们打啊杀的，我也看得多了，已经麻木了，不害怕了。现在社会上还是有类似的黑社会的帮，常州也有几个这样的帮派，都有自己的地盘。这一帮在这里开赌档了，另一帮就可能来冲赌档，两帮就要打一架。所以现在很多外地人，如沭阳人就到常州来，帮着看赌档,防止别人冲和砸,维持秩序。

【调查者】算上这一次,你已经两次劳教,是怎么回事,能和我说说吗?

【个案 9】我抽粉抽的时间算比较长了,名气也太大了,所以什么人都知道我了,市公安局下来的一些人和我爸关系比较好,风声一紧,他就老和我爸讲,说你女儿怎么回事啊,一到严打,黑名单上就有她的名字。后来就因为黑名单被抓了。

【调查者】这一次呢?

【个案 9】这一次是在我妈妈的房子里,我妈妈也不住在里面,我那段时间花销也大,一天开房间加上抽粉,最起码要 1 000 块钱,那几天为了减少开销,就住在那里了。其实本来我准备去杭州的,那段时间三天两头往杭州跑,跑到那边去泡酒吧,因为那边泡吧很好玩,但杭州拿不到货,我就只能自己带麻果什么的。

【调查者】杭州酒吧有什么特点?

【个案 9】杭州酒吧气氛蛮好的,杭州酒吧一条街,什么 DJPD 酒吧,最起码有 6 个曾经是嗨吧,后来抓得紧的时候就关了。在杭州我认识了一个男孩子,是我在杭州拿摇头丸的时候认识的,对我蛮好的,而且他蛮帅的,我就经常往那边跑。第一次认识他也巧,我有几个老兄到杭州吃麻果、溜冰的,口袋里面装了 1 万块钱,一会让我拿这个货,一会让我拿那个,我又不熟悉,就找了这个男孩子。这个男孩子一看就能看出来是在社会上混的。他就帮我们拿了,就这么熟了。他也知道我吸毒,还劝我不要吸,但没有办法。我在杭州跳舞,跳得很疯狂,杭州人像看稀奇古怪动物一样,他们还是老古板一点。而且杭州酒吧里面,本地的女孩子蛮少的,就看不到几个杭州女孩子。印象里杭州女孩子都是乖乖女,躲在家里不出门的,因此酒吧里的女孩子都是外地的。扯远了,在常州的我妈家里,被警察抓到了,尿检阳性,就被送过来了。

【调查者】你戒过毒吗?

【个案 9】戒过很多次,在武汉戒毒的时候,是和我表哥一起去的,我妈妈陪着我,武汉戒毒是 10 天,不过外面还是有毒品卖的,我记得自愿戒毒出来我就打了一针,不过我真的不是不想戒的。

【调查者】你父母是不是很伤心?

【个案 9】都恨我,但他们没有办法,因为他们已经管不了我了,又心疼我,现在就是这样,跟我说:“现在来看看你,再抓到了不会来看你了。”这些话不知道说过多少次了。毕竟都是自己的小孩,现在只是我妈妈来看看我。

【调查者】你爸爸现在再婚了吗?

【个案 9】没有,他现在就是和一些狐朋狗友一起喝喝酒。我爸爸妈妈离婚就是因为我吸毒，把房子卖掉了，没有办法再过下去才离婚的。但有一点，我这个人抽粉还没有到要败家那一步，我还是很孝顺的，像我一有钱，我就想到我妈妈，虽然我从我妈妈那拿钱也蛮多的。

【调查者】你喜欢赌吗？

【个案9】不喜欢，但我喜欢和朋友一起去赌档看，看他们赌大的，边上看看拿点红钱，他们一次能赢十几万，最起码的都是这个数目，都是当场拿钱，还有港币和美金。大档（比如开在厂里面、很隐蔽的地方，不是什么人都能进去的，车接车送）里面都是带着保镖备好了钱去的。

【调查者】你觉得你以后能戒掉吗？出来准备做点什么？

【个案9】我明年出来，但以后的事还不清楚。

错　过

一个人一旦走错路，回头总是面临着很多困难。她的经历令人惋惜，在无数个岔路口她一次次选择错误，错过了几次改变命运的机会，最终走进了戒毒所。

访谈对象：个案10　女性　1982年生

访谈地点：南京市戒毒所（石佛寺）

【个案10】现在外面很流行新型毒品，像摇头、溜冰，我接触的同龄人都是玩这些新型毒品的，然后我慢慢地就玩会了。觉得玩这个很有意思，就频繁地玩这个，就被抓到了。

【调查者】说说你的小时候吧。

【个案10】我是南京人，1982年生的，我读到中专，学的会计与审计核算。之后还读了一个大专，还有几门就毕业了。我曾经在××区机关打临时工打了两年。是非典那年去的，2005年3月不干的。

【调查者】你最开始接触毒品是什么时候？

【个案10】我是去年接触毒品的。2005年不在××区机关干了，人又闲着，没什么事干，就接触娱乐场所，接触毒品了。

【调查者】你怎么后来不干了呢？

【个案10】因为在那边干，本来想拿个大专转成正式编制的，结果单位改制，而且转正是要找关系的，也是关系不到位，找不到关系后来就不干了。我总不能永远干临时工。不干以后，还想开一个房产中介的，我还考了一个房产中介证书，后来因为出车祸，腿被撞断了，本来门面都租好了，因为这次车祸就没干，结果一晃就是两年，第一年打钢筋，第二年抽钢筋。就什么都没干过了两年。闲下来以后，就接触到社会上乱七八糟的人，就接触到毒品了。

【调查者】能说说你的家庭情况吗？你爸爸妈妈做什么工作的？

【个案 10】我妈妈是病退，我爸爸还在工作，我家就我一个小孩。我以前一直还挺好的，中学还是文艺委员呢！现在想想，人一变坏，想往好的方向走就难得不得了，但想坏起来挺容易的。我就感觉，外面玩新型毒品的普遍得不得了。现在太多了！

【调查者】都是哪些人在外面玩？

【个案 10】就像我们这么大的年轻人，有的年轻人家里条件也蛮好的，在外面玩不学好，有的家里条件不好就在外面苦钱；当我接触到新型毒品以后，就感觉人玩得开心得不得了，我这个人又贪玩，然后就慢慢不停地玩这些东西。

【调查者】你那段时间没有谈朋友？

【个案 10】谈的，就是谈恋爱谈得早，这个男朋友一直谈到现在还在谈，就是我家里人不同意，我家里人说他不学好，当然，我到今天也有一部分原因是因为跟他在一起。他也不工作，在外面搞赌档(球档)的。

【调查者】是怎么接触到新型毒品的？

【个案 10】我经常在赌档里面，是我男朋友先接触到毒品的，他先在外面玩，后来也带我到外面玩，我也觉得蛮好玩、蛮刺激的，也认识了一些女孩子，就自己和女孩子在外面玩。一开始我都是玩摇头丸，后来慢慢有了溜冰，大家就转成溜冰了。我们这种女孩子不抽粉，只是跟着外面的流行，外面流行什么我们就跟着趋势走。

【调查者】你一开始嗨是吃摇头丸？

【个案 10】吃一点摇头丸，刷 K，吃了以后就想动，如果不动就想吐，就拼命地摇头。有音乐不嗨的话就想吐。嗨大了以后还会有幻觉。幻觉非常美好，一会感觉自己在大海里面游泳，一会又到那边，反正想到什么就会有什么美好的东西出来，幻觉是蛮开心的。

【调查者】那生活中是不是没有这么多开心的事情？

【个案 10】有可能是家里对我管得太严了，反正我蛮压抑的，在这个毒品上面，能找到一种解脱，人慢慢就依赖这个东西了，就经常玩。我想过的生活和我家里人安排的生活不一样，事事都不顺心。家里人希望我转正，但是路子又没有到位，又干不了；然后，天天在家里面，自己压力也蛮大的，家里人也给我施加压力。所以自己就特别有负担。我比较逆反，我的性格也蛮倔强的；我家里人总给我压力，我就后来干脆不回家，住在外面。按照我父母的话，我就是自作自受。

【调查者】最疯狂的时候，你们嗨过多久？

【个案 10】最多嗨一个礼拜，因为太长了人的身体受不了，就要休息一下。后来发现，溜冰不是很累，就开始溜冰。溜了冰，就不想再摇头了。我感觉溜冰蛮好玩的，天天在家里坐着，也不吵、也不闹，几个人坐坐聊聊天，挺好的，特别是溜冰也不想吃，不想睡，人就像神仙一样的，一坐就是几天几夜，自己都感觉不出来。反正溜了冰，人有点颠三倒四的。这个东西和抽粉不一样，但有一点，溜冰的心瘾也重，有的时候几个朋友聚到一起要玩了，就像猫抓心一样痒痒的，就一定要玩。这可能就是心瘾。反正怎么能尽快玩起来，就怎么做，所以有的时候为了溜冰也在酒店开房。就有点顾不了许多了一样。看个人体质，很多人能溜好多天。这个东西，也没有什么，但就是想玩。

【调查者】那在××区机关期间，没有玩这个？

【个案 10】那段时间都忙得不得了。虽然听说流行，偶尔身边有朋友玩，我还没去接触，因为在那里工作的时候，一大早 6:30 就要起来，一天三顿都在单位吃。那时候拿的钱蛮多的，我还存了好多钱，经济情况还不错，我也没有烦过钱。可能是条件太优越了。但是后来不工作了，闲的时间太多了，人又空虚，不知道要干什么，就要找事情做，就找到了毒品。

【调查者】你爸爸妈妈也没有管你？

【个案 10】他们又不知道我搞这个东西，我妈妈就是怀疑我，我家人老是叫我到医院检查，说是不是有糖尿病，因为我爸爸有，可能怀疑我遗传他。因为溜冰溜过了，人能吃能睡，就好比是前面体力透支了，后面要补回来，就通过猛吃和猛睡来补充。

【调查者】现在嗨的人和溜冰的人，未成年人多吗？

【个案 10】多得不得了，都是 1985 年以后出生的，还有很多是 1990 年后出生的，到娱乐场所成把抓。有的是坐台，有的是纯粹条件好，都是独生子女。我感觉，每一个人在心理上都有不同程度的缺陷，这是我们走向新型毒品的一部分原因。我是因为生活的压力，我感觉其实我这样一个人，老天对我还是蛮公平的，家里条件好，但是我有别人看不到的压力，比如家里的压力、很倒霉被车子撞、被人家持刀抢劫，等等。还有一些小女孩来自单亲家庭，父母也是乱七八糟的，年龄小也抵挡不住外面毒品的诱惑，毒品诱惑太大了。

【调查者】外面发货的人多吗？

【个案 10】到处都是发货的，YJYE 成把抓。走两步就能看到一个发货的。我进来以前经常去那边玩。玩玩就能发现好多在这个环境中间“志同道合”的朋友，我感觉，物以类聚，人以群分，一点都不假。

【调查者】你觉得新型毒品有瘾吗?

【个案10】虽然不像海洛因身体上犯瘾,但我感觉新型毒品也是有瘾的,比如外面人一打电话一引诱,我就挡不住,马上就开始玩,我感觉新型毒品也是依赖,是一种"心瘾"。

【调查者】冰毒是怎么传到南京呢?原来不是只有摇头丸吗?

【个案10】冰毒本来是在上海、北京、大连、广州这些地方流行起来的,但是南京不是有好多搞赌档的吗,很多在外地开档的外地人在外地玩,他们玩了以后就带到南京的。一阵风、一阵风传过来,一传二、二传三地传开了。小城市的溜冰就是南京的人传过去的。毒品传得快得不得了。而且毒品现在通过火车、自己开车携带也比较宽松,不像那些到云南背大货的大毒贩,他们都是到南京发小货的。我感觉,每个国家都会随着社会发展必然出现贩毒现象,想在中国这个阶段杜绝是不可能的。

【调查者】你觉得你出去以后会不会不玩这个了?

【个案10】我觉得人还是会反省的,不管有没有文化的人,他在里面吃过苦,不说他一下子变好了吧,至少在里面的经历会成为他日后的阴影,他在玩毒品的时候会考虑一下。我还是比较清醒的,我没有破罐子破摔,我会努力反省的。在这里面太苦了,在家里过得多好啊,所以我就说,出去吃屎都不玩了。你看我的手,都是冻疮,以前冬天都是在空调房间,没吃过这种苦。

我觉得,我们这些溜冰的,抓进来是没有必要的,因为我们的心瘾还是戒不掉,出去了看到人家玩,还是会玩,抓进来没有必要。我们和正常人一模一样。只不过我觉得自己的记忆力减退得比较明显,就感觉人有点神经兮兮的。时间长了,人就恢复过来了。溜冰主要是伤害内脏,而且感觉人的免疫力不如以前,干一点活人就会累,腰酸背痛。

【调查者】嗨和溜冰的人,穿着打扮是不是都很时髦?

【个案10】是,都是新潮的现代一族的人,时髦的人赶时髦的人,这些人也是好奇心强的人,多数是这样,像安安分分、稳稳当当的人,本身性格上就不追求刺激,这些人也不会玩新型毒品。所以玩新型毒品的多数还是像我们这样喜欢挑战、喜欢追求刺激、喜欢走在社会的最前沿,每一个流行趋势都想赶的人。但是有一点,我们这些人,积累起来的人生经验比好多正常人一辈子都多,正常人一辈子都体会不到我们的感受和经历。

【调查者】你经常买衣服吗?

【个案10】我的衣服太多了,都有两三橱,好多衣服我自己都记不得了。到了换季的时候,自己都忘了还有这件衣服。我太喜欢时髦了。比如长筒靴子,我家里有几十双。外面流行什么，我就买什么。我的头发也是的，当时是烫的，还留了一个尾巴。在这里，现在都不去搞了。

【调查者】你以前身体如何？

【个案 10】我以前身体一直不好，好多遗传的病，像支气管炎、哮喘、心脏不好，以前每年秋天我都发哮喘到医院挂水，溜了冰以后，生病也不生了，自从玩了这个东西，整整一年，哮喘、咳嗽都好了。我记得有一点感冒，溜了冰以后，都好了。但进来以后，我又有点发哮喘了。所以我感觉，人一歇下来，不玩了，身体马上又不好了。

【调查者】这是以毒攻毒，用更大的毒压住小病。你抽过大麻吗？

【个案 10】抽了大麻就想笑，看到什么都想笑。人就像傻子一样的，看到人家就想笑。我感觉这个东西也是一种迷幻药。但是幻觉最大的还是 K 粉，刷了以后，幻觉最大。但 K 粉这种东西对人的影响也比较大，记忆力减退比较厉害，智商也下降。

【调查者】你到这里来了，还和男朋友联系吗？

【个案 10】在外面，就经常吵架，而且一溜冰上了头就吵架，也蛮奇怪的，和其他人溜冰有好多说不完的快乐的事情，但是和自己的男朋友溜冰，就会把以前好多不愉快的事情翻出来讲，就不停吵，吵着闹分手。我估计我们也危险了。因为我家里人也不同意我和他谈了。我家人想通过这一次，让我和他彻底断了。

【调查者】你出去了有什么打算？

【个案 10】本来被抓进来前那年 12 月，我家里人要给我一部分钱，让我开一个全国加盟奶茶店，门面也租好了，但不幸在 12 月 25 日圣诞节在家里狂欢被抓过来了。如果出去，我家人如果还相信我，还愿意给我开个店，我还是觉得自己必须要有一定的事业，我不能再这样在社会上晃下去了。我估计我家里人也被折腾得差不多了，我也不能老指望家里人。我觉得进来，还是有一定好处，人还是会反思反思的，我们是牢也坐过了，毒也抽过了，人吃一点苦才知道生活的艰辛。家里人以前讲我，我都没有听进去，现在想想蛮后悔的。出去也没什么想的，就想好好报答父母，钱和事业是急不起来的。我出去的第一件事就是让父母开心点。

【调查者】你觉得新型毒品对社会的影响大吗？

【个案 10】我觉得新型毒品绝对比海洛因厉害多了，接触海洛因的多数是社会底层的人，但是新型毒品就不是了，社会的中上层、上层，甚至是一般社会成员，都会接触到。涉及的人越来越多，像文艺圈里面的好多人都是最早接触到新型毒品的。像青少年、未成年人，接触新型毒品的孩子太多了。还有就是社会的上层，也接触这个。听朋友讲在上海，KTV里面，整个场子的人都在溜冰，冰都不要钱。妈咪带着小姐一起溜冰，在上海太普遍了。

【调查者】现在社会，有钱人很多，是吧？

【个案10】我感觉，就是现在社会贫富差距太大了，有的人太穷，有的人太富，太穷的人根本就没有办法生活下去，他只有贩毒。还有一些人吸毒了，花销太大，也是以贩养吸。而那些有钱的，日子过得太好了，比较平淡，虽然接触不到这个东西，但很多人想巴结他们，就请他们玩新型毒品，用美色、毒品来满足他们，他们也喜欢。所以我觉得，新型毒品是比较有诱惑力的。毒品确实能给人减轻不少压力，也能带来快乐，在今天这个压力社会，谁都要释放和排遣这些压力。可能新型毒品就能给人减压。所以我非常崇拜那些经过戒毒所里戒毒、回去再也不接触毒品的人。战胜自己的弱点，他们才是最值得尊重的人。因为毒品就是魔鬼，能把所有的正常人的自控能力、思想完全控制在它手上，你说很多做生意的人不精明吗？活闹鬼不精明吗？都逃不过。

【调查者】你经历过什么印象很深的事情？

【个案10】我就记得我从小就被家里人打，我记得我家里人打我都把羽毛球拍子打断了。我家里人就是这样恨铁不成钢，教育方式有问题。他们特别喜欢走极端，就像我这个人，可能性格也和我家里人一样。

【调查者】你见过溜冰和嗨死人的事情吗？

【个案10】没有，只是嗨昏过去的人蛮多的，后来抢救都能救过来，因为身体太弱了。我也见过很多人溜冰以后的怪异行为，口吐白沫、吃自己的袜子的事情也很多。还有一次，有一个人，刷K粉刷多了，就抱着拖把讲了一夜的话。

【调查者】你们如何看待毒品和社会？

【个案10】我觉得，随着社会的进步，这些东西是必然的，而且溜冰的人的层次越来越高。

【调查者】现在有什么新毒品？

【个案10】像可卡因我们叫“可乐”，就是新出来的，虽然国外很多，但是在国内玩可卡因的人还很少。像邮票(类似于一张软纸，迷幻药)、黑芝麻、开心果(安定，含在舌头底下，促进睡眠，也让人有飘的感觉)，这些都是新出来的新型毒品，已经有的新型毒品里面，摇头丸叫糖、K粉叫香水、冰毒叫冰。我感觉，毒品会越来越多，还会出现新的品种。

【调查者】你为什么没接触海洛因呢？

【个案10】我从小家里人就告诉我，白粉不能碰，给我的印象太深了。而且看到身边很多吸毒的人死了，我就不敢玩。但是新型毒品玩的朋友多，又感觉他们没有事情，就玩了，但现在想，新型毒品还是很毒害身体的。

【调查者】你为什么摆脱不了新型毒品呢？

【个案 10】我就觉得，玩了新型毒品了，人就像两个人，生活在两个世界，就像《三毛流浪记》里面三毛在光明世界里一样，感觉世界上没有坏的东西，一切都太美好了。人非常开心。而且人都非常真实，几个人溜了冰以后，他们的真实嘴脸和面目都暴露出来了。

“激情燃烧”的“坐台妹”

这个女孩，年仅 17 岁，花季一样的年龄，她的生活却充斥着溜冰、摇头、坐台。谈起过去那段“激情燃烧”的岁月，她侃侃而谈，我却惊讶不已。

访谈对象：个案 11　女性　1990 年生

访谈地点：南京市戒毒所（石佛寺）

【个案 11】我家在南京，我读书读到初二，后来就喜欢和人家到社会上玩，就不读书了。我父母自己做生意，我妈妈以前在海南岛、深圳上班（坐台），赚了几百万；但我上幼儿园的时候，我爸爸妈妈就离婚了，我爸爸妈妈以前都抽粉（海洛因），后来我就一直跟着我妈。后来在社会上的歌舞厅跳舞，比如 YJYE 的 M、BD、BF，那边环境蛮好的，我们一般都是在大厅里面。

【调查者】有没有谈朋友？

【个案 11】谈的，我谈的男朋友搞赌球的，有的时候能赚几万块钱，只要有球赛的时候就去。

【调查者】说说溜冰吧。

【个案 11】溜冰，就是拿一个像味精一样的小袋子冰毒去吸，一般 400 块一克。用塑料瓶子和吸管做一个壶，在塑料瓶上搞两个孔，把吸管插进去，一根管子是吸的，一根管子是把锡纸摆在下面烧的。用嘴通过另一根管子吸。我们一般都是四五个人、五六个人在一起溜，在外面开宾馆，我们经常去 LG、BL、NF，溜了以后，感觉蛮舒服的，感觉自己飘飘的，什么烦恼都没有了，减肥效果非常好，溜了以后都不想睡觉，很兴奋、精神好得不得了，生病了溜了都能溜好，而且要不停和人家说话、聊天，有的时候画眉毛能画十几个小时，然后化妆。有的时候也打打牌（跑得快），输了就溜一口。有的时候会产生幻觉，就感觉旁边总是有人讲话，而且疑心病非常重，感觉人家总在讲自己的坏话，人家上个厕所都要去听一下人家有没有讲我坏话。溜冰一般都是一天一夜，也有几天几夜的，反正我最长溜过四五天。

但我感觉,如果不溜冰了,人还是会生病,而且觉得全身都没劲。

【调查者】你也上班?

【个案11】我晚上在外面坐台,陪人家喝酒、聊聊天、唱唱歌,一个台200块钱。一晚上也就一两个台。那时候我蛮喜欢喝酒的,一般都是喝洋酒。下了班吃个宵夜就去溜冰。一般都是晚上12点钟左右,人家就会打电话,我就跟着去。我身边也有一些小女孩陪溜,一般要给她们1 500、2 000,溜了冰以后,客人要和小姐做那个事情。

【调查者】嗨呢?

【个案11】吃摇头丸能坚持一夜,而刷K粉只能坚持一两个小时。南京以前嗨的人很多,现在有点不流行了,因为公安抓得太严。我身边的朋友嗨的人很多,都嗨过。好多嗨的人都是未成年人。这里有一个小女孩才14岁,很小的。现在外面也有裸嗨,在迈皋桥那边我听说有,叫"坐裸台",小姐上班都是把衣服脱光了,小姐陪嗨都是裸嗨。小场子的裸台是200,大一点的是300块。

【调查者】你还玩过摇头丸吗?

【个案11】当然玩过了,2003年前后摇头丸最流行了,摇头丸和溜冰比起来,更累人,要不停摇头,而溜冰一点都不累。而且现在外面的人都溜冰了,像我知道的,有的警察还溜冰呢!坐台的女孩子溜冰的也特别多。以前像四川、湖南、安徽这些外地坐台的女孩子主要靠出台(陪人睡觉、性行为)赚钱,现在都是陪嗨、陪溜冰了。出台给1 000、2 000,而陪嗨是500、800,陪溜也至少2 000。我也陪人家嗨过的,就是帮人家摇出来,因为人家吃了药,要是摇不出来,会很难过,摇出来的感觉就是产生幻觉,也叫嗨大了。陪嗨都是先帮人家摇出来,摇头我一般都是穿连衣裙,抱在一起摇。

【调查者】这些喜欢嗨的男性,都是些什么人?

【个案11】好多都是在社会上混的,打架的活闹鬼什么的,也有一些做生意的。

【调查者】有没有白领?

【个案11】不多。我有一次嗨大了,就感觉看到了什么东西,自己想要的东西都能看到,有的时候能看到鬼,见到各种奇特的东西吧。

【调查者】那麻古(麻果)呢?

【个案11】麻古(麻果)可以加到冰里面,加了以后就感觉特别舒服,溜冰的时候加了麻古,上头就特别快,就特别容易产生舒服的感觉。

【调查者】你还抽过大麻吗?

【个案11】抽过的,大麻比较温和,也是比较舒服的,抽大麻可以比较好地入睡，而溜冰却睡不着。我们出来玩这些，都是男孩子请，我有时候和男朋友一起出来，很多时候也不和他。有的时候他会介意，但我就骗他说我回家了。

【调查者】这一次被抓是怎么回事？

【个案11】是和几个朋友一起玩的，在迈皋桥被抓的。当时三个男的、三个女的六个人，大家坐在一起溜冰，我们女孩子都是十五六岁的，好像是被人举报的，公安就来了。

【调查者】你进来以后感觉如何？

【个案11】我感觉自己基本康复了，我都长了30斤，感觉自己出去不能再玩了。

【调查者】你觉得南京的嗨吧多吗？

【个案11】多，要是在YJYE抓嗨的人，一抓能抓一箩筐。随手就一大堆嗨的。R、M、BF、BD、MS都有蛮多的人在里面嗨。嗨的人一般都是晚上11、12点以后，在大厅里面也有人玩。

【调查者】为什么会喜欢这种环境呢？

【个案11】感觉自己天天无聊、没有事情干，就玩这个东西。

【调查者】你坐台赚的钱能攒下来吗？

【个案11】没有，都花掉了，赚200就用200，逛逛街，买买衣服、吃吃饭、打打车，钱就花掉了。花钱快得很！

【调查者】你刚才说，你父母抽海洛因？

【个案11】我妈妈现在上班了，我爸爸今年2月份刚从这边回去，也不抽了。我记得我家以前有几百万都被抽光了。

【调查者】出去以后有什么打算？

【个案11】这些东西不能再碰了，出去以后，学一门手艺，我蛮想学美容的，自食其力。

【调查者】以前是不是因为小啊，怎么想的会接触新型毒品？

【个案11】主要是好奇，心里想玩，玩了一次，心里痒痒的，还想玩第二次，就天天溜，天天玩。前前后后溜了一年多，我都数不清自己溜过多少次，反正数不清了，至少365次以上。

小“妈咪”

在我的印象中，“妈咪”应该是指年龄较大的女性，然而18岁的女孩已经做了2年“妈咪”，靠“拉皮条”营生。她细声细语，讲述着自己的世界。

访谈对象：个案12　女性　1989年生

访谈地点：南京市戒毒所(石佛寺)

【个案12】我是淮安人，从小我爸爸妈妈都不在我身边，我是我家姑姑带大的。我读书读到初二下学期，就不想读了。就在淮安卖了一段时间服装，之后在淮安先坐了一段时间台，后来做了一段时间妈咪，在桑拿里面带小姐。2005年12月就到南京来了。

【调查者】到了南京，接触这个环境，在哪些场子里面？

【个案12】在×街的LGF，后来我到HFJR。LGF有100个左右的小姐，这个行业也分淡季旺季，像过年前一段时间，很多人要请人办事，就带人家来这里。那段时间是旺季。9月就是淡季，人家该上班的上班、该上学的上学了，去玩的人就少了。LGF的裸台是300，小姐跳脱衣舞、艳舞，客人只能看不能摸，二楼是演艺吧，三楼是包间。现在这些场子里面都没有嗨包了。我记得当年HF就是因为嗨包，三个老总都给抓起来了。

【调查者】那你在南京是怎么赚钱呢？

【个案12】我一开始坐台，后来接触的朋友多了，我也有很多熟悉的小姐，我就自己做妈咪，人家要是要小姐，就打电话。因为现在公安抓得紧，好多人嗨都不在KTV里面，都是自己租房子或者开房间嗨，就是摇摇头，需要一些小姐，我就送小姐过去。给钱全看客人给。

【调查者】你以前嗨吗？

【个案12】以前嗨，我在淮安谈了一个男朋友是发K粉的，那个时候流行刷K，我只在淮安嗨过一次。我和这个男孩子的同性朋友是网恋，但是觉得没有共同语言，就认识他了，就和他在一起了。他发K粉，但他不给我玩这个东西。那时候我刚刚接触社会，还蛮听话的。后来，因为我们都是独生子女，很任性，都不让步，总是吵架。我觉得吵得嫌烦，2005年底就到南京来了。本来打算在南京苦一点钱就回去了，但是来了以后就不想回去了。现在南京，好像摇头丸又有点流行了，就是我进来这段时间(2006年底)。我摇头主要是刷K，不怎么吃摇头丸，有的时候也加一点大麻，因为大麻溜冰、嗨都能用，但我很少有幻觉。现在外面药很多，还有什么“开心果”，是一种比摇头丸小一点的小药片。

【调查者】现在南京哪些场子嗨的人比较多？

【个案12】现在就是YJYE，人家公安都在讲，在YJYE，眼睛闭着抓嗨的人都能抓一大把，都能抓好多嗨的人。现在公安整天抓都抓不完，我们进来都不是在这些场所抓到的，主要是人家举报的。因为年底，那些线人都要向派出所交人头。

【调查者】你接触的嗨吧，都是什么人在里面嗨？

【个案 12】有很多南京的活闹鬼，有老板，白领也有，我感觉，现在摇头，什么样的人都玩。我对溜冰比较熟悉，反正溜冰什么人都玩，五十几岁的老头都还溜冰呢。我有一次，看到几个东北那边的四十几岁的一家人，他们那边人都抽麻古，他们也喜欢溜冰。他们家里的这个儿子，现在 24 岁，他 16 岁就开始抽麻果。他们一家三口没事就溜冰。

但自从玩了冰毒以后，就不嗨了。因为这两种东西不一样，有了溜冰了，觉得摇头就没有什么意思了。因为溜了冰，人比较兴奋，我个人感觉好像没有什么瘾，溜冰的人喜欢钻牛角尖。很多人溜冰都有自己的爱好，我喜欢抠手指；我另外一个朋友就喜欢擤鼻涕，因为她感觉鼻子里面有冰；还有的人喜欢揉眼睛；还有的人溜大了就会成为南京老大，什么都不怕。我们玩这个就是觉得蛮好玩的，就去玩。我们一般玩，都是住在一起的几个女孩，在家里玩。我溜冰，都把脸溜变形了。两边已经不一样了，一边浮肿变形了。因为我有一次连续玩十五天，吸管整天不会离口的，再加上 K 粉、摇头丸、开心果加的量比较大，十五天一分钟都不会睡觉。

【调查者】你现在和淮安的男朋友分手了吗？

【个案 12】没有，这里的戒毒费都是他代我交的，他现在还在淮安，开开档、苦苦钱。

【调查者】你呢？你在外面能赚多少钱？

【个案 12】要看情况，情况好的时候一个月能赚三四万块钱，但我是苦多少用多少的人，钱也存不下。钱也不晓得是怎么花掉的，反正我喜欢买手机，没什么事情，我就换手机。我以前和人家吵架，就喜欢砸手机，所以手机换得也快。我换都是换最新款的诺基亚、三星。刚进来前两天，我才买的诺基亚 N73，3 000 多块钱。每个月的电话费也不得了，一般都是 1 000 多块钱。

【调查者】能说说你经历过的特别奇特、一般人不了解的事情吗？

【个案 12】都是一些正常人看不懂的事情，比如我幻听，就感觉人家都在讲我坏话，这也可能是我溜冰的一些症状。而且我感觉人的胆子特别大，天不怕地不怕。

【调查者】你觉得，像一些大学生、白领、年轻人到这个环境里来玩的普遍吗？

【个案 12】普遍，以前我坐台的时候还遇到过清华大学、北大的，好多的。他们也是聚会，有的是留学刚回来，同学请他出来玩玩，喊几个小姐陪陪。

【调查者】你是怎么看这个社会的?

【个案12】怎么讲呢,这个社会太现实了,不过我看得比较开,现在好多小女孩自己很辛苦地赚钱,赚了钱还贴给男朋友,我感觉完全没有必要去找这样的男孩。找男朋友,不要看他是不是很有钱,关键要看他有多少能给你多少,如果有1 000给你1 000的,这样的男人就是对你好的男人。

【调查者】你还相信爱情吗?

【个案12】相信也相信,但我也看得开了。

【调查者】你觉得正常人如何看待你们呢?

【个案12】我们也经常遇到给某个客人打电话,客人的老婆回电话过来了,就会骂,说我们为了钱怎么样、怎么样,但我感觉,完全是两回事,因为他们完全不了解我们的生活和这个环境。可能社会还是不了解我们。不了解我们就变成了偏见。

【调查者】你看,这么多女孩子出来坐台,她们为什么会做这个呢,而不选择正常的工作?

【个案12】有些是小女孩,觉得苦钱比较快、赚得多。她们自己本来就喜欢在外面玩,玩是要花钱的。还有一些年龄比较大的,家里经济情况不好,有的还有小孩,就想赚钱快一点,因为家里毕竟有老有小。

【调查者】那你们出来,会去做正常的工作吗?

【个案12】情况好的话,自己赚一点钱,肯定会改行的,或者找个有钱的老板,这个很正常的。

【调查者】你们如何看待这些来玩的客人、有钱人?

【个案12】这些人来玩,都是来寻找刺激,寻找快乐的。现在有钱的人,都想找个小老婆,消遣消遣,他开心啊!我觉得,男人不管有多么好的老婆,他又多么爱他的老婆,他在外面不想瞎玩的,我想是绝对不可能的。一开始我不能容忍我家老公在外面玩,但现在我也看得开了,其实女人的心态和男人是一样的,女人也想寻找刺激和新鲜,哪个不玩呢?女人也玩。我现在觉得,他只要对我好就行了。

【调查者】出去有什么打算?

【个案12】出去再看吧,不过还会在南京的。

“玩　　冰”

工人家庭出身的她刚满18岁,与许多吸毒女孩一样,在娱乐场所坐台。与她的访谈因为打火机没火抽不了烟而中断，不过她从口袋里掏出火柴，点着了香烟。我们的交谈得以继续，看得出她喜欢冰毒，"玩冰"一词对于她也许很贴切。

访谈对象：个案 13　女性　1989 年生

访谈地点：南京市戒毒所(石佛寺)

【个案 13】 我是南京人，住在下关，我父母都是工人，我爸爸上班，我妈妈下岗不上班了。我读书读到中专毕业，大专是旅游管理，上了几个月就不上了。我们中专和大专是 5 年制的。后来就想出来玩，就不上学了。在社会上接触了好多和我差不多大、不上学的朋友，在网吧、YJYE 这些环境就认识他们了。一开始我家里人管我，后来我总这样子他们也就不管了。

【调查者】 你从学校出来以后，怎么生活？

【个案 13】 就在娱乐场所坐坐台，我一开始在 TJD 酒店坐台，200 块一个台。后来我也去 HF，还有一些小场子。这些大场子生意非常好，很多都是请客户，一请都是好多人。如果十几个人一个包间，能要七八个小姐。在一起喝喝酒、摇摇色子、唱唱歌。

【调查者】 你怎么会接触到毒品呢？

【个案 13】 是朋友过生日，喊我去玩的，我就去了。去了以后，他们就讲，溜这个东西很好玩，我也好奇，就玩了。以前就是在 YJYE 学会了嗨，在 M 嗨过的。我不喜欢摇头，难受死了。后来就不摇头了。第一次溜冰，感觉不舒服，比较难受。后来，再溜溜，就好多了。一起吹吹牛、打打牌。

【调查者】 你接触的这个环境，也是一个小社会，有什么印象？

【个案 13】 挺乱的，什么人都有，现在溜冰的人蛮多的，我接触到的大部分是年轻的，他们为什么溜冰我也搞不清，但可能都是没什么事情，空虚无聊，这个东西好玩。

【调查者】 你是什么时候谈朋友的？

【个案 13】 我谈了一个在外面玩的男朋友，没有工作，有的时候也喊我去溜冰。我都不知道他怎么赚钱，反正他有钱给我用。

【调查者】 你们这些 1990 年前后的男孩女孩，为什么特别喜欢这些东西呢？

【个案 13】 主要是嗨和溜冰传得太快了，南京这么多人玩呢，也是一种时尚，看到人家玩，自己心里也好奇。我在外面坐台，别的小姐和我吹牛聊天，就谈到在那边开房间溜冰，我又没玩过，就会去打听了。这个东西就晓得了。

【调查者】 有没有什么故事？

【个案 13】 我知道，有一个人曾经溜冰溜死了。是一个 TJD 酒店的原来的一个带班，他是溜冰后来刷 K 粉，一起玩这个，量太大了，就死了。其实溜冰很伤身体的，我那时候溜冰以后，都要去挂水，身体太虚了。而且溜冰的时候，酒不能喝，喝了会出事。

【调查者】你出去以后有什么打算？

【个案 13】我家人对我蛮好的，替我想得也蛮周到的，我出去以后就听他们安排了。出去不能玩了。

上 海 宝 贝

我告诉她我想听一些故事，她说她就是我想找的人。2006 年，她在上海开始了坐台、溜冰的生涯，面对面容姣好的她，我觉得可以称她作"上海宝贝"。

访谈对象：个案 14　女性　1982 年生

访谈地点：南京市戒毒所(石佛寺)

【个案 14】我接触过新型毒品，在上海学会溜冰的。我有一个南京的好朋友，这个女孩在上海坐台，我就到她那边玩，接触到了毒品。

【调查者】哦，你小时候的情况能说说吗？

【个案 14】我是南京人，读到高中，小的时候比较贪玩，高中就不念了。以前高中的时候，喜欢在外面跳跳舞、蹦迪。

【调查者】你们也在外面嗨吧？

【个案 14】以前嗨，我们吃摇头丸，到歌舞厅、KTV 去嗨，嗨大了会产生幻觉，会看到很多莫名其妙的东西，感觉自己在别的城市看到很多别的景色，有的时候也会感觉自己在一个黑洞里面出不来。

【调查者】后来为什么会到上海去？

【个案 14】我身边好多女孩在上海上班，我是过去玩的，因为在南京也闲着无聊。过去以后，发现上海不流行摇头丸，都没有人吃摇头丸，上海人都溜冰。

【调查者】你怎么接触到溜冰的？

【个案 14】我一开始是看着在上海上班的这些朋友搞的，溜冰的感觉是人兴奋、要说话，不想吃东西和睡觉，不停出汗。我喜欢和朋友一起打打牌。

【调查者】在上海，溜冰的人多吗？

【个案 14】非常多，场子里面都很多人溜冰，迪吧里面也溜。我们一般不去外面，我们都是在家里溜。我是 2006 年去的。上海比南京开放，新型毒品方面也丰富，像香港人、台湾人在上海好多都玩这个东西。这些人在迪吧里面看到漂亮女孩，就喊她们过来一起溜，帮她们溜。

【调查者】你在上海也工作吗？

【个案 14】我有时候去坐台，但上得不多。我一般一晚上坐一两个台能赚500、1 000 块钱，上一个星期就可以够一个月花了。

【调查者】你溜冰溜到什么状态是比较好的？

【个案 14】就是溜大了，感觉身体麻麻的、心跳加速，非常开心。我们一般都是连着溜，一溜溜了十几天。溜累了，就休息两三天，然后继续溜。前前后后溜冰溜了一年多。减肥效果很好，其他没有什么感觉。

【调查者】能说说上海的 KTV 环境吗？

【个案 14】和南京差不多，就是更豪华、更气派，只不过 KTV 里面小姐比南京多，一个场子里面都有 500、600 个小姐，有 200 多个小姐都是南京来的。小姐也都是妈咪带着，客人自己挑选。像一些香港、台湾老板，三四个人进去，有的时候都能挑十几个小姐，因为他们都很有钱，即使其中有的小姐一晚上都不陪他，他都照给小费。人家有钱也无所谓，找几个都正常。KTV 里面的消费，一个包间 4 000、5 000 块钱一晚上是最起码的，人多一点，最起码也要一两万块钱。

【调查者】现在上海包小姐的现象，刚才我听她们讲过，你还接触过？

【个案 14】这个很多的，我身边一个从南京来的女孩，来上海两个月，就给一个香港老板包起来了。一个月给她几万块钱，给她买个车子，给她租个房子，她就定居在上海了。因为香港在上海的分公司、办事处比较多，这些香港人一般一个月中间，有一半时间在上海，就包起来。我感觉，香港人比较大方，而且有钱。台湾人有点小气。

【调查者】为什么在上海会接触到溜冰呢？

【个案 14】我身边的所有人都在溜冰，我不溜，好像我和大家不合群，感觉自己特别清高。后来，我一些外地的朋友要到南京玩，我就回去招待她们。

【调查者】你怎么接触到南京这些溜冰的朋友呢？你不是在上海吗，回来应该不熟悉。

【个案 14】还是比较熟悉的，因为以前一起摇头的朋友现在也溜冰了，而且我回来不要和他们叙叙旧吗，都知道我回来了，她们溜冰也会喊我去。一个传一个，就都知道我也溜冰了。时不时大家出来玩，就会喊我。这些人都是通过朋友认识的，所以，也不是太熟悉，在一起玩了以后才熟悉了。虽然这个东西没有生理上的反应，但心理上还是会有一点想玩。我们女孩子，不谈朋友，不出来玩，一个人比较寂寞。现在女孩子在外面溜溜冰、嗨嗨，甚至是和别人上床都很正常，司空见惯。但我还是觉得女孩子在外面玩，不能太随便。

【调查者】你接触这么多上海、南京的社会环境，你觉得怎么能够让年轻人远离新型毒品？

【个案 14】我觉得新型毒品是人没有办法去抗拒的，诱惑力太大了。如果想远离，首先你结交的朋友圈子不是这个圈子，身边没有在娱乐场所玩的人，因为人是跟着环境走的，人必须去适应环境，不是环境适应人。如果所有人都不溜冰，就你一个人溜，还有什么意思！一般都是大家做什么，我才做。

【调查者】你这一次怎么会到戒毒所来了？

【个案 14】就是和几个朋友在一起溜冰，本来是打算 6 月份回上海的，她们讲再待一个月回去，其实在南京很无聊，因为南京的圈子很小。不过和南京人在一起讲话什么的比较投机，和上海人在一起，话都听不懂。就这样，一拖再拖，都没去成上海。到最后，就到这里报到了。好像是别人举报。

【调查者】你们怎么看今天的这个社会？包括娱乐场所和毒品。

【个案 14】我觉得城市发展就离不开娱乐场所，就像上海这样的开放型城市，如果完完全全杜绝了这些东西（娱乐场所和毒品），也没有那么多人去投资。当然，毒品确实不好，因为诱惑力太大了。我觉得还要看个人，接触的层次、自控能力、文化等比较高，不至于会像我们这样。我到现在都没有想到自己会到这里来，虽然不是坐牢，但人身自由受到了限制。可能是自控能力太差了。我就觉得，生活在娱乐圈里，必须去接触这个东西。主要我觉得还是在于自己的内心世界和需要。人太空虚、太无聊。

【调查者】你为什么会空虚呢？

【个案 14】我闲下来的时间太多，同时赚的钱比平常人还多很多，不干这些干什么呢？而且现在溜冰的人都有这样的观念，就觉得溜冰的人和抽粉的人就是完全不一样，溜冰没有关系。其实，溜冰和抽粉是一样的。

【调查者】你觉得上海和南京在这个方面的开放程度，差别在哪？

【个案 14】开放程度差别太大了，我就感觉，上海人特别容易接受新事物，女孩子的穿着打扮都非常洋气，很多女孩子非常漂亮，都非常多，在上海，街上女孩子穿着另类、新奇一点，不会有人注意，但是在南京就不一样，如果哪个女孩子头发染成红色、绿色，很多人都会很在意、盯着你看。我觉得南京太保守了。在上海禁毒方面管理比南京聪明点，警方一般只抓发大货的贩毒者，吸毒的抓到了，只是罚款和拘留。南京呢，不管是吸毒的还是发货的，都抓，所以南京更严一些。

【调查者】出去之后，自己有什么想法？

【个案 14】就想重回自由，在这里待着太难受了。我的自控能力不强，我估计我要是回去再接触这个圈子的人，我可能还会溜冰。

【调查者】你还愿意接触正常人的圈子?

【个案 14】我的男朋友就是正经人,我当然愿意接触正常人,希望能成为正常人了。

【调查者】祝你早日成为健康的正常人。

无聊惹的祸

一个和我年龄相近的女孩,刚忙完手上的活,跑过来接受我的访谈。也许是劳动的原因,尽管当时是隆冬季节,但她觉得很热,于是我坐在室外的阳光下,她坐在屋檐的阴影下,开始了访谈。这阴影似乎就像"空虚无聊"的影子,笼罩在她的身上,挥之不去……

访谈对象:个案 15　女性　1977 年生

访谈地点:南京市戒毒所(石佛寺)

【个案 15】我是南京人,一开始在南京一家商场站柜台,同时还做一份工作,还在旅行社上班。我身边溜冰的人太多了,我也就会了。

【调查者】你怎么会接触到海洛因呢?

【个案 15】那时候也是流行海洛因,我就好奇,就抽了。现在白粉戒了,本身我抽粉并不多。

【调查者】溜了冰以后,你有什么感觉呢?

【个案 15】我跟你讲,冰这个东西千万不能溜,溜冰的人都有神经病,只是程度不同。我还算性格比较好的,我有好多溜冰的朋友,都跳楼死掉了。因为溜冰的人比较容易钻牛角尖,就钻在里面出不来,就容易走极端。包括我自己,都有一点小心眼,疑心特别重。我有一个朋友,溜了冰以后,看到有一个老头被车子撞了,回来就说:"爸还被撞了?他在哪里?在哪个医院?"就像神经病一样的。像很多男性溜了冰,回到家就会怀疑老婆,说:"你刚才把哪个男人藏在家里的?刚才哪个来过的?"就会这样,人有病了一样。我溜了以后,就是头麻,没有什么特别好的感觉,人只是想讲话。溜冰一定要多一点人,抽粉一个人可以,但是溜冰一个人不行的。我有一次晚上睡觉怎么都睡不着,后半夜三四点钟,就找人拿冰,想溜冰,但是就我一个人,第二天早上很难过,就到处打电话找人陪我溜冰,像上午的时间,人家都在睡觉,我找到十一二点钟人家才跑过来玩。所以,最少都是两三个人一起溜。

【调查者】你接触毒品很久了,你总有很多感触,对于毒品?

【个案15】没有什么感触，反正我讲一句老实话，我觉得，看看那些扫大街的、拾垃圾的，我都觉得人家比我过得好，虽然穷一点，但是人家好好的，也不犯瘾，不像我们，难过了还在马路上滚来滚去。

【调查者】怎么没有结婚呢？

【个案15】以前也谈过的，但是没找到合适的，像我这种人，这个年龄，高不成低不就，所以就单身。

【调查者】溜冰这个环境，很多年龄很小的少男少女，他们和你们心态一样吗？

【个案15】都是太无聊、没事情做惹的祸。我一开始觉得，冰毒这个东西很恐怖，应该说比海洛因危害还大，但是玩的很多朋友都觉得无所谓，还灌输给我一些理论，说冰毒没关系，不会上瘾什么的，所以，这个圈子里面人对于毒品的看法对于我们的行为影响很大。

【调查者】你现在平时做点什么？

【个案15】以前喜欢进档赌赌钱，打打麻将，现在也不打了，就在网吧里面上网，玩网络游戏，我从2005年夏天到2006年玩了一整年的网络游戏，玩来玩去就是玩那些游戏，基本上是天天玩。因为大型的网络游戏蛮好玩的。

【调查者】你和你的家人住在一起？

【个案15】不，我自己住在江东门，我父母住在大厂。

【调查者】大厂抽粉的人很多。

【个案15】是，大厂是一个"粉窟"。我现在都不愿意回大厂，我都不知道自己怎么搞的，就是恐惧回去。大厂还有得艾滋病的人发货的。很多人为了发货不被抓，还买人家艾滋病的血液，染上艾滋病就能够不被公安抓了。他们根本不考虑死不死，只要能继续抽粉发货就行了。因为抽粉的人抽到最后都是死路一条。

【调查者】后来溜冰溜了多久？

【个案15】我是2005年6月份开始溜冰的，一直溜到进戒毒所。我们溜冰，一般都是AA制。我溜冰从来没有男孩子啰嗦，因为我觉得溜冰仅限于溜冰，没有社会上说的那么多乱七八糟的东西。

【调查者】现在外面娱乐场所里面新型毒品还多吗？

【个案15】多，很多。YJYE的BD，老板的后台蛮硬的，搞得定得不得了(方言，意即什么事情都能摆平)。2006年我看到，在大厅里刷K粉、摇头丸的，还有用冰壶(溜冰的用具)的都有。

【调查者】你这一次是怎么进来的？

【个案 15】还不是人家举报。一般溜冰的都不抓，我们几个人在家里面溜冰人家也不知道，我们被抓一般都是发货的人举报的，因为我们那一次是在外面开房间，让人家把货送过来的。我们在后宰门，结果来抓我们的是南湖派出所的，跨区抓的。想想就是人家举报的。

【调查者】出去以后怎么打算？

【个案 15】没有想过，我现在一片茫然，我也不知道怎么过。

【调查者】总要找一个工作。

【个案 15】出去上什么班？我的学历都不够，人家要高中，我才初中，现在旅行社最少要大专，这是旅行社的门槛，我们哪里能进得去？

我觉得钱是一个人一生最忠实的朋友，你的钱天天在你的口袋里，永远不会背叛你。这是很现实的问题。没有办法，现在的社会太现实了。

【调查者】发货的人更是这样了？是不是暴利？

【个案 15】有的时候要看，要是不吸毒的，肯定是暴利，一分粉、十分利；要是吸毒，就不怎么赚钱。

14 岁的咏叹调

她还是个孩子，1993 年生，比较腼腆且亲切可爱。就是这样的孩子，生活如同咏叹调一样，忽高忽低，飘忽不定，令人难以想象。

访谈对象：个案 16　女性　1993 年生

访谈地点：南京市戒毒所(石佛寺)

【个案 16】我是南京秦淮区人，我爸爸经常在外面出差，我妈妈是××厂的。我中学读的工读学校，读了一年，我小学的时候很贪玩，喜欢上网聊天打游戏，是我家里人把我送过去的，希望我能好一点。到了工读学校放假结束了我也不回去。后来就不上学了。一开始我妈妈还管我，但后来就不管了。

她点了支烟。

【调查者】抽烟是什么时候学会的？

【个案 16】就是我在歌舞厅上班的时候慢慢学会的。

【调查者】能说说摇头丸吗？你玩过吗？

【个案 16】我玩过的，是我 13 岁的时候。一开始都是吃摇头丸、刷 K 粉摇头，刷 K 粉刷多了就会定格在那，一动不动，有的人感觉很好，能产生幻觉，有的人却感觉不好。我记得我在 YJYE 的 M 用鼻子刷 K 粉，就感觉到天和地合起来了，有一个跑道，我就开着赛车在那边跑。而且每一次的幻觉都不一样。玩的时候身体很好，但是不玩了就感觉身上不舒服，肚子疼。娱乐场所里的男男女女，穿着都比较新潮漂亮。

【调查者】你怎么接触到冰毒的？

【个案16】2006年，我经常在外面的娱乐场所上班（坐台），我身边的女孩子都上班，我也就跟着她们去上班。我在××夜总会坐台。里面有好多的组，每个组都有一个妈咪、十几个小姐组成。陪他们喝喝酒、摇色子、唱唱歌、跳跳舞。很多客人都不规矩，喜欢摸啊、亲啊什么的，这个也正常。有些小姐坐的时间长了，比较会应付。南京有很多这样的场子，比如JBHH、SRJC、JNH、AX、SNYH、SGLFQB、BD、TSRJ、HFJR、YQ……很多很多。有的大场子都有100多个小姐。这些地方生意都很好，而且平时生意好，周六周日反而生意一般，因为客人要陪家里人。在娱乐场所待的时间长了，就很容易接触到溜冰了。

【调查者】你们喜欢这个环境吗？

【个案16】还好吧，都习惯了。没事情做，在这里也挺快乐的。一方面可以拿小费，也可以玩。而且能看到各种各样的客人，三十到四十多岁的都有，像生意人、在外面玩的人、集团的老总、农企（农民企业家）、白领也有。他们经常出来找冰妹（陪溜冰的女孩子）。

【调查者】说说你怎么溜冰的？

【个案16】我第一次溜冰，感觉并不很舒服，2006年过年1月份的时候，跟朋友在一起去尝试溜冰的，她们都溜过，我没溜过。就去了。四五个人在一起要用七八克冰。麻果也是溜，放在锡纸上用火烤着用嘴吸。溜了冰，头皮麻麻的，睡不着觉，后来再溜就不难过了，特爱讲话、多疑。一般溜冰都是和熟悉的人一起溜。我曾经连着4个月和朋友一起溜冰，天天溜，哇噻，溜得特别累，溜完了人都要死了。这些钱都是朋友出。像这样连续溜很久，我们就租一个房子，在这个房子里也不出门。

【调查者】这一次是怎么回事进来的？

【个案16】也是别人举报的，我以前去迈皋桥那边的场子，蛮好的、蛮安全的，我们就去溜冰，其实我们都快要走了，结果公安进来了，把我们几个带走了。

【调查者】你那段时间还谈男朋友了？

【个案16】我坐台一天200块钱，都不够花，所以也谈了个男朋友，有的时候没钱了还可以和他要。他是在社会上玩的，27岁，很早（我13岁）就和他在一起了，接触多了觉得他还不错，就住在一起。

【调查者】你喜欢穿什么样的衣服？怎么吃饭？

【个案 16】我喜欢买紧身的衣服，我从来不穿运动服，感觉这种衣服不好看。吃饭都是在外面吃。因为溜冰，所以我们吃饭很少，都很少吃饭。但抽烟花不少钱。抽香烟都是一条一条买，我也没算过。

【调查者】进戒毒所，是不是有点不习惯？

【个案 16】是啊，开始进来不是很习惯。估计我出去还是会在外面玩，还是会上班(坐台)。因为我们这个班，一天 200 块钱，可是正常上班，累得要死，一个月才拿 1 000 多块，我觉得对我来说有点不实际，而且每天要上那么长时间班。

【调查者】你父母现在还来看你吗？

【个案 16】他们经常给我钱。因为我以前经常给我爸爸妈妈钱，所以现在也和他们要。

【调查者】在溜冰和摇头的时候，有没有什么事情让你很难忘？

【个案 16】我有一个朋友自己溜冰，溜了几个月，一直溜，溜得全身的筋一起都爆出来了，就到医院去挂水，挂了一半，人家打电话喊他去玩，他就把针拔掉了，就跑掉了。蛮让人感到意外的。我还看到过，我一个朋友，他摇头摇大了，也不知道他的幻觉是什么，就看到他把他的朋友一起都打了一顿。还有一次，我一个朋友告诉我："有一个男的嗨大了，把一个女孩子的头放到厕所马桶里面去了。"我都笑死了。还有一次，一个女的嗨大了，他男朋友就和她那个，可是那个女的却一点感觉都没有。还有，很多场子都是裸嗨。还有很多客人是属于闷骚型的，你喊他摸他不摸，但是他偷偷摸摸地摸我，我最讨厌这种客人了。我一开始过这种生活，一点都不习惯，因为这些男男女女的行为和我们传统的礼教都是相反的，小时候感觉男孩子碰你一下子、亲你一下都有可能怀孕，但在这个环境久了，对这些东西就无所谓了。

【调查者】你上班，你男朋友不介意吗？

【个案 16】我在家里待着，也闷，上上网、看看电视，什么事情都不干。他也不是太介意。我记得在场子里有一个帅哥很有名，以前喝红酒，后来改喝可乐，大家就叫他可乐王子。我记得我坐过他一次台，是在新街口一家酒店的四楼，五楼是模特坐台。这个客人非常能喝，据说妈咪都给他喝倒了。那天我就进去了。他有个习惯，刚坐下来，他喜欢和每一个小姐喝一杯满满的红葡萄酒，不给加冰块和其他饮料。喝下去以后，就和每一个小姐开始玩一次色子(学名骰子)。只要哪个人能赢他，就给每个小姐 50 块钱；如果哪个小姐输了，小姐就要喝一杯酒。我前面的那些小姐都玩输了，她们喝酒喝得脸都红了。接下来是我和他玩，我怀疑他会拨色子，我就跟他说，我们两个摇过色子以后只许看一眼，不许动。这样他就不能动手脚，他就输了。他就给每个小姐 50 块钱。但是那天我喝醉了，也跑到厕所里去吐。酒这个东西在心里难过，吐出来就好了。后来知道这个人每个场子都去玩。

【调查者】还有没什么其他奇特的事情？

【个案 16】我记得刚出来上班的时候，认识一个客人，他是一个生意人，也是在外面玩的，他也摇头，就和他在一起刷 K，有一次他又来找我，是在 HJ 那个场子，玩过第二天，他给我买了一个小灵通，因为那个时候特别流行小灵通，买给我也没有提出要跟我那个的意思。蛮搞笑的。之后就没有联系了。现在有好多客人包小姐，固定每个月给女孩子多少钱，再给她买点东西。大方的客人一个月给几万块钱。一般一些上过好多年班的小姐，比较会"款"（让他喜欢你、包你、为你花钱）客人。很多小姐也不是公认很好看的，但就是比较会要的那种。像我以前一个朋友，以前她在 MGHC 里面上班，她碰到一个客人，那天晚上就给了她 3 500 块，然后就走了。我还有一个朋友，当时陪溜，正好碰到一个客人，那个客人那个时候还不是很有钱，有点像"农企"一样的，后来两年之后，她再碰到那个客人时都没有认出来。那天给了她小费和一条苏烟，之后又给她买了两部手机。我知道，那段时间，那个客人几乎每天都塞给她钱。而且刚买完一部手机没多久，她还要那个客人给她买，客人说不是刚买过吗，她非要那个新款的手机，后来就给她买了。那个客人对她真好，还给她租了一个房子，付了一年的房租。那个客人跟她要一把租的房子的钥匙，那个女孩讲："你还知道啊，你给我租房子是你上辈子修来的荣幸。"（她哈哈大笑）像这样的客人现在看来就是脑子不够用，现在的很多客人硬是被小姐玩精了。以前客人都是先给你买这买那，买完了小姐又不出来陪你了。但现在客人都吸取教训了，想从客人身上多骗 100 块，都蛮难的。我是蛮有性格的，我如果不喜欢这个客人，我就敬完一杯酒以后不理他了，还有几次，我和客人打起来了。是这样的，一个客人一开始要摸我，我就没有给他摸，后来他就说："你看人家小姐，什么什么都可以，你呢？"我就生气说："那你摸就是了。"他就摸了。然后我就去唱歌，他就让我出去，我就出去了。他又喊妈咪让我进来，我还坐在那边不理他，后来他就发火了，要跟我喝酒，我只喝了一半，他全喝了，他就骂我，我就用酒杯砸他。后来他也没怎么样，因为听说他是什么检察院的。

【调查者】从现在来看，你想过一种什么样的生活呢？

【个案 16】我就想天天和朋友在外面一起玩玩，不用整天为赚钱忙。

舞女也疯狂

看到她满脸的痘痘，我愣了一下，她告诉我这是溜冰所致。她很瘦很黑，语速较慢，声音低沉，令我不得不怀疑她的脑子是不是有些问题。

访谈对象：个案 17　女性　1981 年生

访谈地点：江苏强制戒毒所

【个案 17】我读书读到艺校，我是学舞蹈的，专业蛮好的，但我那时候吸毒(海洛因)被抓住了，没有毕业就被开除了。开除以后，就出来赚钱，我做迪斯科领舞。

【调查者】怎么会接触到海洛因呢？

【个案 17】那时候我在无锡做领舞的时候，那个地方乱得要命，乱七八糟的。整个场子里面全是年纪轻的人，1995 年的时候我很小也不懂，我吸得早，也不知道毒品会造成这么大的危害。

【调查者】1995 年无锡就很乱了吗？

【个案 17】迪斯科舞厅里都是比较前卫的年轻人，而且都是一些在社会上混的人，所以这个环境能好吗？我在里面领舞，一个月几千块钱。我家里的条件也比较好，我家里是开歌舞厅的，所以这些钱对于我来说也无所谓，只要开心就行了。但是搞到现在，我觉得自己已经变得很落魄，因为我都坐了第三次牢了。第一次是强制戒毒，第二次是复吸，第三次是溜冰。

【调查者】你开始怎么接触到海洛因的？

【个案 17】你知道，无锡的前卫年轻人都是从广州那边来的二三十岁的女人，她们是"南下"回来的本地人，在迪斯科舞厅养养小白脸(就是找帅气的男孩子做朋友)，她们也经常和我在一起玩玩，她们抽这个东西(毒品)，我也就跟着会了。一般我们都是出去开宾馆，在宾馆里面抽，吸吸毒、聊聊天什么的。

【调查者】那时候你也谈恋爱了吧？

【个案 17】有的，我有男朋友，他是我艺校的同学。我是和男朋友一起抽粉的，就是因为男朋友认识她们，他才抽粉的。是我先吸的，之后他也学会了。我记得第一次我到她们那边去玩，她们就给我白粉，告诉我"抽了这个要什么就有什么"，我就尝试了，但抽了以后吐得一塌糊涂，路都走不了，睡了一天。虽然难受，但是心情不好了，还是会想尝试。因为毕竟有一点点飘的感觉。我那时候收入也高，也抽得起。我那时候一个人在外地，家里人也不管我，只管给我钱就好了。

【调查者】你说有飘的感觉，是什么感觉？

【个案 17】我们几个女孩子抽指甲盖那么多的粉就会飘，飘就是头昏，但是现在抽就没有这种感觉了，可能是货也不好，而且 1997 年以后我都打针了。你知道，打针是在钱不多的情况下才不得不去做的。你说我们这些人一趟一趟坐牢，我们不想改好吗？也不是的，但是我感觉这个社会不接受我们。就像我上次回到家想好好找工作，但是工作单位就是因为我们吸过毒就不会要我。你说社会都不接受我们了，我们还有什么信心？

【调查者】是社会排斥。我想问一下，你第一次怎么被抓去戒毒呢？

【个案 17】我记得是我和人家吸了一晚上毒，我男朋友气了，就把人家的手砍断了，派出所就来抓我们，没抓住他却抓住我了。当时还没有尿检，就把我关起来看反应，当看到我吐啊什么的，就准备把我送到戒毒所。我记得那时候戒毒所还没有开，公安就告诉我，你交 7 500 块钱，先回家待一个星期，这期间你可以随便抽，一个星期以后送你去即将开的戒毒所。后来我男朋友也因为贩毒坐牢十五年。

【调查者】你后来逐渐接触到新型毒品了吧？

【个案 17】后来我因为经济上的问题，也出来坐台了。但很累，我就找了一个韩国人，他把我包起来了，一个月给我一两万块钱，他不知道我吸毒，他也会讲一点中文，我记得他有一本中韩文字典，如果我们交流遇到不懂的，就可以查字典。这个韩国人是到无锡的外资企业的外国高级雇员，在无锡我住在公司分配给他的套房里，他也喜欢摇头。我问过他，韩国白粉没有的，但是摇头很多的，在韩国，摇头是很便宜的。我和他经常一起去嗨。我没钱了就找他一起去嗨。

【调查者】能说说你们都是怎么嗨的吗？

【个案 17】嗨有很多种的，现在外面流行裸嗨，就是脱光了嗨，包间音乐震耳，一直摇。我们也跟流行，我为了这个嗨都被抓起来几次。摇出来了就觉得很开心，开心得不得了，放松得不得了。现在外面人家说，这种 K 粉都是白领玩的，因为他们白天可能工作压力大，晚上需要放松，就嗨。你说现在社会上嗨的人，如果仅仅是我们这些社会上混的，市场能有多大，肯定有大量的白领，才有这么大的市场。其实白领们的真实嘴脸和白天是完全不同的。白天可能他素质很高，但是到了晚上在这种环境下，他就好像变了一个人，把白天不可能释放的一面都释放出来了，还有很多男性很变态。我曾经看到一个很变态的白领，他一摇头就喜欢当着我们的面把自己的生殖器往女人的嘴里面塞，人家还是大学生呢！你看好了，白天他是金领，晚上就不对了。还有些白领，一摇头就喜欢抱着女人亲嘴、做爱。

【调查者】嗨有什么危害吗？

【个案 17】这个危害很大的，真的很大的。我最多的一次整整嗨了 72 个小时，嗨过以后全身都疼。去年世界杯期间，很多人一边赌球一边嗨。

【调查者】赌球是什么?

【个案 17】就是看球赛,有很多地下赌球赌场,他们也很疯狂地下注,2 000 块、5 000 块、10 000 块的都有。我也曾经赌过一次,很幸运地赢了,但是大部分人都是输的。

【调查者】你们一个晚上嗨下来要消费多少?

【个案 17】现在不值钱了,以前 2003 年要几万块钱。现在的嗨包包间一晚上就一两千块钱,而溜冰比较贵,冰毒是白颜色的,1 克冰 400 块钱,用专用的装水的瓶子,一边烧一边用吸管通过来,要用水过滤的,出来的气用鼻子吸。

【调查者】溜冰有什么感觉呢?

【个案 17】溜了冰,没有海洛因的反应,也没有什么不适,就是一直想讲话,可以讲几天几夜,我感觉,一般溜冰的人都有神经病。溜冰的时候,还可以吃一点麻果。无锡溜冰的人在一起也有冰文化,溜了冰的人就比较喜欢做爱,所以一个晚上好几次都不会嫌多的,这个在年轻人中间很流行。现在溜冰的价钱高,所以很多女孩子都陪别人溜冰,陪溜一次都 1 500 块、2 000 块。我身边也有很多朋友是贩冰的(贩卖冰毒),一个月都是十几万、二十几万的收入。一般一个人一晚上溜 1 克差不多,很多人每天都溜的,一两个星期都不睡觉的,光讲话。

【调查者】一两个星期不睡觉,对身体没有影响吗?

【个案 17】有的,溜一两个星期人就会瘦得不像样子。

【调查者】你现在是吸毒多还是溜冰多?

【个案 17】以前吸毒多,现在溜冰多。因为溜冰也犯冰瘾,犯冰瘾的时候,就一直想睡觉,全身都酸。但我觉得,冰瘾比海洛因瘾好戒,海洛因犯瘾更痛苦和难受,像蚂蚁在爬,打了海洛因以后身体比冰毒舒服;冰毒呢是不睡觉,溜多了也习惯了。

离开他的日子

在句容女子劳教所里,她算是比较胖的,文过的眉毛给我留下深刻的印象。她接触过各类毒品,喜欢溜冰。她的描述很细腻,几年的吸毒史让她悟出了亲情的可贵。

访谈对象:个案 18　女性　1982 年生

访谈地点:江苏强制戒毒所

【个案 18】我是盐城人,独生子女,我父母小时候对我管教非常严,我慢慢长大了他们也管不了我了。我读书读到初中,成绩不是很好,后来念书念不下去了就在外面瞎玩了。我初中就喜欢到舞厅跳跳舞,喜欢到街上逛逛,那时候也谈谈恋爱。

【调查者】初中毕业了,做点什么呢?

【个案 18】那时候谈了一个男朋友,他是在外面混的,开了一个赌档,我们在玩的时候认识的,是他追我的,因为我认识他的时候已经开始抽粉了,他能供得起我,我就跟他了。

【调查者】你怎么会接触毒品的呢?

【个案 18】我有一个哥哥,是我姑姑家的,他那时候抽粉,我从小和他一起长大,感情比较好,出去玩都是他带着我,后来也带着我抽粉。1997 年那时候好奇心比较强,他在家里抽,我就问他是什么东西,他说是海洛因。这东西我听也听说过,就是没有看过,就比较好奇;他抽,我也要抽。他不给我抽,我说不要紧的,就一两口。然后就这么有了第一口。一回、两回以后,就抽上了。

【调查者】你第一次抽感觉如何?

【个案 18】抽了以后,嘴苦得要死,抽下去就开始吐,一直吐;开始抽了两口就抽不下去了。但是后来人闲下来无聊,别人抽了都舒服,我怎么这么难受?我也不甘心,就一次两次这么尝试。后来也出现了飘的感觉了。

【调查者】那这期间怎么会和开赌档的在一起的?

【个案 18】我认识他三个月以后才和他在一起,一开始我都是住在我家里的,这三个月他经常带我出去买衣服,花了很多钱,只要我想要的他都能满足我。他要是赢了两三万,最起码都要给我五六千。给我这么多钱我也用不完。基本上他每天都给我钱。就这样,三个月以后,因为我也抽粉了,在家里不方便,我就搬到他那里了。从 1997 年谈到 2002 年,我们在一起五年,我都不当着他面抽粉,只要他回来之前我在家就行了。他因为赌档提成上的纠纷而打架,当时打的时候带枪的,出了事情他就一直东躲西藏的,2003 年被抓起来了,判了九年半。

【调查者】那你跟着他提心吊胆的吧?

【个案 18】回想起来,那段时光不是人过的,每天我的行动自由都受限制,这里也不准去、那里也不准去,就害怕别人找不到他来找我,那时候包括我家里、我爸爸妈妈那里,都经常有人去找我们。晚上睡觉真的是害怕的,枕头下面都要放着刀什么的,外面一有动静就赶快坐起来,那段时间我真的是受不了。

【调查者】他出事了,你怎么办啊?

【个案 18】一开始和家里人要钱,因为毕竟在我有钱的时候我也给我家里的;他出事了的时候,也跟我说了,不希望我再抽了,因为他也知道我抽的。他不希望我沦落到没有人管、没有人问的份上。所以离开他，我是戒了大约有半年时间，那时候我开始在常州自愿戒毒所戒毒，采用昏迷疗法，后来回到家里我妈妈天天陪着我。她打麻将都把我带着，就怕我一个人闲下来空虚无聊又要去抽。我那时候也没有怎么跟外面人联系，我妈妈开了一个饭店，我爸爸开了一个招待所。但后来没有坚持住，还是复吸了。

【调查者】你一直在盐城，没出来走走？

【个案 18】那时候经常上网吗，自己心情不好的时候，就出去玩个两三天，见见网友什么的。

【调查者】怎么会没坚持住？

【个案 18】我毕竟不是小孩子了，我想自立，不想整天靠着父母问家里人要钱。在上网的时候，碰到一个常州的小姐妹，是我以前就认识的，她问我现在在干什么，我说我在家里，我在家里等他；小姐妹就劝我说，不可能在家傻等九年半，2003 年底她就邀请我过去一起赚钱，在常州的迪厅里面坐嗨台（就是陪别人嗨）。

【调查者】你怎么坐这种嗨台呢？

【个案 18】那时候坐嗨台，也就是摇一场，最起码都要 700 块、800 块，也有给得很多的。这要看客人，如果客人嗨得比较好，也有给几千块的。我不是一个挣钱想存钱的人，本来自己就属于比较喜欢玩的人，一夜有的玩（嗨），玩过了还有钱拿，自己就去买粉抽了。一抽就睡觉了。这样一天一天过。谁还去管那么多啊！我当时能够做到自食其力。遇上好的客人，他们还送这送那，特别是送很多名牌衣服。

【调查者】2003 年比较流行摇头丸和 K 粉吧？

【个案 18】是，这些药都是客人提供的。一般一个陪一个，也有些在社会上混得好的、当天赢钱多的客人也会多找几个小女孩陪他。一个包间大家在一起玩。我们不裸嗨，给我再多钱我都不裸嗨，因为嗨包里那么多人，大庭广众之下不可能不要脸的。但我听他们讲，那时候青岛一个包间里面好多人都是裸嗨。我是受不了。

【调查者】常州这样的环境也比较多？

【个案 18】是，特别的多。常州都是在夜总会、迪斯科里面有嗨包，我们也要和妈咪认识，而且要关系好一点，妈咪帮我安排有钱大方合得来的客人。因为好多合得来的客人，一般找个借口中午就会给我打电话约我出来吃饭，吃了饭下午没事嘛，就会带着我上街去逛逛，女人上街逛无非就是买衣服、买化妆品，就帮我们买了。其实很多客人也巴不得我打电话叫他的，因为我知道他对我印象好。

【调查者】这期间吸粉严重了吗？

【个案 18】也蛮严重的，2004 年 5 月份我出事情的，被抓起来强制戒毒的。我抽到最后，如果不抽，我什么事情都做不了。我感觉自己人不像人、鬼不像鬼，那时候开销很大的，我记得我一天最起码要 3 克海洛因，要 1 000 块多一点。

【调查者】你觉得嗨大了有什么感受？

【个案 18】我们吸过毒的人，给我 2 片药（摇头丸），再刷个 10 来条 K 粉，就那一会上劲了，我一般不怎么吃摇头丸的，因为有副作用。我喜欢刷 K 粉，摇了没有力气了，抽点大麻，浑身又飘了，浑身是劲。本来吸毒的人抗药性比较重，我们什么药都乱吃的，有的时候刚一针打完了，睡不着觉，就拿那个三唑仑吃个 70 到 80 片才能睡觉。所以摇头丸对我们来讲药性不大。

【调查者】那溜冰、麻果你也玩吗？

【个案 18】这些东西都是我心情不好或者自己开心的时候玩玩，找几个比较聊得来的小姐妹在一起开房间。这一次被抓进来之前，我就不怎么抽粉了，也准备戒了。我开始喜欢溜冰了。我感觉溜冰蛮开心的，几个玩得好的朋友，坐在那里，冰溜了，讲讲笑笑，也不累，又可以减肥，抽了又不要睡觉、不要吃饭的。你看那个抽粉，抽了以后像什么样子啊！溜冰也是用锡纸的，用一个长板子、用个小瓶子，弄两个洞，一个洞烧，还有一个洞用根管子含在嘴里面，这样抽。不过刚开始溜冰的时候，没有什么感觉，因为不知道是什么东西，也要烧的，但头不疼不晕，不上头。溜多了，感觉头皮发麻，浑身麻酥酥的，就是要讲话。他们那时候还教我，溜完冰再弄点 K 粉，是蛮舒服的，比抽粉要好。而且我们溜冰，一溜就是好多天的，我记得我有一次一个人在家里无聊，拿了一袋冰，K 粉拿了一打，一个人在家里也玩，没有人聊天不要紧，我自己听听音乐，拿一本书出来读，读过书，跑到这边摸摸、跑到那边弄弄，一个人在那边讲。就像脑子不好一样的。其实溜冰的人是脑子不好的。

【调查者】你们溜冰聊什么呢？

【个案 18】我们一般都是讲一些以前的事情，讲一讲你的经历，或者你和你老公怎么认识的，然后讲讲两个人在一起乱七八糟的事情；男人在一起的话题是女人，女人在一起的话题就是男人，比如今天你和你老公吵架了，心情不好找我们出来，陪陪你，在一起都在帮你出主意，说这些。一般像我们要是自己心情不好的时候，找几个朋友出来，溜溜冰，自己发泄发泄；要么就是大家很开心出来玩。

【调查者】你知道“陪溜”吗？

【个案 18】像她们一些陪溜的女孩，最起码也要溜一夜，溜完了你还要陪他做爱,那不要给高一点吗?

【调查者】能说说嗨大了的幻觉吗?

【个案 18】有的,但是一次和另一次不一样的,我上头了、有感觉了都喜欢往沙发上一躺,用我们自己的话讲叫"上网",脑子里面想的就跟真的一样。比如在一个金碧辉煌的宫殿里面,宫殿旁边好多的镜子都是黄黄的、亮亮的,感觉那个镜子还会跟着音乐的节奏一蹦一跳。有的时候自己也会感觉自己上了太空了,坐在宇宙飞船上。这些都是自己脑子里面乱想,但想的和真实的情景是一样的。蛮真实的,就好像自己亲身体会到一样。不过幻觉不都是好的,我记得那时候刚出来一种药,叫"海盗船",是一种刚出来的摇头丸,好像是从珠海那边带回来的。没人吃过,我就主动来试药,他们说吃半颗就行了,我说我这么大的量半颗肯定没用,我就拿了一颗放到嘴里。我一摇上头了以后,一直闭着眼睛摇,旁边全部都是骷髅头在那边晃,我当时吓死了,自己眼睛一黑,一下子就倒下去了。这一倒我昏了两天,当时被送到医院去抢救的。后来才知道珠海的药实在是比我们这边的好多了,不能吃多,药效太大了。这次以后,我就基本上不吃摇头丸了。

【调查者】你那时候天天嗨?

【个案 18】一开始为了赚钱没办法,到了最后呢,那时候就不高兴去嗨了。2004 年 9 月就搭了一个男的,是做工程的,等于是他把我养起来了,一个月给我的钱,比我自己在外面陪嗨赚的钱多,一开始包我是 1 万多、2 万不到。而且他那时候经常到外地,回来的时候就给我带一些衣服,但是他不知道我抽粉,后来知道我抽了还把我送去戒毒,也跟我讲,要么就好好的,要么就不要联系,你随便抽;那时候我还是摆脱不了粉,我自己也能赚钱,我就和他分开了。

【调查者】麻果是什么感觉?

【个案 18】抽过两次,不好抽。麻古是红色的小药片,也分好的和不好的,不好的 50 到 60 块钱一片,好的是一种纯棉的麻古,是我的一个东北小姐妹带过来的,100 多块钱一片。闻起来是蛮香的,但吃下去不怎么舒服。冰毒呢,就像味精颗粒一样的,现在外面大概 500 到 700 块钱一克。

【调查者】你身边接触的朋友,在外面都玩什么新型毒品?

【个案 18】外面的朋友一般都是溜冰,摇头的人也不多,抽粉的人少了。因为现在在外面讲得难听一点,谁还愿意去抽粉?抽粉的人走出来人家都看不起你,可是溜冰的呢,都是有钱人,就好像 1995 年以后的抽粉的,那时候都是有钱人一样的。

【调查者】这些新型毒品,像摇头丸、麻果、K 粉、冰毒,都怎么买呢?

【个案 18】一般来说,都是男孩子去买;一般的夜总会里面,都有发货的认识人,如果对这个场子不熟,有的客人拿不到东西,就会找场子里的小姐,问她能不能拿到东西,如果能拿到就帮他拿,有的时候帮客人拿东西还可以拿提成的。像我们和很多场子的发货的人都熟悉,自己拿就便宜,因为经常在他那边拿。

【调查者】你在这些环境里,经常接触这些发新型毒品的贩毒者,他们都是什么人?有什么印象?

【个案 18】发新型毒品的都是些二十到三十岁的人,但是一些发大货的一般不进场子,他不和我们碰面的,都是叫小弟出来,比如说你打电话给他,拿多少钱的东西,他会叫你在哪里等,你在那等了,他都要叫人在周围观察,他也害怕的。彼此都害怕。一般都是一手交钱一手交货,除非你一直在他手上拿,关系很好,有可能的。像我以前抽粉,毕竟有的时候一时没钱,也犯瘾了,那没办法,就打电话,告诉他:"我犯瘾了,现在身上没钱,你先拿东西给我。"因为你一直在他那里拿东西,他也对你放心,想想也不可能说为了这一次以后不要拿了,这样也没意思。

【调查者】你吸毒以后是不是比以前胖了?

【个案 18】我是胖了,刚抓我的时候,我是 89 斤,在看守所待了 20 几天,送过来的时候 96 斤,现在快 120 斤了。

【调查者】你对社会有什么看法?

【个案 18】我觉得,这个社会,钱比较重要,但是我感觉钱没有自己的亲情重要,这是真心话。到了这些地方,不管你在外面跟那些在社会上混的朋友再好,嘴上讲得再美,都没有用。当你落魄的时候,哪里有你的父母对你关心呢?虽然平时在外面的时候,活得很开心的时候,并没有说对父母多么多么好,相反,倒是一味地对那些朋友好,就感觉很亏欠父母。每次打电话回去,想和他们讲讲那些愧疚的话,总是有人在旁边说,你讲吧,那个电话用的免提……一般我在家信里都是写的。2006 年 8 月 11 日我刚送过来的时候,他们每个月都来看我,我不忍心。

【调查者】你 2006 年是怎么进来的?

【个案 18】我是 2006 年 7 月底被抓的,是别人钓我的,我在被抓以前就回盐城了,那以前在外面抽得不行,真的已经不像个人了,自己都感觉害怕了,毕竟身边抽粉死掉的太多了,自己不敢抽了。一个关系很好的小姐妹就一针打死了,死是死在房间里的,但是房间里的其他人看到她死了害怕,就一抬放在垃圾堆旁边。我自己想想,活着的时候在一起玩,关系都那么好,人真的蛮现实的,一旦死掉了,人走茶凉,就把你往那边一放。哪怕像个人,你打个 110,也不能这样子。我想想自己,就害怕了,就打个电话给我爸,我就一直在电话里面哭,他也猜到了,让我回去。我就回去了。毒品这个东西就像鬼上身一样,不能提起这个东西,我回到家第一天走到自己房间,就感觉自己犯瘾了,毕竟在自己的房间里面也抽了太多次了,一走进那个房间,我就想到了粉,就这个样子。我真的没办法,我想戒的,我为了这个东西,我都不知道死了多少次。没办法,我戒不掉,但是我不戒呢,又感觉对不起家里人,我对我爸爸妈妈说:"家里要是有第二个孩子或者兄弟姐妹,我说我肯定早就死掉了。我也不想活了。"其实也不是真的想死,就是恨自己,吃药什么的,都没死成。人也矛盾,每次心里一想到了,手上就烫两个烟疤,拿个刀片划一下,不发泄一下不行的,有的时候还撞墙。抽粉抽多了都变态了,脑子不好了。被抓那天是我妈妈过生日,我记得是我回去吃饭,因为我一直抽粉,很多人知道的,就举报了。就在我们家的路口,被抓起来了。被抓起来的时候,我哥哥帮我找人了,开始我就没有让我妈妈知道。当时抓我的时候,身上搜出来的东西多,有冰、粉,3 克多冰,本来和几个朋友讲好一起出来玩的。当时抓起来的时候如果没带这些东西也就没事了。因为那时候白粉我已经戒了半个月了,开始尿检,就是验不出来。后来用那种五合一的板子给我做的,除了白粉没有,其他什么都有。那没办法,就送过来了。

【调查者】你一直没有工作吗?

【个案 18】也不是,我也开过服装店的,我妈妈早上帮我看店,我中午吃过饭以后下午是我去,一般服装店中间的利润大,看你做什么人的生意,我做的都是那些做小姐的女孩子的生意,她们钱来得快,我赚得也多。有的时候衣服都是在杭州进的,她们需要一天一套,也不要太贵的,但量大赚钱多。

【调查者】祝你早日康复!

五 毒 俱 全

她是管教推荐的女孩,因为她出生在知识分子家庭,当过小学老师。不良的朋友圈子使她染上毒瘾。她的经历用"五毒俱全"来形容也不为过,她不仅吸食摇头丸、K 粉、大麻、海洛因四种毒品,还染上了"赌博"。

访谈对象:个案 19 女性 武汉人 1977 年生

访谈地点:江苏强制戒毒所

【个案 19】我是一个蛮开朗的女孩子,我出生在一个知识分子家庭,我妈妈是一个老师,所以对我的教育还蛮好的。我读书读到师范中专,毕业以后包分配的,就分到小学里面当老师,在这个小学待了两年,后来谈了一个男朋友,他也是老师,但和我不在一个学校,他教体育。他和我小学、中专都是同学,他比我早一年毕业。感觉他有点不甘于平淡,就觉得当教师收入低,他就想出去赚点钱,后来就停薪留职了,自己出来做摩托车销售的生意,进货都是在广东那边,你知道,广东那边蛮乱的,那边毒品多,他也染上了,就抽粉。

【调查者】你是什么时候发现他抽粉的?

【个案 19】他抽了有大半年左右,我就发现了,一开始我劝他,让他不要吸了。他也答应我,但是还是背着我在抽。后来,完全是赌气,觉得"毒品有什么大不了的,我就不信有这么大吸引力",就也尝试了。

【调查者】那时候你多大啊?

【个案 19】我才工作两年,二十岁。

【调查者】像娱乐场所,你也去吗?

【个案 19】这些场所也去,但不多。我记得 1998 年以后,摇头丸也有了,我男朋友喜欢动感的音乐,也喜欢嗨。

【调查者】你们那个时候怎么嗨?

【个案 19】那个时候还没有 K 粉,就是吃摇头丸,把摇头丸放在啤酒里面喝下去,然后就嗨一夜,嗨大了,也有幻觉,但还是觉得抽粉舒服,因为到现在为止,我都觉得没有什么毒品比海洛因感觉好。

【调查者】感觉好是一种什么感觉?

【个案 19】我上瘾也比较快,感觉好就是一种飘飘欲仙的感觉,1998 年前后,海洛因很贵,1 克要 600 块钱,过了一两年,价格才降到 300 块。到现在,武汉的货的纯度都很高,都比南京这边好。但很多江苏这边的都到武汉去戒毒。武汉自愿戒毒的场所特别多,而且比较便宜。戒毒所里的中药还是蛮有效果的。我们一般戒毒都不喝美沙酮,因为这种东西还是会有反应的。

【调查者】你们两个人都抽,钱哪里来?

【个案 19】他做摩托车生意比较赚钱,而且那个时候汽车少,喜欢开摩托车的年轻人比较多,所以生意也好做。后来 1999 年我也停薪留职了,我就不工作了,陪他做生意。我没停薪留职前,就抽粉了,我家里人很生气,我妈妈就和我吵架,我就离家出走。我怕她找我,所以我就连单位都不去了,我就一直请假。后来我们单位主任说不能这样子总请假了,因为课程安排不过来。我就干脆不干了,那时候什么都顾不了了。后来我叔叔是专门管文教卫的,我那个学校的校长就跑去找我叔叔,我叔叔也蛮生气的,我就被改成病休了。我妈妈就带我去戒毒,当时她也不懂,我戒了几天就跑回来了,她以为我戒掉了,其实没有戒掉,我就又跑到外面抽。我妈妈比较相信我的。

【调查者】你和这个男朋友结婚了吗?

【个案19】没有,就是因为抽粉,我和他分手了。我们家里人都怪他,也不让我和他在一起了。听别人讲他现在好像没有抽,但是我还在抽。

【调查者】你和他分了以后,钱从哪里来呢?工作?

【个案19】我没工作,2000年以后开始以贩养吸,自己也发一点小货。因为我自己的开销比较大,钱只是在用,没有存的,一直在抽自己的老本,后来钱也没有多少了,就着急了。发货的利润其实蛮大的,以前一次拿10克、20克自己完全都抽了,我知道拿这么多比拿1克、2克的价钱低很多,所以我们就动了脑筋,还不如10克、20克拿回来慢慢卖给人家一点赚一点,就可以不抽自己的钱了。就这样开始以贩养吸了。

【调查者】你没有在戒毒所戒毒,回来以后做点什么?

【个案19】我出来有一段时间没有抽,我就看我家的一个店。每天的营业额都在我手上,我妈妈都不管这些钱的,我想是因为她特别相信我。刚开始的时候我还蛮自觉的,没有动什么歪脑筋,后来就抱着侥幸心理,心里想,"偶尔抽抽没事的",就今天先拿一点点店里钱,隔几天再拿一点点。而且我周围太多的抽粉、贩毒的了,脱离不了这个环境,货也好拿,就这样又抽了。越抽越多,钱不够了就和家里要,用各种谎言骗他们。这期间,我又谈了一个男朋友,家里也蛮有钱的,他也抽粉。我们就是在抽粉的时候认识的。

【调查者】为什么喜欢和抽粉的人谈朋友呢?

【个案19】因为有共同语言,和正常的人好像谈不来。而且这以后就不需要我花钱买粉了。2002年以后,我比较喜欢出来嗨,他不出来玩。我还是觉得,溜冰溜得人头疼,感觉不太好。但也有感觉好的时候,人不停要讲话,对一件事情很执着,我记得我有一次溜冰,溜完冰了,我就坐在那里剪我的指甲,都剪出血了我还继续剪,一共剪了12个小时。而且溜冰的人,疑心病特别重,比如坐在那里,看着对面两个一起玩的人在说话,没有和我讲话,我就会怀疑你们在讲我的坏话,人就像神经病一样的,都神经质了。溜完冰以后再抽粉,就感觉特别舒服,所以我就溜冰。以前摇头,溜了冰以后,摇头丸基本上不吃了,偶尔打打K粉。

【调查者】玩新型毒品的人如何看待性?

【个案19】很随便的,嗨吧里面经常有男女在那边嗨大了乱搞的,这个很普遍很正常的。性就像吃饭一样。

【调查者】你抽过大麻吗?

【个案19】大麻蛮舒服的,但是不能自己一个人抽大麻,因为这东西容易产生幻觉,要有一个稍微近一点的人在旁边,不然的话容易出事。我一个朋友在楼上抽大麻,大了以后就从窗户往楼下走,她以为这是一条平路,产生幻觉了。我觉得白粉虽然难戒,但一般都比较安静;但是新型毒品呢,吃了以后比较兴奋。我有一个朋友,也是玩冰毒的,在桥上走得好好的,突然就从桥上跳下去了,神经已经不正常了。行为都失控了。当然,抽白粉死的人我见的也太多了,我就亲眼看见或者听说身边的十个朋友抽死了。

【调查者】武汉那边,嗨的都是什么人?

【个案 19】在武汉,迪吧里面嗨的人、赌博的人特别多,因为赌博都是在晚上,赌博一般夜里 1 点钟进场,晚上 8 点到凌晨 1 点的时间干什么呢?就先在包间里摇摇头,1 点钟进赌场,出来再摇头。因为那个时候我也特别喜欢赌,也特别简单,用两个麻将用的筛子。你压了 3,出来的是 3 你就赢钱。武汉人基本上都是玩这个。赌色子(学名骰子),有小有大,大的赌场 10 万都可以下注;有的赌场最低是 1 000 块。我到南京来,就是因为自己赌博把钱输得差不多了,才到南京来。

【调查者】你不是和那个男朋友在一起吗?

【个案 19】后来也分了。他出事了,复吸被送到武汉劳教所劳教,这以后我也怕了,戒了一年没有抽,就一直和我妈妈在一起做生意。我妈妈怕我在武汉戒不掉,就在仙桃开了一个店,让我离开武汉戒毒。但是后来我以前的一个女朋友,关系蛮好的,她也抽粉,我就跟她们一起贩毒。我也又抽了,因为吸毒的人是禁不起勾搭的。贩毒都是和福建人、香港人接触,蛮赚钱的,但是过年前后我比较好赌,我们赚的钱都输得差不多了。我一起贩毒的朋友到昆明去了,去了 20 天给我打电话让我也去,他赚了七八万,让我也去赚,我就去了。这中间我又谈了一个南京的男朋友。没多长时间,南京的男朋友让我回来,来来回回往返于南京、昆明之间,就在南京出事了。

【调查者】你怎么会出事呢?

【个案 19】我们在南京拿货,我又不熟,他认识就拿了。南京抓得很严,难免就会出事,结果我们两个就被抓了。就被送到这里了。

【调查者】你怎么会认识这个南京的男朋友呢?

【个案 19】这个南京的朋友是我一个武汉朋友的朋友,当时他去武汉戒毒,那个戒毒所的很多人都认识我,他当时犯瘾想拿货,人家就把我的号码给他了,他就打电话找我了,我那时候已经不发货了,就帮他忙。在武汉请他们吃过几次饭,就这样熟悉了,就谈恋爱了。

【调查者】你对戒毒有什么感受吗?戒毒能戒掉吗?

【个案 19】反正每次都蛮有信心的,但是一回去,和身边的那些吸毒的人一接触，就有点控制不了。总是抱着侥幸的心理。

【调查者】你有没有想过死？

【个案19】我有一次就差点死掉了。我在家里背着我父母抽，一针打下去我就歪在那边没有知觉了，后来我妈妈把我送到医院抢救，救活了。我就觉得我家里人对我蛮好的，虽然自己一次一次让他们失望，但自己没坐过什么牢，每一次出事都是家里人把我从牢里救出来。我记得有一年一个月抓了我六七次都把我放回来了。

【调查者】你怎么会这么频繁被抓？

【个案19】我肯定是被人盯上了，还有一次，我刚从一个派出所出来打的回家，一下车就被另一个派出所的人找到了。因为抽粉以后，我们的档案被输入电脑，公安都知道。

【调查者】你对社会有什么看法？

【个案19】抽粉以后就觉得什么都无所谓了，对社会没有什么看法。

折翼的青春

一个来自天府之国的女孩，14岁辍学，16岁坐台，她摇头、吸食海洛因的经历令我咋舌，青春因此而“折翼”，从此无法展翅。

访谈对象：个案20　女性　成都人　1983年生

访谈地点：江苏强制戒毒所

【个案20】我父母很早就离婚了，我妈妈又找了一个继父，我还有一个弟弟。我读书读到初二，因为在家里太淘气了，有点男孩子性格。我十四岁不读了以后，就在家里也没事做，十五岁以后，我一个亲戚开了一个油站，我就在那里上了一年多的班，不想干了，就跑出来了。我以前的同学在外面已经坐台了，告诉我她们赚了钱，我也是禁不起她们的诱惑，也就出来了，1999年在夜总会坐台，和这边也差不多。我在的那个夜总会有100多个小姐。我在那里每天能赚1 000块、2 000块。

【调查者】你是什么时候接触毒品的？

【个案20】我是2003年接触海洛因的，但之前坐台的时候就喜欢嗨，摇头丸和K粉，都是男孩子买这些东西，这中间1999年也谈了一个男朋友，是成都本地人，他父亲是做工程挖沙石的，他平均每天也能赚到1 000块。反正怎么说呢，和这个男朋友在一起时间蛮长，但还是谈谈玩玩的，前前后后六七年。他也非常喜欢嗨，就经常出去嗨。他接触的也都是社会上混的，就跟着他们一起玩，每次嗨都是一大帮，开嗨包都是大包，十几、二十人总有的。

【调查者】 嗨大了有什么感受？

【个案20】 嗨大了，就产生幻觉了。反正有一次我记得最清楚，就是我产生了幻觉，就感觉自己在坐翻滚列车喊我妈救命，上厕所都不知道怎么走了。虽然产生幻觉，但我当时没摇出来，很难过，第二天全身都疼。

【调查者】 溜冰有什么感觉啊？

【个案20】 话多得不得了，一直讲个不停，身体比较兴奋，溜过第二天，嘴麻麻的，什么都不想吃。反正溜了以后减肥效果蛮好的。溜了当时就有效果，第二天就瘦了。一般溜冰都是几天连着溜，有的时候开房间，但更多的都是在桑拿里面溜，在桑拿洗浴场所开个包间，溜过了，我们叫"散冰"，就是把身上的这些感觉弄掉，一般蒸一个桑拿比较容易"散冰"，人比较舒服。

【调查者】 你怎么后来还接触到海洛因？

【个案20】 2003年也是因为和男朋友吵架，一赌气就找了几个女孩子一起出来，她们都比我大，三十几岁的她们一直在抽。我知道她们抽，以前我还劝她们不要抽，但那一次我吵架不开心，就抽了一次。当时抽了以后感觉这个东西也没什么，也花不了多少钱。四个月以后，我就开始注射了。

【调查者】 四川的货多少钱一克？

【个案20】 那时候300多块吧，我刚开始买50块钱的小包我都要抽两三天，到后来每天都要500块、600块钱的量了。2004年，我妈妈给我买了一辆奇瑞QQ车子，连税6万多块，最后没有钱了，我都把车子卖了。我记得一开始还没有卖车子，一直是偷我妈妈的钱，现金偷不到就偷存折。我妈妈发现了知道打我也没用，就开始不理我了。我妈妈把我送到派出所，让公安把我送去强制戒毒。我们那边第一次是罚款，第二次才是强制戒毒。我妈妈就签了一限期戒毒单，然后把我送回来了，罚款也没交。但这一次我被抓了，就直接来这里劳教了。我犯瘾的时候，心里很难受的，心里像猫抓一样的。

【调查者】 这一次是怎么被抓进来的？

【个案20】 我这一次是在昆山被抓的，因为我有一个表姐，也是坐台，她嫁到了昆山，我呢就跟着她也来到了昆山坐台。我就一直在这边。这边我也陪溜，讲是讲给2 000的，但都不止的。这边陪溜，是按小时计算的，讲好几个小时多少钱，时间如果更长，就多一点。一般我们陪溜都是出来开房间。一般找我们的很多都是上海过来的一些30多岁的，从2006年开始，陪溜的很多，也有很多人喜欢溜冰。我不陪嗨。

【调查者】你觉得毒品好戒吗?

【个案 20】说实话,毒品肯定不好戒,不管你坚持多久,只要和这个圈子的人一接触,你的坚持根本就没用。去年我回家做手术,就因为自己打针打得太厉害了,动脉静脉都找不到了,去年肾脓肿,回家做手术,我自己戒了半年,过完年我又跑出来吸了。后来“发虚”(就是犯瘾)了被抓了。

【调查者】经历了这么多,你对现在的这些年轻人有什么印象?对这个社会有什么感觉?

【个案 20】我从出来到现在也有七八年了,也走过这么多,反正自己什么都没有,一无所有。我今年刚满 24 岁。我心里也在盘算,出去以后一定不抽了,这句话吸毒的人谁都能讲,但毕竟接触那个圈子,我害怕自己回去还会接触那个圈子就又完了。上次我妈妈从成都来这边看我的,她就在这里待了半小时马上又赶回去,看到她辛苦的样子,我心里蛮难过的。

被台湾人包养的靓妹

一个高挑女孩,笑容甜美,眼睛弯成了月牙,一口流利的南京话。我还没有开始问她,她就开始了讲述。她是南京第一批接触新型毒品的女性之一,曾在上海被台湾人包养。

访谈对象:个案 21　女性　南京人　1982 年生

访谈地点:江苏强制戒毒所

【调查者】我们就想了解一些你和毒品的故事,像摇头丸、K 粉、冰毒……

【个案 21】南京一有摇头丸的时候我就玩了,我小时候住在双桥门,我妈妈是会计,我爸爸是做烟酒生意的。我读书读的是××学校中专,学宾馆服务。

【调查者】你们是怎么接触到嗨的?

【个案 21】我记得最早是 1999 年、2000 年的时候,我在迪厅里面接触到摇头丸,也是那个时候开始有这些东西的。一开始摇头丸很贵,摇头丸也分好坏,好的要 300 块,这些好药只要半颗就够了,但是现在的药不好,我记得我最多的一次一天晚上吃了 9 颗药。那个时候我在 AJ 酒吧什么都很多。我以前有一个男朋友,他是在场子里面发货(摇头丸)的,我嗨就是他给我药。

【调查者】怎么认识这个男朋友的?

【个案 21】有一天我去 AJ 去喝酒,通过朋友介绍,一起喝喝酒就认识了。他比我大,1977 年的。南京的摇头丸很多都是从广州拿,2001 年、2002 年从广州拿来的摇头丸都是30块一颗,带到南京就卖100块。我男朋友去一次最起码几百颗,不可能说拿几十颗,因为连成本都不够。其实比起摇头丸,K粉的利润更大,因为一盎司K粉最起码能赚一倍的钱。一开始贩药的都是买摇头丸送K粉,后来到2003年以后,K粉开始贵了,就变成买K粉送摇头丸了。涨价的原因,可能是尿检。摇头丸是能验出来的,而且货又不好;而K粉尿检查不出来,所以人们都主要刷K。海洛因尿检吗啡呈阳性就是吸毒;而摇头丸是吗啡呈弱阳算吸毒。那时候还没有K粉的尿检。但是到2007年,也有K板这种尿检工具了,也能验出来。而且K粉上头快。

【调查者】你们一般多少人在一起嗨?

【个案21】一般都是20个左右,都是他的朋友和我的朋友。我们曾经三天三夜不睡觉地嗨,因为吃了药身上不由自主就有无穷的力量。以前很多迪厅里面有很多小女孩子陪嗨,嗨大了以后都被男孩子带走了,这个很正常。你知道,很多小女孩子都不懂事,被很多男人利用了,被占便宜,很多很多。

【调查者】你还吃过什么别的新型毒品?

【个案21】我没玩过冰,但我抽过大麻,比如在嗨的时候,抽两口大麻人马上就醒了,如果能拿到好的大麻,抽起来真的蛮舒服的,人轻飘飘的,感觉身体没有重量一样的,这个感觉和海洛因又不一样。

【调查者】你接触海洛因是哪一年?

【个案21】比摇头丸早,1998年就接触了海洛因。我那时候还在中专,我在××酒店实习,后来到××酒店,之后又到××饭店实习。我在这之前就抽粉了,所以工作也没干多久。

【调查者】你实习好好的,怎么接触到海洛因的呢?

【个案21】是好奇,我初中有一个女同学,她和我住在一起,都是家门口的,而且你也知道,双桥门那边抽粉的人蛮多的,以前是城乡接合部,人比较杂,比较乱。我记得她让我抽我就抽了,抽了以后头昏想吐,动都不能动。后来听人家讲,第一次都是这样,第二、第三次感觉就会好的,我就尝试了第二次、第三次,确实感觉好多了。我接触海洛因比较早,我10岁的时候,有一个初中的女孩子经常到我家来玩,就搞这个东西,我就坐在那边看着她抽。1992年的时候,很多人还没听说过海洛因。那时候我就感觉到很好奇,后来这种好奇的行为就在中专实现了。这以后,因为是上学期间,断断续续,也不严重。到了2000年以后,我有点上瘾,就找了前面讲过的男朋友。我读中专期间没钱,就在外面坐台。

【调查者】都是些什么场所?

【个案21】像AJ、KS、TSRJ、JH,我经常去。这些地方,TSRJ收入最高,坐一个台 300 块。这些场所坐台都差不多,一般晚上 8:00 到凌晨 1:00。

【调查者】后来呢,和男朋友在一起多久?

【个案 21】到 2002 年,我们在一起两年半,因为 2002 年的“春雷行动”他就给抓起来了。这两年半他赚了很多钱,不过钱赚得快花得也快,平时买衣服主要到温莎去买。我 2004 年在石佛寺戒毒,这一次是劳教两年半。

【调查者】发现你好像胖了?

【个案 21】是啊,我进来以前 80 斤,现在 120。一辈子的缝纫机都踩过了,一辈子的面条都吃过了。这边生活比较规律,在这里面工作还好。

【调查者】你们以前平时都做点什么呢?

【个案 21】进档赌钱,不过我赌得少,赌扑克牌。2002 年以后,我又谈了一个男朋友,他也是发(海洛因)货的,他比我大 4 岁,他也吸毒。

【调查者】你有没有成功地坚持很长时间不再吸毒?

【个案 21】没有,我戒毒回来后几天就要搞,就想这个东西,我后来一天都要打五六针,可能是心瘾比较大,反正我觉得我的心瘾是戒不掉的。我想只有在这里我能戒掉。

【调查者】你不能老在这里面,靠其他方式戒毒,你没想过吗?

【个案 21】对于这个,我真的没有考虑过。我爸爸妈妈每个月都来,但都没有和我谈过以后。

【调查者】你们对社会有什么看法?

【个案 21】我觉得,不管什么东西,都是有人买了,才会有人去卖,就像摇头丸,没有人买它,谁会去卖呢?说明现在很多人都需要摇头丸。你看,组织一个嗨局(一个聚会)比拿货(海洛因)还贵,像一场嗨局十几、二十个人,玩得好的话 1 万多块钱是最起码的,但你看抽粉,同样是十几、二十个根本抽不到(那么多)。就算 1 个货 400 块,10 个人就算一个人 1 个货,也才 4 000 块钱。可是嗨呢,包间费、酒水、药等,远远超过这些钱。大部分钱是贩药的和娱乐场所老板拿去了。2002 年嗨的人最多。1999 年摇头丸刚传过来,在社会上还不普及,玩的人少,但那个时候药很好,像那个时候的“金 CC”“黑芝麻”“钻石”“欧元”“邮票”“蓝精灵”等名字的都是好药。反正南京哪边只要有嗨的地方,从来都不会少了我。2002 年的时候,我们都是天天嗨,从来没有断过,可是那个时候有谁来告诉我这个东西不好?没有。

【调查者】为什么要找这样的男孩子当男朋友呢?

【个案 21】因为让我找一个上班的男朋友,我觉得我和这样的人没有共同语言。我找这样的人,有身高要求,178 以上,此外,就是能认可我吸毒而且能养我，谁能做到呢？只有这些南京的活闹鬼。因为我消费高，除了抽粉、打麻将赌钱，买衣服、化妆品、喝茶、打车，都要钱。

【调查者】你男朋友贩药还被抓了吗？

【个案 21】怎么没被抓呢，有一次在家里嗨就被抓住了。我们是租的房子，在哈尔滨水饺上面，那天我刚从跳舞吧回来，嗨完以后回家，我男朋友和很多跟着他的小弟，还有我的几个小姐妹，一共 6 个人，他们还有药，就想在家里开音乐嗨，我就说不能开音乐，他们说把窗户关起来，就嗨了，嗨得蛮大的，就有人敲门，一看是公安，是人家楼底下的报案的，我就没有跑，到派出所还蛮好的，罚点款。我搞摇头丸被抓过多少次，派出所都没有搞过我，都没有强制戒毒过。我还在 ZYL、JY、XU 等酒店嗨过的。

【调查者】你一直过这样的生活，有意思吗？

【个案 21】其实我也蛮羡慕那些正常人的，不会像我们这样，我也想过正常人的生活，但是做不到，没办法，总在说今天搞过以后从明天开始戒毒，但是到了明天就容忍自己再抽一天，就这样一天天过下去。

【调查者】你身边的很多女孩子坐台，她们每天收入 200 块，够吗？

【个案 21】说句实话，这点钱根本都不够，叫一个台费 200 块，还要来回打车、吃饭，这点钱是不够的，所以很多女孩还是会出台。很多小姐都懒得坐台，等着出台。或者就是女孩子被有钱人包起来。我以前在上海坐台的时候，还被一个台湾老板包起来了。我在 2000 年的时候，我到上海，是因为那时候上海比南京繁华，人也更有钱。而且我又是南京人，碰到一个熟人，都不好意思，上海呢，谁和谁都不认识。我一开始坐台，一天都是 300 块。后来觉得钱少，正好一个台湾人，是五星级酒店的老板，在上海有合作项目，每个月 24 日的时候到上海来一次，来个三天五天，最多一个星期，把我包起来以后，每个月给我 3 万块，有的时候也多给一点。我在上海租的华光公寓，那里面有很多外来的坐台的女孩。那个台湾人包了我以后，我就不坐台了。那时候上海不是“鸭子”多吗，我就找了一个吸毒的“鸭子”，比较帅，天天和我在一起抽粉。这些“鸭子”也是被几个富婆包起来，也不上班。

我不是坏女孩

她是我这天下午访谈的最后一个人，29 岁，安徽人。也许访谈的相似经历的女孩太多，我只记得她声音洪亮，也只记得她说“我不是坏女孩”。

访谈对象：个案 22　女性　安徽人　1978 年生

访谈地点：江苏强制戒毒所

【个案22】我是安徽人，在安徽长到五岁到南京迈皋桥来生活。我小的时候对上学蛮厌倦的，读到小学毕业，就出来上班。我这个人比较活络，虽然小，但是还是被人家雇用了，卖服装。后来就抽抽烟、跳跳舞，接触了社会上的人，就抽粉了。

【调查者】你喜欢跳舞？

【个案22】那时候比较喜欢跳舞，跳跳小啦什么的，什么舞都会跳。1990年代初，也到长城溜冰场去溜冰。后来大了一点，才开始谈男朋友。1995年以后，我不卖服装了，就出来坐台。

【调查者】为什么想起来做这个？

【个案22】我身边的女孩子都做这个，而且来钱比较快，所以我就跟她们一起去，在YH。1990年代，台费就100块钱，那时候也没有包厢，都是在大厅，后来又到鼓楼的DFH去坐台，这样就有钱了。我以前谈的一个男朋友又来找我，那时候毒品太少了，而且那个时代海洛因都是时尚，特别稀奇，我也好奇，就跟着他抽了。我记得1995年我们两个人那时候经常混在一起，他们抽粉我就在旁边看，我也想抽，他说这个不是好东西，要是好东西就给你吃了。但是我说不行，我要抽，就想尝，就抽了。我是1996年因为抽粉被抓起来的，1997年出来的，就到现在。

【调查者】你抽粉怎么来钱？

【个案22】我一直坐台。偶尔也出台，因为那时候出台钱多一点，但是那个时候海洛因太贵了，800块钱1克，就是出台也不够，所以我也开始发一点小货(贩毒)。一般比较谈得来，或者当官的、有钱人，我都愿意出台。一个舞厅里几十个小姐，所以钱也不好赚。

【调查者】后来上瘾了吗？

【个案22】一开始只是想抽着玩，也不知道上瘾；后来和男朋友吵架，就回到家里住了。但是回到家里，就睡不着了，不会是因为没有他睡不着了吧？后来发现，是上瘾了，就开始难过了，那是我第一次上瘾，我记得我一夜都没有睡。不过说实话，海洛因确实诱惑力太大了。就是现在，我还是想抽，但是考虑考虑家里人，又不好意思。我感觉，这边劳教时间太长了。

【调查者】你第一次进来劳教是什么原因？

【个案22】那时候我不是发小包的海洛因吗？被别人举报了，被判贩毒。后来出来还是抽，就注射了，注射比烫吸要爽一点。我那时候一般白天睡觉，晚上坐台，坐完了台电话一打就去拿货抽粉，后半夜三四点钟，回去睡觉。每天都是这样。

【调查者】你接触过新型毒品吗？

【个案22】我刷过K粉的，那个环境就是太吵了，我那一次搞大了，又打针、又刷K，没有什么感觉，后来就一直刷K，就大了。但没有什么幻觉。到现在我还没有机会溜冰，我肯定想尝试一下，因为现在流行这个。

【调查者】后来怎么来这里了？

【个案22】我一直抽的，所以都没断过。这一次也是别人钓鱼把我钓来的。我认识一个女孩子，她哥哥是派出所的，后来我去找这个女孩子拿货，就被他哥哥抓了。肯定是她告诉她哥哥的。

【调查者】你身边的和你一样的朋友多吗？

【个案22】蛮多的，而且很多女孩子蛮漂亮的，一针打死的很多。不过他们也蛮残酷的，有一对夫妻，都吸毒，女的怀了小孩子还在抽，后来小孩子有毛病了，就扔掉了。

【调查者】你觉得怎么能戒掉这个东西呢？

【个案22】戒是能戒掉，但是隔了几年还是会抽的，除非你永远不接触这个抽粉的圈子。一旦接触了，就会抽。我这一次进来之前，就是因为我蛮喜欢这个男孩子的，因为和他吵架，心情不好，就又抽了。但是有了粉，又感觉这个男孩子不重要了，因为粉好像比男朋友更重要了。

【调查者】你觉得现在的海洛因纯度不高，还有吸引力吗？

【个案22】是不好，但还是有感觉。南京的货都是从上海过来的，不好。武汉那边过来的货比较好。

【调查者】毒品是不是改变了你的命运？

【个案22】改变了，我一直希望自己能够成为一个老板娘，这是我最大的愿望，但是可能实现不了了。因为这个东西戒不掉，我自己也恨自己，但没用的。

【调查者】你觉得1995年以来抽粉的人有没有人彻底戒掉了？

【个案22】我觉得没有，除非他死了。

【调查者】你对社会有什么看法？

【个案22】没有什么，也没有想过成家立业，也没有想过以后该怎么办，父母对我还是蛮好的。因为家里就我一个，我也不是那种坏女孩，只不过抽粉。来之前他们都说不管我了，但是进来以后，我都没有指望他们管我，但是他们还是管我。他们总归还是舍不得我。

第二部分　之后的五年

(2010—2014)

小“妈　咪”

她说在这个圈子里“冰”就像水果、茶一样的，托人办事就用这个招待朋友，还给身边的小姐妹介绍一些“陪溜”的“客人”。

访谈对象：个案1，女性，23岁，上了一年高中。有些黑眼圈，语言平静，第一次吸毒年龄20岁。

访谈地点：江苏省强制隔离戒毒所。

【调查者】家是哪里的？

【个案1】安徽。

【调查者】那怎么会到这边(江苏)来呢？

【个案1】是跟我朋友过来的，我朋友带我到这边。

【调查者】那个朋友也是玩冰的吗？

【个案1】一开始我们不知道她玩这个东西。有一次，跟我男朋友吵架，他(男朋友)也是可能(年纪)太小了，一吵架就摔东西，后来我那个女朋友看见我不高兴就带我去酒吧，酒吧我去过的，到了酒吧喝了红酒，感觉不舒服，她就说你到我那，我马上就让你舒服了……我当时以为她说的就是泡桑拿啊什么的……(结果是带我去她家吸食冰毒)

【调查者】当你知道它是毒品的时候你已经吸食了。

【个案1】因为我从小就只对海洛因有那种恐惧感，没有对冰有那种认识。

【调查者】因为是合成毒品？

【个案1】对，因为我一直只知道海洛因不能吸，因为我看到很多人痛苦在地上打滚啊干吗的，对这个(冰)好像不是那么上瘾。当时对冰没有它是毒品的概念。

【调查者】那你那个朋友现在怎么样，还在正常的生活吗？我冒昧地问一下，她是贩毒的吗？

【个案1】不是，她也只是想带我玩给我解压。

【调查者】那您的家里情况呢？比如说父母啊兄弟姐妹啊。

【个案1】有父母还有一个妹妹，我妹妹在上大学，在合肥。

【调查者】哦，妹妹学习好吗？

【个案1】还好吧。

【调查者】父母呢？

【个案1】父母在上海打工。

【调查者】那现在老家没什么人了吗？

【个案1】老家有两个姑姑、大伯还有两个叔叔，还有阿姨啊外婆啊。

【调查者】那你在家里是什么样的呢？

【个案1】我从小就不听话，从小就让我爸妈管着，但是我爸爸很宠我嘛，可能是我妈妈偏向我妹妹一点。从小我就很叛逆，因为从小我爸跟我妈在上海工作啊，一会让我在外婆家待，一会让我在阿姨家待，可能就是这样生长起来感觉父母不够关心我，记得上小学初中的时候从来没有吃过热早饭，从来都是阿姨给我钱让我出去买，从来都没有收到自己爸爸妈妈的东西，可能是因为这样（所以叛逆）……因为那个时候家里不富裕，爸爸妈妈可能（得在外地）拼命打工。

【调查者】那后来是为什么不上学了呢？

【个案1】后来就谈恋爱……那个时候上了两个初三，第一个学期还好，第二个学期就不行了，老师在上面讲课，我就在下面传纸条啊，聊聊天啊，后来我爸爸看我（成绩不好）就又让我留了一级，就考上了一个不算特别好的高中。

【调查者】哦，那男朋友呢？

【个案1】男朋友现在还在上学，上大学。

【调查者】刚才你也提到了父母照顾不够，还有就是跟男朋友之间有一点矛盾什么的。

【个案1】其实我跟我爸妈一点矛盾都没有，是我对他们的看法，就算到现在我都告诉自己一定要坚强，不要靠任何人，我不会在别人面前流一滴眼泪，我再苦再累也不会让我爸妈知道，我不会跟他们诉苦，这是从小就养成的性格，心里吧（缺少父母的关心与支持），可能也是这个让我吸毒一直反复。

【调查者】所以你复吸的原因是……

【个案1】因为我们存在这个圈子里。就是说，哎呀我要找你谈点事，因为我们是用这个东西招待你的，所以很正常，就像有的人招待你是泡杯茶啊，他就用这个东西来招待。如果说我不用这个的话人家可能就觉得……不信任你啊。比方说我们不玩这个的话我们俩之间的合作就断了……

【调查者】你成长过程中还有没有对你影响很大的事啊？好的坏的都行。

【个案 1】给我影响很大的，就是有一个朋友，他教会我很多很多，让我看清这个社会的。

【调查者】他也是玩这个的吗？

【个案 1】对，虽然他玩这个东西，但是……玩这个也能看清很多，让我知道亲情的重要，也让我看清这个社会的人啊，这个物质摆在面前到底是怎么一回事，反正我看清这个社会很多东西，让我领悟到了一些事情。

【调查者】那你在进来之前，玩冰之前是怎么打发时间的，是从哪一年开始玩的？

【个案 1】我是从 2010 年开始玩的。

【调查者】在那之前都是干什么呢？

【个案 1】我都是在我一个表姐开的化妆品店里做店员，其实我也没有正式上过班，像服装厂啊我从来没有去过。然后有几个小姐妹去常州了嘛，当时我们每天都去迪吧，里面有好多人啊，然后就一下子就那样了（开始溜冰）。

【调查者】迪吧、酒吧这种地方玩的人很多吗？

【个案 1】……到了常州我才知道有 K 粉啊，摇头丸啊，都是好正常好正常。

【调查者】你平时都是自己一个人玩还是跟其他人一起？

【个案 1】有的时候是自己一个人玩，有的时候是朋友邀请一块玩，也有小姐妹到我这边来一块玩。

【调查者】跟你一起玩的朋友都是什么样的人呢？工作啊？年龄啊？

【个案 1】有的是搞工程的，有的是像二十五六岁、二十七八岁的坐酒吧的，像我们这个年纪很成功的人也很多的，在我们这个圈子里面，并不是说只有正常人（不溜冰的人）才会去拼事业。

【调查者】他们是什么情况？

【个案 1】（他们）是还没玩的时候就已经开始成功了（有钱）……成功的话慢慢地自我发昏，整天沉迷这个东西，然后不去工作啊，不去跑销售啊，因为这个溜冰嘛，可能让你记不得（事情）。比如说现在是 8 点钟，约定 9 点钟要去见顾客，结果一直拖一直拖，拖到 12 点钟，耽误了很多事情。像我们想要带父母去哪里玩啊，明明东西已经买好了，比如给爸妈买了件衣服，结果过了一个月才会寄出去，因为这个耽误了很多对父母的照顾啊……

【调查者】平时都怎么玩啊？除了冰以外还玩些什么？

【个案 1】只是冰。

【调查者】后面是一直玩吗，还是偶尔玩？

【个案1】不是每天都玩，偶尔玩一次。因为你知道，你体内都有毒素，每个月玩两次，每玩一次，就需要有15天把那个毒素排掉。

【调查者】你觉得溜冰这件事情对脑子有影响吗？就像刚才说的排毒的。

【个案1】这个要靠自我调节。为什么有的人玩了这个就感觉患得患失，或者自己去干些什么（极端的事），为什么我们就（只）是静一静……这个事情要调整好，不要去钻牛角尖，比如说这个事情明明不可能，你非要整天去想他，有那种疑心病啊什么的。

【调查者】会有瘾吗？

【个案1】冰毒其实没有像海洛因那样控制不了，像今天你玩完了，后三天你不玩，你看上去也没什么。

【调查者】只是自己无聊了才去玩这个吗？

【个案1】对，或者感觉这个（上瘾）不强，不像海洛因啊。

【调查者】你和朋友一起玩，这样的生活很快乐吗？

【个案1】其实我有时候也看不惯……有段时间我每天就是（溜冰）……因为溜冰的人跟正常人（相比）是颠倒的生活方式，人家是白天出来活动，我是夜里出来活动，那时候有段时间特别害怕看到太阳，看到太阳就特别反感……不知道我们自己的路在哪里，不知道我未来是要干吗，不知道我的下一步要做什么……也不是说没有希望，就是对自己的未来没有希望，就是不知道下一步路要怎么走，那我今后要干吗，明天要干吗，我要怎么养活我自己，就有过这样子的一段时间，后来慢慢地又自我调节过来了。

【调查者】像您刚才说父母是打工的，听起来应该也是不怎么太富有，玩这个应该是很花钱的吧，那你这种进货是怎么做到的？经济来源呢？

【个案1】经济来源也是从我男朋友那里，我男朋友根本不知道我玩这个，但是他还是会给我钱。

【调查者】现在的男朋友还是大学的那个吗？

【个案1】对，还是那个（男朋友）。我还没有告诉他（我进了戒毒所）。他如果说知道就是知道了，不知道就不知道，反正我不会去主动承认，如果他知道了那就知道了。家里人知道，我想他会联系我妹妹的，只能听天由命了……

【调查者】你感觉溜冰的人，你周围的，玩完之后会对性行为有什么需求的吗？

【个案1】我周围有这样的，像我的很多小姐妹都是……就是"妈咪"，知道吧？带很多小姐妹的那种，我有很多小姐妹都是。

【调查者】小姐妹具体是干什么的呢？

【个案1】 怎么跟你讲呢，就是比如说那个溜冰的人有需要了……就是你刚刚讲的性行为……有需要了就会叫一个(小姐妹)过去，因为我手上也有很多这样的人。

【调查者】 哦，(你)就是负责交流的呗？

【个案1】 嗯，其实我手上有很多朋友或者客户啊，我一开始就是跟着小姐妹做这个的，然后就是跟着我跟我那个哥哥嘛(认识的一位朋友)，他是搞工程的，他建设那个水泥厂。我也有客户是那边的(找小姐妹陪溜的)。

【调查者】 那他们会发生性行为吗？

【个案1】 有的，肯定会有的。其实他就是这个(要求性行为)，并不是说两个人只是单纯的玩这个(溜冰)。这个东西(情况)你我都知道，叫去的人(小姐妹们)也都知道，那边的人(找小姐妹的)也都知道……就是相当于自愿的，(大家都心照不宣，但是不会去强调性交易)。

【调查者】 可是这样有没有想过可能得艾滋病啊？

【个案1】 像这个我还真没怎么了解，因为我没有小姐妹是专门陪客人的啊，我的小姐妹都是出去做事的头，都是帮他们介绍，都是妈咪什么的，就是领班。

【调查者】 哦哦，懂了懂了。那你在这里告诉家里人，家里人是什么态度呢？理解吗？

【个案1】 其实也不是很理解，他们就搞不懂我怎么走上了这条道路，就算我再不听话，怎么会吸毒，因为吸毒对他们来讲好像是惊天动地、很遥远的事情，他们听到我吸毒这件事情也不知道怎么办。

【调查者】 家里人对毒品了解吗？

【个案1】 不了解，听到我吸毒还是会惊讶。

【调查者】 社会上对于玩冰的这些人的态度是什么样的呢？

【个案1】 他们都感觉很普遍，很经常啊，有很多人都玩这个，走到哪都会听到冰啊，都是(像)水果啊，茶啊，这样的。

【调查者】 现在都是通用的了是吧。

【个案1】 是啊，对于我们来讲是很普遍的。

【调查者】 社会不是很杂吗，有接触过(冰)的有没接触过(冰)的(人)，那你觉得没接触过的人是怎么看的？

【个案1】 像他们就是搞不懂，然后惊讶，不明白你怎么会走上吸毒这个路呢，你怎么会去碰到这个毒(品)呢，你这个毒(品)是哪来的，他们会对这个很好奇的，他们肯定会这样的，你那个毒品是哪来的，你怎么会认识这样的人，怎么会去接触那种，第一个反应就是你怎么可以接触到……

【调查者】来这没多长时间是吧，你觉得这里环境怎么样？

【个案1】还行，管制啊什么的。

【调查者】有学习吗？

【个案1】有的，还有就是看护活动，心理的治疗，这段时间每天都给我们上课的，每天都会给我们上课，上午下午都有。

【调查者】有什么难忘的事吗？

【个案1】什么叫难忘的呢，其实难忘的事情很多的，但是不是很好的事情，美好的东西都记在心里，不是很美好的就不想再回忆。

【调查者】哦，在这里有什么需求吗？对于这里的制度什么的？

【个案1】没有，很满意。

【调查者】那你有什么自身的需求吗？

【个案1】其实也没有什么，我感觉啊，应该多打一次亲情电话。

【调查者】你是第几次进来了？

【个案1】我前面有三次四次这样，我是多进宫，多进宫就是有两次和两次以上，我上一次是在常州。

【调查者】你觉得是什么导致复吸呢？

【个案1】一个是你不能脱离这个圈子，再有一个是我现在不能满足于一些事情，如果说我想要那些奢侈品的话，就必须跟这些朋友接触，我不是说贩毒啊，因为我找他们办点事情的时候，就可以拿这个来招待他们，就像送礼。

【调查者】出去多久这次又进来了？

【个案1】大概四个月，11月17号出来的，今年是3月26号又进来的。

【调查者】那你觉得在这里戒毒对这些人有效吗？

【个案1】应该有效吧，想这些天上课，每天都会掉眼泪，对亲情啊家人啊（感到愧疚）。

【调查者】到这里以后有什么感触吗？

【个案1】母亲节吧，感恩吧，心情很伤心的。其实我还好，我有时候心里也是觉得对不起良心，也是很难过的。

【调查者】那您能谈谈戒毒的感受吗？给其他人看到，给他们前车之鉴。

【个案1】其实在这个地方（强戒所里）就是做好每一件事，想到亲情的重要，（想到）他们（强戒所工作人员）对我们做的每一件事。比如说每个月会有心理导师，会让我们练瑜伽啊……我们每个礼拜四都有瑜伽课的，学了很多很多东西。我记得有一句马克思说的“要从别人身上吸取教训”，现在还在吸毒的人，（能够）在我们这里看到教训，在外面自由散漫惯了，如果（也）在这里，封闭的环境是有很多不适应的。

【调查者】在这里生活，身心方面受到影响，以后还会复吸吗？

【个案1】其实有的时候，我还记得在戒毒所的时候……把吸毒的人和贩毒的人关在一起，(他们)互相留了号码，这哪里是在控制我们戒毒，这就是在垄断了，这是给我们聚集人流，反倒是帮助了我们，有的人没有被抓到现场，被抓的出去了还是会吸，然后出去了还留了号码，他(贩毒的)还是记得你是谁。

【调查者】出去了之后有信心戒掉吗？

【个案1】我相信(我有信心戒)。因为这个官司吃的很有压力，还有我毕竟年龄上也(大了)，还有我爸爸妈妈也快50了，如果再被关进来，心理上我也承受不了了。

【调查者】所以出去了有什么打算呢？

【个案1】打算回老家。我爸爸(原先)应该是要给我开一个店面，可是我的这个玩心还没有(收起来)，还是想玩……

【调查者】回老家了还会跟这边玩冰的朋友联系吗？

【个案1】如果说我在老家的话，是不会跟他们联系的，因为毕竟他们不在我们安徽，在这边我才接触过(毒品)，在老家从来没有接触过这个东西，是到了这边才接触到的，可是出来之后呢……(朋友)知道你出来了就还会找你。所以我在家里(没有接触这些朋友)一点都没有(溜冰)。

【调查者】对于溜冰你总体上有什么感受吗？

【个案1】身体特别不好，因为它在影响我们骨髓啊，钙全都流失掉了，比如说我今天溜了几口冰，就会几天不吃饭、不喝水，自己也没感觉，不饿，就是影响那个饿的神经，身体是一个方面，还有心理、思想方面，思想上面也会有一定影响……哪怕说你以后戒掉了也会有……不是说后遗症，就是比方说一个小动作，你就会一直做一直做(这个动作)。

【调查者】以后出去，会不会担心社会上(对你们有)异样的看法？

【个案1】这个我不担心，因为我在家里(跟家人)从来都没有(生活)过，生活上跟他们没有过太紧密的联系，老家的人尽量不让他们知道我有吸毒。

【调查者】就只是生活在自己(家人)的小圈子里？

【个案1】对，外面的情况……怎么样(溜冰什么)的很正常……我在家里(不行)，因为我要为我自己的父母考虑，(如果在老家也溜冰给人知道了)他们的面子往哪搁呢。

【调查者】今后出去了以后就是想要照顾父母、照顾妹妹吗？

【个案1】对。男朋友他如果知道了我吸毒也无所谓，我现在真的看得很淡，爱情真的看得很淡，主要就是亲情，因为有的时候我看那个纪录片的时候（强戒所里播放的戒毒相关的纪录片）……大学里就（有吸毒的），我也很担心我妹妹啊，我妹妹在合肥上大学。

【调查者】今后还要组成家庭吗？

【个案 1】那肯定是要的了，还要知道我是吸过毒的也不介意。要是我男朋友知道了还来看我，那也挺好，要是介意的话那就算了。

【调查者】那你打算告诉他吗？

【个案 1】不告诉，我相信他会打电话给我妈妈还有我妹妹的，找不到人会找到我家人的。

【调查者】哦哦，好的，今天的谈话就到这里，谢谢！

贪玩的小女孩

她溜冰就是为了跟伙伴们一起玩着开心，一个人玩没意思……

访谈对象：个案 2，女性，26 岁，上了一年高中就退学出去打工了，2011 年又回老家了，然后就染上毒品了，第一次吸毒年龄 24 岁。

访谈地点：江苏省强制隔离戒毒所。

【调查者】能谈一下你的家庭状况吗？觉得你的家庭怎么样？

【个案 2】我和弟弟，还有爸爸妈妈。还行吧，没什么特别要讲的，反正现在还和我讲话。父母对我不是十分关心吧，因为吸毒。

【调查者】平时都是怎么玩（溜冰）的？

【个案 2】我不喜欢一个人玩，然后就是人多，朋友叫着，然后就去玩，要不然早就戒了。就是圈子（都）在玩，这个怪圈。

【调查者】你接触冰的原因是？

【个案 2】好奇呀。中间是可以戒的，就是中间有一段时间，和溜冰的朋友没在一起玩，就没吸，大概有三个月都不去玩，（也）没有（故意去）克制自己。后来偶然就吸了，然后就容易第二天再吸，然后第三天（还吸）。不是生理性的（成瘾），是心理性的（成瘾），不吸不是说流鼻涕打瞌睡呀，就是心里面的事情（心理上想吸）。

【调查者】哦，你溜冰什么感觉？

【个案 2】亢奋呀，打游戏可以打很久，比如几个朋友一起打牌，可以打很久，就是做每件事都做得很认真，就像神经病一样，一直在做这样的（同一件）事，比如我们女孩子喜欢剪指甲、涂指甲呀，就剪呀剪，涂呀涂，然后擦掉再涂，就感觉不到自己一直在反复地做……我知道有些人，他就变成神经病，他就怀疑自己的老婆跟自己的朋友有染，自己的妈妈和员工有染，自己的朋友要杀死他，他要拿着刀把那个人给杀了。

【调查者】发生过什么（因为吸毒发生的）事故吗？自己或别人的都行。

【个案2】别人发生的多了，我自己没什么特别的，它们（毒品）不是一下子把我吃掉的，是慢慢、慢慢地把我腐蚀的……跳楼的也有，就是那些（溜冰多了后）脑子不太好用，正常人吸了都有些那个（不大正常）。有的人就是扶不住（控制不住）这些东西的（毒品的药效），比较亢奋的厉害一点，做的事情过激一点。例如，我（有个）朋友就是走了很远的路，几十公里，然后再走回来，这是我见过最过分的事情；还有一个朋友，把人家的门给拆了，他去他朋友家玩，他朋友不在家，他就用螺丝刀把门给拆了，然后装上，没装好，就是装的关也关不上，打也打不开那样，还有的一些人喜欢拆电脑，他以为他能装上，可是他装不上。

【调查者】你觉得溜冰对你有什么影响吗？

【个案2】我觉得我的消化系统变差了，记忆力变差了。而且容易口腔溃疡。然后就比如说身上的疤不容易好，瘀青。还有就是和家里关系搞不好，其实刚开始都是下了决心的，不玩了，怕家里的人太伤心，然后不知道怎么回事就复吸了，朋友一叫呀，就想着我玩了这一次就不玩了。就像这一次被警察抓到，然后家里人去戒毒所（给我）送钱送衣服呀，慢慢地对你就失望了。

【调查者】这次是怎么进来的？

【个案2】我不是社区戒毒吗？然后被抓住过一次，15天就放了。第二次是2012年的4月份又抓过我一次，第二次嘛，要去社区戒毒，每个月的月初和月尾，都要去司法所去报道验尿，一个月两次，要坚持，我有好久没去了，刚开始坚持了半年，然后就不去了。因为我有个人原因，我结婚了，我怀孕了，就不要去了，因为怀孕了（我就不会吸了），有的好多女的即使怀孕了，还在吸毒，但是在我的脑子里面，就是怀孕了，对吧，就不吸了，也就不去医院了，后来半年之后，就跟我现在的（老公）离婚了，就把孩子做掉了，（打胎后）刚好有一个月，我就吸这个东西，一下子就被警察抓到我了。就是我已将近半年没去（社区戒毒）了，抓到了就被送到（强戒所）。怀孕的时候就不吸了，被抓的时候正好刚刚也吸了毒，就在打游戏的时候，打那个游戏，“征服在线”，你知道吗？国家允许的，赌博性质的，像个游戏机一样，几个图形，越多图形碰在一起，就会变成分。然后是国家允许的，中国福彩。但是那个一天输个五六千块，也正常。

【调查者】那你吸毒的经济来源是？

【个案 2】我本来有点存钱的，现在没了，家里给一点。以前我请客（溜冰）的多一点，现在他们请的多一点，现在 1 000 块一克。

【调查者】你们这个群体有没有什么混乱的（性）行为？

【个案 2】听也听说过，见嘛……身边的人都喜欢夜游，就是晚上他们喜欢……比如花生的季节，我们就一起偷花生，也去偷鱼，回到县城，在他的房子里面，用八角什么的，煮成一大锅，就吃得很开心。还有一次偷鸡，去村子里偷鸡，没偷到，偷到一只鸭子。我哥哥喜欢去别人家里偷东西，那些房子都是没人住的，农村，没人住的，（房主都）搬到城里的，那种门一推就开，全是尘土，他喜欢去人家里，拿那些破罐子什么的，那些很老的东西，他喜欢收集旧的东西，有一次他碰到一个老头死了，好几天了，别人都不知道，脸都发青了，他也不怎么害怕，他说“大爷，打扰了”，后来跟我们讲别害怕，让我们在外面等着。他们有的干比较淫乱的事情。男的，找那些卖淫的女的什么的……就是做什么事情都很认真，他们找小姐找得也认真。

【调查者】你们溜完冰还会做些什么？

【个案 2】女的就我一个，有时候是两个，其他的就是认识的，他们（有的人）就喜欢打游戏，网络游戏，用的钱比吸毒用的都多，他们在网吧上网，一次冲 3 000 块、5 000 块，就很简单，有钱人就这样玩，我们没钱就少，大部分都输，网络上（赌博）比较公平。（我们就是溜冰后去）钓鱼，偷偷花生……我们蹲鱼塘都能蹲一晚上，有的是偷钓，有的是光明正大地钓，用发光的小鱼浮，还有电子的鱼浮。我们管这个（偷东西）叫下夜，就是……去附近的村庄，偷西瓜（等）。手机啦，钱包啦……我们是不会偷的，这个（偷小东小西的）就是好玩。

【调查者】溜冰对你的影响还有哪些？

【个案 2】就是把我变成一个爱说谎的人了，也不是爱说谎，唉……反正给家里人讲得很好的（戒毒了），自己就背叛了自己，然后自己就去吸了。（溜冰的戒断）没有生理上的那种，（身体上）不会很难受。就是看到朋友在玩，（自己就）老有理由去吸下一次。我以为来到这里我会戒掉，但现在我都不敢这样说。这里面，一个房间 30 人，11 个人是以前来过的，这个让我很害怕。可想而知，之前他们很多出去的，还没抓住的（有一部分），很大一部分人都回来了（又进了强戒所），这个让我没信心，我觉得我没有很强的自制能力，我觉得这两年会白待了。

【调查者】自己没有单独溜冰？

【个案 2】很少很少。我记得有一次我记得那个（冰）在我抽屉里放了一个星期，我想不起来看它。我也想不起来去吸它，不觉得吸它很舒服，就是那一段时间都没有吸，然后再复吸的时候，还是找昨天那波朋友……今天再继续玩呀。有句话叫戒冰先戒友，要先戒掉吸毒的朋友。不管做什么，圈子对什么影响都大。你进入不好的圈子，你很容易染上恶习。

【调查者】你平时接触的朋友都是溜冰的？

【个案 2】你溜冰的时间越多，你平常的朋友就会少，你觉得和他们没有共同语言。我还有个喝酒的圈子，（我）喜欢白酒。以前有个协会，一个白协，一个啤协，然后我是白酒协会的会长，他们那两个（协会）是酒圈子里自封的，其实跟喝酒的朋友很久没（一块）喝了，他们也劝我，他们反正看不起吸毒的……很长时间待在酒圈子，这样对我挺好，我在拘留所（白酒圈子的朋友）还打电话，来看我。

【调查者】你能谈一下戒毒的感受吗？

【个案 2】一次比一次不想戒。我自己说（能戒）是打自己的脸，还不如哪天想清楚，或者哪天有好的工作、好的机会让我就一下戒掉了。现在什么事情都不做，你让我戒掉可能吗？我也不相信自己，所以我也不下什么决心去戒毒……我不知道，没信心了。如果出去的话，很有可能会吸毒。有个女孩说出去后去她家湖上的船上吸，留 QQ 号，很多人报名了。

【调查者】你觉得你回归社会的最大困难是什么？

【个案 2】我觉得我回归社会完全没有困难，因为我适应能力很好。以前我收入也蛮好的，就是我爸爸老让我回家，说是民政局给我找了一个好的工作，还要给我买房子买车，后来就不了了之了。反正我爸爸和我一样，今朝有酒今朝醉，他钱来得快，去得快。我爸爸是做房地产的，不过是世界上最小的房地产，乡镇里面的房地产。

【调查者】吸毒后，你老公知道你吸毒吗？

【个案 2】知道呀，结婚之前就知道。我告诉他的，他对我很有信心，家里媒人介绍的。我不怎么爱和他讲话，不是他对我失望了，而是我对他失望了，我好像离他越来越远了。因为他的一些习惯是我不能忍受的。他是医生但邋遢，而且很小气，我不是花他的钱。我觉得一个男人很小气，让人反感，越来越严重。邋遢，不上班，在家里打那种游戏，也不能赚钱的不好玩的单机游戏，一坐能坐两天，木头墩子一样，头上都有灰尘了。我觉得难以忍受。我打算和他离婚，谁知道就进来了。现在……不用离了，两年不在一起不就算自动离了嘛？还是一个人好，就算玩，也不玩（冰毒），另外找对象，都是要离的。

【调查者】你出去后有何打算？

【个案 2】赚点钱啦。我想开个汽车用品的店，汽车上的挂件，冰箱啦，就是这种，本来都想得好好的。我有个朋友是九龙医院的主任，想和我合开一个卖奶粉的，婴儿用品店，那种店也是很赚钱的，厂家提供（店铺）装修，第一批货还能赊账。这是我原来的打算，也可能我要开服装店呀，因为马上我要踩缝纫机了。

【调查者】你觉得禁毒最好的方式是？

【个案 2】不往那个圈子里面走。根本不需要和他们联系，不跟他们联系，到另外一个城市，换工作，一出来就离开这个城市。

【调查者】溜冰就是因为圈子？

【个案 2】还有自制能力吧……我看一个女的，在这里待了八年了，来了四次了，我不知道她怎么想的，我看到她仿佛看到了以后的我了，不过她的牙齿都没有了。今天是我进来的第三天。

【调查者】你对这个社会有什么看法？

【个案 2】我看法就是，我活该，这个社会已经不要我了，还是慢慢改造吧。还有就是我太倒霉了，有的人就是天天玩，一次都没进来过。

【调查者】这次是怎么被抓的？

【个案 2】打游戏的时候，坐在我旁边的人也吸毒，抓他的时候也看见我了，顺带把我抓走的。第一次是带人去表哥家玩，那个人刚好贩毒，手机被定位了。第二次也是被顺带抓走的，其中有个人，可能十年都出不来了，涉黑，团伙，其实他不贩毒，也被定位了。这次就是旁边有人在打游戏，我一回头，被看到了，前两次都是他抓的我(同一个警察)，我就被一起带走了，要是在我怀孕的时候抓到我，没关系呀，当场就得放我，没有宝宝就完了，倒霉。

【调查者】平时和你溜冰的人都是干吗的？

【个案 2】我觉得和我玩的人都很雅道的，有的收藏字画，收藏玉，有时候也卖，还有的写毛笔字画，还有个哥哥，他喜欢吸完冰后画画，他桌子上有个瓶子，没事就吸两口。他画的很好看的，我们就一起鼓掌。他的毛笔字是我见过(的人里)很好的，进步神速，一晚上都能写几百张。反复地做这个事情，溜冰对他(写毛笔字)进步有帮助，反正他的毛笔字在我认识的人眼里是很好很好的，在大师眼里也就不怎么样。(画)水墨画，写字，他的水墨画都模仿得很像，你也不能说溜冰完全没有好处。

【调查者】谢谢你接受采访！

有钱人的世界

她算是个富二代，独生子女，有些叛逆，追求刺激，对好奇的事情都想尝试，包括吸毒。

访谈对象：个案 3，女性，28 岁，最高学历是职业高中，独生子女，第一次吸毒年龄 24 岁。

访谈地点：江苏省强制隔离戒毒所。

【调查者】就随便聊聊家庭情况就好。

【个案 3】我家庭情况还可以的，家里还是很和睦的……就是我妈妈，我父亲在那个山东潍坊做项目经理的，做工程，我妈妈在家里现在在给我带儿子，因为我结婚了嘛。

【调查者】那你觉得自己性格怎么样？

【个案 3】蛮开朗的，蛮外向的，朋友很多。

【调查者】那你是什么时候结婚的？

【个案 3】2010 年。现在我跟我老公，现在还没有办离婚，不过已经分居了，打算离婚，孩子归我。

【调查者】那你是念完职高然后就直接工作的那种吗？

【个案 3】我是自己开服装店，开了两年，算自己创业的。

【调查者】那你是为什么会吸食海洛因？

【个案 3】因为我之前跟那个男的嘛（交的男朋友），我跟他的时候他就碰海洛因的，一开始我不知道，后来跟了他以后，就察觉到了，然后不是我让他戒嘛，他说这个很难戒的，我不相信这个东西（海洛因）有那么难戒，所以说我就（开始）以身试毒的。本来我是想告诉他这个东西没那么难戒的，戒毒没有那么痛苦怎么怎么的，一开始我不相信（那么难）的，后来就以身试毒的。

【调查者】那你是后来把海洛因戒掉了吗？

【个案 3】戒掉啦。

【调查者】哦，戒了海洛因之后是怎么打发时间的？

【个案 3】就在社会上玩吧，一直没有工作。白天睡觉，晚上出去到那个酒吧里，或者 KTV 里，或者那个嗨吧里去玩呀，晚上玩的时间比较多。

【调查者】那平时跟你一起溜冰的都是些什么人？

【个案 3】有些比我（年纪）小，我不喜欢乱窜的（跟别人一起溜冰），我溜冰不喜欢乱窜，我喜欢一个人溜冰。

【调查者】那你知道那些溜冰的人都是些什么人啊？多大？他们主要是干什么的？

【个案 3】大多数是一些大老板吧。几千万身家的都有。他们有些人是富二代，有些是自己创业创得早哇，正常的哇。

【调查者】嗯，那你是怎么接触冰毒的呢？

【个案3】也是跟……在2009年的时候，又跟一个男的（交了新的男朋友），他就是溜冰的。这个男的不是我的老公，我是2010年结婚的。

【调查者】哦，就是你吸食海洛因跟冰毒全都是因为男朋友吸毒？

【个案3】啊，对的，全都是因为男的。到现在我谈了三个男朋友。第一任是东北人，在南通玩的，是南通的老大。第二任，我是南通海门的嘛，第二任就是海门老大，溜冰的。然后第三任就是我老公，他是个小混混，家里条件不怎么好的，不过那个时候因为我名声不怎么好（就跟他结婚了）。

【调查者】他对你好吗？

【个案3】对我还可以，我不在乎他有钱没钱，哪怕我养他都没事，对吧，不过小男孩他不学好。我家里人帮他介绍个工作，让他去上班，他不去。他表面上去（上班）的，家里有电脑的，但是在家里不好上网，他就偷偷摸摸拿了钱以后，买cs那个双倍，好几万，你说有什么意思呢。我儿子长到这么大，3岁多嘛，他几乎一盒奶粉都没买过，挣的钱也不会说花多少在我们身上的。

【调查者】你讲那个带你溜冰的那个男的，就是以前你认识他的时候，他就溜冰吗？

【个案3】我认识他的头天晚上，他就在溜冰，我是通过小姐妹认识他的，然后那个时候我想尝试一下新型毒品嘛，然后我的小姐妹就带我到他房间里去，到他家里去的。

【调查者】那你是自己想要尝试吗？

【个案3】嗯，自己想尝试，不能说是他带我（溜冰的）。

【调查者】那你的那种小姐妹也是溜冰的吗？

【个案3】嗯。她们也是没工作的，给人养，平时无聊然后……（就会溜冰）

【调查者】那你就一个人溜冰，一个人在家里（溜冰）吗？

【个案3】对啊，我自己有套房子的，我家，就是我不是海门的嘛，是海门一个乡下的，我在海门市区也有一套房子的，我就专门住在那边的。我妈妈，我爸爸在山东嘛，我妈妈带我儿子住在乡下那个小别墅里的，就这样的。

【调查者】就是家人都不太在身边，就是一个人待在那里，然后一个人在那里溜冰，那你们就是现在主要是溜冰，除了溜冰还玩些什么吗？

【个案3】摇头水。三四百块钱一瓶的，一瓶才一点点。然后我每天能喝到五瓶，瘾大得不得了，五瓶喝了还不摇头呢。

【调查者】那它主要有什么症状啊？

【个案3】刺激脑神经的哇。

【调查者】哦，那你就是溜冰之后有什么感觉吗，快乐吗？

【个案3】不快乐，心情很烦躁的，很烦。

【调查者】那身体上有什么反应吗？

【个案3】没有吧好像。瘦了。来之前我只有八十几斤，很瘦的，没你瘦，真的，你这个自然瘦，我那个不是自然瘦。

【调查者】溜冰对脑子有影响吗，就会不会想一些事情啊什么的？

【个案3】哦，会的，假如说我把家里哈，其实煤气啊什么东西都已经关了，其实我已经知道它关了，不过我一遍又一遍地，门啊一遍又一遍地要去看，就去看，我有没有关了。而且还是一直拉一下拉一下。强迫症嘛。

【调查者】那还有什么其他的表现吗？

【个案3】脑子有点瞎想，感觉有人在说你坏话。就是那种越想心情越糟的事情，其实根本就不快乐。

【调查者】那你感觉溜冰的生活快乐吗？

【个案3】蛮快乐的嘛。

【调查者】那你这里是第一次进来吗？

【个案3】第一次。是我家里人报警的。叫我回家我没回家啊，后来我妈妈就报警了。我在去乡下，去那套别墅里接我妈到市里来的嘛，去接我妈跟我儿子，接他们的时候他们报警的。……电话里，通过电话告诉我妈妈我溜冰的。

【调查者】你觉得溜冰会不会更容易感染艾滋病呢？

【个案3】不会的。不会不会，溜冰怎么可能感染艾滋病呢。

【调查者】那你身边的朋友有没有感染艾滋病的？

【个案3】有啊。不过他不是溜冰的。他是通过性传染的，他故意要这个样子的。

他故意跟人家性交，(让)自己(被)传染的，因为他是发货(贩卖毒品)的哇(当时艾滋感染者无法被拘留或关押)。

【调查者】那你平时身边的人，就是社会上的人，对溜冰是有什么看法的呢？

【个案3】无所谓的这种看法。

【调查者】无所谓啊，他们会不会歧视溜冰？

【个案3】不歧视，一般溜冰都是有钱的人溜的。

【调查者】那你觉得进来对你戒毒有效吗？

【个案3】没效，有什么效啊。

【调查者】那你认为戒毒有效的主要是干些什么？

【个案3】一个人想正儿八经做好一件事，他是要看自己的，你哪怕管制我，假如说你太管制我的话，像(我这样)有些性格的(例如叛逆)，我两年后出去还会复吸的。只要是我不想溜了，我不想吸了，我就不会吸。

【调查者】那你觉得你能戒掉吗？

【个案3】待个两年啊，不知道，现在我不能确定。没信心，就觉得自己可能出去了还可能会再复吸。我家住在12层的，我家楼下的有个11层的，他就是发货（贩卖毒品）的。我出去他会上来敲敲门看看我的。我不想搞（复吸）那个都难。

【调查者】如果他（贩毒的）不找你了，然后你还会自己主动地去找那个货源购买吗？

【个案3】那个应该不会。也不一定，还是得看……得看出去的心态。就是环境摆在面前，你才会去（复吸）。

【调查者】在禁绝毒品方面，你觉得最主要怎样才能杜绝它？

【个案3】看心灵，心里的。自己才是关键，靠别人管是管不了的。

【调查者】那你对现在那种社会，你不也才刚进来嘛，你觉得整个社会对溜冰有什么看法？

【个案3】社会发展蛮快，可是那种溜冰你控制不了的，一个国家控制不了。人家说什么斩草除根，野火烧不尽，春风吹又生呐，你烧不尽的，人家有钱的就会去追求那种刺激。我有一个朋友吧，在南通地区属于前十名的富豪，前十名，具体他家身家有多少亿我不知道。他有了钱他就会想方设法去拿毒品，那个小男孩，是个富二代。

【调查者】那你觉得你出去之后还有可能复吸吗？

【个案3】这个我不能保证，真的小孩子我不骗你，我不能保证，对吧，说不吸吧，我觉得好像又在骗你。自己信心又不那么强。……我不能保证，我觉得你蛮好的，所以说我不能向你保证，不一定，一定要看自己的心里的。

戒不掉的“心瘾”

“我也不知道为什么，就是一开始接触这个后就每天都想吸，就是戒不掉，没有吸这个东西的时候脑子里就只有一件事，就是去吸这个，不吸就很焦躁，就打电话（要货），吸两口就没有事了，就好了。”

访谈对象：个案4，女性，23岁，初二辍学，第一次吸毒年龄17岁。

访谈地点：江苏省强制隔离戒毒所。

【调查者】你家是哪里的？

【个案 4】我是徐州的。

【调查者】能简单介绍你的成长情况吗？

【个案 4】我来自单亲家庭，跟爸爸一起住。上到初二（就不上学了），然后学理发，我家是徐州市××镇的。后来到徐州学理发，谈了个男朋友，然后他吸毒，带着我也吸毒，那时候是 2007 年春节 17 岁的时候。

【调查者】你跟他（男朋友）一起玩这个？

【个案 4】我从不跟他一起玩这个，我以前压根不知道有这个东西，后来通过他的朋友知道这个，一起玩这个。

【调查者】爸爸有没有再婚？家里条件怎样？

【个案 4】没有，家里条件一般化，我还有个弟弟，弟弟还不错，做家电维修，修摩托车啊电动车什么。我弟弟很懂事的，比我小一岁，是 1991 年的。

【调查者】你自己感觉自己性格是什么样的？

【个案 4】外向。

【调查者】你为什么后来不上学啦？

【个案 4】上到初二，那时候想去学理发，自己不想上了，我爸爸还跟我说，你以后可别后悔，这不是我不让你不上的，你若是后悔还来得及，还能去上。但就是自己当时也不知道为什么就是不想上学。就是想学理发就是不想上了，也没有想那么多。特别喜欢学理发。那时候十五六岁。

【调查者】据说很多人都玩这个？

【个案 4】是的，太普遍了，很多人都玩，其实现在我们不吸了也没有什么感觉，一切正常的，可能吸的时候会对大脑有刺激，现在我不玩了也没有什么影响。

【调查者】那都怎么玩的呢？跟很多人一起还是一个人？都是多大年纪的人？

【个案 4】我以前一段时间，（一开始）一两年是一个人买东西自己玩，然后就是和朋友一起玩，朋友是 30 多岁的，有的是做生意的啊，有的我也不知道干什么的，就是天天一起玩。

【调查者】你为什么会喜欢吸这个呢？让你感觉快乐吗？

【个案 4】我也不知道为什么，就是一开始接触这个后就每天都想吸，每次吸完以后都不一样，有时候是吸完脾气暴躁找事，有的时候一天不吸就想找事，就是今天没有吸就想找事，吸完就好了。

【调查者】你后来怎么会跟好多人一起玩了呢？

【个案 4】也不是好多人，就是刚开始玩的时候就认识的人，一直都联系，我大多也自己玩。

【调查者】吸完之后是不是特别舒服？像神仙一样的感觉？

【个案 4】没有，我有一个女朋友，吸多了就跳楼了，我是在 KTV 上班的，每天就是陪人唱歌什么的，挣钱也快，每次挣完钱也不知道为什么就想吸，有时候自己胖了就找借口说减肥减肥，但是还是自己想吸，有的人就不吸了，我感觉还是自己意志力不够吧。

【调查者】按你说的吸这个也没有让你感觉快乐，那你为什么还想去吸呢？

【个案 4】我也不知道，就是吸这个和不吸这个的差别太大了，没有吸这个东西的时候脑子里就只有一件事，就是去吸这个。吸完东西后脑子里就是胡思乱想，瞎想。

【调查者】据说吸完有的人会很执着地做一件事情，你有没有？

【个案 4】我也有的。我有时候是几天不睡觉，我不吸这个东西的时候整整睡了两天两夜。没有喝一口水也没有吃一口饭，我曾经一个星期都没有睡觉，就是不怎么睡觉，一天 24 小时我大概能睡个把小时吧。这个东西就是这样，吸完之后就是亢奋状态，然后就睡不着觉。

【调查者】你会不会有幻觉？

【个案 4】吸这个东西就是这样，会感觉放松，会胡思乱想，幻觉幻想幻听。我一般还没有。我就是喜欢吸，你让我说为什么，我也说不上来，就是喜欢吸，有瘾，就是天天都得吸，天天都想吸，就这样。

【调查者】消费大不大？

【个案 4】嗯，我一个月上班挣的钱都不够吸的。

【调查者】你有没有想过自己去戒掉？

【个案 4】没有，那时候就是有了钱就想去买毒品去吸。

【调查者】有的人说想吸就吸，不想吸就随时都可以不吸？你认为呢？

【个案 4】我认为他是在说谎，还是自己想吸，有的人说是朋友喊着去的，你可以拒绝对不对？其实还是自己想吸。所有都是借口。

【调查者】那你们一般都是在什么地方玩？

【个案 4】在家里，有时候开房间，大都是在家里吧。有时候在朋友家有时候在我家。

【调查者】你不是有男朋友吗？为什么不跟男朋友一起吸？

【个案 4】我是因为他接触这东西，但是我没有跟他一起吸过，我们后来分手了，后来也没有再找男朋友。

【调查者】溜冰对你身体和精神有没有什么影响？

【个案 4】肯定身体吃不消，人几天不休息不吃东西，肯定吃不消的，一开始吸是很能熬夜，一天睡很少的时间，后来就不行了，一天要是不睡觉，第二天什么都干不了了。我如果不进来在外面肯定是天天吸，瘾只会越来越大，这个东西的心瘾很大的，没有人说想吸就吸，不想吸就不吸的。我有个朋友，认识好久了，有两年都没有玩，但是后来又看见他比谁玩得都厉害。对身体，就是不能熬夜了，你想你的饮食睡眠都不规律，怎么可能对身体没有危害。

【调查者】知道你还不戒？

【个案 4】不戒，就一直吸。这里面有的都进来两三次了，都几十岁了，你想谁想进来，就是戒不掉。不吸就很焦躁，就打电话，吸两口就没有事了，就好了。我好多朋友都是这样，不吸的时候就很焦躁，吸完就什么都舒服了，就没有心思了。

【调查者】玩的时候会做些什么？

【个案 4】说话，打牌，就是和自己的朋友，就像好多年朋友不见，有的人是吃饭聊天，喝茶聊天，我们就吸毒一起聊天。有时候跟朋友，自己的朋友，也算不上男朋友吧，就是发生关系吧。

【调查者】你们都是男女一起还是都是女生或男生？

【个案 4】我们又不乱，我们就是几个朋友在一起玩玩聊聊天说说话开心，谈谈最近怎样。

【调查者】你们一起玩的都是做什么工作的？你说你在 KTV 上班，那其他的人也是在 KTV 吗？

【个案 4】我从不跟一起上班的人一起吸毒的，因为他们是客人，我又不知道他是干吗的，我们是正常营业正常工作，我们不可能逮着客人就问你吸毒不？我也不跟一起上班的女孩一起玩，她们也有很多玩这个的，因为玩这个的都有猜疑心。

【调查者】你们有没有发生过什么奇怪的事情不？

【个案 4】有的，有一次我们一起玩，有个男孩想要跟女孩发生关系，女孩不愿意，后来我们在楼下，发现那个男孩拉着另外一个朋友说，赶快走，那个女孩要跳楼。后来也没有跳。

【调查者】这个东西有没有像春药的效果？

【个案 4】也有的，绝对因人而异的，像我一样，可能因为吸久了我也没有什么感觉了。虽然我很少这样，但是我知道大多数男人吸完之后都是想办事（发生性关系）。

【调查者】是不是有男人拿这个骗女孩发生关系呢？

【个案 4】不是，很少有人骗女孩的，就是吸完想办事，不然怎么会说是催情药呢。

我认识一个女孩，没有男人她就不玩，玩完之后就得找男人……这样的很少的，但是大多数人都会有些想法的。这个真的因人而异的，有人就是吸一次后说不玩就不玩了，真的就不吸了，但是我自从玩这个后就是天天都得吸。

【调查者】那你以前应该是挺瘦的？

【个案 4】是的，我以前才 80 多斤，来了这后胖了很多，很多人来这里后不到一个月最少胖个二三十斤。以前玩这个就会瘦，不吃不喝会瘦，吃喝也瘦。男生能吃能喝的。有的女的（吸毒）还是那么胖，我在想这是吸什么啊，还是那么胖？我要是那个女的我就不吸了。

【调查者】你最开始吸毒也不是为了减肥？

【个案 4】那时候对这东西也没有什么意识，也不知道是毒品，就像吸烟一样，大家一起玩就自然而然一起玩了。就是说来吸吧……这东西又不上瘾，那时候不知道，根本就不知道会因为吸这个而被警察抓，也没有人说过（毒品），那时候小嘛，也都不懂，后来才知道。

【调查者】你这次是怎么被抓的？

【个案 4】就是在朋友家，我也不知道，就是被人举报吧。

【调查者】前两次也是被举报的吗？

【个案 4】第一次是的，第二次不是，第二次是我自己在家吸这个，也不知道怎么回事，家里就遭小偷了，我就跟人打架，打完架就报警，你知道我以前有底案。看我有底案就给我验尿，一验说我又吸了，就把我抓起来了。

【调查者】你还敢跟小偷打架？

【个案 4】是的，人家都说我挺背的，你应该开开门让人进来打他（小偷），你一个人在家怎么敢跟他打。那时候也不知道怎么回事就跟他打架。

【调查者】你知道有些人吸完后会发生关系，那你有没有听到有人得性病的？

【个案 4】没有，但是找的（性伴）多了肯定得病的机会就高些，但是主要还是因人而异，跟个人有关吧。我认识有一个朋友他就有好多个女朋友，估计有三四十岁了，特别有钱。我听说还有一个朋友，他说他每次找女人都是找两三个，每一次都是一人一万，找两三个一起。特别有钱，大老板。

【调查者】你来这边，有没有跟你家人联系？

【个案 4】我给我弟弟打了电话。我没有直接给爸爸打电话，怕他接受不了。我会跟他一点点沟通说明的，两年也很快，我会给他写信的。

【调查者】你家人知道你玩这个吗？

【个案 4】不知道,我们不住一起,我在徐州,他在老家。我怎么会跟家里人说我吸毒? 我很爱我的爸爸,我很爱我的家人,我从小没有妈妈,但是我很少感到缺少母爱。我爸后来也一直没有找,主要是考虑我跟弟弟,怕我们受气。一直都没有找,我也希望他找一个,他自己也不想找,我弟弟比较懂事。

【调查者】社会上对溜冰有没有歧视或看法?

【个案 4】也有,不过也不是很歧视,就是知道了不跟我们一起玩,我们也就不跟他们一起玩了。

【调查者】以前的一些老朋友知道你玩这个后就不跟你玩了?

【个案 4】是的,距离会越拉越远了。因为我们不是一个类型的人,以后结交的朋友就大都是玩这个的了。但是我也有一个朋友,他不吸毒但是我吸,但是我们就能玩到一起,我们一起上班的,就会一起说说客人啦。也就一两个这样的朋友。

【调查者】那你溜冰之后脸色有没有什么区别的?

【个案 4】有的时候吸完毒品后不熬夜的话还好,如果熬夜的话就不行了,有时候我抽烟抽得还多,有时候只溜冰不吸烟,有时候吸完之后心情不好就吸烟,一根接着一根。遇见心情不好的事能想一天,一直不好一直不好。吸这东西就是一天过得很快。

【调查者】你感觉戒毒有效果嘛? 在这里面。

【个案 4】有的人就说在这里面吃得很多,胖了很多,出去了以后再减再吸。

【调查者】可是这样好过吗?

【个案 4】不好过,但是还是有人会吸,我也不知道自己怎么想的,进来之前我也有朋友进来两年,我当时想要是我死也不会在这里待两年,但是来了以后真的就没有感觉了。

【调查者】她(你的朋友)出去之后还吸吗?

【个案 4】是的,她快出狱的时候给我们写的信,我快出去了,你们给我安排安排。

【调查者】想不通,为什么在里面不想,出去就想吸呢?

【个案 4】我也不知道,现在我也刚来,也不知道两年后是什么情况。就想赶紧下队干活早点睡觉哦。其实我觉得来这挺好的,来了以后可以跟以前的生活断绝关系了,进来民警就说,你现在都 23 岁了,进来就当是调养身体了,两年以后找个对象就可以结婚了,如果你一直这样玩的话,身体也不好,到时候结婚了又会怎么样呢? 也许更糟糕。有时候我自己也在想,我这样天天在外面玩真的没有什么意思,在外面就想玩,来这里面我想就好好待着两年,把以前的恶习都改了，也许以后会好了呢，像有些在外面吸大了的，跳楼死了的呢……那不就什么都白搭吗？真有跳楼的。我进来的时候在派出所，有一个女孩一起被拘留，她们一起的三四个女孩，当时派出所来逮她们，她男友就是跳楼就死了，想逃避被逮，嗨大了！好像跳楼这个……对这个危险意识已经降低了。我也有嗨大了的时候，就是刚吸毒的时候，那时候我在理发店上班，我就特别想好好表现，老板会高兴，来个客人我就劝人家剪头，我对这个印象可深了可好玩了。

【调查者】玩了这个东西就亢奋，想表现？

【个案 4】是的，好多人都是来之前无法接受，来了之后就习惯了，就像民警说的，你这次不被抓，你下次也会被抓的，常在河边走哪有不湿鞋的？我自己都想不明白，在外面就吸，在这里就不想吸。

【调查者】你对这个社会有什么看法不？

【个案 4】没有，我感觉这都是自己的事情，我觉得人嘛，这都是自己愿意的，没有人拿刀子逼你，就是让你吸你也可以不吸啊。

【调查者】有没有想过戒毒？有没有信心戒毒？

【个案 4】没有，我还没有想过这个问题呢。不知道。

【调查者】你以后出去有没有什么打算？

【个案 4】回老家吧，找个对象，回老家不接触这个也不可能，现在玩这个的太多了，我们那小地方都有的。现在唯一担心的就是家里人担心。

女“愤青”的“黑色”生存

她有些“愤世嫉俗”，认为社会是黑暗的，毒品泛滥、钱权交易、互相包庇……这些毕竟只是社会的一个侧面，她可能也是一叶障目。若自己眼睛里看不见阳光，又如何寻找光明？

访谈对象：个案 5，女性，21 岁，最高学历中专，第一次吸毒年龄 16 岁，家境优越，十分健谈，但有些偏激，令人印象深刻。

访谈地点：江苏省强制隔离戒毒所。

【调查者】你玩这个多长时间了？

【个案 5】2008 年玩的（五年了），不是经常玩，有一年吧，断断续续地玩的，后来 2010 年开始玩得比较多。

【调查者】也就是说你在 16 岁时就接触这个了？

【个案 5】是我一个姐姐带的，就是社会上的一些人。她一开始玩这个，那时我还小嘛，不懂事，我就偶尔玩两次就不玩了，她就天天玩，就是她带的，其实一开始我对这个不感兴趣，就有两年没玩，过两年就谈了一个男朋友，他是这个圈子里的，然后就真的玩上了，之前都不算玩。

【调查者】你父母是做什么的?

【个案5】我父母是做生意的，都是很老实的人。

【调查者】做生意的，那家里条件应该还算可以吧?

【个案5】还不错。我妈还不错，我爸对我比较严厉，我爸是开工厂的，很忙很忙的，早上一睁眼就看不到他了，母亲对我关心还多一点，我们家重男轻女，我还有个弟弟，比我小两岁，我弟弟现在在家里跟父母做家里面的生意，是初中毕业以后他自己不想上学了。

【调查者】你接触到这个还是受社会上一些人的影响，你玩的是冰毒吧?

【个案5】嗯，冰毒，现在差不多都在玩冰毒，跟我差不多大的都在玩冰毒，现在这个圈子基本上都是玩冰毒，玩海洛因的都是年纪大的。

【调查者】哦，那你最开始溜冰的时候会不会有人对你说这个东西有害之类的?

【个案5】就那个姐姐说的，说溜冰不会导致死亡，不会有依赖性什么的，还可以减肥……我觉得很奇怪，那个姐姐告诉我溜冰不上瘾，以前她在我旁边溜，我都不想溜，跟我男朋友一起，天天溜，还是觉得会有瘾，刚开始(溜完)吃不下饭，睡不着觉，但天天溜身体会产生免疫力，即使吃成胖子也不起作用。(主要是)心瘾，不像海洛因、鸦片那样，但对身体也会有伤害性。对身体伤害还蛮大的，对心脏什么的不好。像我一开始跟那个姐姐溜的时候也很害怕，几天没敢睡觉，也吃不下饭，连水都喝不下，很害怕，那个姐姐就说没事没事，第二天就正常了。对身体伤害很大，来这以后老师讲，你们知道你们为什么一夜之内暴瘦四五斤吗? 因为它已经伤害到你们的免疫系统，你身体内的水就脱完了，溜冰的人有的一醒来就皮肤很干，很暗黄，溜完冰瞳孔放大，首先就是干，水全部都脱完了，所以溜冰的人都不停喝水，(都说)旱冰、旱冰，毒品就是旱冰，溜冰之后喝水就会排毒排得快点，不然就会干燥。

【调查者】你来这之前到过其他地方吗?

【个案5】都没有过，我只进过两次戒毒所，一个10天，一个13天。嗯，我心里挺难过的，他们都是天天吸、天天溜的，就我一个不怎么算天天溜的(还被强制戒毒了)。但我现在不这么想，其实也是好事吧，跟这些朋友断了，也能好一点，因为我还年轻嘛，以后还该找男朋友就找男朋友，该工作就工作。

【调查者】嗯，确实，那你进来了，你父母都有什么样的反应啊?

【个案5】我父母，也就是去年跟今年玩得凶一点的时候，父母知道我吸上了，我父母挺惊讶的，他们也不懂这个东西，他们以为是电视上放的海洛因，那个警察叔叔就说你们女儿有瘾，不把她送进去是戒不掉的，在这该断的断了（戒断），没人勾你玩了，像我们这些出来玩的，就是把吸毒当成玩了。

【调查者】对，可能就是没有想到很多（后果）。

【个案5】对，就是吸也行，不吸也行，就是喜欢玩嘛，他们这个圈子的朋友都是喜欢玩的，他们就是勾引你，像我前一天晚上在家玩呢，然后我男朋友和那些小姐妹开了宾馆，在那玩嘛，然后我连夜打车到那，先在我小姐妹那吸了几口，然后又去了我男朋友房间，第二天早上就被抓了。

【调查者】那你刚才说，有的人就是天天溜、天天溜，溜得很严重都没有被送进来。

【个案5】是的，我身边一圈朋友，在××市太多了，在城区、市区那边的，太多了，那边的男男女女，年轻的，只要是出来玩的，我敢保证95%都吸（冰毒）。

【调查者】其实父母也是用心良苦。

【个案5】我懂的，其实一开始我也很恨我父亲的，我被强制时是几个公安、女警把我强制带走的，还戴着手铐，那时我男朋友还没出去，我就被带过来了，当时我很暴躁，那么多吸毒的、有瘾的你们不把他们带去强戒，我一个小女孩你们把我带过去。他们说，我们公安不追究你有没有瘾，我们按次数办事，现在就是三次，你到三次就要进去，可我有的朋友都六七次、七八次了……我现在也懂了，这个社会本来就是黑暗的，所以我不信任那些公安啊，连信任都没有……也不怪吸毒人员这么多，他们治标不治本，如果把那些贩毒的都抓起来，他们上哪找那么多吸毒的去。我们那是个小城市，政府本来就有那么点腐败……就是不信任，我以前在KTV上班，公安局局长追着我们手底下的小妹，就是追着在后面扒裤子、扒衣服，就是这么黑暗，是这样的，我看到的黑暗太多了，所以我对公安一点都不信任。

【调查者】刚才说到小姐，溜冰溜完了之后会不会发生性行为？

【个案5】我们这些人分三个层次的，一种是自己有钱来玩的；一种是玩不起，就找男人玩的，就是，这个东西很贵的，比黄金还贵，就到处找男人……靠自己美色，要男人给买；还有一些更可怕，就是陪男人溜溜冰，然后又卖身的，就是陪你玩东西，陪你睡觉，然后还要给我钱，有的女孩就是这种职业的，我们把她们称为“冰妹”。

【调查者】那你身边有没有溜冰后发生性行为不带安全套的？

【个案5】太多了，我反正跟女孩子一起玩，玩完了我们就跑去蒸桑拿去，我不知道这样有没有用处，反正我知道溜完冰跟男人发生性关系是很伤害女性身体的，所以我都是跟女孩子在一起溜的，就算是跟男朋友一起，我们也不会乱来的。这个我都懂。

【调查者】那是通过什么渠道了解到的呢？

【个案 5】小姐妹嘛，她是另外一个 KTV 的妈咪，她手底下的一个小妹，就喜欢玩，经常和男人一起溜冰，这样对身体伤害挺大的，不容易怀孕。

【调查者】那社会上，周围的人知道你是溜冰的对你有什么看法吗？

【个案 5】有两个圈子，一个也是出来玩的，他们也溜，就没有歧视什么的，还有就是正常的圈子，他们都是大学生之类的，我不敢让他们知道，就是感觉当初在学校的时候不比他们差，当初我成绩也还挺好的。（现在）基本不跟他们多联系，就是聚会的时候跟他们一起，跟他们吃个饭，平时不敢多联系，就是有点自卑，感觉跟人家不一样，人家都是各校毕业的大学生，我就感觉自己脏了一样的。

【调查者】没有没有，其实如果能戒掉的话还是跟以前一样的，那你进来的时候有什么想法吗？想着一定要戒掉？

【个案 5】进来的时候我没感觉是来禁毒的，就感觉是跟那些该断的朋友断掉的，以前家里用一切办法都没有管住我，还是跟身边朋友联系，来这以后我是这样想的，这也是个好办法，跟我以前男朋友断掉吧，跟我以前那个不好的圈子全部断掉，以后重新开始，换一圈朋友，换一个环境，我是这样想的，我适应能力比较强。

【调查者】那你出去以后想做点什么？

【个案 5】我不想在这个环境里了，家里条件挺好，我不要作践自己了，出去自己开个店吧，自己做点生意。

【调查者】对，这是比较好的想法，因为现在你要到公司投简历的话……

【个案 5】多多少少肯定的（有歧视），我说不好听的，比那个卖淫的还……卖淫三年能销案底的，我们吸毒的一辈子都销不掉的。像两次吸毒、一次强戒，强戒这么大的案底，就像一张纸有黑点一样，我接纳它了……

【调查者】这样比较好的，你觉得来这里以后就是抛掉了过去，在这里还适应吧？

【个案 5】挺适应的，你没看我都吃胖了嘛。我们这里分管还是不错的，都是每个寝室每个寝室的，有点像上学，我没感觉我是来强戒的。

【调查者】那你对戒毒还有什么了解？

【个案 5】我觉得这是制止不了的，只会越来越蔓延……我感觉根本制止不了，太严重了，事实已经到学校里了，差不多……印象中很多玩的人、去酒吧的人都是，你学校好一点，像一些小的（学校）……我们那有个××学院，那每个星期都有男人去，大学很乱的。越是不怎么出名的学校，情况越恶劣，在校大学生，像我们××唯一的大学，在社会上还不如我们这些出来玩的，那些女生就是不给钱都能带走的，我们那已经严重到这个地步了。

【调查者】 哦，风气确实不太好（这个话题就到这了），那两年后出去，你想去哪吗？

【个案5】 我小时候在昆山长大的，以后想去昆山。

【调查者】 昆山不错。

【个案5】 以前我父母在昆山做生意，在昆山遇到的朋友根本不是这个圈子里的，有开店的，有做化妆师的，像你刚才说的那些我都考虑到了，像做个文秘什么的，人家都会查到你的案底，肯定会碰壁的，还不如自己学点手艺、自己做点什么，也不能老指望父母。

其实吸毒的做生意的比较多，我认识一个老板，没事就吸两口，也没有瘾，他说管理几千号员工，很累，没事就吸两口，这都很正常，有钱的吸毒就很正常了……是有钱有地位的人，要不有句话说嘛，有钱都不知道往哪送。

【调查者】 先聊到这吧，好的，谢谢你啊！

她，15岁就混社会

她说毒品对自己没有影响，她没有上瘾，但是在访谈的过程中，我们发现这就像是“喝醉酒的人总说自己没醉一样”。

访谈对象：个案6，女性，23岁，15岁初三没有上完就离开学校，第一次吸毒年龄18岁，还有个弟弟。黑眼圈很重，性格比较活泼，健谈。

访谈地点：江苏省强制隔离戒毒所。

【调查者】 你是哪儿的？

【个案6】 我是来自盐城××县城。

【调查者】 你家庭情况怎么样？

【个案6】 父亲在，母亲去世了，母亲去世马上就四年了。

【调查者】 你是什么时候开始接触，就是这个玩冰的呢？

【个案6】 我是2008年（18岁的时候）。然后被抓过，然后后面也没怎么玩……吸食过两三个月的冰毒，就是第二年就是2009年。后来也就没玩了生小孩什么的。生完小孩，后来我老公被抓了以后（开始吸毒），我有一段婚姻的，但是在法律上不算婚姻，我跟他没结婚也没办酒席啊什么的。

【调查者】就是过日子……在一起过日子的那种。

【个案6】对。有了个女儿。两周岁多一点。小孩在五个月时候（老公）被抓的，她还在哺乳期，在无锡被抓的。现在孩子放在婆婆那边。

【调查者】哦，那个老公呢？老公也是跟你一起玩这个的吗？还是他是别的（原因被抓）？

【个案6】因为杀人进去的。也是当时吸了毒品，导致大脑各方面受到那个（影响）然后才杀人的，其实有这方面的原因的。

【调查者】他也是玩冰的吗？就溜冰的吗？

【个案6】他混社会了吧。没有固定工作。

【调查者】那你呢？你在进来之前……

【个案6】之前工作的，后来就没工作。我从去年年前就已经不工作了，一直在家里躲，也很少到外面去玩，（或者）接触其他人。我也就和家里人见面啦，回去（老家）看看啊来着，平时也不跟外界人沟通。他（老公）这个人呢也不希望我跟外界人多接触，怕我吃亏啊……怎么样（原因）都有，各方面原因。

【调查者】那你们那个经济来源怎么办呢？就是钱从哪来的啊？

【个案6】像我啊？吸食冰毒我没有花钱。我是一个人，是我老公提供的。其他的我就不太清楚了。其他人可能有其他的渠道吧。我是一个人在那玩的（溜冰）。一个人玩要么就是在我家，就是我现在这个朋友（第二任老公）玩嘛。

【调查者】那是怎么被抓的呢？就这一次？

【个案6】我是在我们老家被抓的。我回去探亲的，就（回老家）玩几天。我跟车去了常州，然后太无聊了天天在家里什么事情（都）没（得）做。他（老公）老是限制我，他不想让我出去工作或什么东西，希望我在家里玩，那我就回（老家）去玩几天。（老公）工作又忙嘛，没空陪我那我就自己回去。帮我叫了车子，然后车子嘛我怕耽误人家工作……然后我就在××县城××镇上下车，我说你先回去吧我自己找车，反正离我住的地方很近。因为毕竟是我故乡嘛，我是这个地方的，我就想回来看看嘛，住个几天。后来跟人家闹了点不愉快，然后就进了这边的派出所，然后就稀里糊涂地被关到这里来了。

【调查者】那你在没接触这个冰毒之前是……从事什么行业？做些什么？

【个案6】我是2005年出来的，那时我是十五岁，然后来到镇江，在镇江火车站那边，工作了大概一年，然后后来就是回老家待了几个月，也到了我一个经商的邻居家女儿，在我们县城里面的羊毛衫厂里面待过。然后就是到了我姑父开的羊肉馆，××连锁店，那是火锅店。我没从事过那个行业，我姑父想培养我，那时我挺精明的，我们家亲戚真都挺喜欢我的，然后就过去做了。本来叫我坐账台，我说那我从服务员做起，然后呢时间不久我就做了一个领班啊，然后我姑姑撤股了，以后在那做了一年多，后来我也就没做了。我后来就到了我们镇上的那个大酒店，做的时间也不长吧。那个时候我身边就有吸毒的人。

【调查者】那个时候就认识了玩这个(冰毒)的人是吗?

【个案 6】有，有啊，他们有啊，那个时候我在那个酒店里面的时候，那里的小姐妹什么的啊(溜冰)。我有一个玩得比较好的小姐妹，她让我吸我没吸。这次(溜冰)是我在外面玩的第二个小姐妹，她带我(溜冰)的。

【调查者】那后来是因为什么加入了溜冰的圈子?

【个案 6】就在那个大酒店里面，我的第一次就被那个老板占有了。

【调查者】啊！就是强迫性的?

【个案 6】也不算是强迫性的，就是酒喝多了，因为我也喝酒了，红酒喝多了。当时就是很火的，消极了一下子，就觉得自己堕落了，就觉得人生第一次就这样了，有一种报复性的心理，想报复男人，就堕落了一段时间，完了放松了一下自己。然后后来我母亲也去世了。

【调查者】觉得母亲去世了也是一个很大的打击?

【个案 6】母亲去世和各方面(原因)吧，但是我不乱玩，我只在家里玩，第一次是跟朋友在外面玩，看他们玩得多了，后来我(也就)跟他们玩了。第二次是在宾馆，我还没吸呢，我回家洗澡睡觉，然后他们叫我到宾馆里面去，然后第一次就那么被抓了，出来以后呢我又复吸了，我心想别人怎么玩都没被抓了，我怎么一玩就被抓了，当天被抓了以后被罚款了 2 000 元，出来以后就打电话给我朋友说给我拿包东西。

【调查者】就觉得不公平是吧。

【个案 6】倒不是觉得不公平，就是觉得怎么这么倒霉呢，人家玩怎么就不抓，我怎么一玩就被抓了，想一想就有些生气了。虽然我家里也不好过，我母亲生病医药费欠了好多钱，我心里一直有一个信念，一直怀着一颗感恩的心，后来就心想说不能再玩了，这样玩迟早会彻底堕落的，我家里弟弟还需要我照顾，当时抱着对我弟弟负责的心态，家里面也想救我一下，就说想让我到我姑父的店里面(工作)。当时那个老板强奸，也不算强奸，但是当时如果我告他他就算强奸，我也没说。然后我姑父就让我到他一个朋友那里(工作)，那个店大概 20 多万，然后就想交给我一手管理，我也做得蛮好的，那个店的老板也吸毒。

【调查者】平时跟你一起溜冰的还有别的人吗?

【个案 6】都是自己玩，为什么一定要跟他们一起玩，就自己（玩）多一点。

【调查者】你一般玩的就只有冰吗？

【个案 6】只有冰毒，其他的不玩，还有那个麻古，是红色颗粒的，跟摇头丸差不多的。

【调查者】玩这些东西之后有什么感觉吗？

【个案 6】对我来说没有，心情也没有（什么影响）。有的人玩了以后会产生后遗症，很恐怖的那种，总觉得有人害他。像我老公，我跟他一起玩嘛，像我身上的伤就都是我老公弄的，吸食了冰毒以后疑心病很重。

【调查者】容易吵架是吗？

【个案 6】每次玩了以后都会吵架，每次都会这样。

【调查者】那他是当时不知道吗？

【个案 6】其实也不是不知道，心里面也清楚一点，但是一吸上冰毒就感觉控制不住，自己都控制不住的，别人会拉着（拉架），（老公）会感觉拉（架）的人跟我有点关（系）的。

【调查者】有些人玩这个是为了追求刺激、享受，那你为什么会继续玩呢？

【个案 6】我是自娱自乐消遣的，在家没事做，就玩玩，在家里不高兴了啊；无聊了，就吸两口，然后做做家务，洗洗衣服啊，画个画啊，每个人爱好不一样。

【调查者】有的人吸完了想打牌。

【个案 6】对，有的人吸完了想打牌，有的人是性欲方面啊，（但）我不会。你说我对男人这方面一点感觉都没有这不可能，是有感觉，但是有感觉（却）不一定需要，不是很渴望，需要那种刺激啊的那种。

【调查者】那你这一次是怎么被抓的？

【个案 6】……我是在回老家玩的第二天，当天晚上住在宾馆里面，第二天起来下午就（打算）回老家了，也是在傍晚，因为我起来得很晚，坐的那个车就到医院前面停下了，说电瓶车没电了，然后我就找个地方坐，我总不能坐在广场上吧，然后我就上到那个医院的楼上，找了一个安静一点的地方，我喜欢安静的地方，是四楼的一个学习的地方，在那个地方打开电脑看点东西，心想说怎么电瓶车就没电了呢，可是我又没跟人家发火，毕竟人家做生意都不容易，下来的时候我饿了，医院门口有东西，就买了东西吃，吃完了上来人家正好锁门，就问我是怎么进来的，我心想说这不是医院吗，我就说你们这边没人就进来了，人家说马上要锁门了，我就说那好我马上就下去了，我收拾一下东西就下去了。我下来以后就想说我还是回家吧，就打电话给我弟弟，我弟弟说他忙，不肯来接我，我很火，我说你再忙姐姐回来了怎么就不能接我一下呢，其实我有钱，但是我就想让你来接我怎么了?! 后来(想):算了不接就不接吧,实在无聊了大不了我回去,你不来接我大不了我回常州去。我就坐在医院下面,然后看到一个车子门没锁,我就进去人家车里面,人家说:“你干吗?”我就说“车子能借我用一下吗? 我把东西押给你”,因为我也会开车,我也有驾驶证,要么就是他送我一下,我给他钱。当时他就说“这是我的车”,我说“我知道,我给你钱,你送我一下,或者我开车,你坐旁边,你带我一下子,我给你钱”,他说“不不不,你下去”,我说“我现在就不下去,你报警吧”。我很火,感觉是被人……就在为难我,你说是不是有为难我的意思,我说“你报警吧,你报警吧”,然后那个医院的人下来了,他说你怎么坐人家车子呢,我说我就坐了怎么了,我又没坐你的车,这话问得很正常,然后我看到车里面有一把钥匙,我就拿起来了,我一看是苏 B 的,既然人家不欢迎我,那我就回常州去,外面人不喜欢我大不了我回去一个人玩。我就说你去报警吧,报警把我抓进去吧,然后他就报了警,也不是真打 110 报了警,就到隔壁那个警卫室,后来就稀里糊涂的,我说你们是什么人啊,凭什么对我指手画脚的,你是警察那请出示证件,对吧,很正常的吧,我是犯法了,我坐人家车子上了,是我的不对,但是你出示你的证件啊,来给我看看,好像我随时要抢过来似的。我说能给我看全面一点吗,他不给我看全的,作为一个执法人员就像营业执照一样,这你怕什么呢,我一个弱女子能怎么办呢,他们几个大男人就这样把我硬拖拖到了值班室里面,他们凭什么,还有车主一起去的。对吧,凭什么那样对待我一个女人,你说我冤不冤,挺冤的吧,正好你也可以帮我去反映一下,真的,我真的好冤的,你说我因为这个事情(坐车),他为什么又要把我吸毒的事情抓出来(强戒)?

【调查者】就是说他们抓你的时候只是因为一点点小事,然后他们就把你抓了。

【个案 6】对,他们因为吸毒的事情把我给弄进来了,但是你说这个案件如果审判的话,当事人是不是应该跟我一起对证什么的,旁边的人是不是都要(参加),他们当时好像就在旁边跟当官的一样都在审问我,凭什么啊? 我当时就没理他们,随便他们怎么办吧。他说你干吗的,我说我不干吗,他说我看你像吸毒的,我说我就是吸毒的。

【调查者】就是他们突然问了一下这个事(吸毒)?

【个案 6】啊,对,我也承认了(吸毒)。他说那你毒品哪里来的,他就开始对这方面(吸毒)进行突击(询问)了。

【个案 6】他们凭什么,一码归一码,是吧? 他们因为那一件事抓的我,为什么不问我那一件事呢,现在问我毒品的事,就算你问毒品的事,你应该两件事情都问,你说是吧? 当天的车主还一并参与了,他们算老几啊,还在旁边看笑话,那个派出所的人就算了，全部人都没有证件的，凭什么对我指手画脚的，还动手打我，我当时没反击，我说我不能打你啊，我有权请律师吧，他说你有权，但是就不让我打电话，你说我当时有权利可以叫我律师来吧？后来他问我在哪里拿毒品，我说我自己贩毒的，我说我自己贩毒的他为什么不定我贩毒罪呢，他说那来源呢？我说我自造的，我说我制造毒品的他为什么不从这方面立案呢？他为什么给我两年的强制戒毒呢，到现在他也没给我明确的……两年戒毒什么的单子也没给我看清楚，凭什么？对吧？所以你们这边也帮我到网上去公布一下，我太冤了，我真的很冤。我还跟大队领导反映呢，就写信，我说我希望这件案件重查，希望能够公正执法，即使我贩毒了，最后判死罪，我心甘情愿，就希望得到公正，只要求公正，如果我错那我就错了，我承担一切的后果，我现在可以带他们去把这个冰毒的一切指出来。

【调查者】那你现在还知道一些毒品的情况？

【个案 6】我知道啊，我身边毕竟有这样的一些人，虽然我不跟他们在一起吸，也不跟他们都联系，但是我能把他们找出来。

【调查者】您的学历是什么呢？

【个案 6】我初中没毕业，上到了初三，第一学期没考试呢就不干了，就到镇江来打工了。

【调查者】是因为自己不想再继续读书了吗？

【个案 6】跟同学怄气，我这个人比较那个，好胜。当时我在学校是一个男孩子样的性格，大大咧咧的嘛，跟一个女孩子闹别扭，她说你不要念了嘛，那我就真的不念了，就回家了，因为我学习不是很好，但是我体育方面不错，我在学校里面还得过奖，1 000 米还拿过第三名，有体校的人来参加比赛嘛，前面两个人都是体校的。

【调查者】那后来有没有对退学这事后悔的？

【个案 6】没有，毕竟人家说行行出状元，每个人的兴趣不一样，像我来到这边，有些人不熟悉，像现在很多大学生都是无业的，关键是自己去总结经验，主要还是靠经历，走向社会的，关键在于自己积累的(经验)，一般初中高中生都是不学的，亲身经历的看到的走过的点点滴滴，就永远忘不掉。

【调查者】你到这来，家里人都知道吗？

【个案 6】都知道。

【调查者】那你的老公(第二任老公)呢？

【个案 6】他也是溜冰的，他是有家庭的人了，他名字我就不公布了，也是有隐私的。

【调查者】你打算出去以后做什么?

【个案6】出去啊?出去的事以后出去再说,我心里的设想是为国家效力了,做些对我来说有意义的事情,我一直抱着很大的心愿的,我的心愿很大的,等出去了我也要做好自己的事,哪怕走在马路上,我能做的,我能力范围内的我都要去做,帮助别人啊,我喜欢帮助别人的。

【调查者】工作呢?

【个案6】想做些什么啊,工作没什么特别的,就是到家里面安排的地方做(工),这一两年内呢,我老公(第一任老公)出事啊,我一个人在这里,家里好多人担心我,不知道我具体做什么,我老公(第二任)也担心我。

【调查者】你刚才说的这个老公是哪一个人?

【个案6】这个是后来的,我之前有一个老公,他进去了,你们就算曝我这个丑闻也没关系,因为这个也是吸毒造成的伤害……这也是一个例子,一个真正的例子,我想把我的事情恨不得都写出来,如果有机会的话,我就慢慢地讲出来,当作一个全面的例子,不一定是每个人都认同,但是想告诉别人,要珍惜眼前的人,点点滴滴,人活着就是为了心意,把身边的每一个人都照顾好了,那这个世界就很好了。

【调查者】出去了以后具体做什么呢?

【个案6】我想先把之前发生的事情捋捋顺,该跟他们说清楚的都说清楚……然后再作打算。跟我外面现在这个朋友(第二任老公),他有家庭,我跟他两人的关系也得谈开,然后再做计划,家不和被人欺嘛。

【调查者】出去跟爸爸和弟弟怎么说?

【个案6】家不和被人欺,所以一步步来,我先处理家里的情况,等捋顺了然后再做打算。反正是做贤妻良母的,我相信家里人是可以谅解我的。

【调查者】现在社会上不是有很多人接触冰什么的嘛,那你对溜冰是什么看法呢,你自己觉得社会对这个事是怎么看的呢?

【个案6】毒品这个常出现,可是全部销毁不太可能,这个从古到今,也是一直有,根本就是抓不尽,只能控制。毒品有的人玩了大脑是好的,有的人一接触大脑就坏掉了,很多人玩得记忆力不好啊,但是我玩得还好,溜冰的人反应都不一样,你看我现在的状态不好吗?

【调查者】没有,我觉得你很好。

【个案6】那不就得了,其实我们的情况不一样,但是有的人就爱好这个你也没辙,但是呢国家执行这个处罚,毕竟毒品危害真的很大的,危害多大啊。大脑控制不住毒品的话,我感觉啊,如果你的思想能控制毒品的,那你就控制毒品就不会有危害，如果你被毒品控制，那就是个恶魔，（吸毒结果）就根据每个人的习惯啊，身体的体质。这个在我身上现在还感觉出来（吸毒的后果），我也想出去研究研究这方面的东西，但是我作为一个平民去哪里研究啊？我个人也比较好奇，其实有的方面好奇心真的比较重，也是一种力量说不出来的，也是一直抱着永不放弃的精神，只要我自己不放弃任何人打击我都打击不了，大不了我跌倒了爬起来，不管你怎么侮辱我，我都不在意。

【调查者】对于男女关系，你觉得溜冰会有乱的关系吗？

【个案 6】有，比如我带的小姐妹，有的人就想找男女朋友，就是性欲方面嘛，一旦碰到了，欲望可能增加，这是有可能的，人有一种兴奋点。当有需求的时候，他们会找我去找小姐妹。

【调查者】他们也是几个人一起？有男有女吗？

【个案 6】这种就是很多啊，抓获这些人，有一个很简单的方法，我带一批小姐妹，我来带，我当妈咪，或者从这个角度，我可以做一个社工，很简单，让她们（小姐妹）去（约），每个人接触的都是这样（溜冰）的，这样网撒下来真的有好多人。

【调查者】听说强戒出去了之后有人容易复吸？

【个案 6】很多复吸的，不是一次两次的……像我身边被抓的估计啊，还有七成的人还在吸食。我就想（出去后）到处走走，像北京啊，无锡啊，到处看看，我弟弟现在在搞那个合同房，就是工地上用的那个，那个挺好的，便于利用，到哪里都可以停下，那个也是可以长期住的，因为买个房子也不容易，那个只要一两万，他认识人只要几千块钱就可以（买到），等于是自己的房子，借人家地方放一下，又省钱又便利，还可以环游世界呢，我真的是这么想的，跟哪边的工地老板认识的就可以跟他说借我放一下，我去哪里就可以玩到哪里，可以环游世界，多好啊，还可以美化环境。

【调查者】你是出去了多久又进来的？

【个案 6】年前被抓了，年前好冤被抓了，年前是因为我跟我现在这个朋友（第二任老公），他对我一直有疑心病，说我老是有人，他给我伤害，当时他就不信任我，然后就打我，我身上现在还有伤口，这都是他抓的，你说一个大男人打我这样打，你说像我这样就可以告他了。

【调查者】这个朋友也是玩冰的吗？

【个案 6】他也是，但是他只是吸而已，是做生意的，他有自己的兴趣爱好，他也吸，人家玩归玩，但是不影响正常生活。打人的那个（打我）也不是故意的，我也不追究了。

【调查者】你出去以后还会找他吗？

【个案6】当然了，他折磨我这么长时间了，我出去是要找他的，回去我要好好折磨他的。

【调查者】哦，是要正式的结婚吗？

【个案6】他有家，但是他跟他老婆没有小孩，我这辈子也不打算结婚。如果他不介意，或者是他老婆（不介意），我想公开地帮他生个女儿，只要不影响他们夫妻的生活，名义上还是他们（是夫妻），我不需要什么，就只是帮他们家传宗接代，不影响到他们的生活，这一方面我不介意，但是我跟他在一起的条件是你有了我以后，我不希望你再去乱找一些（其他女人），哪怕你想要找一个那你说啊，我这个人不拘小节的，我也不要求你给我多少财产，那是你跟你老婆之间的财产，我不需要，毕竟是你们俩一起创造下来的，你没有她你也没有今天对吧？所以你跟她该怎么样还是怎么样。

【调查者】你觉得这里对戒毒有效吗？

【个案6】对我来说没效，因为也没瘾。现在还是想抽一点香烟。家里人一直就是担心这个，怕我有瘾控制不住，但是我吸不吸都无所谓，就是有的时候会想要抽烟，我以前在酒店的时候好烟多得不得了。

【调查者】抽烟会缓解一点（毒瘾）吗？

【个案6】……像我抽一点烟也舒服了，但是不抽也没关系。因为女性抽烟不好，不好在公共场合抽，公共场合还要见人说人话见鬼说鬼话。

【调查者】出去以后有什么想法？

【个案6】我想走渠道打一场官司，给我一个说法，像你们也可以帮我在网上公布一下，我相信人多力量大，什么事都不用我说了，15号见我的朋友（第二任老公），我就没什么心愿了。我以后还可以做个社工，做个线人都可以，还可以帮助他们。

【调查者】出去以后还会不会吸？

【个案6】肯定还会，玩个一两次啊，我跟我那个朋友放松放松啊，但是肯定不影响的情况下，不会被抓住了，哪能说把工作耽误了啊。

【调查者】对于禁毒你有什么想法？

【个案6】像我现在的力量，我一出去带一批小姐妹，我现在认识的小姐妹，他（第二任老公）也有认识的毒品来源，我可以给他们（警察）提供来源，我可以帮助国家禁毒，我个人又可以从小姐妹这边赚钱，很有趣，我初步想干这个，又不需要投资，不用出去抛头露面，很容易的，先从熟人下手，小姐妹拉小姐妹，像钓鱼一样。然后我还可以再搞一个自己的事业，又可以工作又可以玩。

【调查者】 好的，今天就先聊到这里，谢谢你的配合！

“好东西”全家分享

她同姐姐、表姐一起溜冰，朋友一家是妈妈带着儿子和儿媳一起溜冰，然后都被抓了。

——他们是把冰毒作为“好东西”推荐给家人的。

访谈对象：个案 7，女性，22 岁，初三没有上完，第一次吸毒年龄 18 岁，父母离异，还有一个姐姐。

访谈地点：江苏省强制隔离戒毒所。

【调查者】 可以先说一下自己的家庭情况吗？

【个案 7】 哦，我父母离异，两岁的时候母亲就走了，律师把我判给妈妈的，但是我是跟我爸爸过的。

【调查者】 那你就是在那个没有妈妈的情况下长大的，你觉得现在自己的性格是什么样子的？

【个案 7】 我性格还是比较外向的。

【调查者】 外向的。

【个案 7】 嗯，反正爸爸一直对我很好吧。反正吸毒嘛，多多少少都是受家庭的影响，有点。

【调查者】 那你谈恋爱吗？

【个案 7】 谈过。我谈的那个男朋友不吸毒，他不知道我吸毒，我一直都是背着他吸毒的。

【调查者】 整个成长过程中让你记忆最深刻的事情是什么？

【个案 7】 就是认识（了一个人），也不属于男朋友的那种，就是（从这）我开始吸毒嘛，18 岁的那年，谈的一个男人，他结过婚了，我和他在一块，在一起三年，他也吸毒，就是这样我才吸毒吸得这么烂的。就这个比较深刻，说实话。他也吸，我也吸，就这样。

【调查者】 那你没有进来之前，是怎么打发时间的？

【个案 7】 那时候我就是，跟那个，结过婚的男人嘛，一年前我们就分手了。然后我谈了一个新的男朋友，对我很好，他没结过婚，他也不吸毒，我和他在一块，他对我也蛮好的，我一直就背着他吸毒嘛，我以前就被行政拘留过两次。

【调查者】都是因为吸毒吗？

【个案7】这次被抓过来，他都不知道，他，就是我这个男朋友，他什么都不晓得，我当天被抓他很诧异，我感觉很对不起他。

【调查者】哦，就是他不知道你（溜冰）。那你是如何在外面溜冰的？

【个案7】在家里面，他天天出去上班，我就在家里面，我家楼上楼下嘛，我就跑到楼上去吸毒，然后他回来我就把毒品收拾好，就这样一直持续了大半年。

【调查者】哦，那你除了溜冰之外，你还有什么来打发时间？

【个案7】有时候就偶尔去夜场里面上班嘛，酒吧，KTV嘛。

【调查者】那你平时一起溜冰的都是些什么人？

【个案7】我在家里面玩东西，我家亲戚也玩。我姐姐也玩，我姑姑也玩……

【调查者】是亲姐姐吗？

【个案7】嗯。是亲姐姐。比我大两岁。

【调查者】那除了亲戚之外，朋友有玩的吗？

【个案7】有。朋友他们，有的就是老板，有的就是天天在外面瞎玩，混社会的那种。

【调查者】那你姐姐或是亲戚那种，有工作吗？

【个案7】我姐姐啊，她和我一样。

【调查者】那你是怎么会接触到这个冰毒的呢，就是第一次接触？

【个案7】也是上班，在夜场里面，然后就是和人家出去吃夜宵嘛，吃完夜宵就和人家去玩，打牌的嘛，就彻夜打牌嘛，然后就拿出来冰壶，那时候好几个人，好几个人（一起）就玩上的。

【调查者】那你是跟朋友一起还是一个人玩啊？就是溜冰的时候。

【个案7】我一般都是和我家姐姐，还有我朋友，一个人很少玩。一个人玩过了就跟傻子一样，没意思。我在家里面，一直在楼上吸毒，都是和家里面姐姐玩的。

【调查者】那和朋友们会在外面玩吗？

【个案7】嗯，会出去玩。也是他们的家里吧，反正宾馆什么也很少去的，就是……家里那种，比较可信任的那种地方。

【调查者】那你们主要就是玩什么呢？除了冰毒之外，还会玩其他的吗？

【个案7】我就吸食冰毒。姐姐和朋友也就吸食冰毒。极少数的就是玩海洛因的。玩海洛因的那种人比较可怕，我们很少和他们在一块玩。

【调查者】哦，那你溜完冰后有什么感觉吗？就是会觉得快乐吗？

【个案7】溜冰，反正就是我现在压力很大嘛，有好多烦恼嘛，溜完冰呢反正就什么烦恼都没了，就做什么事都觉得愉快，反正我就是那种连洗衣服都觉得很快乐的那种。

【调查者】那你溜完之后身体有什么影响吗？

【个案7】身体上……瘦的，我进来的时候才90斤，现在120斤差不多。那其实不是瘦，就是人家说的肌肉萎缩。会大量出汗，大量脱水。

【调查者】就是那你觉得对脑子有什么变化吗？

【个案7】人家都说溜冰的人的头脑都不太正常，但是我感觉我还蛮正常的。

【调查者】那心情呢，你会觉得你很好，很开心。

【个案7】嗯。就是性格外向嘛，溜冰都会有这样的感觉。但是有内向的，我也有朋友内向的，玩那个东西，就会出现幻觉，有想杀人的感觉。

【调查者】还有什么表现吗？

【个案7】嗯，就是有被害妄想症那种。就是老是觉得人家想害她，那个内向，她心里面想的事情跟我们想的不一样。

【调查者】那就是还有什么其他的表现或行为吗？朋友或自己。

【个案7】嗯，玩这个东西做什么事比较爱钻牛角尖。

【调查者】钻牛角尖，就强迫自己会一直干这个。我有一个朋友她就是玩这个，她就是，不是一个朋友，好多朋友都是，他们在网络上赌钱嘛，他们为了个赌钱溜冰，不把钱输光了不(停)下来，就是这种很不好的，反正我意识到了，进来这里也蛮好的，这样也好。

【调查者】那你觉得就是跟你一起玩的那种朋友，这样子的生活快乐吗？就每天都是溜溜冰，然后玩玩那种，这样子的生活快乐吗？

【个案7】溜冰那就是，一溜冰呢就三四天不睡，一不溜冰呢就三四天睡不醒，就特别能吃能睡。

【调查者】那你觉得这样子的生活快乐吗？

【个案7】麻木了。就没感觉了，就习惯了那种。

【调查者】那你是怎么会被抓进来的呢？

【个案7】我那天在家里面吸毒，在家里面吸毒就是叫人家卖货(毒品)的嘛，送货的嘛，我叫他送一克东西给我嘛，他被人家跟踪了。肯定是警察，人家盯他好久了，一直跟到我家。顺便把我也带走了。

【调查者】那你觉得，就是你觉得溜冰的人之间男女间的关系会乱吗？

【个案7】嗯，有的乱的。溜冰不会导致(性行为)，那个都是传言传出来的。怎么说呢，有的人职业不一样嘛，有的人就是像小城市没有，像南京的吧，南京那种大城市有的，有专门陪人家溜冰，陪人家睡觉的那种。

【调查者】那对她们就是付费的，就是说，她们是收钱的那种吗？

【个案7】嗯，那个是收钱的，那个是相当于一种职业了。

【调查者】她们有专有名词吗？就是比如这个工作叫什么。

【个案7】就是她们这种工作叫出冰台。就是男的在哪里叫几个女的过来，那个是比较复杂，那个都是那些大城市，那些大老板才会有的这种行为，一般的人也消费不起。

【调查者】溜冰后他们进行性行为吗？你觉得会不会更容易感染艾滋病呢？

【个案7】溜冰和那种海洛因就是不一样，溜冰，怎么说呢，溜冰应该很少人感染上这些病的，只有海洛因才会注射。海洛因注射才会容易感染。

【调查者】你平时接触的周边的人，就是社会上的那些人有什么看法？

【个案7】其实我觉得溜冰不算吸毒，你懂吗，我身边的人个个都是这样认为的。溜冰它对我们来说，就是偶尔烦躁的时候一种娱乐而已，说实话，真的，它跟海洛因不一样，海洛因不是要按时，就跟吃药一样嘛，到时间就必须要吸，就生理上非常难受，但溜冰不会。反正溜冰的人都会说溜冰没瘾的。

【个案7】都是说没瘾的。但是你要长期吸食，心里面嘛，会有那种心瘾，就是一不溜冰了，躺在床上，睡了三四天以后，一觉睡醒了，其实不玩也没什么，但你就是想找点冰溜溜，追求那种感觉。但是生理上根本不会有什么……像我们(现在强戒所里)寝室里面吸食海洛因的，有的时候到时间就会抽搐，抽搐那种。但是我们不会，我们不会。

【个案7】而且吸食冰毒的都是20岁到30岁之间的，特别多，都比较年轻的，它特别受年轻人的欢迎那种。女的嘛，玩这个会减肥。男的嘛，没事玩这个东西嘛，就是KTV里摇摇头什么的会很爽的。

【调查者】那你觉得她们进行溜冰是想减肥吗，还是想玩？

【个案7】80%的都会以减肥为借口，其实是想玩。这个减肥，像进来这里面的，一进来的都是八九十斤重的，很瘦，身材非常好，都好。但是进来这里边，像我现在吃胖了，我自己都被吓着，这么大一个盘子我能吃一大盘……暴饮暴食那种。

【调查者】那你觉得社会上的人会歧视溜冰吗？

【个案7】社会上的人，不歧视。现在溜冰像你们大学生也有好多溜冰的，真的，很多，不会歧视，因为觉得很正常了。怎么说呢，就乡下人什么都不懂，就觉得这个吸毒就……怎么怎么样的(坏)那种。

【调查者】那你对现在这个社会有什么看法呢？

【个案7】怎么说呢，本来一进来挺想不开的，后来想想嘛，在这边两年，在外面吸毒吸了这么多年了,吸这么多年身体也不好……就是感觉吧进来正好调养一下,出去找个好男人嫁了算了,这样想的,日子就好过一点。

【调查者】 那你感觉进来对你们戒毒有效吗?

【个案7】 没有。根本就没有效,这个这边多进宫的好多,进来这里戒毒一次的,两次的,三次的,甚至四次的都有,出去没多久又吸,复吸,又进来。嗯。我跟你讲在这边戒毒是作用一点都不起的,除非有的人是真的觉得对不起家里面的人,然后出去重新生活。这边可以说戒海洛因嘛还差不多,人家好不容易戒除了海洛因,回家肯定不能再碰了,那样的。但是说戒溜冰的,溜冰不需要人去帮你戒,因为它生理上(没有瘾)根本就不需要强制隔离。这个溜冰,溜冰就是人家说比海洛因还毒的原因就在这里,它很难戒除,心理因素很重要。

【调查者】 那你进来之后心情怎么样?

【个案7】 心情,我被拘留的时候,我就发誓我再也不玩这东西,再也不吸毒了。因为这个家庭状况嘛,感觉很对不起我爸爸,以前在外面不知道好好对待他,天天挣点钱嘛,全吸毒吸完了,也没给他花,很后悔很后悔。

【调查者】 那你出去之后有什么打算吗?

【个案7】 还没想那么远,但是出去玩是肯定不想玩了,就是找个对象结婚吧。就好好生活。

【调查者】 那你对自己彻底戒掉这个冰毒有信心吗?

【个案7】 有,有很大的信心。出去了就再也不碰了。

【调查者】 那你觉得在禁绝毒品方面,你觉得最主要的在哪些方面?

【个案7】 身边不要接触这些朋友,我在家被抓,我亲姐也被抓,还有我姑姑家的二表姐,她们晚上也就是在我家玩的,然后她们就是第一次嘛,被抓被放掉了,我被抓过好几次了,然后就是把我送过来强戒,她们放了,还在我家,我打电话问她们,她们说也不会再吸毒了,她们见我进来很心痛。身边的朋友一定要戒除掉,就是戒毒先戒友嘛,你联系不到这些东西,身边没有这些朋友呢,你想玩也没办法呀,对不对。

【调查者】 那你觉得现在溜冰的年轻人多吗?

【个案7】 我觉得溜冰的都是年轻人。我认识的那些念书的,就是我姐姐的朋友,他们也溜冰,我大姐是读中专,然后留下来的,我姐姐也在南京上班。像我们认识学生吸毒的也有,我朋友的朋友那时候我们在一起玩,那时候还是在校学生呢。真的真的很多,而且他们意识就是觉得溜冰是赶个时髦。溜冰不用你说,他就看着就好玩就……咕噜咕噜的,好奇心很重,就那种试试……像我玩的时候，我玩就是，这个是什么东西啊，好好玩，就是好奇，咕噜咕噜的，然后一口抽过来。而且溜冰的朋友就会说，你玩啊，没事，这个又不会上瘾，然后玩过了觉得这个真不会上瘾，因为（不会有抽搐那些反应）……就会觉得这个没有害处，而且就很好玩，而且可以减肥。

【调查者】就还觉得挺时尚的。

【个案 7】嗯。溜冰我还见过……溜冰就是一家子的人在那玩，我有朋友就是他妈妈以前是海洛因，吸食海洛因的，儿子也不学好，儿子跟妈妈说，说溜冰可以戒除海洛因的。嗯，真的，这是我亲身经历，我朋友，确实是我处得很好的朋友，他妈妈吸食海洛因，但自从溜冰之后她不玩（海洛因）了，她就溜冰了。但是，她们一家子嘛，妈妈被派出所抓了，我前一天被抓，她第二天就被抓，妈妈带着儿子、儿媳妇一起溜的。

【调查者】那个爸爸呢？

【个案 7】他没有爸爸。就相当于他们三个一家人，一起溜冰，那个妈妈，以前吸食海洛因，在社会上混的。嗯，儿子吧，出去也混，妈妈在社会上混得也蛮好的，然后就是一家子都是混（社会）的。

【调查者】就是家庭的影响，是吗？

【个案 7】对的对的，走进家庭的。像我在家里面玩，就是跟我亲姐姐，我一个妈生的，还有表姐在一块玩，这个也属于走进家庭的。

【调查者】哦，那你亲姐跟你表姐是为什么吸毒？

【个案 7】就在我家看我好玩，我说（可以）玩，我也不觉得这个害人。我现在叫她们不要吸了，还是违法的，还是不要玩了，以前就是抱着侥幸的心理，我都被抓过好多回了，都是找找人，给点钱，把我放了，但是这次情节比较恶劣，真的没办法放我。

【调查者】哦。那你觉得你姐跟你表姐能戒掉吗？

【个案 7】我进来了嘛，她们肯定能戒除的。她们肯定不会再玩了，答应我的。

【调查者】你也是对自己戒掉很有信心的那种。

【个案 7】对，出去不可能再玩了。

【调查者】不可能再玩了，就想好好生活。找个好老公嫁了算了。

【调查者】还工作吗？

【个案 7】不工作了，也没什么一技之长，就是待在家里。

【调查者】谢谢！

爱 与 毒

老公答应她结婚后就正经过日子不再贩毒吸毒了，可是才几个月老公就为了一个冰妹跟她离婚了——在冰毒的诱惑下，爱情是那么不堪一击。

访谈对象：个案8，女性，25岁，初一没有念完，第一次吸毒年龄16岁，还有一个弟弟。

访谈地点：江苏省强制隔离戒毒所。

【调查者】你有没有读过书啊？

【个案8】读过，初中，初一才上两天就不上了。因为我16岁打架的，被拘留了5个月。

【调查者】16岁上初一？

【个案8】嗯，我上学迟，家里拆迁。（拘留所）放出来之后就（跟朋友）在一起玩，他们说有个好玩的东西，要帮我介绍，然后说这东西蛮好玩的，要教我玩（就玩起来了）。

【调查者】那你谈谈你的家庭情况吧？家里面有几个小孩啊？

【个案8】我爸妈离婚了。我跟我（后）妈，爸爸死了，4年前的时候（21岁）爸爸死了，妈妈是后妈，还有个同母异父的弟弟，是我亲妈妈那边的。

【调查者】你后妈对你好吗？

【个案8】不好，她经常把热水器、电饭煲还有吃的什么都锁起来，从来都不给我用。

【调查者】那你是不是辍学之后就不经常回家了？

【个案8】嗯，一般都不回家。

【调查者】你不回家可能和你后妈有很大的关系？

【个案8】跟我爸有关系，我爸酒喝多了会打人。我爸是喝酒喝多了，呼吸困难，导致死在家里。

【调查者】你有没有结婚？

【个案8】有，后来离婚的。

【调查者】你之前的老公他有没有玩？

【个案8】他就是（溜冰），我在2008年的时候（20岁）和他谈的，他就开始发冰毒（贩毒），他是大老板，发冰毒的，然后我就跟他在一起，谈了半年左右，我说要和我谈，就不要再发冰毒了，然后就为了我，和那些人就断了联系。然后大概前年（2011年）8月份离的婚，1月1号结的婚，因为他认识了个溜冰的冰妹，他跟我离婚的原因,因为他和那个冰妹好上了。婚姻持续了几个月,没有小孩。

【调查者】你和你老公感情好不好?

【个案8】以前很好的,以前从来不吵架的。我16岁就在夜场、夜总会上班,所有经济来源全是在夜总会上班的。

【调查者】你老公是你养活的吗?

【个案8】是的,可以这样说。我们结完婚之后,然后我们就在南京市,在卖梅花糕,我们两个一起搞的。结婚之后我就不去那些场所上班了。

【调查者】那可不可以理解你们卖梅花糕的资金都是你在娱乐场所赚的?

【个案8】不是,那是他向我妈(亲妈)借的,他开店的钱都是我妈妈出的,就是我亲妈妈出钱,我们结婚的时候,我们家什么都没要,而且还捐了很多。

【调查者】那你老公的家境呢?

【个案8】不好,我们属于南京的,他属于安徽和江浦的交界处。我们家情况比较好一点,我们是南京本地人,家里世代都是南京的。

【调查者】你成长过程中有没有遇到对你影响很大的一个人?也不是说好的影响,也可以是坏的影响,你觉得他改变了你?

【个案8】有有有,他叫小K哥哥,是搞信贷公司的,他对我可好了,我吃的、我喝的、我玩的,不管我要什么东西,他都给我。他跟我说,平时有人吓你、有人欺负你,你不要和他吵架、不要和他闹,你回来跟我讲,然后我帮你把这个事情搞定。我比较胆小,所以说该狠心的时候不敢狠心。那个时候小K哥哥认识我的时候,在一个很吵的地方,我们住在同一个宾馆睡觉,他在这间,我在附近,然后他带我出去逛,认识人啊,想让我学好。他就讲:妹妹啊,哪个欺负你、讲你,羞你,过两天我吓他去,什么事情都不要怕。前两天跟他讲电话,他说:要不我帮你找关系,让你过得舒服点。

【调查者】他是你离婚之后认识的吗?

【个案8】刚刚才认识的,一个月,对我可好了。他比我大20几岁,他四十二三岁了。

【调查者】那你之前在夜场是干吗的?

【个案8】陪人喝酒的。

【调查者】夜场会有陪人溜冰的,你会吗?

【个案8】不会,从来不会。

【调查者】你和你老公结婚之后就彻底不溜冰了?

【个案8】开始是溜的,一个月只有两三次或者四五次。是这样的,那个时候,我月经不调,9个月没来大姨妈,我以为是怀孕了,就立马不溜了,是为小孩,然后就肚子一天天不大。然后就去医院看,说没小孩,然后就打了一针,从医院出来之后又开始玩。

【调查者】那你平常玩的都是些什么人啊?是和夜场的人吗?

【个案8】都是一个人,我从来不和她们一起玩。在家里,就和我家老公,我一个人玩。有的时候和我的姐姐、干妈玩,平时的时候我都不和别人玩。

【调查者】你和你老公结婚之后是卖梅花糕的,那溜冰的费用够不够啊,够你们用吗?

【个案8】够。

【调查者】那你们一般溜冰,冰从哪里拿?

【个案8】从他朋友那里拿。

【调查者】你不是讲你老公自从结婚后,就不和他朋友玩了吗?

【个案8】嗯,可是他有的朋友是他的重兄弟,他给带的。重兄弟,就是在黑社会上讲的兄弟,拜把子的,他虽然不发货了,但是那些发货的人他都认识。

【调查者】那你老公会和你一起玩吗?

【个案8】是他叫我玩的。没有小孩的时候,我们打牌,我一般都不玩,我就跑出去,上一小时网啊,然后就回来。

【调查者】你16岁就开始接触这个东西了,你只玩冰吗?

【个案8】我只玩冰。

【调查者】那你之前溜完之后什么感觉?会不会很开心?

【个案8】不是,我一般心情不好的时候才会玩,心情好的时候不玩,我每次玩的时候就玩一条纸,很少的,是用吸管吸。就一点点,一点点。溜完之后,开心,也不是说开心不开心,就是假如心情不好,溜完之后就把烦恼的事情都忘记了。

【调查者】那溜冰会不会对身体有什么,溜完之后会不会瘦很多?

【个案8】就会非常非常瘦,脸色也有,像那个铜青色,很暗很暗的。

【调查者】那你感觉溜冰对脑子有没有什么影响,会不会出现一些幻觉?

【个案8】没有没有,我一般都没有,(吸的)分量大的人会有,因为一般经常玩的,(吸的)越多的人基本上都会有幻觉,就是一晚上玩5条的人肯定会有幻觉。我一般不和人出去玩,就我一个,还有我干妈。我从来不出去玩,不出去玩。干妈也是做夜场的。

【调查者】夜场里面是不是有很多人会玩冰的?

【个案8】对,很多,她们一般都喜欢安静,不喜欢吵。

【调查者】刷K和溜冰不是一回事吗?

【个案 8】 嗯，两种事，刷 K 之后会比较兴奋，摇头啊。

【调查者】 那你和你老公前年离婚了之后是做什么工作的？

【个案 8】 还是赶场子，夜场，我的一个朋友介绍进去的。

【调查者】 那你这次是怎么被抓的？

【个案 8】 我是 4 天前玩的泡泡，住旅馆的时候被抓的，在旅馆睡觉，正好人家来查房，查身份证，在厕所看到了我，就说：这个女的，和我到派出所去一趟。是例行检查，我一个人住旅馆，从来不和外人住一起的。

【调查者】 那你会回你妈妈家住吗？她会每个月给你生活费吗？她对你的生活了解吗？

【个案 8】 她不管我的，不了解。

【调查者】 你妈妈是做什么工作的？

【个案 8】 她不工作，我妈妈在南京，和我家小姨，我家姑丈加起来有 7 套房子。我妈妈有三套，我家外公有三套，我家小姨有一套，我家有 7 套房子，我亲妈就是靠吃房租。

【调查者】 你继父是做什么的？

【个案 8】 我继父是上班的，对我不好，我妈对我好。

【调查者】 你是不是话比较少？

【个案 8】 我玩冰基本上都不讲话，全是哥哥、姐姐啊讲话的，我基本上一句话都不讲，所以我比较安静，她们比较吵，我什么话都不讲。

【调查者】 你工作的地方男女性关系会不会乱？就是交换男女朋友啊？

【个案 8】 会，就是我陪你，然后再陪他。

【调查者】 你刚进来的时候心里有什么感受吗？会不会特别想出去？

【个案 8】 经常。我有时候想我家小 K 哥哥，就会淌眼泪，我不是喜欢他，就是当他为亲哥哥。我在家是老大嘛，就我一个人，经常会被拉着和我弟弟们比，他们都上班的。我就讲我自己好好挣钱的，希望你们（家人）不要管。我在这个世上就怕两个人，第一个是我家小 K 哥哥，第二个是我家娘娘，我爸爸的妹妹。

【调查者】 娘娘对你好不好？

【个案 8】 蛮好的，娘娘也进来过这里，她玩海洛因的，她被抓了四五次。所以就说嘛，我嘛，是玩冰的，海洛因是戒不掉的。所以我娘娘就说：小丫头，我求求你啊，你把冰戒掉行不行啊？我娘娘对我好得不得了，她现在在超市上班，一个月拿 3 000 多。每次我到娘娘家，买好多好吃的，好多好喝的，巧克力啊、牛奶啊，一整盒一整箱地给我，我每个月要吃饭、交房租，就没钱了，没钱就去她那边。

还没过年的时候,她就把香肠什么的都给我买好了。

【调查者】那你每个月收入多少?够用吗?

【个案8】就五六千块钱,够用。

【调查者】你感觉进来之后对你戒冰有效吗?

【个案8】还好啊,我对那个根本就没有瘾。我觉得公安来抓我,根本就是个错误。

我怀疑是人揭发的,我怀疑是我前男朋友,因为公安局,一般我住的房子,两年多了,从来没查过房。我前面的男朋友,不是我前夫,是我离婚之后(认识)的,他以前是在信贷公司上班,比我大8个月,天天带我玩泡泡。而我现在的这个男朋友,是我前夫女朋友的朋友,故意要我吃泡泡,把什么都忘记,因为我和我前夫有约定,一年隔两个月复合的。他故意搞我头脑的,就把我搞成了现在这个样子。

【调查者】进到这里有没有特别需要的东西?

【个案8】除了想见我家小K哥哥,什么都没有了,这边可以见人的。我现在谈的这个男朋友,是他介绍给我的。在外面混的(男的),他从来都不给我介绍。说他的电话是永远不会换的,永远不会停机的,随打随接。

【调查者】出去之后有什么打算?

【个案8】第一,去三牌楼店看看,不过好多店都不需要吸毒人员,或者搞个夜市,在三牌楼,卖衣服,好就业。

【调查者】你出去之后有没有彻底戒掉冰的信心?

【个案8】有,蛮恨我前男朋友的,就是出卖我的这个男朋友,和他谈了3年多。对我前夫没感觉,一点点感觉都没有。我最讨厌我前夫的女朋友,她也是溜冰的,等我出去之后,我也要把她搞搞。

【调查者】不要这样想。

【个案8】好好的一个家就被她搞没了,我和他结婚,买的电视、洗衣机、电脑,酒席都是我家买的。香烟是我家叔叔香烟店的,一万多,两万多,按成本给的,一分钱没收。我家叔叔还倒贴钱……他还非说我们家赚他们家钱。

【调查者】你认为戒绝毒品最主要取决于哪些因素?

【个案8】溜冰不溜冰,主要在于身边接触的人。假如这种人你不接触,号码你不要(就可以)。(若)你跟这个圈子在一起了,你必须要玩,不接触了,也就不会再啰嗦了。

【调查者】好的,谢谢!

特立独行的“蕾丝边”

她是一位帅气的同性恋，她说有很多女孩喜欢她，从小被家里当男孩养大，性格也很直爽男性化。16岁开始为了获得家人的关注而故意打架、吸毒、进派出所——幸福的家庭是青少年最安全的壁垒。

访谈对象：个案9，女性，23岁，大专，第一次吸毒年龄16岁。看起来特别瘦，头发比起其他女生要短，有着帅气的外表，好像对什么都不屑，爱笑，可能使用笑来掩饰自己的抵触心理吧，想法也比较奇特。

访谈地点：江苏省强制隔离戒毒所。

【调查者】我们现在开始好吗？首先谈谈你自己的家庭情况吧？你可以说一些你家庭，你家里的一些情况，然后你自己的一些事情。

【个案9】记得有一次一到派出所，我就打电话给我爸，然后我就跟我家人讲，爸赶快找人来救我，我又玩到派出所去了，然后，我家就找人嘛，然后就哭呀，反正找了三次吧，就这一次，就是没逃得了。进来了，两年。

（为了录音清楚，靠近点，反应有点大）

【调查者】你性格是什么样的呀？你是开朗的，还是那种有点内向型的？

【个案9】开朗。很二。但是这个地方是一个严肃的地方，所以讲话要正经一点。

【调查者】你成长过程中有没有哪些印象特别深刻的事情呀。好的也行，坏的也行。

【个案9】有啊。感动的话，就是小学，我是家族遗传心脏不好，那时候小，我们家人带我，医院不是体检吗？抽血，从早上弄到晚上，后来，我妈帮我买了一份肯德基，然后，她自己却吃烧饼。嗯，难过的就是16岁那年吧，我就一个人在社会上玩，遇到很多不良少年，然后开始学坏，开始在外面混，混了几年，就混进来了。

【调查者】你平时都是怎么打发日子的？

【个案9】还好，我觉得每天过得自由自在呀。比如说在家玩玩电脑，或者溜冰。我不是吸食冰毒吗？因为对于我来讲，冰毒根本就没办法让我上头，玩完以后我们有一个专用词就叫上头，我从8点开始玩，玩到3点，所以那东西对于我来讲，就是……我早上不玩我起不来，然后，晚上不玩两口我是睡不着觉了。

【调查者】是不是玩冰对你影响特别大？

【个案9】不是对我影响大，对于你们正常人来讲是，玩完之后就是吃不下睡不着吧，但是对于我来讲，我不玩反而吃不下睡不着。

【调查者】对，好多人都说溜冰过后这样。

【个案 9】打得跟狗逼一样，哎呀，用在江湖上的话讲，就是打得跟狗逼一样，但是我不是，我感觉，我正好相反，我要想睡觉要想吃饭，我必须先玩两口，才能睡得着吃得下。

【调查者】那你，是什么时候不上学的？

【个案 9】2010 年，大专毕业。我曾经也是个乖宝宝。

【调查者】那你怎么就开始溜的？

【个案 9】好玩嘛。对，因为 16 岁那一年的时候，就是家里因为某些事情，导致我爸爸每一个月给我 5 000 块生活费，让我一个人在外面自己过自己的，就是比较散漫嘛。那时候为了让我家人更关心我嘛，我就开始，先是打架，派出所和学校打电话给我家人，然后就是，你们家××又在外面打架了，然后到派出所来一下，一开始我们家还(来人)到学校把我带走。到后来派出所打电话给我家人，(家里)就说“打错了”。然后导致后面打架，砍人也不满足我了，因为都和男的称兄道弟嘛，后来我就开始吸冰毒了，因为他们都说很多烦恼你不要想，玩两口之后你就上头了，打得跟狗逼一样，什么都想不了，我说真的，那就抽两口。

【调查者】你平时一起溜冰的都是些什么人，就是他们都是干什么的？

【个案 9】就是玩的，就是在社会上混的，没有正式工作的。因为我比较像男孩，我不喜欢和女孩玩，因为女孩心机重，然后因为我比较单纯，我脑袋就一根筋，如果和她们玩，能给她们玩死。

【个案 9】对，我玩不过嘛。我正好，我们家那个时候也拿我当儿子养，性格也是，我在外边就是这种头发，其实比这还短，我身边就是没有姐妹，全是兄弟，我们大家只打男人不打女人，所以我们在外面混都是跟男的，大家在一块玩。

【调查者】你给我的感觉就是挺豪放的那种。

【个案 9】很豪放有什么用呢？输在一个义字上，不想进来的，就是被身边的兄弟给坑进来的。所以有一个禁言，就是女人不能玩，玩她能把你玩死，其实跟男孩玩，男孩子还(让人)信任点，但是信任也就信任一点，他不保证不会害你。

【调查者】那你就说，你这次进来，也是因为身边的朋友。

【个案 9】对，全是身边的兄弟害的。我出去找张锡纸，他妈的能把我强戒两年，你想想看，在家吃饭吃得好好的，派出所到我家把我抓住了，就因为前一天晚上我找别人借了两张锡纸，可冤的。

【调查者】然后，你就说，你就是一个偶尔的机会接触冰毒的？

【个案 9】如果讲实话的话，那就是必然的结果。

【调查者】必然的结果?

【个案 9】因为带我玩的,就是,第一口香烟,包括第一口冰毒全是我的表姐带我玩的,因为我亲表姐以前是个贩毒的,所以有时候说我不经历这些,就是,家庭因素呀,或者在外面有一些烦恼,我想在我心情不好的时候,迟早有一天还会接触这些东西的,只是我接触得比较早一点,因为经历一些事情。

【调查者】你平时溜冰都是怎么玩的?

【个案 9】跟别人一起或者一个人玩都有。打个比方说吧,如果说今天电话没响,没有哥们喊我出去玩,没有出去打架了,或者,外面狗狗没有喊我出去打架,又或者说那个兄弟没有打电话让我到其他学校门口看门去,嗯,就是说,也会自己(玩)。然后我就会自己一个人在家,因为这个东西真的就是,对我们来讲不值钱,可能你们 200 块钱买一点点,我们 200 块钱可以买整整 1 克,对于我们(来说)这个东西不值钱,而且,这里面(有)人情呀,比如,人家有些事情需要帮助,就可能,一个电话,两个电话,三个电话,就帮别人搞定的事情,或者我出个名也能搞定,有时候,在外面,是不是要给香烟呢,我们这些在外面混的,给的就是冰毒,送给我们免费玩。

【调查者】你们,你平时玩的主要是什么?

【个案 9】冰毒。嗯,我不喜欢玩大麻。大麻不好玩,海洛因也不好玩。K 粉吧,我看,K 粉,2007 年的时候玩过一次,不好玩真的不好玩,那时候在睡觉,同学正好带了一颗,这么多,然后我就吸了一口,他们接着摇,结果我急着出去见我女朋友,然后我就钻狗洞,结果钻了一半,快要钻出去了,结果后面一个人,一脚把我踢出去了,从那以后,我就觉得一点也不好玩,还是比较忠于冰毒。

【调查者】那你溜完冰之后是什么感觉呀?

【个案 9】没感觉。感觉溜完冰就是和正常人一样,走路正常了,吃饭正常了,睡觉正常了,如果不溜冰的话,就不正常,人就是想睡觉,犯冰困,千万不要玩,玩的,迟早有一天害你。

【调查者】你觉得溜冰对你身体有影响吗?

【个案 9】没有。个人问题好吧,有人溜完冰会产生幻觉,幻听,就是精神病对吧。但是,我感觉我很正常唉,就像我现在跟你讲话,有多正常是吧,打个比方,比如两年之后,如果我们俩见面的话我再跟你讲话,你还会觉得我跟现在一样,也就是感觉这东西对我的身体,怎么讲呢,不排斥,怎么讲呢,他们都说我是从火星来的。

【调查者】溜完冰之后你还知道,其他人会有什么表现,异于常人的那种?

【个案 9】有啊。就是有一个哥们拿了一个牙刷刷毛(大笑)玩了两天两夜,结果，上面一根毛也没了，这个还好玩？然后，还有，一个哥们，捏胡子，捏胡子知道吧，捏了一天一夜，一根毛也没有了……我感觉我很正常。

【调查者】这个，你觉得他是不是神经受到影响啦？

【个案 9】亢奋。他们是亢奋闹的。

【调查者】那你和朋友一起溜冰就是高兴吗？

【个案 9】不高兴。你想人多，对吧，那么多人，都用一个吸管，多脏啊，我有洁癖的，我喜欢一个人在家里玩，像我在外面玩，吸管我都洗的，再插根管，趁人不注意拔掉，要不然人家看见不好嘛。换自己的（吸管）。

【调查者】你第一次是怎么进来的？就是人家举报是吧？

【个案 9】什么举报，那个人被抓了，但是我感觉，他好像被放了，因为有些形势他不能让我看到，他必须要先抓进去的，然后他进来没进来就不知道了。我可怜啊，在拘留所，不是拘留三次吗？然后前前后后也熟悉了，不过现在成了重点了。在里边，真的，有一个喜欢我的警察帮我总结了一下，他说××为什么外面吸毒十几年从来没被抓进来过，你半年被抓进来了 3 次？我说，为什么呢？他说，就是因为你帅，你长得帅……想想也是，抓进来，就是直接关了。

【调查者】你感觉一些溜冰的人有没有乱搞男女关系的？

【个案 9】我身边的人有找找冰妹的。我哥们他们最喜欢找冰妹，有时候我还看现场直播。对呀，现场直播好玩，我们一群人就是坐在床的旁边……

【调查者】你进来之后，你家里人是什么态度啊？

【个案 9】难过。反正我们家人，第一次我被拘留的时候，我爸说，小耗子，你又给老子玩到派出所来，出去以后把你的皮扒了。然后我说快来快来，快来扒我皮吧，皮给你扒了，就带我回家吧，随你怎么扒。后来我家人来了，发现行政拘留处罚单子上面，（因为）不懂，我已经签过字也按过指纹了，然后那个时候我爸也没打，反而带了 1 000 块钱给我，这个我觉得蛮感动的。那次出了拘留所大门，一看到我，我爸就骂“你他妈”，我家人在一边看着。第二次，派出所来敲我家门，“爸，派出所在敲我们家门”，我爸就说，“你开门呀”，我说，“开门我就要被行政拘留的”，我爸说，“你不开门肯定要敲死，懂吧，你先开门，然后打电话找找人嘛”。反正我们家人，现在接到我电话，就是，十次里面有五次在派出所，四次是没有钱了，还有一次是，就是，你什么时候到江浦来，过来看看你。有时候也会想我爸妈，打电话撒娇，我们一家去逛逛超市。喊我爸老杨，我爸听我讲话，我们关系很好。

【调查者】那你跟你一家人的关系特别好对吧？

【个案 9】但是也有隔阂呀。不过比起其他人要很好。因为我们家人把我当男孩子养，小时候，放学我爸看见我老远就喊“儿子快回家吃饭，快快，吃饭”。那时候上初中，初三不是很忙嘛，然后，后面就是，因为家里因素嘛，我和我爸之间，怎么讲呢，反正也蛮那个的。第三次的时候我记得我爸是出远门，出差去了，然后我亲叔跟我讲，他说，“我说你不要生气”，我说：“你有什么话就说，我听着，我在外面我是天天叛逆的，但是在家里边，你是我长辈，你是我亲叔叔，你讲的东西，我还听你。”我叔叔跟我讲说：“我们两个知道你是同性恋……”后来我叔就给我讲了一句话，我当时挺感动的，他说我爸就跟他说，不管将来我是小偷也好，杀人犯也好，还是一个贩毒的也好，吸毒的也好，我爸说不管我是一个什么样的人，他的东西就是我的，谁也别想抢，听到我爸说这话，我哭出来了。

【调查者】你当时是不是也特感动呀？

【个案9】是的。

【调查者】你平时接触你周边的人对溜冰的有什么看法没有，就是有没有歧视现象？

【个案9】在外面混的人，我是什么样，他们就是什么样，我唯一一点比他们好的就是，我比较孝顺，我很义气的，像他们就是什么都不(好)。因为我混的这个圈子(我有义气，所以)好多东西都不要钱，可能打个电话，“喂，我没有东西了”，然后人家送好多好多东西，对于你们来讲，那些东西价值上千甚至上万，但是对于我们来讲，那个东西就是一毛钱都不要。

【调查者】你在这里边有没有特别难忘的事情呀？

【个案9】有，老有姑娘看着我笑。早上吃饭，老有姑娘塞包子给我。因为我表现良好呀，而且我跟你讲呀，不管你怎么看同性恋，因为我身边不是兄弟嘛，所以我们经常提，而且在外面喜欢我的姑娘挺多的，我在外面(很帅)，(现在)这不是吃成了(胖子)嘛，你想想看(没胖之前我有多帅)。我从拘留所来的时候，大概长(胖)了一圈，后来这里边的伙食，吃吃就又长胖。

【调查者】但是我感觉你不胖呀？

【个案9】可是跟我在外面真的不一样呀。等两年后我出去瘦下来给你看。长得很帅的，我来的时候，他们就讲，我来的第一天他们就讲，我们组长开玩笑讲，我们家××怎么这么热，天天来找我们家小帅哥聊天呀，大家就这样。

【调查者】你感觉进来对你们戒毒有没有效啊？

【个案9】实话实讲，吸不吸毒跟你搞我们个人(强制戒毒)根本就是两个概念。打个比方，比方说你现在有个喜欢的男人，好呀，现在让你们两年不见面，请问，两年之后你还会不会再喜欢他，这不是取决于把你们俩分开两年，而是取决于你自己心里面到底还喜不喜欢他。对于我们，(戒毒)就是自制力的问题，比方说，你把我和我老婆分开了，等到两年之后，再碰到她的时候，不想玩了，那我就不想玩了。我想玩，可能两年后我还玩，你把我隔开有没有用呢，没有用……

【调查者】能谈谈你戒毒的感受吗？

【个案 9】怎么说呢，这里是人家地盘。吸毒，怎么讲呢，我感觉我没有错，因为我一不偷二不抢三不贩，对吧，我吸我的毒，我惹到谁了，我没有残害别人，我没有引诱其他人吸毒，我只是自顾自地吸，甚至是别人给我吸，我只能说，对这个社会我没有造成一点点危害，唯一有害的是花钱买毒，这样的话就会促进贩毒人员增长的，对吧？但是，问题是，我没有买毒，都是人家免费给我的，所以我就是不造成任何社会危害吧。但是……我们每天早上就是背这个戒毒誓词……其实这个东西嘛，我每天早上背，背得我心虚，因为我根本就没有理解。

【调查者】那你觉得你在这里最需要的是什么？在这个戒毒所有什么需要吗？

【个案 9】多打些电话。这边一个月只能打一个电话，一个号码，你想这个月我打给我家人就没办法打给我女朋友，我打给我女朋友的话就没办法打给我爸，而且话还没讲完，挂挂挂挂挂……

【调查者】那你出来之后有什么打算没有呢？

【个案 9】回家好好开店，我不敢回（以前的朋友圈），不是不想回，是不敢回，如果在外面的话一个月要混掉四五万块钱。我们会打牌，就是吸毒的时候。一输就是好几万，但是，现在想了，不行，如果一次赌掉四五万，那一个月的话（得花多少钱）。而且还要在外面混（的话），你肯定要戒除毒品，比如说我们天天在一块聊天什么的，别人看到你不玩（吸毒），第一点，他（朋友圈）的想法就是：神经病吧，怎么现在不玩了，进去（强戒所）出来之后是不是现在叛变了，你不玩是不是后来会去举报（我们）；第二点，原来的圈子你已经融不到一起了，那我们何必在一起混呢？是吧，所以我想算了吧，（在外面混）不是筹不到钱，能筹到钱，那钱跟朋友一起，去打电脑，玩赌博机，你不去就是不行，你去了吧，很多钱就是一下子就没了，所以你不如在家，而且我们家开店，平时的时候我爸爸就想让我在家乖乖地，开店嘛，我没听我爸的话，半夜跑出去被抓了。

【调查者】哦，你就说，这次如果出去的话就准备好好做生意，做你家的那个店。

【个案 9】对呀，因为我爸已经年迈，苦不动了，而且虽然我学医药，但是我爸，但是怎么讲呢，跟我爸还有很多东西要学，肯定还要跟我爸学习怎样经营。

【调查者】你这个出去以后对彻底戒掉毒瘾有信心吗？

【个案 9】如果现在的话，我想，为什么？因为这张脸现在实在太胖了，我想回去先玩一个星期，然后瘦下来以后，然后就不玩了，等于说我跟外面的还不接触，只不过我自己花钱，花钱去玩。

【调查者】你说你就是吸那个冰毒是为了减肥？

【个案9】这次出去肯定是为了减肥，因为，怎么讲呢，反正这里边伙食也不好，在这里边训练累呀，在外边吃一碗饭，在里边至少吃三碗，跟你讲，在里边长脸了，本来有痘痘，痘痘就是玩冰毒玩的，好多，现在下去了。

【调查者】那你认为禁绝毒品最主要的在于哪些方面呢？

【个案9】自制力。

【调查者】所以说你出去以后可能还会接触一点(冰毒)。

【个案9】不是接触一点，我就是花钱买(冰毒)，买了以后在家(溜冰)，(但是)不会和以前的(朋友圈)联系。

【调查者】好的，谢谢你！

溺　　爱

从小父母离异，父亲的溺爱让他害怕吃苦，不敢脱离熟悉的生活圈，随波逐流，贪玩，安于现状，不思改变……最终的结果是一次又一次地进入强戒所。

访谈对象：个案10，男性，34岁，初中没有毕业，第一次吸毒年龄25岁，圆圆的脸，很爱笑，也许是为了掩饰心里的不安吧。

访谈地点：江苏省强制隔离戒毒所。

【调查者】请你简单聊聊从小家里的情况。

【个案10】我家庭环境还挺好，就我一个(独生子女)，就是从小父母离异，导致了我的娇生惯养，爸爸一个人带着我，社会结识了不良人员，误入歧途。小学本来学习成绩不错，后来父母离婚，成绩就慢慢落下来了，父亲带着我，做生意又不怎么管我，后来到了初中就开始结交一些社会上的不良人员，后来就辍学进入社会，后来爸爸生意也失败了，他自己本来心情也不好，更没有时间管教我了。

【调查者】结婚了吗？

【个案10】结婚了，有个孩子，现在跟着他妈妈过。2002年结婚，孩子12岁，是因为有了孩子才结婚的。她也不做什么，别人介绍的。刚从学校出来认识我的，2008年离婚的，因为我的原因，赌钱，吸毒，打架是结婚前做过的。

【调查者】你就是溜冰？

【个案10】先是海洛因，后来是摇头丸，再后来就是溜冰。现在海洛因戒掉了。

【调查者】当时你是怎么想起来玩这些东西的?

【个案 10】我们当时在社会上混的觉得这个很时尚吧(海洛因),以前啊,有钱才去玩(海洛因),也是为了跟随潮流主动去吸的。离婚后就一直一个人。2010 年就进了劳教所,因为以前的(结婚前的)一次是故意伤害。去年是非法持有毒品,15 克,一公斤没有多少的,很快就卖光了。去年出去就又进来了,这一次就是因为溜冰。

【调查者】有没有人对你影响很大?你家爸爸呢?

【个案 10】他宠我,我要什么给我什么,没有用的。自己贪玩,外面的世界多精彩,好玩。我们不去上网吧,我们以前夜总会、酒吧、桌球、打牌、赌钱、棋牌。

【调查者】赌钱哪里来的钱啊?

【个案 10】在外面混的总是会有些钱,取之于民用之于民……一开始是放高利贷,最后就是自己下水去赌,然后就是吸毒……我为什么会离婚,就是一开始去吸海洛因,进去了,进去两年海洛因是戒掉了,后来为了孩子就去挣钱,就是去放高利贷……后来钱挣到了,但是又是忍不住下水赌钱又沉迷赌博,输了又想赢回来吗?就一直输下去,后来又有朋友玩就又吸上了(冰毒)。

【调查者】孩子是男孩女孩?

【个案 10】男孩,现在新加坡读书,因为成绩各方面都还不错,学校保送去新加坡读书的。自己出 10 万块,都是妈妈出的,我当时在里面,老婆现在上班了。

【调查者】去年出来做了些什么?

【个案 10】吸毒,就没有想过要戒毒。

【调查者】为什么呢?这里面又不好过,再吸很可能再进来的。

【个案 10】想过的会再进来,存在侥幸心理,抓不住就玩。出来不做什么,就是吸毒。

【调查者】吸毒哪里来的钱啊?

【个案 10】吸毒也不贵的,便宜的 100 多 200 块钱。

【调查者】那就不吃饭啊?

【个案 10】溜冰很少吃饭,天天在屋里很少出门,也不工作就是在屋里溜冰。

【调查者】你溜冰几个人?

【个案 10】一两个人一起溜冰。

【调查者】你感觉你这日子过得快乐吗?有没有想过去看看孩子?

【个案 10】不快乐。没有办法,我也不知道怎么过。

【调查者】那你这次怎么被抓住的?

【个案 10】 上网，IP。以前有朋友吸毒被抓住了，然后警察冒用他们的 QQ 跟我聊天，IP 是变不了的，再通过以前的资料一查就发现我是吸毒的。

【调查者】 你一般几个人一起玩？

【个案 10】 一两个，有男有女的。有时候我也一个人玩。玩完不想睡觉，不吃饭，吃不下饭，这就是毒品的作用吧。以前比现在还要瘦，以前不睡觉，现在是贪吃贪睡。麻果，也玩。

【调查者】 你在家溜冰一般就是上网，聊天，有没有人做一些危险行为？

【个案 10】 很多的了，包括这里面好多都是出现幻觉，自己打电话告诉警察的。但是我没有过，我就有过一次。

【调查者】 有没有人找冰妹？

【个案 10】 有，有很多。但是我不喜欢。

【调查者】 你估计他们找冰妹会不会用安全套？

【个案 10】 应该……应该不太喜欢用，溜冰本来就是一种毒品，起麻醉作用，用了那个好像没有感觉。

【调查者】 你家人对你进来有什么看法？

【个案 10】 现在肯定失望了。家人肯定来的，每次都来看我。

【调查者】 你感觉周围的人对溜冰有没有什么异样的看法啊？

【个案 10】 没有，像我们在外面混的，倒霉才被抓住，因为外面玩的群体太多啦，工厂上班的在玩，公司里的也玩，可以说好多公务员也在玩，就我们给逮到算倒霉。

【调查者】 那你出去有没有想过要戒？

【个案 10】 没有想过要戒。进来就再两年。

【调查者】 有没有想过以后怎么好好过？

【个案 10】 没有想过。我也不知道怎么过。想戒还是想戒掉的，但是要看出去给出什么环境，对不对？

【调查者】 有没有想过到另外一个城市，离开这个圈子，这个环境？

【个案 10】 我有想过，但是我一个人也是挺怕的，像我从小的环境，从小也很不错，也不像有些人从小就是外地打工的，让我一个人背着包到外地，我去哪里呢？如果真的要戒的话，我白粉就戒掉了（太害人了），不过一样一样的，一种不吃了另外一种又跟上了，新陈代谢一样。几乎就是每一种都是新型的毒品代替旧的（毒品）。

【调查者】 有没有想过以后好好发展？

【个案 10】 第一次（被抓）我还有这种想法（好好干），但是现在我也无所谓了。不过还是想好的，一个人不可能总想往坏的地方走吧，主要是有没有这种机遇。

【调查者】你感觉什么样机遇比较好？

【个案10】比如说啊，你说要脱离这个群体是必然的，比如说我有朋友或亲戚在外面开公司，我去打打手帮帮忙吧，也许能发展的话就可以的。我一个人，我打个比方我是苏州的，我一个人跑到南京，我来招工啊？（不可能一个人出来）呵呵。

【调查者】那你有没有想过出国打工陪儿子啊？

【个案10】我以前也试过的，有那种远洋轮船啊，但是像我们这种有前科的就不行。像我不行啊，又劳教又劳改的，以前打架进去过的。

【调查者】那你吸着有没有感觉很放松啊？飘飘然？想什么就有什么？

【个案10】没有事干就肯定会想去吸，冰没有想什么有什么，冰就是打发时间。

【调查者】那你认为进来是不是也不是件坏事？

【个案10】戒毒，我个人认为就光靠个人自觉很不现实，就除非进来。

海洛因还是合成毒品？

访谈对象：个案11，男性，17岁，小学学历，第一次吸毒年龄14岁，家里有个哥哥。个子很矮小，瘦瘦的，脸色不好，黄，看着比实际年龄大很多。

访谈地点：江苏省强制隔离戒毒所。

【调查者】简单说说自己家的情况吧。

【个案11】我是兄弟俩，还有一个哥哥。父母在广西务农。

【调查者】父母管得多不多？

【个案11】不多，所以到处玩。不怪父母，要怪就怪我自己。

【调查者】为什么不上学呢？不感兴趣？

【个案11】也不是，我也想上学啊，家里没有钱哎。

【调查者】现在不是义务教育吗？

【个案11】是的，我也不知道……就是想出去打工挣钱。后来到了广州打工，佛山，但是年龄小没有人要。然后跟着老乡到了苏州，批发水果，包吃包住。

【调查者】后来怎么想起来吸毒的呢？

【个案11】主要是自己的好奇心，其实也不知道（吸毒）有那么严重，朋友也劝我是毒品不要玩，但我就是想试试。就想试试什么感觉的。

【调查者】哦，那你是溜冰吧？

【个案 11】我是吸海洛因的。嗯，（然后他指着胳膊上的好多个针眼给我看——胳膊上到处都是针眼）。

【调查者】进来都 3 个月了，针眼还没有消失？胳膊上腿上都有？你是每天都要扎针？

【个案 11】嗯，每天都要扎。

【调查者】那不疼啊？你知道是海洛因你还吸？

【个案 11】刚开始的时候疼，后来就没有想那么多，犯瘾的时候就想吸，根本就管不了那么多了。

【调查者】第一次吸就上瘾了？

【个案 11】第一次没有。

【调查者】那怎么还继续吸呢？既然已经尝试过了。

【个案 11】第一次吸完之后就感觉轻飘飘的，什么烦恼都没有了，人很舒服。躺着晕乎乎的时间过得很快。

【调查者】那你起来之后呢？怎么去卖水果呢？

【个案 11】起来后接着弄（打针），卖水果是能起来就去，起不来就不去。

【调查者】一共玩了几年？

【个案 11】三年多，开始口吸一年多，然后打针有两年。

【调查者】那你一个月几千块哪里够你吸海洛因的呢？

【个案 11】老乡，他给我吸，他是贩毒的，也被抓了。

【调查者】有没有女朋友？谈过恋爱吗？

【个案 11】她是大学生。

【调查者】怎么认识的呢？也是你老乡？

【个案 11】她是苏州的，在酒吧认识的。

【调查者】她玩这个吗？

【个案 11】她不玩，一点都不玩，听到都害怕。

【调查者】她怎么看上你的呢？

【个案 11】我也不知道。

【调查者】玩这个会不会人很瘦？

【个案 11】那你看我，（他很瘦小），就这我来这里已经胖了很多了。

【调查者】你跟女朋友一起玩什么？你会带她出去转转吗？

【个案 11】没有，都是她带我转转，她比我大，她 23 岁。第一个（女朋友）是老乡,15 岁认识的,她是我老家的,出来之前就认识了,后来认识这个女朋友就跟她分手了。

【调查者】进来之前你是怎么生活的?

【个案 11】早晨一般睡到 12 点左右,起来就是打针(海洛因)。打完针就去水果店帮忙到 6 点左右回来再打。

【调查者】你一天要打几针啊?

【个案 11】三针。

【调查者】那么多啊,那你 6 点打一针之后什么时候再打?

【个案 11】半夜,半夜再打一针。打完针之后睡觉。

【调查者】那你吃饭很少?谁做给你吃?

【个案 11】打这个吃得就很少,自己在外面买着吃。

【调查者】你女朋友一般什么时候来看看你?

【个案 11】后来知道我吸毒就不来了,她妈说我太小了。谈了一年多,我跟她在一起的时候戒过一段时间,都不吸了。

【调查者】那你很勇敢啊,那后来怎么又吸了呢?

【个案 11】后来还是到了那个圈子,不得不玩,就是那帮都是吸毒的人一起。

【调查者】就是看见别人玩你就想玩?

【个案 11】嗯,是的,心瘾大。

【调查者】像你这么大的年纪一般都是溜冰吗?你怎么吸海洛因呢?

【个案 11】我也溜过冰的,幻觉大。

【调查者】那你认为是冰的危害大还是海洛因危害大?

【个案 11】冰的危害大。

【调查者】为什么呢?

【个案 11】我溜过两次,一次我从二楼跳了下来,真的,人没有死,但是我脚上的骨头都爆了,休息了……在医院躺了一个月。第二次我回老家,坐大巴,我抢司机的方向盘,我让他停车他不停。

【调查者】还有没有玩过其他的毒品,K 粉之类的?

【个案 11】也有的,在酒吧的时候就会玩 K 粉。

【调查者】你感觉如何呢?

【个案 11】感觉啊……感觉兴奋,然后就是摇头。

【调查者】那你感觉是海洛因好玩还是 K 粉好玩?

【个案 1】海洛因好玩是好玩,但是犯瘾难受,像冰、K 粉之类的不会犯瘾难受。

【调查者】但是冰、K粉有心瘾,不然怎么那么多人戒不掉呢!海洛因犯瘾的时候是什么样子?

【个案11】骨头里面痛,就像有蚂蚁咬一样。

【调查者】那你进来以后怎么办?

【个案11】我在戒毒所的时候,他们给我喝美沙酮。来这里就不喝了,早就没有瘾了。在戒毒所喝了一个半月的美沙酮。然后送到这里来的。

【调查者】你进来想不想戒掉啊?能不能戒掉啊?

【个案11】当然想戒了。谁不想戒毒啊。

【调查者】那你感觉能不能戒掉呢?

【个案11】如果不在那个圈子里我保证不吸了。

【调查者】打算回老家吗?

【个案11】没有打算,(出来后)我可不回苏州了啊,打算去上海。

【调查者】你感觉吸毒对你身体有什么危害吗?

【个案11】危害可多了!我长不高了(难过的表情,他身高大概1米6的样子)。

【调查者】如果你从14岁开始玩的话,可能对身高会有些影响,还有呢?

【个案11】还有呢,传染病,艾滋病啊什么的,共用针头嘛……

【调查者】你共用针头嘛?

【个案11】这个我不敢的,我打一次换一个针头。

【调查者】有没有其他人感染病的?

【个案11】有的,肺结核很多的,口吸的。还有艾滋病。

【调查者】吸毒对其他的身体方面有没有影响?

【个案11】其他倒是没有,就是面黄肌瘦的。

【调查者】你一般都是怎么玩的?一个人玩还是好多人一起玩?

【个案11】我一般是两个人一起玩,就是我的老乡。他帮我打,一开始我不会打,他帮我打。他自己打。

【调查者】你们打完就不想找女朋友了?

【个案11】嗯,是的。在家不出门,一般不敢出门,怕被抓。

【调查者】其实人家也不一定知道你吸毒啊?

【个案11】是的,但是心里怕啊。

【调查者】你周围的人有没有溜冰的?他们有没有发生过什么怪异的行为?

【个案11】那倒没有,就是打牌的打牌,玩手机的玩手机,上网的上网,几天几夜不睡觉。

【调查者】你这次是怎么被抓的？

【个案 11】给人告发的，我在家里打针的时候，晕了，打过量了，就是小休克，差一点死掉。也不知道哪一针会打死。就躺在地上，后来我隔壁（邻居）下班看见了，我门没有关，针还在胳膊上，人家就报警了，我就进来了。

【调查者】你感觉周围的人对吸海洛因的人有歧视吗？就是看不起？

【个案 11】有，多了去。

【调查者】好多溜冰的也看不起吸海洛因的呢。

【个案 11】我更看不起他们。

【调查者】为什么呢？

【个案 11】我也不知道，反正就是看不起他们，我也说不出来为什么……就是感觉溜冰的人太多了，也太乱了……

【调查者】太乱？什么意思？

【个案 11】就是什么人都吸，太多了……本来溜冰的跟吸海洛因的就是走不到一起的……溜冰的说我们小气？嗯，就是吸海洛因的就是一个人吸一个的，溜冰都是好多人一起玩，他们就说我们小气。

【调查者】那你吸毒后朋友多不多了呢？

【个案 11】不多，一个正常朋友都没有了，都是毒友了。

【调查者】那你们也该互相监督帮助下，万一哪次打过量了，不就死了吗？

【个案 11】是啊。

【调查者】那你身边有没有人打过量死的呢？

【个案 11】有的，我就看到有 2 个人一针下去就没有醒过来。也不敢报警，后来家里人把尸体带走了。

【调查者】你在这里面有没有什么感触？

【个案 11】嗯，在这里面感觉挺温暖的，像个大家庭样……

【调查者】也许是因为吸海洛因的人比较孤独吧？

【个案 11】嗯。

【调查者】你感觉不吸之后有什么感觉？

【个案 11】感觉好像又重新站了起来，又重生了一样。身体比以前壮多了（其实现在我看着他仍然很瘦小），还有就是我学会了生产，就是劳动，还有好多学到的……比小学时候学到的多。

【调查者】你对这个社会有什么看法？

【个案 11】毒品泛滥。

【调查者】泛滥到什么程度？

【个案11】哪里都能弄得到。

【调查者】海洛因不好弄吧?

【个案11】好弄,什么都好弄。

【调查者】你感觉出去后有没有信心戒毒?

【个案11】有。要有毅力。还要离开那个圈子,不要见到那些吸毒的人,找个地方远离他们。

【调查者】你认为你出去后到社会上最大的困难是什么?

【个案11】没有,工作总会能找到的,只要我愿意去做,只要不再去碰毒品了。

【调查者】你腿上有没有针眼?

【个案11】没有,我还没有敢去打大动脉。

【调查者】那么细的血管你怎么扎进去的?不疼吗?

【个案11】一点一点得挑啊,疼啊,一开始也疼啊,后来就麻木了,不打犯瘾更难受。

【调查者】既然在这戒掉了,以后就不要再吸了。

【个案1】嗯,是的。

迷失的富二代

他是不为生计发愁的富二代,却不知如何寻找真正的快乐,为了寻求刺激与新鲜感,最后沉溺于溜冰、赌博、换女伴……

访谈对象:个案12,男性,29岁,初中学历,第一次吸毒年龄21岁,独生子。

访谈地点:江苏省强制隔离戒毒所。

【调查者】爸爸妈妈干吗的?

【个案12】做生意。

【调查者】那家庭条件还不错啊,那怎么不上学了?

【个案12】嗯,我也是给人家带上道的。我是学习不好,没有兴趣就不想上了,然后就在社会上玩。

【调查者】在哪里玩呢?

【个案12】就在我们苏州啊,酒吧、KTV、按摩院……

【调查者】那你是怎么开始吸第一口的呢?

【个案12】当时不知道,看着他们玩,好奇了就开始玩了。

【调查者】谈过恋爱没有?结过婚没有?

【个案 12】结过婚了,不过快离婚了,进来之前感情就不好,有孩子,前年结婚的。

【调查者】谁要离婚啊?

【个案 12】我要离婚,感情不好处不来,当时也是她怀孕了我才结婚的。

【调查者】老婆做什么的?

【个案 12】不做什么的,在家带孩子。

【调查者】她玩这个吗?

【个案 12】不玩。

【调查者】那你怎么没有想着带她一起玩呢?

【个案 12】没有想过,也不想找溜冰的女孩,因为想着自己玩这个,再找个老婆玩这个,那不是……完了。

【调查者】女孩子老实吗?

【个案 12】嗯,是的。

【调查者】那后来怎么又要离婚了呢?

【个案 12】结婚后发现性格不合,我比较爱玩,她就会管我,我就要走。

【调查者】你平时多久玩一次啊?

【个案 12】每天都要玩。

【调查者】那你平时玩完都做什么呢?

【个案 12】没有干什么,都是瞎玩,赌钱,网上也赌,外面也赌。

【调查者】那你哪里来的钱呢?

【个案 12】家里给的。

【调查者】那你输了多少了?家里知道你溜冰还给你钱?

【个案 12】不知道,一百万肯定有的,家里不知道我溜冰,进来才知道。我就说跟朋友一起做生意需要钱。

【调查者】那你家里知道你进来了,怎么说的?

【个案 12】在里面好好的,不要再玩了。

【调查者】有没有想出来后真的戒了?

【个案 12】有的吧……(信心不足的样子)因为我的朋友都玩,除非我不接触这个圈子,不然还是难戒。

【调查者】除了冰你还玩其他的吗?

【个案 12】麻古,效果跟冰也差不多。

【调查者】溜完之后你什么感觉呢?

【个案 12】精神很好,做事很专注,很认真……上网、打牌、赌钱……

【调查者】你喜欢很多人一起的感觉?

【个案 12】是的,一般是五六个人一起玩。有男有女的,玩完就是打牌聊天上网。

【调查者】你感觉这个对身体有没有影响?

【个案 12】牙齿会掉……腰酸……很瘦……记忆力下降,我很多事都记不住了。脾气暴躁容易发脾气,疑神疑鬼,哪方面都会怀疑。怀疑警察来抓,怀疑女友出轨,都有的。

【调查者】你跟家人住一起还是自己住?

【个案 12】跟家人住一起。

【调查者】那家人不知道你溜冰?

【个案 12】我一般都是出来溜的。

【调查者】一般都说冰有像春药的作用?你是什么感觉?

【个案 12】有的,很强的感觉。

【调查者】那你一般是跟老婆还是跟其他女孩?

【个案 12】不跟老婆,一般是跟一起溜冰的女孩。

【调查者】那你们一般用安全套吗?

【个案 12】不会。

【调查者】那你不担心传染病吗?

【个案 12】都是熟悉的人。

【调查者】那你为什么不跟老婆呢?

【个案 12】我也不知道,跟老婆没有感情。

【调查者】那你跟一起溜冰的女孩有感情吗?

【个案 12】也没有感情,有新鲜感。

【调查者】你们女伴是经常换的?

【个案 12】经常换的。

【调查者】那你还不怕得病的?

【个案 12】没有想过。

【调查者】你们不会是一群人吧?

【个案 12】一对一的。

【调查者】那找冰妹吗?

【个案 12】不找。

【调查者】你一般从哪里拿货?

【个案 12】打电话,拿得多就便宜,我拿得少就贵,我拿多了也没有地方放,家里面不好放,放哪里去?

【调查者】一般在哪里吸?

【个案 12】家里,朋友家里,或者宾馆。

【调查者】你这次是怎么被抓的?

【个案 12】警察宾馆里查房,挨个挨个查到的,有人举报吧,那个宾馆里都是溜冰的。

【调查者】你感觉身边不溜冰的人对你们溜冰有没有看法?

【个案 12】有的,我也主动疏远他们,他们也不大理我们。

【调查者】有没有想过出去戒掉了,离开这个圈子跟家里人好好做事?

【个案 12】有的。

歧视——回归社会的障碍

他已经是第四次因为吸毒被强戒了,在回归社会过程中,来自社会的歧视和吸毒者标签让他们丧失信心,看不到希望。他们自暴自弃,然后复吸。

访谈对象:个案 13,男性,30 岁,初中毕业,第一次吸毒年龄 15 岁,还有个弟弟。

访谈地点:江苏强制戒毒所。

访谈时间:2013 年。

【调查者】以前是做什么的?

【个案 13】做过服装买卖,刚开始外面几个朋友,做生意的朋友,也赚了几笔嘛,也是因为好奇心(就开始吸毒了)。

【调查者】那你家里情况怎么样?

【个案 13】一般般,爸爸去世了,妈妈开了一所理发店,个体户。

【调查者】那你之前结婚了吗?

【个案 13】结过婚,没有领结婚证,还没有领结婚证就离了。女朋友也(谈)好几年了,孩子也有了,打算是去年领结婚证的,我去年出事情了,在苏州。

【调查者】在你成长过程中有没有令你印象深刻的事情?

【个案 13】我最痛苦的就是我每次出去都戒不掉,离不开那个东西,最多几个月就复吸,这次最长了,(隔了)三年被抓,以前都是一年之内就又进去了。

【调查者】那后来溜冰情况是怎么样呢?

【个案 13】一开始是吸海洛因的,后来海洛因和冰都吸,混合吸。

【调查者】那你之前吸海洛因的时候是什么感觉呢,是什么症状?

【个案 13】就是没有的时候特别想,吸了之后飘飘的,昏昏欲睡,天天无所事事,就是很懒散的那种,整天窝在家里,窝在房间里。溜冰就是外面的场所你不敢去,不是不想去,就在房间里玩游戏什么的。

【调查者】那你觉得海洛因和冰两者之间有什么不同吗?

【个案 13】对我来说,海洛因的吸引力更强一点,冰,我无所谓。

【调查者】你之前去过拘留所吗?

【个案 13】拘留所去过,就刚吸毒那会。我这次坐下来应该(一共)是 8 年,4 个 2 年(因为吸毒一共被劳教或强戒了 4 次,一共 8 年),以前吸毒是劳教,这次是第二次强戒。第一次(强戒)是 2008 年,刚实施的时候,2010 年出来的。

【调查者】那你平时除了海洛因和冰还玩过什么?

【个案 13】其他的只是好奇尝一下,基本上不会上瘾的,像我这样的基本上以海洛因和冰为主,现在是冰,对摇头丸、K 粉之类的不怎么感兴趣。

【调查者】那哪一个上瘾得严重呢?

【个案 13】海洛因,海洛因上瘾难受。

【调查者】那你为什么改吸冰毒了呢?

【个案 13】现在都流行冰,一个是流行,一个是海洛因太难戒了,冰嘛,不吸也无所谓,就是(心理)想,生理上没有特殊的(成瘾症状)。

【调查者】哦,那是不是有人跟你们说过吸冰毒可以戒海洛因的?

【个案 13】嗯,压制。

【调查者】那你觉得冰毒危害大么?

【个案 13】说实话还是冰的危害大,海洛因是难戒掉。冰毒危害更大,对脑子不好。

【调查者】那你在溜冰之后有什么反常的表现吗?

【个案 13】我这次手上的伤(手上有一道长的疤痕)就是因为冰毒,我手也骨折、腰也骨折,从四楼摔下来。是,那个是,派出所过来抓我的时候自己跳下来的,我感觉四楼到一楼的距离就是二楼到一楼的距离。休克了,抢救过来的,内脏大出血。

【调查者】然后抓你去强制戒毒?

【个案 13】没有啦,还抓我呢?(警察)把我送到医院抢救,给我垫了 10 万元医疗费,总共花了 40 万。但还是戒不掉,我以为那次能戒掉呢,在医院躺了 2 个月,在家里静养了 3 个月,休养了,然后,哎呀(长叹一声),真的毁了我的一生。不是我自吹自擂,我以前不管是读书成绩还是在学校里,比那些同学都好得多,但他们现在都比我好得多，他们有的有车有房，在学校里，我觉得我一定比他们能力强。

【调查者】看来这个毒品确实是对人影响比较大，那你周围有没有在溜冰的时候发生混乱的性行为的？

【个案 13】有的，大多数溜冰的都是为了这个的（找性伴）。你假如说第一次溜冰和女的一起，那以后想到的都是性方面的，他一想到性就想拿一点冰毒做催情之用。

【调查者】是不是感觉就是像喝点酒，然后壮胆的那种？

【个案 13】不是壮胆的事，是很幸福的感觉，特别强烈。

【调查者】是不是把他当成壮阳药了？

【个案 13】哎，对对对。

【调查者】那你周围使用注射（海洛因）的多吗？

【个案 13】我知道的死了两个，注射过量死了。

【调查者】这个吸毒除了烫吸，还有什么？

【个案 13】打针，静脉注射。注射的危害更大。烫吸不会死人，至少不会死人，烫吸如果你吸多了就不想吸了，会吐，注射一针打下去，打多了，人还没反应过来，就死了。烫吸已经满足不了他们了（就注射），量越来越大而且（烫吸）开销太大了，注射比较省一点。要省得多，比如说吸一克注射 0.3 克就够了。

【调查者】对，注射是直接到血液里面的，那吸毒一个月大约要花多少钱呢？

【个案 13】一个月，像我的嘛，估计万把块钱，我都不知道钱是从哪里来的，真的（苦笑）。

【调查者】那你之前一个月（花多少），之前做服装的时候？

【个案 13】那时候开销大了，那时候 10 个月在北京能花 60 万。我一年能挣 30、40 万在苏州。

【调查者】你家人还有做生意的吗？

【个案 13】我叔叔在苏州办公司的，我弟弟在他公司，我这会就是在苏州被抓，后来关到这里来。

【调查者】那你周围那些不吸毒的人怎么看待你们？因为你（吸毒）时间也是比较久了。

【个案 13】现在嘛，我 10 个朋友里 7 个吸毒的，那 3 个不吸毒的有一点距离感，因为没有深交，能躲则躲，不能躲会打个招呼什么的，不会跟你深交，因为他怕我，怕我会跟他们借钱，其实借就是要。说真的，确实有点歧视，除非他们不知道我吸毒，知道我吸毒一定会戴有色眼镜看我，我自己这样感觉的。

【调查者】是不是只有吸毒的案底是一辈子销不了的？

【个案 13】我们一般一到宾馆开房间的话，当地派出所立马就过来的，15 分钟，最多半个小时，药检。

【调查者】那你有没有这样的情况？

【个案 13】有，(很坚定)我在苏州被抓了好几次。是用我的身份证开房的，我的身份证是公安联网的。

【调查者】那你带着这样的身份是不是走到哪里都会不便呢？

【个案 13】那肯定的，如果做生意的话，跟一个客户开一个房间，如果他不吸毒的话，除非用他的身份证，要不你一开房的话，警察一过来，就算他不知道也会知道了，再一个，除非你不吸毒了，要不走到哪里都胆战心惊的，哪里都不敢去，一查房嘛，胆战心惊的，怕被抓。苏州我感觉，苏州特别严，就是你的身份证用手机一扫描，他们是以尿检板为准，呈阳性就对不起了，阴性都好说。

【调查者】据我所知，这样以后去公司求职都比较难。

【个案 13】就是恶性循环，被人看不起就破罐子破摔，心情郁闷了，然后又想到吸毒，麻醉自己。整个社会都歧视，说不歧视是假的，除非是你自己创业，你的亲戚朋友真心想来帮你，其他的都会排挤你，如果你想进到一个公司上班，如果他知道你吸毒，那进都不会让你进。我也是有百分之六七十是因为这个。我整天无所事事，再碰到一些烦心事，比如说人家说我吸毒什么的，烦了、郁闷了，然后又想到吸毒什么的，来麻醉自己。

【调查者】这个是社会的看法，就是你们很想融入社会，但社会就是容不下你们。

【个案 13】那是的，假如我是一个正常人的话，我朋友或我旁边的人吸毒，我也不会和他们深交，我也会看不起他们。

【调查者】我们小的时候学过一些，就是不要被骗(吸毒)，你觉得被骗的情况多吗？

【个案 13】在我们那不多，基本上都是自愿去吸的，好奇心驱使，想我们那会，90 年代，觉得吸这个也是混得好的、有身份的。那会没人抓，明目张胆去吸。

【调查者】那你对公安系统有什么感受呢？

【个案 13】嗯，有时候可以拿三个人换一个，比如我被抓了，我约三个吸毒的朋友，然后他们过来抓，把我放掉，我再拿 3 万块钱押金，基本上 5、6 万块钱能搞定，不用强戒两年。吸毒又不是什么大事情，吸毒本来就是违法，又不是犯罪。说是两年是很长，我们(强戒)一呆是两年，但是性质一点都不严重，像那些有(犯罪)前科的办护照都不行,像我们吸毒的都没事(可以办护照)。像我买火车票、汽车票都没事。看哪个地方了,比如在苏州会有事,在车站的话就过来给我尿检,我就是这样进来的,这样两次,说我有前科。

【调查者】那你觉得这个社会是怎么样的呢?

【个案 13】社会啊,(又长叹一声)我觉得现在这个吸毒,两年是戒不掉的。

【调查者】那你觉得十年能戒掉吗?

【个案 13】十年我不知道,我想如果两年能戒掉的话,6 个月,我们那会强戒 6 个月嘛,6 个月也能戒掉,要不两年、三年也是戒不掉的,这只不过是耗时间,用时间来折磨我们的青春,也没什么益处。

【调查者】毕竟两年出去外面变得挺快的。

【个案 13】是挺快的,现在两年出去,外面用什么手机我们玩都不会玩了。

【调查者】那你对自己戒毒信心大吗?

【个案 13】有时候在这里想,我都 30 岁了,觉得真的不能吸了,我在苏州两个月都没吸,我就是想离开那个朋友圈子,在嘉兴有个做生意的朋友,做羊毛衫的,他带过来的东西(毒品),就放假 5 月 1 号,(4 月)30 号去的嘉兴,就玩了一会,回来就被抓了。

【调查者】其实有的时候很不凑巧。

【个案 13】是不凑巧,玩了一会就被抓了,我其实下定决心要戒了,不然我不会到我叔叔的公司里面来上班。

【调查者】这只能说明人还是不能存有侥幸心理的,那你以后有什么打算吗?

【个案 13】以后嘛,这次进来被抓只能认命,想着两年以后出去,不去想什么手机,不去想那些,只想重新讨一个老婆,重新过日子嘛。

【调查者】还是想回归正常的生活?

【个案 13】那肯定是啊。

【调查者】因为我们做这个研究也是想帮助更多的人戒毒重新走向社会,那你觉得社会要做些什么呢?

【个案 13】我觉得主要是歧视,各个阶层的歧视是不用说的,还有就是吸毒的出去不好就业。

【调查者】那你进来之后你的家人是怎样的态度?你的爸妈、弟弟、叔叔……

【个案 13】我叔叔嘛,他不管我,因为我不是第一次(吸毒被抓),他说在外面这么多次都戒不掉,在里面吃点苦头,我到现在一个电话都没给我老妈打,我老妈知道我被抓了，她急死了，所以我一个电话都没有打，我都打给我弟弟。

【调查者】在这还是多跟家里人联系吧，这里可以跟家里联系吗？

【个案 13】可以，可以打给直系亲属。

【调查者】这里的教官怎么样？

【个案 13】还好吧，这里我们提的要求困难啊，基本上他能给解决的都给解决，也没有什么要求，就是寄个信、打个电话，其他的没什么要求。

【调查者】那你这次出去以后打算做什么呢，因为这也是第二次进来了，因为前一次也没成功(戒毒)嘛。

【个案 13】在这里就想，我有的时候躺在床上就想……假如现在给我出去，哪怕是倒垃圾、扫地、要饭，就是出去，让我当两年的要饭的我都愿意。脱离原来的交际圈子，我去的地方也很多，像北京、成都、沈阳啊，我在外面 12、13 年了，但是呆一段时间回到老家又吸上，就这样。

【调查者】那是怎么拿货的呢？

【个案 13】我给他打卡，他把货给我丢到比如某某路几号。

【调查者】跟电视剧里看到的一样，那么他们这些卖毒品的人自己吸吗？

【个案 13】不吸。

【调查者】因为知道这个的危害所以不吸，那么警察抓他们吗？

【个案 13】基本上我们下家钓他是钓不出来的，除非他的上家被抓了，他去拿货，他才有可能出事，像我们出事，一定是抓不了他的，他也很懂的，他的手机发短信，他在温州，IP 地址在广东，全部是转发给我们的，他很聪明。都是高科技人才。

【调查者】那我觉得他们才是要重点抓住的。我感觉现在的警察应该比他们还聪明，都全国联网，为什么还抓不到呢？

【个案 13】就是发小货，一克两克，警察抓到也没有什么立功的机会，所以警察就不愿意管，派出所也不愿意管，如果能钓到 30、50 克，100 来克，警察就来劲了，因为它能记功啊。

【调查者】那你觉得要禁绝这些毒品要从哪些方面入手啊？

【个案 13】最主要是靠自己，想着这个毒品绝对不能吸，吸了会死人，如果你自己不想(戒毒)的话，我觉得也没人帮得了你，在这(强戒)两年，有好多人出去第一天就吸。

【调查者】是不是社区戒毒更有用一些？

【个案 13】不是社区戒毒更有用一些，社区戒毒只是给我们一些机会而已，只是让你不白白浪费两年，像第一次都是 15 天拘留，确实是给你一个机会。

【调查者】其实最重要的回归社会、融入社会，听你的话里感觉很多人是在回归社会的过程中丧失信心然后又复吸?

【个案 13】 是是是。

【调查者】 社会应包容、吸纳这一部分人,那你谈谈感受吧,在这里包括在外面的社会

【个案 13】 在这里嘛,是身体累,在外面嘛……是身心俱疲。

【调查者】 还有什么想法吗? 关于戒毒。

【个案 13】 我现在觉得(戒毒)还是靠自己,因为在这里好一点,在外面像我窝在家里,你们谁都不知道,我在哪个房间里躺个 3、4 天,因为 3、4 天把毒排除了抓住了也没事。最多五天就能把毒排干净,就是有种侥幸心理。

【调查者】 因为你们现在走到哪里使用身份证都会(被查),如果社会从这个层面上保护你们的隐私,在这个层面上接纳你们,会不会好一点?

【个案 13】 那当然会啦。

【调查者】 好,谢谢你啊!

好奇害死猫

好奇,各种毒品都想试试。他仅仅 24 岁,却一脸生无可恋的样子,除了吸毒外没有任何其他人生乐趣。

访谈对象:个案 14,男性,24 岁,初中毕业,第一次吸毒年龄 17 岁,独生子女。

访谈地点:江苏省强制隔离戒毒所。

【调查者】 谈一下你的家庭情况。

【个案 14】 普通的农村家庭,没什么特殊情况。

【调查者】 你那时为啥不读书了?

【个案 14】 因为考试成绩不好。羡慕不上学。那时候喝药水,止咳露外面卖的那个。

【调查者】 你是怎么接触的?

【个案 14】 戒毒所出来就去溜冰的,吸白粉进去的。

【调查者】 你是怎么接触白粉的?

【个案 14】 通过朋友,朋友说有东西在玩,他说是白粉。白粉嘛,那我也玩两口。一开始是好奇,我不知道什么感觉所以去玩的。

【调查者】 你为什么后来玩冰毒了?

【个案14】因为好奇嘛，我知道白粉的感觉，不知道冰毒，总要尝试一下嘛，对不对？

【调查者】你玩那个什么感觉？

【个案14】浑身都舒服得不得了。第一次吐了。

【调查者】溜完冰干吗呢？

【个案14】上上网，在网上玩，就和平常一样，该干什么干什么。

【调查者】溜冰和吸白粉感觉有什么区别？

【个案14】不一样的感觉，不是一种感觉。两种对你身体起不同的作用，一种中枢神经，一种吗啡，肯定感觉不一样。

【调查者】朋友溜冰后都干吗？

【个案14】有的玩女人，有的，什么都玩。玩的时间长的就和正常人一样了，该干吗干吗，不是说要溜冰要好好准备准备，有的人天天溜，该吃饭吃饭该睡觉睡觉。很正常的，怎么不睡觉，时间长的，几个月天天溜，不睡觉还不死了，是不是？

【调查者】你溜完冰会不会有异常行为？

【个案14】有时候会自言自语。有的会变成疑心比较重的样子，很不相信别人，感觉自己被录像监控什么的。

【调查者】你觉得溜冰的日子怎么样？

【个案14】没什么高兴快乐的，你不玩毒品玩什么的，你找不到比这个更好玩的。

【调查者】你刚才说溜冰后发生性关系，你有吗？

【个案14】我没有。其他人会和其他吸毒的（发生关系），还有其他的人，比较少，有的玩了冰去嫖娼的，有的为了玩女人才玩冰的。

【调查者】你身边有没有人感染艾滋病？

【个案14】有啊。他也溜冰。他是男的。

【调查者】他还有没有继续和女生发生性关系？

【个案14】有的，他吃饱了就去嫖娼，他就故意的，死都要死的人了，活不了几年了。

【调查者】你为什么一直复吸？

【个案14】不知道干吗。

【调查者】你这次出去还会复吸吗？

【个案14】会的，肯定会的，我除了那个还能干吗。

【调查者】你回归社会后会找工作吗？

【个案14】不会。

【调查者】你认为戒毒最好的措施是什么?

【个案 14】换一个圈子。

【调查者】周围的人对溜冰的看法是什么?

【个案 14】反正我的朋友就没有不吸毒的。

【调查者】你觉得溜冰对你身体的影响?

【个案 14】头痛,刚开始吸毒一两个月,别的没感觉。

【调查者】谢谢接受采访!

深　渊

他自从跟女友分手后就一蹶不振,麻痹自己,从而跟毒品打上了交道——自此就是生不如死,浑浑噩噩过一天算一天。

访谈对象:个案 15,男性,24 岁,初中毕业,第一次吸毒年龄 22 岁,还有个哥哥。

访谈地点:江苏省强制隔离戒毒所。

【调查者】你可以先跟我说说你的家庭情况吗?

【个案 15】我家里面有父母,还有一个哥哥。

【调查者】那你家里关系好吗?

【个案 15】还好。

【调查者】那你的成长情况是什么样子的?

【个案 15】从小嘛,老爸老妈都出来了,我们本来是四川的嘛,到苏州这边打工,我在家里面我奶奶带的呀,差不多 12 岁,我父母就把我接到苏州这边上学,一直到初中上完,没上了。

【调查者】到初中之后有找工作吗?

【个案 15】有,上过一年吧,电子厂,还有那个模具厂,都干过,干过的也不少,加起来前前后后,差不多一年吧。

【调查者】那你可以聊聊你的恋爱经历吗?

【个案 15】我第一次,那时候,说实话,我是 17 岁,那时候也在常州监狱待过两年半,出来嘛就是到厂里上班,跟我女朋友认识的,那时候,反正差不多追了她半年多,才追到。一直差不多谈了几年,20 岁到 22 岁。因为她家里面不同意嘛,就是说我们不是一个地方的,她是安徽的,这样子就分手了呀,分手了之后么我上班也懒得上了,我就开始溜冰。

【调查者】你觉得爱情是什么样子的？

【个案 15】反正我感觉只要开心就行了，本来就是正常两个人在一起，就是开心嘛，其实怎么讲呢，这个东西我也搞不太清楚，反正只要两个人在一起，反正心里面高兴就行了。

【调查者】那对你一生影响最大的人呢？

【个案 15】就是我女朋友了。想想，想不通呀。我们一起谈了差不多两年多，也不是感情上面有问题，对不对，就是因为我们不是一个地方的，老家不是一个地方的，就因为这个原因分手了嘛。父母不同意。如果两个人合不来么也是正常的，因为这个问题呢反正是蛮想不通的。

【调查者】那你为什么不继续上学？上到初中就不上了？

【个案 15】哦，那时小，比较调皮捣蛋的，上着上着也不想上了，念不进去了呀。不想念了，为什么呢，因为我们小时候在家里面(老家)，我们小学从来不学英语的，我到苏州这边来上初中的，我小学毕业后到苏州这边上初中，这边他们就学英语，我就跟不上呀，英语跟不上嘛，念念，两年一念就不想念了。

【调查者】那你没有进来之前是怎么打发时间的？

【个案 15】天天就是上上网，基本上就是到游戏房里面去打鱼。

【调查者】打鱼是什么？

【个案 15】就是玩游戏，它们也相当于是一种赌博，赌博行为的，是一台大的游戏机，很多人一起玩，比如说一百块钱，一千分，这样玩的呀，你赢到了就可以有钱，是这样子的。反正基本上天天都是这样子，要不就是溜冰。

【调查者】那你平时一起溜冰的都是些什么人？

【个案 15】我基本上都是一个人，很少跟朋友玩的，就是我不喜欢跟人家一起玩。

【调查者】那你知道那些朋友大概是什么年纪的？

【个案 15】基本上是三十几岁，二十几岁的，反正基本上三十岁。最小的，我见过最小的十三、十四岁的也有。

【调查者】那他们都是做些什么呢？

【个案 15】也没事做呀，有的是在赌场里面混混，都是这样子。这个像溜冰的话没有钱是没办法玩的呀，玩这个东西肯定是要有收入的呀，你说靠着上班的话，你玩这个肯定是玩不起的呀。

【调查者】你比较熟悉的那些人，他们的家庭情况怎么样？

【个案 15】基本上我认识的也有老婆有小孩的，就大部分都没有结婚，结婚的人是少数。

【调查者】那你是怎么会接触这个冰毒的呢?

【个案 15】那时,也是跟朋友一起。那时我跟我女朋友分手之后,我基本上在家里面睡了两个月啊,睡了两个多月。唉,睡觉,天天就是,也就是玩电脑,为什么呢,因为晚上也睡不着,因为突然,本来是两个人在一起,突然就一个人,感觉家里面空荡荡的,就一个人在家里面一直上网,晚上上网,一直上到自己困,就是支持不了了,睡一会,不知不觉,就是说没有反应就睡着了,家里也有电脑,所以就在家里面上网,就是这样过了两个月。一个朋友到我那里玩,他就拿这个东西玩嘛,玩了后天天就是,天天玩,这个东西刚开始玩的时候也没有什么,就是刚开始玩的时候睡不着觉,然后又没什么。

【调查者】那你就是一个人玩吗?

【个案 15】我基本上就是一个人在家里面玩。

【调查者】那你就是问朋友拿了冰毒然后一个人在家里面玩,在自己家里?

【个案 15】我开始一段时间基本上都是在家里面玩。最后就是一个朋友带我去,就是打鱼嘛,打鱼,刚开始就是天天在家里面上网,最后就是去打鱼,打上鱼之后嘛,就是基本上每天晚上八九点就开始去打鱼,打到早上十点,回家,玩玩,吸吸,弄弄,好了就是这样子,基本上像我们休息很少的,基本上玩三天、五天再休息,睡一觉,就这样子。

【调查者】可以坚持得住这么久(不睡觉)吗?

【个案 15】可以啊,基本上像我们一般睡觉的话都是,比如说回到家里,感觉有点累了,往床上躺躺,就是靠在床上躺一下,就是不知不觉睡着的,都不是自己想睡觉了去睡的,都是不知不觉睡着的,基本上都是这样子。

【调查者】能坚持三天、五天不睡觉,那个冰毒吸的量会大吗?还是一点点就可以了?

【个案 15】我基本上吸得也不多,不像有的人他们吸得多,像我们,基本上我对这个东西,说实话,也不怎么(上瘾),每天就是没事干,回到家里感觉没事了,玩一点,又不是说像他们当饭吃一样的,也不是这样子,就是回到家里也无聊,上上网,没事,把那个冰毒拿出来,吸两口,就是这样子。

【调查者】就像是另一种打发时间的方式。

【个案 15】嗯,对。

【调查者】那你们就是主要只玩这个冰毒吗?麻古、大麻、海洛因之类的玩吗?

【个案 15】麻古有时候玩,基本上,我本来也听他们说过,海洛因这东西沾上的话不好戒,也容易上瘾,所以说这个东西(海洛因)我从来也不玩。大麻看过他们玩,没玩过,就是基本上主要是冰,麻古也是偶尔玩玩。有时候有的人玩这个麻古,就是跟冰混在一起玩。麻古玩得不多,因为麻古玩,那个身上香得不得了,所以我一般不玩麻古。麻古香味比较浓。很香很香的。

【调查者】那大麻呢?

【个案 15】大麻就跟那个烟丝差不多,这样子。

【调查者】那你溜完冰之后有什么感觉吗?

【个案 15】没,没什么感觉,我这么长(时间),差不多一两年玩下来,也没什么感觉,反正就是说,就跟以前的休息、生活规律不一样了,其他没什么反应。

【调查者】快乐吗?

【个案 15】没什么快乐不快乐,反正就是,怎么讲呢,每天就是重复同样的事情,也就是这样子,因为这个溜冰,就是说有时候人的思想比较集中,就是说干什么事情,就比较容易钻牛角尖那种,比如说做什么东西,他会做的,做好了他感觉还是不满意,还得(重复)做。像我们打鱼的话,一直打,打啊打,正常像我们如果说没有溜冰的时候打打,可能说能控制自己不打了,能走了,但是溜了冰,基本上就是这个一直在打啊打,就是这样的。

【调查者】溜完冰之后对身体有什么影响吗?

【个案 15】影响的话,我是,怎么说呢,影响倒没什么影响,我感觉就是说,我以前在外面的时候比现在瘦多了,我在外面只有一百二,进来嘛,反正,这个反弹很大的,我刚来戒毒所,刚抓的差不多一个礼拜,马上就长胖了,至少长了 20 斤左右。所以说这个,人嘛就很容易瘦的,瘦下来,很快的。

【调查者】那你觉得长胖是因为没有溜冰还是?

【个案 15】不是溜不溜冰,就是说我们在外面,我的生活规律很不一样的,所以说,只要天天打到鱼,我一天三顿饭的话,我就是说,有时候,基本上,每天晚上吃饭,中午、早上基本上都不吃的,有时候两天三天不吃也不饿,也是这样,所以说,总归没吃饭嘛,营养嘛总是不一样的,所以说人肯定会瘦的,还有这个休息,睡眠不足,肯定有影响的。其他嘛也没感觉,还有一个就是,这个大脑感觉有点反应迟钝,有时候讲话吧可能有点结巴了,如果说玩时间长了,感觉有时候比如想什么东西,本来想到的,一下子就忘了,有时候这个记忆力也比较容易下降的,容易忘事。

【调查者】那对心情有什么影响吗?

【个案 15】心情,这个就是说人嘛,就是说只要一遇到什么事情,就是说像平时吧,没有吸毒之前,有些事情,小事情啊,本来也无所谓,一玩冰毒,这个脾气很暴躁的,就是说这个溜冰的人脾气会非常暴躁,一点小事情就容易发火,很容易发火，一点小事情，一下子，不知道怎么搞的心里很火很火的，容易生气。

【调查者】你对父母发火的时候，你父母知道你是因为溜冰吗？

【个案15】我父母他们不知道我溜冰，因为我基本上不在他们面前玩的，我基本上回家，一个人把门关起来，这样子的。

【调查者】接触到冰之后朋友之间的关系怎么样？

【个案15】就是说反正我感觉很少（朋友），就是说我不爱跟人家一起玩，像我本来溜了冰之后就喜欢一个人待着，不喜欢跟他们一起，在外面比如像朋友逛街什么的，都不喜欢去，就喜欢一个人在家里面，要不自己去打鱼这一些，很少跟他们去交流的，要不在家里就是关着门，门都不出的，在家里。

【调查者】溜完冰之后除了刚才说的那些表现，还有什么表现？

【个案15】没什么，还有一个多疑，其他就没什么，这个疑心病很重的。比如什么事情就产生多疑，其他的没什么。

【调查者】那你觉得一起也玩这些的朋友，他们的生活快乐吗？

【个案15】他们感觉也差不多吧，反正就是这样子，每天基本上都是差不多吧，都是这样子。反正吸毒之后吧，吃亏的总是自己吧，就是这样子。我认识很多人，都是因为溜了冰之后，比较容易钻牛角尖，很多人都是因为溜了冰，比如说比较有钱，混得比较好的，也是不行了。像他们赌钱的，在赌场里面赌钱，本来平时吧，你说你输一万，你感觉今天不行，可以走了，但溜了冰之后你就感觉今天我肯定会赢回来，肯定会赢回来，你输10万也是这样子，他们很多人因为溜冰，赌钱也输了不少。

【调查者】那他们会不会知道自己就是因为溜冰才这样子？

【个案15】他自己知道呀，知道但是说这个他也控制不住啊。

【调查者】那就没有想过要戒掉吗？就自己来戒掉。

【个案15】其实溜冰呢，这个东西是不上瘾的，就是说玩也可以，不玩也可以，但是说每天吧，他感觉自己有这个条件，也没必要去戒它，你说是不是，就是这个东西也不犯瘾，不玩也是这样子。

【调查者】那你感觉一些溜冰的人之间男女关系乱吗？

【个案15】反正我自己哦，我自己反正不乱，怎么说呢，他们很多人比较乱的。肯定就是也有很多人，因为怎么说呢，他们有的人，因为有的人他玩这个东西，他的心里想法就不一样，像我们玩，纯属就是打发打发时间，像我们打打鱼这些，像他们有的人专门为这些事情（性行为）溜冰，肯定他们性质就不一样了。

【调查者】有没有人会找那些冰妹？那你认为溜冰会不会更容易感染艾滋病啊？

【个案15】有，有的。戴避孕套的话感觉，肯定跟不戴是不一样的，对不对？所以说有的人就是为了寻找这个刺激嘛，反正就是有的人就不戴，这个很多的。我想他们这样子瞎搞的话，肯定容易(感染病)的，说实在的，他们有的人，他们又不是说一个人两个人，他们有时候三个四个一起玩，肯定容易出事的。

【调查者】那你会找冰妹吗？

【个案15】我没找过，我本来，自从我跟我女朋友分手之后，我对这方面的事情也没怎么细想，说实话，也很少去想，每天就是上网上网，反正就是把整个思想麻痹在这个(上网)上面，也不去多想，我刚开始也是天天上网上网，因为把这个思想注意力集中到上网上面，我也不会去多想，所以像我刚开始时，我就不敢睡觉，为什么，我一睡觉，就感觉这个家里面少了一个人，不舒服，怎么睡睡不着，反而越想越兴奋，说实话，就是上网上网，上到自己非常困了，本来我电脑就放在我床面前，坐在床上，玩玩，觉得困了，有时候感觉一躺下来就眯一会，眼睛有点涩，眯一会，一下子就会睡着了。

【调查者】那你的身边有没有朋友感染艾滋病？

【个案15】男的，差不多四十多岁吧，因为是他自己说的(有艾滋病)，我也不太清楚，对不对，他们自己说嘛，这个东西也不好多问。

【调查者】他是因为溜冰吗？

【个案15】他以前好像是吸海洛因的，最后就是说，这个冰嘛，他们有的很多人，吸海洛因的人溜冰的话，他就是戒海洛因，他们有一种说法，就是说溜冰可以戒海洛因，是这样的。

【调查者】那你进来后有跟家里人联系过吗？

【个案15】有。

【调查者】那你的爸爸妈妈还有哥哥，有什么反应吗？

【个案15】反应倒没什么，反正一句话，自己在里面要听话，很不放心似的，还把我当成小孩子一样的，不要跟人家打架，反正就跟以前小的时候这样说我一样的。

【调查者】那你这一次进来强戒两年，你爸妈才知道的吗？还是之前就知道？

【个案15】之前拘留都不知道，因为我没跟他们说，因为我有时候去打鱼，有时候三天两天不回家，也正常，像十天半个月，像我家里面见不到人很正常的，像我以前那时候，刚刚下学的时候跟朋友出去玩，两三个月家里面见不到人也很正常的。像我老妈，我第一次去坐牢的时候，我老妈就说了，其实坐牢也好，我一个月可以去看看他，在家里嘛我两个月见不到人的，不知道跑到哪里去了。

【调查者】你感觉溜冰好戒吗?

【个案 15】这个么,怎么说,只要不玩,这个东西不玩,人也不会说哪里不舒服,也一样的,所以说这个东西戒很好戒的,怎么说呢,就跟抽香烟一样的,你不抽香烟也能过,但是你要看着人家抽香烟,那心里面就不舒服,就是心里面有点痒痒的,就是这样子,如果说自己要不玩了,就是说跟以前这方面的朋友就不要去接触了,因为接触吧,总归是走在一起,哪天他比如说,他玩的时候,他顺便带上两句话,要不要玩两口,要不要玩两口,刚开始吧还行,多说两遍,心里面想想,溜两口也没事,就又溜上了,所以说,如果说要戒这个,就跟以前这方面的朋友最好就是不要接触了,也很容易戒掉的。

【调查者】那你平时接触的周边的人,社会上对溜冰有什么看法?

【个案 15】溜冰么,就是说跟这个吸海洛因不一样的,因为什么,这个冰,他这个就是说不像吸海洛因,他不吸了心里面很难受的,这样溜冰嘛,总归他们想法也是差不多,就是说这个冰嘛,溜了也没什么大问题,就是说对身体肯定多少有点影响,比如说这个大脑,他们有句话怎么说的,他们很多人说,这个溜冰到最后都是呆子,他最后都是神经病,时间一长么,时间长就跟神经病差不多,所以说他们都说溜冰的人都是不正常的。

【调查者】他们会歧视溜冰的吗?

【个案 15】这个,我想想,这个应该说没什么(歧视),我又不是说干什么坏事,这个东西怎么说呢,总归说又不是说犯了很大错误,这个东西只是,也没什么,我想想应该是这样子,但是别人想法肯定是跟我不一样的,对不对?很简单,反正我也感觉,比如说我出去了,我也不怕人家歧视我,为什么呢,因为我自己走我自己路,我不需要人家去看,你说对不对,既然已经是这样子,如果说人家歧视我,我感觉心里面哪里不舒服,这不是自己给自己过不去嘛……人家说这是不管他是白猫还是黑猫,只要能抓老鼠就是好猫嘛,不管我现在混得怎么样,我到最后如果有什么成就,那不一样的嘛,对不对?总归说人嘛总有做错事情的时候,到最后是好的就行了,不可能说一个人一直坏到底,那就没办法了。

【调查者】你刚才说的溜冰最后会变成呆子、神经病之类的。

【个案 15】这就是说他们因为这个冰毒是化学产品,容易对大脑神经造成损害的。时间长了之后,这个人大脑反应迟钝,还有就是多疑,很多事情就是容易去多想,比如说平时你说一句话,他如果没留心,他不会去多想,如果他溜了冰,他就会想这个问题,他在想,想想感觉你有什么其他意思在里面,所以说人多疑,一旦这样子他时间长了,总归要变成神经病的。

【调查者】那大概多久?

【个案 15】 这个讲不清楚，真的，有的人，我见过他们玩了十几年，也没事啊，玩这个东西也要心态调整好，心态调整不好，总归说肯定(神经病的)。

【调查者】 在戒毒所里有什么难忘的事情？

【个案 15】 到这边来，我想想也蛮好玩的，我一个朋友在外面也吸毒，正好我进去差不多三天，我一个朋友进来了，正好跟我关在一起，我们俩聊天，因为我们俩还认识一个朋友，我们天天就在说我们那朋友别也进来了，最后我们说了三天，他真的进来了，感觉蛮好玩的，他出去差不多一个多月，进来又到这边来了。其他也没什么事情，就是我感觉这边的领导还是比较不错的。

【调查者】 那你认为自己活着什么最重要呢？

【个案 15】 我现在没什么重要的，我感觉，其实活着跟死了没什么区别，现在像我们说实在的，没什么方向目标了，就是一天一天过吧，过吧，过完了就算了，没什么想法，说实在的现在有什么想法，没什么想法。

【调查者】 那你觉得活着好还是死了好？

【个案 15】 没什么区别，真的。

【调查者】 那让你选择你觉得活着还是死了呢？

【个案 15】 死，我死了更好，这真的没意思。这个人活着总归要有个目标，我基本上没目标，我不知道我为什么活着，我活着干吗呢，叫我自己去死，我肯定也不愿意。反正感觉活着也没多大意思，反正，哎呀也就是老爸老妈还在，没办法。

【调查者】 那你刚进来这里有什么想法吗？

【个案 15】 也没什么想法，反正就是这样子，熬吧，一天一天熬吧，总归熬到2015 年还是回家。

【调查者】 那你感觉进来对你们戒毒有效吗？

【个案 15】 效果肯定有，怎么讲呢，这个人，他要玩，两年戒完之后他出去还要玩，很简单的。有很多人，两年出去，我见到的好多了，出去有的十天半个月又回来了，两年出去，就是循环，有的人出去进来的差不多十年，出去在外面待的时间加起来没有一年，就这样间隔间隔间隔，出去两三个月又进来，出去两三个月又进来。这个说实话到这里来，你说环境再好，总归说干什么事情都不能随着自己的想法，不管是什么的，都没有外面好，总归想想，如果说让我再出去的话，我肯定不吸。

【调查者】 那出去再进来那个刑期会不会加长？

【个案 15】 也是两年，现在，因为这个吸毒嘛，强戒都是两年，也没有什么加长不加长的。

【调查者】 那你待在这里感觉怎么样？

【个案 15】 还好，反正怎么讲呢，心情不好也要过，心情好也要过，总归也没什么烦心的事，每个月打两个电话，问问家里面，没什么事情嘛，总归说心里面没什么多想的，天天干活，干完反正也没什么烦的。这个戒毒基本上都是呆满两年回家的，很少减的，所以，他们对这个看法比较大的，如果说他们表现好的，可以减期两个月三个月，都有(努力)方向的，像现在他们就没有方向。

【调查者】那对出去以后彻底戒掉冰毒有信心吗？

【个案15】这个我肯定有信心，我本来在外面我不玩也就不玩了，不管怎么样，我可以控制住自己不玩，但是自己有时候感觉没必要，没这个必要(控制不玩)，但是自己吃了这个亏，(强戒)两年嘛，待着不好过，出去后肯定不去玩这些东西。

【调查者】那你认为禁绝毒品最主要在哪些方面呢？

【个案15】这个么我想想，其实，说实在的，禁毒，你看往往抓到的都是吸毒的，是不是，很难抓到几个贩毒的呢。说实在，你说我不吸毒，他就没得卖了，如果说没得卖了，我上哪去吸啊，对不对？总归说，总归说这个东西都是寻找根源，对不对？很简单的道理，你说你把吸毒的抓光了，没得用啊，他贩毒的还在，总归说还有人吸，如果没有贩毒的了，那他上哪去吸啊。

【调查者】谢谢！

圈　子

他因吸毒行为而自卑，不敢跟人接触，好朋友越来越少，最后身边都是毒友……

访谈对象：个案16，男性，24岁，初中毕业，第一次吸毒年龄19岁，还有个哥哥。

访谈地点：江苏省强制隔离戒毒所。

【调查者】你可以先谈一下自己的家庭情况吗？

【个案16】家庭里还有哥哥，父母都在呢。

【调查者】你父母是干什么的？

【个案16】我父母是开水果市场，在家卖水果的，生意还可以，哥哥大学毕业了，在工作。

【调查者】那你可以说一下你的成长情况吗？

【个案16】我从小父母就不在家，在外面做生意，然后我和奶奶在家生活，读书读到初中就不读了，后来就出去了，到了2008年，周围朋友都在玩这个。

【调查者】那你现在的婚姻恋爱情况是什么样子的?

【个案16】我没结婚呢。有女朋友。现在不知道怎样了。

【调查者】那你觉得你对爱情啊,婚姻啊的观点是什么样子的?

【个案16】还没什么,没考虑,在外面只想着玩游戏,感觉自己还小。

【调查者】有没有对你一生影响比较大的人啊?

【个案16】父母,我哥哥吧,我哥哥。小时候,我学习成绩也挺好,然后我哥读书的时候,我们一起读书,差不多大我三岁,反正一直对我期望挺高的,后来我不上学了,一直没给家里讲,然后出去了,我哥挺伤心的。

【调查者】那你成绩挺好的怎么就不上学呢?

【个案16】好玩,想玩。天天就玩,玩了就睡了,浑浑噩噩的。大概这样持续了一年多。

【调查者】你平时一起溜冰的都是什么人啊?

【个案16】就是周围的朋友。跟我差不多大吧。干什么的都有,有的有工作,有的是自己做生意的,开店的都有。

【调查者】那你是有工作的吗?就是在溜冰的那段时间。

【个案16】我和朋友开了个小店。

【调查者】生意好吗?

【个案16】还行吧,后来也没心思弄了。我一溜冰人就会特别懒。

【调查者】生意挺好怎么就没把心思花在经营上,怎么会去接触冰毒呢?

【个案16】朋友,周围朋友拉下水的。

【调查者】就他们主动来找你吗?

【个案16】我一个朋友结婚,当时去喝喜酒,好多朋友都来了,然后还有从外地过来的,当天晚上就没有走,开了房间在那边玩,打牌,几个朋友在那边玩,开始叫我玩,我不玩,后来感觉也没什么,特别有面子的那种感觉,要是不玩就没面子似的,弄了两口,一弄不可收拾,心瘾。一接触那个圈子,你就很难脱离那个圈子。其实进来了倒没什么,生理上没什么感觉。

【调查者】那你们平时溜冰都是怎么玩的?

【个案16】就是烫吸嘛,用冰壶。三三两两朋友,有时候在家里,有时候在苏州那边租的房子嘛,有时候开房间。我倒没什么,有的朋友开着车子的在车里都溜。

【调查者】在车上都溜,那溜完冰对开车有影响吗?

【个案16】肯定有影响,你看现在,现在溜冰的抓到了吊销驾照呢。

【调查者】那他在车上还溜冰,就不害怕出事故吗?

【个案 16】谁想这些。其实嘛，就因为开车开时间长了，在车上，溜完两口就不困了，有精神了。

【调查者】那溜完冰之后有什么感觉？

【个案 16】疯了一样，三天三夜，两天两夜不睡觉，很正常，一个礼拜不睡觉也正常。就是说你打牌，三个人溜了冰在那里打牌，打一天一夜感觉不到。

【调查者】就是一点点就可以这么久？

【个案 16】玩个十口吧，十口差不多，就那个样子。

【调查者】那感觉快乐吗？

【个案 16】怎么说呢，我现在感觉，我感觉就是受罪，玩这个花钱买罪受。就是当时那种，他们说玩的就是个过程，就玩了个过程，玩过了特别痛苦，就是特别痛苦，感觉胸闷啊，睡不着觉，一闭上眼睛特别有精神。

【调查者】那除了精神之外，对身体还有什么影响吗？

【个案 16】肯定有影响的，你一个人不睡觉、不吃饭，身体哪吃得消啊。

【调查者】那你觉得溜冰对大脑，脑子有什么影响吗？

【个案 16】有。周围几个朋友都溜成神经病了，疯疯癫癫的，也不是神经病，就是自己不知道自己天天在干什么。比如说两个人，我们两个都溜的话，我们两个感觉不到，外边人看了，一眼就看出来了，就是说话语无伦次的。会刺激大脑的，记忆力明显地减退。

【调查者】那心情会变化吗？

【个案 16】也会，开始很兴奋嘛，后来脾气越来越暴躁，跟人溜了半年冰，脾气肯定会变暴躁，如果两个人在一起，两个男女朋友在一起，溜了冰之后，肯定要每天吵架，很正常的。钻牛角尖。

【调查者】溜完冰其他人的表现？

【个案 16】都差不多，我感觉都差不多。溜完冰就是经常几个人在一起打牌，一打一天一夜，两天，很正常。打牌的时候兴奋，一天一夜感觉不到就过去了，很 high。

【调查者】那有没有人会有比较怪异啊，过激的行为？

【个案 16】有，跳楼的也有。幻觉一样，我听他们讲，我没有这种感觉，他们讲容易出现幻觉，感觉谁都在杀他这个人，要干吗要干吗的。

【调查者】那你感觉就是跟你在一玩的，那些朋友没进来之前的生活快乐吗？

【个案 16】陷在其中肯定感觉快乐的，现在想想那种日子真是没有个盼头，没意思。

【调查者】那你就是这一次怎么会被抓进来呢？

【个案 16】这一次朋友点的(举报)，我朋友欠我钱，我去要钱的，然后他报警了，让我在家等着，他去取钱了，然后三分钟警察就上来了。人一溜冰，没人性的。

【调查者】那你感觉溜冰的人之间一些男女朋友关系乱吗？

【个案 16】很乱。我周围的人还好，我看着有时候去酒吧那种地方玩，像疯子一样。我朋友在那边开酒吧，我有个小股份里面，天天到那边去。

【调查者】那就是有没有溜完冰后的那些男女，他们会不会发生一些比较混乱的性行为？

【个案 16】也会。我接触的不多，反正，经常听他们讲。也有人会找冰妹什么的。

【调查者】那你认为溜冰会不会感染艾滋病啊？

【个案 16】我们对这些了解得很少，然后谁又会那个，在外面，谁会在乎这些，谁会在意这些，本身防范意识就差。

【调查者】那你那个平时接触的那种周边的那种人，对溜冰有什么看法？他们会歧视溜冰吗？

【个案 16】他们会不会歧视不知道，但是我们自己，溜冰的人本身心里就自己歧视(自己)，就自卑。到哪里，比如说，你不溜冰的话，朋友结婚干吗的，摆喜酒干吗的，到那边你会喝酒的。自从一溜了冰之后，因为结婚或者办喜酒之类的，你到那里，封了礼就走了，在那吃饭都不好意思吃，其实人家倒没什么，你自己感觉的(自卑)。整天疑神疑鬼的。曾经溜了冰，我自己在一个房间里玩了三个月，门都没出，在家。一次门都没出，疯了一样的。在家就天天在家上网，吃饭打电话叫，三个月，整整三个月。我想试试自己到底能撑多久。

【调查者】就是因为溜冰吗？

【个案 16】也不是单纯的溜冰，也是因为女朋友走了，当时，女朋友，她不理解，她本来不知道嘛，后来一知道我吸毒，吵了一架走了，我心里挺伤心的。

【调查者】然后怎么改变了那三个月的生活？

【个案 16】也是因为输钱输得厉害，在网上赌钱嘛，当时，三个月大约输了有二十几万，后来再这样下去不行了，找我电话关机，我电话都被打爆了。朋友找你，家里也找我，我妈也找我，我在外面一个礼拜最起码给家里打个一两次电话，然后那三个月，一个月打一次电话，这几个月，后来我妈急了，来找我。

【调查者】那在这里面什么感觉呢？

【个案 16】度日如年的感觉。后悔啊，真后悔，肠子都悔青了。

【调查者】你认为自己活着什么最重要?

【个案16】快乐。吸毒找不到那种快乐,像电视里,这里面(有电视看),在外面很少看电视的,进来看看电视,感觉里面那种天伦之乐也蛮好的,跟家里人玩的,想出去找个老婆,生个孩子。

【调查者】那你刚进来的时候心里有什么想法吗?

【个案16】我太后悔。感觉害怕。不是那个害怕,不敢想,我都想不通自己怎么这样,我从小思想,我家里人给我灌输的思想,反正就是一个吸毒、一个赌钱不能碰,后来两样都碰了,想不通。

【调查者】那你感觉进来这里对你们戒毒有效吗?

【个案16】看什么人吧,一个人的心,我感觉对我有效,哪怕两个月都有效,我感觉,这种失去自由的日子,用什么也不能换,自由。

【调查者】那在这里心情怎么样?

【个案16】心情现在好多了,开始的时候有点紧张,生活得太紧张了,因为,这里的生活节奏太快了,主要是吃饭,和我读书的时候一样,吃饭,宿舍,然后就是那个生产。

【调查者】在这里戒毒有什么感受?

【个案16】我没想过这是戒毒的,我就感觉失去了自由,我戒毒很简单,不需要用什么药物,你把我控制起来几个月,我就感觉到戒毒了,我要戒毒,吸毒吸不起了。

【调查者】那你出去之后还有什么打算吗?

【个案16】打算太多了。这毒是不能再吸了,肯定。然后出去看看店怎么样了,朋友那边,因为还有朋友在外面嘛,当时开个小酒吧,开了以后我还投资了点钱,回去看看吧,以前所有收入干点正当事,找点正当生意做做,这样下去就废了。

【调查者】那你对出去以后戒掉这个有信心吗?

【个案16】有信心。不敢碰了,人生有多少个两年可以挥霍啊。

【调查者】那你觉得在禁绝毒品方面,就是主要是哪些方面可以禁绝毒品呢?

【个案16】他这个治标不治本,抓吸的有什么用,抓贩的肯定有用。

【调查者】那你吸毒之后跟朋友之间的关系有什么变化吗?

【个案16】有,明显感觉,周围朋友越来越少了,尤其好朋友越来越少了。开始劝(你不要吸毒),后来慢慢地看看也没那个(劝也没有用),人家说近朱者赤,近墨者黑,太对了,早晚的,就是说你吸毒,我不吸毒,和你一起时间长了,肯定被你拉下水了。

溜冰是一种时尚

在他看来溜冰是混社会的时尚标签，不是毒品，跟海洛因是不同的。

访谈对象：个案17，男性，27岁，高中毕业，第一次吸毒年龄20岁，还有个妹妹。

访谈地点：江苏省强制隔离戒毒所。

【调查者】你可以先说一下你的家庭情况吗？就是父母兄妹之类的。

【个案17】父母都在，有一个妹妹，父母都是个体户。妹妹大学毕业，现在参加工作了。家里的关系都挺好的。我的童年基本上都蛮开心的，小时候都一直生活得蛮好。

【调查者】那你可以说一下你的成长情况吗？

【个案17】成长情况啊，就是我属于那种叛逆的青年，高中毕业之后就一直在社会上混混，然后家里人其实对我帮助也挺大的，但是这么多年了，只能说自己那个，自己太不听话，太不懂事了，然后到后来变得，我不知道怎么说，反正就是毒品这个东西，我现在感觉对我们的危害是挺大的。

【调查者】你现在的婚姻恋爱是什么情况？

【个案17】我没有结婚，有个女朋友。我们俩是高中毕业之后，嗯，都是同学嘛，高中同学，然后毕业之后，然后我俩就在一起了，差不多在一起六七年了吧。

【调查者】那你在你成长过程中有什么让你记忆深刻的事情？

【个案17】也还好吧。都没有，我印象最深的就是去年也是我们一起从小长大的朋友，他是因为吸毒，然后就是去年过年的时候死掉了，这是这么多年，发生最大的一件事情。

【调查者】他是因为吸毒而死掉的吗？

【个案17】对，因为吸毒过量了，他是海洛因。

【调查者】那你念到高中为什么不继续上学了呢？

【个案17】我是生活在小县城里面，我们那个县城不太大，反正就是我属于那个叛逆青年，高中，读高中其实都是父母的意愿，然后我去读的，所以说高中三年混毕业了，我就步入社会了，混社会去了，本来就不想读这个高中，到后来，唉，那时成绩也不怎么好，高中这三年都是混下来的，就没有想过再要读书，反正就步入社会了嘛，就算我大学毕业，也不是高材生。

【调查者】那你没有进来这里之前是怎么生活的？

【个案17】反正一天就迷迷糊糊过去了，我在外面没有单位的，就是每天也就混混玩玩，反正就是社会上那个圈子，哦……和朋友一起开开赌场啊，就是放高利贷啊这些事，反正不务正业。

【调查者】那个开赌场和放高利贷是工作的一部分吗？

【个案 17】对于我来说的话，那就是我的工作。

【调查者】那你平时一起溜冰的都有些什么人呢？

【个案 17】我感觉吧，什么样的人，我身边就是溜冰的，什么样的人都有，工作的，单位上的领导啊，还有，派出所的民警啊，公安局的警察啊，都有，层出不穷。

【调查者】大概都是什么年纪的呢？

【个案 17】基本上都是 20 岁以上吧，50 岁以下，年纪最大的一个我还记得是 53 岁，我们一起还溜过冰的。

【调查者】那你是怎么会接触这个冰毒呢？

【个案 17】怎么接触的冰毒啊？我是在家里面，那时候就是，我们在家里混社会嘛，跟着一个老大，然后那时候我老大有一帮朋友从广东回来，然后第一次就带着冰毒，那还是好多年的事情了，我都快不记得了，反正就是，就这样接触到了，后来我们那里，就是(溜冰的就多了)，说不上来了。

【调查者】那你平时溜冰都是怎么玩的呢？

【个案 17】都是和朋友一起，从来不是一个人玩，一个人玩没意思。就是自己的房子里面嘛，要么就是宾馆里面嘛，也就这两种地方。除了海洛因，其他的什么冰啊，麻果啊，大麻啊，我们都玩。

【调查者】那你自己溜完之后有什么感觉吗？

【个案 17】感觉嘛，就是上头啊，感觉就是脑袋里面产生幻觉了，感觉就舒服了。

【调查者】快乐吗？

【个案 17】有时候快乐，有时候也痛苦。

【调查者】那对身体有什么影响吗？

【个案 17】对身体，时间长了，我也说不上来，反正就感觉，首先就感觉自己堕落了，好多事情不想，不想去想，也不想去做，哦，就是，时间长了感觉人都傻掉了，不会去思考问题了。如果像那种专业的(吸毒的)，时间太长的，(溜冰)七八年、十几年的那种人，估计迟早会变傻子的，人会傻掉的。

【调查者】那个身体上有什么反应吗？

【个案 17】身体上什么反应啊？这个怎么回答你呢，反正就是长痘痘啊什么的，那些东西啊，然后人瘦啊，吃不下饭啊，睡不着啊，睡觉就，大战三天三夜啊，三天四夜，反正是这样，混时间嘛慢慢。

【调查者】 那个心情呢？

【个案 17】 心情啊，就是溜完冰之后有时候它会产生幻觉，知道吧，就是感觉自己在天上飞啊什么的，有时候就突然心情稍微有点受外界的影响，又感觉突然一下往下面掉，就像掉到十八层地狱那样，一直往下面掉，反正就是这个东西有时候开心，有时候快乐，有时候也痛苦。

【调查者】 那就是溜冰之后，你还知道其他人有什么表现行为的吗？

【个案 17】 因为在一起玩，这个有时候是互相的，哦，有时候你会知道别人溜完冰之后做出来什么事情，但是，有时候自己做的事情自己都不知道，但是别人知道。

【调查者】 那你知道一些别人会有的行为吗？

【个案 17】 说严重一点的，就是我看的最多的就是溜完冰之后产生幻觉，然后跳楼自杀啊，这种情况挺多的。比如说他说外面有几十个警察要抓他啊，或者有上百个人在下面砍他呀，他就要跑啊，要跳楼这样的，太正常了，太多了，这样的情况。

【调查者】 那你感觉就是跟你一起玩的那些朋友，这样子的生活快乐吗？

【个案 17】 我感觉这不快乐，但是时间长了属于一种精神寄托，就是感觉也是一种依赖，感觉没有那冰，不吸两口，不产生幻觉，不那个的话感觉浑身都没意思。

【调查者】 那你感觉一些溜冰的人之间男女关系乱吗？

【个案 17】 乱得很，特乱的。也有找冰妹的。

【调查者】 你身边有没有朋友是感染艾滋病的？

【个案 17】 有。他是海洛因嘛，注射，嗯，不知道什么原因，他现在就是艾滋病患者，因为他们的传播途径很多，有可能共用注射器啊什么的，有可能感染的，也不一定，不一定是和别人发生性关系。

【调查者】 那你进来之后家人有什么态度吗？

【个案 17】 感觉家里人对我都挺好的，每次打电话回去，除了关心还是关心，就是感觉我这次强戒，怎么说，家里人应该挺高兴的吧。因为吸毒，在外面吸毒这么多年了，家里人也帮过我不少，就是每次戒啊，戒完之后我又复吸啊，然后我家里人始终没有放弃我，始终在帮我，就是说，这么多年，一直在帮我，就围着这个戒毒这个事，这次被抓了么，在这两年，估计就是说生理上肯定是戒掉了，肯定会脱瘾，但出去之后还会不会复吸，这个不一定，就是说我发自内心地，不想再碰这个东西了，没意思，没意义。

【调查者】那你就是平时身边的人对溜冰有什么看法吗?

【个案 17】现在这个社会感觉,外面的人对溜冰的话就是,感觉时尚嘛,所以在外面,比如说年轻人,在外面混混的年轻人,感觉十个里有九个半都是溜冰的。

【调查者】他们那些不溜冰的人,会歧视溜冰吗?

【个案 17】我认为社会上的人都不歧视。不歧视,除了毒品。比如说你在社会上,没事溜溜冰啊什么的,和别人开玩笑这样说的话,别人不会有那种异样的眼光,但是如果你说你是吸海洛因的,白粉啊,打针什么的,你这样说的话,别人肯定对你的看法都不一样,会有那种异样的眼光,因为溜冰感觉就是时尚,这个不是我的错(我没有错)。溜冰不算是吸毒。

【调查者】那你认为自己活着什么最重要呢?

【个案 17】我没考虑过,我现在就是把自己的心态调整好了,每天过得开开心心的,就是日子总归要过的,所以说用这两年的时间,好好把自己的身体养一养,就是说在这里面,本本分分、老老实实的,就是说把这些问题想清楚,出去以后好好做人,重新做人,不要再碰这个毒品了。

【调查者】对自己的人生有什么看法啊?

【个案 17】我感觉我现在真的很迷茫,不知道自己有什么理想,不知道自己有什么事自己能做,至少我现在就是说在这个环境下,在这个情况下,我能做的,能想的就是,好好度过这两年时间,让自己调整一个好心态,然后出去,重新回到社会,然后再考虑该做什么,能做什么。

【调查者】那你刚刚进来这里,心里有什么想法?

【个案 17】感觉还好吧,因为以前我身边的朋友就是说过太多了,我看里面,我感觉这里条件蛮好的,就是说生活环境,其实混混也蛮好的,感觉一点也不苦,一点也不累。

【调查者】那你感觉进来对你们的戒毒有效吗?

【个案 17】对戒毒有没有效啊?这个东西,毒品这个东西,本来最重要的就是心瘾,只要自己把心态调整好了,也没有什么重不重要,因为生理上没有反应,我们跟正常一样的,没看见有人身体哪里不舒服,都是好好的。

【调查者】那你觉得在这里面最需要什么呢?

【个案 17】物质上面的东西,不现实,嗯,最重要的估计,我认为就是关心吧,如果比如说我的女朋友啊,父母啊,我打电话过去,他们能安慰一下我,问一下我,就是说给我一点关心,我估计,我认为这是最重要的、最有用的东西。

【调查者】会脱离原有的那个圈子吗?

【个案 17】嗯,反正就是出去之后肯定就是做正行,不会再像以前那样去混混，吸毒啊什么的。就是说我发自内心的，肯定不想接触那些东西了，应该那个(戒毒)的。

请不要抛弃我

从小父母外出打工，他成了留守儿童，早早辍学混社会，他不想被抛弃，希望社会能给他一个生存的空间、工作的机会。

访谈对象：个案 18，男性，23 岁，上到初一，第一次吸毒年龄 22 岁，还有个姐姐。

访谈地点：江苏省强制隔离戒毒所。

【调查者】我们是南京××大学的，做有关戒毒的研究，想通过跟你的谈话了解现在社会上溜冰的情况，您的信息都会保密，然后需要录音，也不会泄露您的信息，可以吗？

【个案 18】行。

【调查者】可以先说一下你自己的家庭情况吗？

【调查者】父母都是做些什么的？

【个案 18】务农。姐姐也出嫁了。家境情况一般般。

【调查者】那你可以说一下你的成长情况吗？就是从小到大发生的事情。

【个案 18】从小就是，在我七岁的时候，我父母就出去打工了嘛，然后我就跟着我姑妈长大，然后等到上了初一，就辍学不上学了嘛，然后跟父母在一起的时间也少了。

【调查者】那你现在有谈恋爱吗？

【个案 18】有谈了。现在不做生意了，刚怀孕，我进来的时候。

【调查者】那她知道你吸毒吗？溜冰吗？

【个案 18】知道。肯定有反对啊，反正想管也管不了(我)。一开始么，反正她劝了之后我当着面反正就说以后不玩这个东西了，然后背地里还是在玩嘛。

【调查者】那你就没有想过为了她而不溜冰吗？

【个案 18】其实中间戒过一段时间，然后就是过年的时候，然后戒了有两三个月，然后这个圈子嘛，反正都是，朋友都在玩这个东西，每天嘛，都是，像我们在外面，都是在赌场里面，跟人家生活都是颠倒的，也得融入这个圈子吧。

【调查者】那你想过要结婚吗？

【个案 18】没有，没打算结婚。

【调查者】那你女朋友不是怀孕了吗?

【个案 18】是的。但是三十岁以前应该不考虑结婚。

【调查者】哦,那你会跟你现在的女朋友结婚吗?

【个案 18】差不多应该会。

【调查者】那你在从小到大成长过程中,你有什么记忆最深刻的事情吗?

【个案 18】像我辍学之后反正就在社会上这样玩啊玩,反正就被人家称为地痞、流氓之类的,反正像我们这种人,也没有什么印象深刻的事情了。

【调查者】那你为什么不继续上学,要辍学呢?

【个案 18】没意思啊,那时候父母又不在身边,又没人管教,然后自己也在县城里面上学嘛,然后成绩又不好,考试从来没有考过 40 分以上,我一个同学,我们俩一起辍学的。然后辍学以后反正就在外面玩嘛。

【调查者】那你没有到这里来之前是怎么过日子的?

【个案 18】天天除了玩东西(溜冰),就是赌场里面赌博嘛。如果说不进来的话,现在就开始做阳澄湖螃蟹了,像阳澄湖季节结束后,我们九个月时间都是在玩的,只有三个月时间是在做生意。

【调查者】那除了玩啊,溜冰,还有什么其他活动吗?

【个案 18】除了溜冰,还有赌博之外,像我又不喜欢去那些娱乐场所玩,基本上都是待在家里面。

【调查者】那平时一起溜冰的都是些什么人啊?

【个案 18】基本上都是这个圈子里面的人啊。反正都是比我大的,没有比我小的。最大的 40 多岁吧,50 多岁的样子。

【调查者】他们都是做些什么的,工作什么的?

【个案 18】以赌为生,放高利贷为主。

【调查者】就全都是这样,没有其他的工作?

【个案 18】基本上都是做这些的。

【调查者】那你是怎么接触到冰毒的呢?

【个案 18】刚开始的时候嘛,就是一起天天赌钱,然后像我们白天的时候基本上都是在睡觉,晚上才出来,一赌钱赌到深夜的时候没精神,然后干吗的,朋友都在玩这个东西,所以说慢慢地慢慢地,接近这个圈子了嘛,所以就沾上这个东西了,你想退出这个圈子,那别人就会排斥你,一样的对不对?像我们几个都在玩,然后有一个人不玩了,就会互相猜疑,这个人为什么不玩,他有什么目的,或者有什么的(当卧底?)。也算是慢慢融入他们吧,刚开始的时候,又什么东西都不懂,慢慢地开始看他们在怎么玩,学着嘛。

【调查者】那你平时溜冰都是怎么玩的？

【个案 18】怎么玩啊？就是用锡纸嘛……基本上我就是和一两个要好的朋友在一起。基本上都是在宾馆里面，在自己家里面很少。

【调查者】那你们主要是玩些什么？

【个案 18】冰毒。

【调查者】还有什么麻古啊，大麻、海洛因之类的玩嘛？

【个案 18】海洛因也不玩。就只玩冰毒。麻古那东西玩了没有意思，那只是加上去之后有一点香的味道，其他东西又没有了。

【调查者】那麻古本身有那个瘾吗？

【个案 18】没有瘾吧，应该，像溜冰也没有瘾，只是心瘾而已，知道吧，如果说你自己天天一个人，你换个环境，然后换个陌生的地方，你联系不到这个东西了，你慢慢地也就不去想这个东西了，对不对？你像溜冰进来的人，你说在里面犯瘾的人有吗，没有一个人犯瘾的，只有那种静脉注射的人才会犯瘾，对不对？

【调查者】那你就是溜完之后有什么感觉呢？

【个案 18】刚开始溜的时候就是睡不着觉，然后就是最后溜得，不溜睡不着觉。

【调查者】快乐吗？就是溜完之后或者溜的过程中？

【个案 18】其实说溜冰只是享受那种过程，其实溜冰也没什么东西，只是说那个过程，然后自己坐那里，自己开始做壶，还有就是弄锡纸啊，然后就是慢慢地看着那，用打火机一烧，然后顺着那个锡纸往下，往下结成晶状物嘛反正，只是那种过程，其实溜完冰之后身体就是很累的，说实话。

【调查者】那溜冰对身体有什么影响吗？

【个案 18】浑身感觉乏力，头皮麻的，然后就是大脑反应稍微迟钝一点，对肾影响最厉害吧。脾气好像变得暴躁一点，情绪那个波动大。

【调查者】你除了自己这种溜完冰后的反应之外，你还知道其他的一些人会有什么表现和行为吗？

【个案 18】这也是因人而异吧，反正。我也是见过的，然后就有些人出现幻觉嘛，有些人就话比较多，就是溜完冰话比较多，有些人溜完冰就是自己坐在那里发呆，然后就玩手机，有些人也不爱讲话的，有些人还容易出现幻觉。

【调查者】那有听说过吗？

【个案 18】听倒有过，我听我朋友讲的，然后他朋友弄那个手提电脑嘛，手提电脑前面不是有个前置摄像头嘛，然后他有时候跟公安系统联网的时候，他说在监视他呢，然后自己拿着刀跑到派出所门口，过来一个就要把人家砍死掉。

【调查者】那你觉得跟你一起玩的那些朋友,这样子的生活快乐吗?

【个案 18】不快乐,很乏味的,说实话。不过其实怎么讲呢,也是没办法,像我们,是吧,只有阳澄湖季节的时候三个月有生意做,其余的时候都是在玩,这个东西,我们又天天赌钱,在赌场里面,你说这个东西要是不玩的话,人家都很有精神地坐在那里赌钱,只有你自己在那边打瞌睡干吗的,对不对?

【调查者】那就没有想过另外九个月去哪边随便打打工什么的吗?再赚点钱。

【个案 18】我长这么大,一天班都没上过。

【调查者】那你那个螃蟹是怎么管?是你自己管吗?

【个案 18】基本上就是从高淳啊,太湖那边,反正阳澄湖螃蟹都是骗人的嘛,都是从那边拉过去,然后放到阳澄湖里面水泡一下,然后再捞上来,就成阳澄湖螃蟹了嘛,低价买进,高价卖出去嘛,反正就这样。

【调查者】那你那些朋友他们觉得他们生活的快乐吗?

【个案 18】都感觉没意思,说实话。

【调查者】那你是怎么会被抓进来的?

【个案 18】第一次是在上海,下高速时,那时候(开车)没有驾驶证嘛,看到交警要跑,然后被拦住了嘛。第二次去江阴办事情,我们开车过去,本来,车前面被撞了一下,然后以为我是无证驾驶,那时候我已经领了驾驶证了……(因为有记录了)然后进去验尿了,我想这个东西躲也躲不掉,对不对,就验嘛,验完之后拘留 15 天,社区戒毒。第三次我估计是别人点的(举报)吧。我是 7 月 14 号,我们一直是住在昆山××大酒店里面嘛,然后当天晚上就是,我本来打算回家的,然后让我朋友开车嘛,送我回家,然后他再把车子开走,可他说先把他送回家,我把他送走之后莫名其妙地又回到酒店里面去了,然后我一个朋友还在里面,然后我坐床上之后就睡着了,过了也不知道多长时间,大概 12 点钟的时候,我朋友手机响了,说派出所来查房,我们就走,刚走到门口,所长就带几个人冲上来了,然后跟他们(警察)撞在一起,反正跟时间推断嘛,应该就是被别人出卖掉了。

【调查者】那你觉得溜冰的人之间男女关系乱吗?

【个案 18】怎么讲呢,反正有些人比较容易乱吧,应该。

【调查者】溜完冰之后,他们会不会发生一些混乱的性行为?

【个案 18】像我这些朋友还好的,都没有这些,其实比如说现在女性在外面溜冰也挺多,对不对,他们也就是通过微信啊认识个女人,他们俩就到一个房间里去溜冰了。我们没有人,我们就是在一起玩,基本上像我们溜完冰之后,就是在网上玩那个网上赌博嘛。

【调查者】那你进来之后，不是会打电话通知父母啊，还有你女朋友，他们有什么态度，有什么反应吗？

【个案 18】像我女朋友知道我玩这个东西，她不接受，怎么讲呢，反正睁一只眼闭一只眼吧，我父母呢就是也是从侧面听说我玩这个东西，然后他们也没有实质性的证据，问我我也死不承认，只要抓不到我现场的话，我肯定是不会跟他们承认的。然后上一次我父亲过来了，我也没跟他讲几句话，他也没讲几句话，反正就这样了，习惯了吧。

【调查者】那你平时接触的那些人当中，就是不溜冰的对溜冰有什么看法吗？

【个案 18】其实我们，像我们这些朋友在一起，要是有人提，就是说玩啊什么，或者去溜冰或者干什么，然后我才会去玩，基本上没人提的话，你一个人很难想象去溜冰的，说实话。不会吧，像我们这个圈子都是玩这个东西的，他怎么会去歧视溜冰。不玩这个东西的话，有些人就是比较喜欢猜疑，尤其是两三个人坐在一起溜冰，本来四个人玩得很好，两三个人在一起玩，一两个不玩的话，肯定会被猜疑，对不对。

【调查者】那你觉得自己活着，什么东西最重要？

【个案 18】我感觉朋友之间感情吧。

【调查者】那你现在对这个社会有什么看法吗？

【个案 18】有些话怎么讲呢，世界这么乱，怎么讲呢，反正我对这个社会吧，也没什么看法，就是这个社会谁当家，谁说了算，就是跟我们没有实质性的太大的关系，我感觉，对不对，我们一天三顿饭照样吃，对不对？反正我也没上过学，我也不懂，反正我就知道么，过一天是一天吧。

【调查者】过一天是一天，有什么打算吗？就目标，理想。

【个案 18】其实理想，目标，反正有些人看得太远，我感觉也没什么意思，像我嘛反正就是，能吃得饱，穿的暖，是吧，能给自己心爱的人想要的东西，我感觉这个就好了，你不要去人比人，对不对？

【调查者】那你刚进来这里心里有什么想法吗？

【个案 18】没有。我毕竟以前劳改过，对这种地方，这种环境么也不是太陌生，我刚刚出去一年，然后又进来两年。我刚刚两年半监狱里面出来嘛，因为聚众赌博。

【调查者】那你感觉进来这里对你们戒毒有效吗？

【个案 18】没有。其实戒毒，对我们这种溜冰的人来讲，像我们在看守所已经拘留完十五天了，对不对，已经就是没有瘾了，像我们，你就是关我们两年，关我们一年，我们还是这个样子，无非就是在这里面和在外面的区别。

【调查者】那你出去之后就没有打算吗？

【个案 1】我感觉想这些东西太远了。关键是我第一次出来的时候也是在里面想我出去要干吗干吗，然后出来刚一年，又进来了，想了又有什么用呢，进来之后不又成空话了嘛。

【调查者】那你对出去之后戒掉冰毒有信心吗？

【个案 18】有，我本来在外面的话，被抓前两天已经没玩这个东西了，可是尿检的时候还是呈阳性的，反正能验的出来的。

【调查者】那你觉得在禁绝毒品方面，最主要在哪些方面努力？

【个案 18】现在我感觉这个毒品就像什么一样呢，从林则徐那时候禁烟，一直到现在，还不是照样有抽大烟的嘛，你说对不对？你就是把那些人，你杀了、枪毙，他还是有去吸毒的，你讲对不对？无非就是，如果说这个社会能给，像我们这种人，一个生存的空间，或者能去干什么，就好了。像什么溜冰，或者吸毒的人，都是我们游手好闲的人，就是说社会如果能保障我们这种人在外面，是吧，能工作，或者能自己做事情啊，自己有事情做了就肯定不会往这方面想(吸毒)。

未成年的“老板娘”

她 13 岁离开家乡，14 岁跟了一位毒贩，做了“老板娘”，东奔西跑、躲躲藏藏……最后男友判了无期，自己强戒两年——她的青春开出的是朵黑色罂粟花。

访谈对象：个案 19，女性，19 岁，第一次吸毒年龄 14 岁。

访谈地点：江苏省强制隔离戒毒所。

【调查者】请坐，我们就是聊聊天。你是哪里人啊？

【个案 19】我是东北的，在徐州玩。我觉得徐州不算太发达，但是吸毒人口是蛮多的，蛮泛滥的。我在徐州两年，然后在徐州接触的都是一些吸毒的朋友，所以很快我也开始接触吸毒了。

【调查者】哪一年从东北到徐州的？

【个案 19】2006 年(13 岁)。但是我曾经因为吸毒已经被抓过一次了，这是第二次。

【调查者】当时 2006 年到徐州做什么呢？

【个案 19】交了一个男朋友是徐州人。

【调查者】哦，就是跟他过来的。他是做生意吗？

【个案 19】贩毒。

【调查者】哦，贩货的，那他能接触到好多来买冰的人，都是些什么人？

【个案 19】一般都是他的朋友吧，像他的上线，反正蛮广泛的，都是一些社会上的人。

【调查者】那他们做得有多大啊？

【个案 19】我男朋友现在在监狱，被判了无期，他是在深圳那边拿货。

【调查者】就是单纯的冰，K 粉也拿吗？摇头丸拿吗？都拿？

【个案 19】冰、K 粉，还有 D 粉。

【调查者】D 粉是什么？

【个案 19】就是掺在冰里面的一种化学物品，这样显得克数就多一些，也是属于一种毒品。

【调查者】加在一起会有什么作用？

【个案 19】一般人吸不出来吧，像我们给他们发货的时候都是把 D 粉掺在里面，因为 D 粉比较便宜，这样卖出去克数会很多。这样利润就更高。

【调查者】那一般都怎么卖呢？

【个案 19】一般价钱不太一样吧，像年底的时候，就可能会 1 600 一克，在徐州的话就六七百块钱一克。

【调查者】那一盎司好贵啊，一两万多。那利润有多大？

【个案 19】这个我还不太清楚。

【调查者】你不管钱？你不是老板娘，呵呵。你跟他的时候你知道他是做这个的吗？

【个案 19】一开始不知道，后来才知道，因为我跟他在一起的时候我还很小，后来才知道。

【调查者】十几岁？

【个案 19】14。

【调查者】哦，那太小了。那爸爸妈妈在东北？

【个案 19】嗯。

【调查者】那你们那个时候肯定很有钱，生活挺滋润的，都接触哪些朋友啊，怎么玩啊？

【个案 19】他一般走到哪里都会带着我，但是他经常会到外地去，我跟他在一起几乎都是在车上度过的。

【调查者】哦，开车走？

【个案 19】嗯，因为这样安全。

【调查者】那他车里带着冰不会被查吗?

【个案19】原来在深圳的时候,他那个朋友好像蛮厉害的,在高速上畅通无阻,没有人查他的车,是军车还是什么车啊,反正他蛮厉害的,每一次都是他送我们过了关卡,然后就方便了。

【调查者】那你说说徐州都是哪些人在玩冰啊?

【个案19】一般都是,其实小孩子玩冰也很多,有女孩子,都还在上学,也在玩冰。

【调查者】为什么玩呢?压力大啊?

【个案19】我觉得应该不是吧,诱惑太大了,而且我觉得现在父母……有好多是学生。

【调查者】学生出来玩冰就是单纯自己想happy,开心一下?

【个案19】我觉得现在就是一种时尚了吧?像我们职高啊,高中生啊都会。

【调查者】你说的这个时尚你有什么感觉?

【个案19】因为我当时的心态觉得别人讲溜冰如果我不知道,就好老土哦,(溜冰)这样跟他们就比较有话题,容易打成一片,我当时就是这样认为的。

【调查者】那这些朋友他们玩了之后有没有不太好的状态?

【个案19】因为我跟我男朋友在一起……

【调查者】他也溜吗?

【个案19】对,但他很少玩,因为他自己卖这个。

【调查者】他要控制,呵呵。

【个案19】我们两个玩了我就会跟他吵架。

【调查者】他们一般在什么样的环境下玩多长时间?

【个案19】一般他的朋友像在娱乐场所会玩的很多,很多人、几十个人在包厢里面玩。

【调查者】在后半夜?还是从晚上九十点钟就开始?

【个案19】没有,一般都是从12点以后开始。在外面的时候,我们就是白天黑天不分的。我每天都是白天睡觉,晚上溜冰、玩。

【调查者】早上五六点钟开始睡觉?

【个案19】五六点钟太早了。

【调查者】那玩了之后还干点什么呢?除了玩冰,唱歌吗?玩游戏吗?

【个案19】玩了会玩玩电脑。

【调查者】一般你们在一个房间里,二三十人有点太多了?

【个案19】那个时候是在KTV的包厢里。

【调查者】 那么多人玩，不觉得闹吗？

【个案 19】 因为有很多不认识的人。

【调查者】 不认识的人就在一起玩？

【个案 19】 是的。不过我不太喜欢跟不认识的人玩，一般的时候，像我和我男朋友跟自己比较熟悉的人就会在家里，在宾馆里玩。

【调查者】 那你觉得这些不认识的人都是什么人啊？

【个案 19】 经常会有这种巧合，是因为我跟我男朋友去外地拿货，然后他的客户就会带来很多人介绍给我们认识，都是一些很有来头的人。像一些什么公司的领导，因为这样的比较有安全感。

【调查者】 那你说说你有没有上瘾啊？

【个案 19】 我觉得身体上没有什么瘾，但是心理上还蛮重的，像我这次，我刚出去了 22 天，又被抓回来了，因为第一次未成年，后来出去以后，本来真的没打算吸毒的，然后买了回家的火车票，3 号晚上的，结果 3 号白天就被抓了，我当时是想回家的，后来朋友打电话，一直叫我吸，刚开始时还没有吸，一直叫我吸，我说我不去了，我戒掉了，他说你来吧，反正你要回家了，就当给你送行，我说不行，我怕了，他就说你再过两个小时就上火车了，哪个会去抓你，然后抱着侥幸心理就去吸了，结果吸了，太不幸了……刚出门就被抓了。

【调查者】 你觉得玩的人这么多是什么原因呢？

【个案 19】 这个曾经我也想过，但是我觉得对于青少年来说，比如说像从我来说，主要是父母没有怎么管我。

【调查者】 溜冰是不是很费钱啊？

【个案 19】 因为冰比黄金贵啊，所以一般像现在的孩子在外面吸毒的很少会自己掏腰包。

【调查者】 对，都是男朋友请，所以说会造成好多不良习性。还有好多冰妹。

【个案 19】 我觉得现在有太多人是这样了，像我在外面跟我男朋友在一起，因为我男朋友发货，我就会经常看到有很多短信，一些女孩子发来的，甚至有人会很赤裸裸地说：你下次拿冰，我不给你钱了，我跟你睡一夜吧，这样都是很普遍的，或者说：哥哥我最近缺钱花了，想溜冰了，你能不能帮我介绍一个。这些特别普遍，几乎我跟他在一起的那两年每一天都会有。

【调查者】 那你担心他跟别的女孩子……

【个案 19】 我很担心，所以我跟他在一起的两年像打游击战一样，打完这里打那里。

【调查者】 那还不错，他一直能跟着你……

【个案19】但是一直跟他在一起还是有影响的,如果我不跟他在一起就不会进来。

【调查者】他可能损失也不少啊,进来以后,他赚的这些钱……

【个案19】但是他赚的钱也全都被没收了,没收了全部财产,房子啊,车啊都没收了,跟他在一起两年,我自己的东西也全部没有了,还花费了我五年的青春。

【调查者】再找吧,会找到更好的男人。

【个案19】蛮困难的。现在还跟他通信,每个月跟他通信,因为我觉得他被判了无期,这一辈子就没有希望了。

【调查者】无期一般20年就出来了?

【个案19】但是他已经很大了。比我大20岁。等他出来时也老了,我觉得如果我这样撒手不管了的话他会很可怜,所以四年了,我们一直在通信。

【调查者】很不容易。谢谢你啊!

一个歌手的感悟:灵感的火花从哪里来?

她很善于表达自己的想法,她认为一些玩艺术的人使用毒品是必然的……因为灵感是有限的。可毒品最终带来的是懒惰和对身体的伤害。

访谈对象:个案20,女,是位驻场歌手,30岁,第一次吸毒年龄27岁。

访谈地点:江苏省强制隔离戒毒所。

【调查者】我们是想聊聊(溜冰)的情况,就是想了解一下,现在玩新型毒品的孩子越来越多,80后还有好多90后的孩子在玩,现在大家很关心这个圈子到底什么人在玩,说说你周围玩冰的一些情况吧……

【个案20】我觉得这个一个可能跟社会环境有关,因为现在说实在的,吸新型毒品的人还挺多的,然后大部分的也是朋友带朋友,然后,从自身来讲嘛,好奇心很重要,第二可能是精神压力、各方面压力比较大。

【调查者】现在这些孩子,像这些80后啊90后啊,他们的压力来自哪些?

【个案20】我就觉得我的压力可能来自家庭。

【调查者】家庭,父母的期待吗?

【个案20】对,父母的期待啊,也有公司与工作方面的,自己就觉得,因为是80后嘛,就是……就是自己精神压力、经济压力都比较大,然后现在呢,可能在现在的社会环境当中,我觉得也有自己给自己找借口的原因,觉得自己没有可倾诉的……然后需要一些方式去发泄,自己也没有找到一个很对的宣泄方式,然后在朋友的影响下可能就会(接触毒品)。

【调查者】你是哪一年开始接触到这个冰的?

【个案20】2009年。

【调查者】都在哪些地方(溜冰),家里,娱乐场所?

【个案20】可能就是在酒店里面开的房间。

【调查者】一般会有人举报吧?

【个案20】嗯,对对。

【调查者】你跟我说说,都是些什么人在玩呢?

【个案20】其实我感觉是这样子的,我观察的话就是文化程度高一点的偏少,但是也有很多文化高的。

【调查者】那读博士的人多吗?

【个案20】也有,但是少(笑)。

【调查者】都是些什么人呢?

【个案20】大部分可能是同事之间,(从事)娱乐工作的可能多一点,肯定会有一些其他行业的,就是各行各业的人其实都有。

【调查者】都有,除了社会上这些不上班的,这些闲散人员,还有像某些演艺人员啊、白领啊、金领啊、做生意的,这些人多吗?

【个案20】其实我觉得在这个,您说的这些人里面,我觉得娱乐业、做生意的应该是偏多的。

【调查者】他们的比例呢?你刚才说到的这些人,你觉得他们能占到多少比例?

【个案20】我感觉的比例,如果答百分之百的话,娱乐行业和做生意的起码要占到百分之五十到六十。

【调查者】那剩下的百分之四十或五十都是些什么人呢,是白领?

【个案20】白领也会有的,但偏少,然后现在还会有一些学生,包括大学生。

【调查者】大学生、中专的、职高的这些,中学生有吗?

【个案20】初中毕业之后,现在初中也有,但少。

【调查者】那这些孩子为什么会玩这些呢,你刚才一个说法是好奇,还有一个原因,就是什么呢,就说这个东西不上瘾,圈子里面都说这个东西玩没事,是不是这样的?

【个案20】其实我觉得短时间之内是没事的,现在大部分都是些心理的,当你玩得寂寞空虚的时候,你会去想它,当你开心的时候也会去想它,就觉得很寂寞。

【调查者】开心的时候和不开心的时候都会想到它，它会给你带来什么样的状态呢，或是什么样的感觉呢，像你在玩的过程中。

【个案20】我觉得就是一种它可以让你，说实话就是说感觉到自己敏感很多。平常想不到的东西可能会钻进去，所以很多人能迸发出很多东西，从一定程度来说会迸发自己的灵感。

【调查者】还有其他的吗？他们说溜冰溜大了以后会产生幻觉，很多很美的幻觉，很好的幻觉，想要什么有什么，有这种状态吗？

【个案20】这种状态我体会得不是很深，（笑）没有到达他们那种境界。

【调查者】那有些什么不好的状态吗，溜冰会带来一些什么？

【个案20】其实对身体是很有伤害的，自己感觉非常明显，像口腔溃疡啊，这是最直接的，对视力啊、牙齿啊会有些不好的影响。

【调查者】记忆力会下降吗？

【个案20】会的。

【调查者】会做噩梦吗？那时不睡觉的。

【个案20】对对。

【调查者】玩了之后会不会产生其他方面的，不好的情绪，比如说，急躁的状态。

【个案20】会的，会比以前急躁，人会容易暴躁，情绪容易冲动，然后，反正就是有一种感觉，人玩的时候跟不玩的时候是不一样的。

【调查者】有没有郁闷的状态？

【个案20】会的，因为溜冰这个东西，怎么说呢，它比较注重神经上的，就是神经方面的，它比较刺激你的神经嘛，怎么说呢，当你郁闷的时候你会超级郁闷，当你开心的时候你会超级开心，比较极端的。

【调查者】那除了玩冰，他们还玩什么呢，K粉现在还玩吗？

【个案20】反正我进来之前我感觉K粉已经不流行了（笑）。

【调查者】不流行了，大麻现在怎么样，也作为一种调剂吗？

【个案20】我觉得要分地方，要分人群，大麻它毕竟，我感觉是，就是做音乐的那种玩得比较多。因为大麻我没有玩过，我听他们做音乐的人讲，它其实也没什么就是做音乐时……他可以把一首歌放出来，你可以听到它所有的乐器的旋律，可以听得很清楚很清楚，之所以很多，大麻在很多地方，比如荷兰，是合法的，因为在黑人的这种地方做说唱音乐的比较多一些……哦，就是说唱，在美国，包括旧金山，有很多的。

【个案20】在国外是很流行的。

【调查者】对，在非洲非常流行大麻，贵吗？那个东西在国内好获得吗？

【个案 20】据说是分很多档次。那种一般的比如说麻粉啊，麻粉便宜一点，那种几百块钱的啊，也有那种麻花……就是跟所有的商品一样，价钱不同，它的作用也就不同。

【调查者】不一样？我昨天到戒毒所，他们说有一种叫啡仔，你听说过吗？

【个案 20】那个就是在精神病院给人吃的。

【调查者】哦，吃了是干吗的呢？

【个案 20】其实我也不清楚，但是那个东西就是抑制你的神经，因为精神病人，它是治疗神经病人的一种药物。是一种纯粹的药物，因为有溜冰的人吃了以后想睡觉，有很多人是这样，用这个抑制神经，睡觉。

【调查者】那还有像什么快乐水啊，这些，这些乱七八糟的东西……

【个案 20】那个在武汉不流行了。

【调查者】冰毒的价格高吗？

【个案 20】对于抽粉的人来讲应该是很便宜。那是要看人，有的人一天要花掉几百块钱，一般是很正常的。

【调查者】你们一般在哪溜呢？

【个案 20】其实一般都是跟朋友在一起。对，很多人在一起，然后开个房间。

【调查者】那多少人呢，大概上限？

【个案 20】上限也就 10 个人左右，不会太多。最少，三个人。

【调查者】那一般玩多长时间呢？

【个案 20】这也是要分人的，有的人天天玩，已经成为一种生活的习惯。怎么说。这个东西它跟药品是一样的，玩多了也会产生抗体，就像一种生活的习惯，像吃饭一样。

【调查者】那这样会很消瘦啊，体重会很快瘦下来？

【个案 20】有很多女孩子拿来减肥。

【调查者】那消耗太大了，会不会有溜大了，溜死了的危险？

【个案 20】我记得像武汉最严重的一个案例，一男的把父母砍死了。

【调查者】会有这样的伤害事件，那溜冰，你觉得这个危害跟海洛因比起来大吗？

【个案 20】我觉得也很大的，像玩过的人会给自己找借口，但玩的时候，人就会有惰性，就会总想着这个东西，就把其他事给忘了。

【调查者】你最疯狂的时候玩这个达到什么状况，一个月连着玩？

【个案 20】其实我还没有一个月连着玩的时候，但是会有几天连着玩。

【调查者】然后休息休息,那你那时候不工作吗?

【个案 20】我是上班的。

【调查者】一直上班,晚上玩?

【个案 20】嗯。

【调查者】那身体能受得了吗?

【个案 20】一开始也受不了。

【调查者】你是从事什么职业的?

【个案 20】我是一个歌手。赶场,那时候(收入)很高了。

【调查者】那时候都唱些什么歌?

【个案 20】欧美的。那一般都有一个乐队,每个场子去邀请你,在酒吧。

【调查者】那一般走穴了,都得到 10 点以后才开始?

【个案 20】对对,最晚可能到 1 点钟。唱完了有朋友叫再去玩(溜冰)。

【调查者】那对于你们音乐人来说,你们歌手唱得都不错,我们也很喜欢音乐的,那这东西会给你们带来什么作用吗,玩的时候,对你音乐上有什么帮助吗?

【个案 20】其实是会有的,因为说实话这个行业的人多多少少吧,可能确实能带来一些灵感。

【调查者】超过吗?是音乐的领悟力和感受深多了?

【个案 20】觉得是自我实现吧。

【调查者】你唱歌有成就感,你唱歌有掌声有鲜花,是自我实现,那你溜冰能充分的把这些东西保持,有这样的感觉吗?

【个案 20】我觉得浅层次的这些都有的,但你陷进去之后会起反作用的。

【调查者】哦,什么意思呢?

【个案 20】就是当你一个月玩一次或半个月玩一次的时候,会觉得对自己是一种帮助,当你天天开始玩的时候,就会有惰性,就不想去工作了。

【调查者】搞音乐的圈子,玩冰的可能性大吗?

【个案 20】不大。我觉得(犹豫),有很多歌手,像这个音乐圈子,我们也不是圈子内的,我们是圈外的,在圈内大家肯定传得很多了,对,很风光,因为他又能实现自我又能赚钱。但是我觉得作为音乐人不会太久,因为我觉得灵感是有限的,我觉得越好的音乐人可能更需要(一些激发灵感的刺激,毒品?)

【调查者】还有你觉得它(毒品)对青年人的吸引力在哪呢?除了灵感以外,像那些不搞音乐的人。

【个案 20】他们有一部分是因为很无聊,因为他们整天没有事做。特别是女孩子，找一个有钱的男朋友。然后玩着玩着会觉得越来越没有追求了，就这样很好，就成了一种习惯了。但也有很多90后吧，就是家庭不是很和谐吧，(父母)离婚了的也有很多。

【调查者】 他们这些小孩子会不会在这中间寻找爱，在酒吧啊，等等，因为是在找朋友，寻求一种精神上的(寄托?)

【个案20】 是的，玩毒品的人应该是很孤独的，因为他们有很多话没有人会去倾听，也是给自己找个方式……

【调查者】 去把这些说出来，表达出来，发泄出来。

【个案20】 特别是我觉得，遇到过一些，他们给我讲他们在学校的经历……

【个案20】 他们平时做的事情与我们上学那会完全不一样。我们当时课外活动顶多就是出去逛逛街啊，出去走一走，或者说有比较早熟的早恋啊，也会比较保守，但是现在完全不一样。他们可能从初中开始出去约会，去开房是一件很正常的事情，而且有很多行为，我都已经觉得……他跟我们不一样，80后骨子里面是保守的，觉得这个东西不好，只是抵御不了诱惑，心里觉得不好，但是90后……反正是不负责任的。

【调查者】 那你觉得对他们要怎么来预防教育呢? 对这些特别年轻的，包括中学的、初中的，包括大学的这些年轻人，有什么样的一种方式更容易被他们接受，我们现在也想开展一些对冰的预防教育，你觉得怎么入手比较好?

【个案20】 我觉得，如果在他们的家人、朋友(的角度来看)，首先是要引导他，不要让他和社会闲散人员接触……

【调查者】 但是人是很容易受影响的，所以周围环境是非常重要的，尤其是十几、二十几岁的，他可能根本就分不清(好坏)。

【个案20】 对，分不清，他们可能还不知道自己要的是什么。

【调查者】 对，那怎么来引导呢? 怎样让他们接触到主流社会，那些英模，他们也不喜欢，他们也不相信。

【个案20】 我觉得这也是个很大的矛盾，因为我觉得，说实话，相对于他们来说，有层次的人，你跟他们相处会有距离。可能也会觉得别人没趣。

【调查者】 90后的人也想证明自己吧，也想证明自己有追求嘛。

【个案20】 他们想要产生一种，全方位地展现自己确实比80后要强，在网上90后动不动就宣扬自己有个性。

【调查者】 你是歌手，你接触的方方面面的人，你觉得这个社会有没有问题?

【个案20】 有问题。我觉得人在社会里都会无能为力吧，人在社会中有的事情可能是你不想做的，但又不得不去做的。比方说，人际关系吧，这是一个很主要的方面。

【调查者】中国人的人际关系都复杂。

【个案 20】因为其实我本身是 80 初的。但是我觉得吧，自己有过很多想法，可能现实还有很多不如意的地方，自己也想改变这种状况，自己也不想沉沦下去，但可能女孩子没有男人那么意志力坚强啊（感觉自己无法改变），反正就是不知道，有时候就会迷失了。

【调查者】那社会，你眼中的社会出了什么问题呢？

【个案 20】我眼中的社会，我觉得很多人他对自己的生活是不满的，但同时很多人是眼高手低的，他又不愿意放下自己的身价去做自己不愿意做的事情。不满的时候就会到酒吧去实现些什么，发泄什么，放纵……

【调查者】去追求一种体验，包括性方面的？

【个案 20】也会有。它是一个跟春药一样（笑），对男性来说。对女性也会的啊，会产生不可控制的，即使在不使用安全套的情况下，会，会大家在一起（发生性关系）。

【调查者】感觉好的话，就势必会带来一些危险吧，对，这些我们也很关心，就像你说到的年轻人，他们很年轻就会……在那个环境下是不是已经司空见惯啦？

【个案 20】我感觉溜冰对于这个应该是影响很大的，对艾滋病的传播。

【调查者】你知道你身边有没有，他们因为这个感染了艾滋病？

【个案 20】这个还没有。但是在我看来是有风险的。

【调查者】那怎么能够让这些玩冰的人慢慢（戒掉）？因为这个圈子一直宣传不上瘾，经过我们主流宣传，让他们知道哪些是假的。我估计在你们玩的时候也没有人说过？

【个案 20】就是我感觉吧（犹豫），没有人跟我讲过毒品的危害性。

【调查者】那你生活的小学中学从来没有人讲过吗？

【个案 20】没有，真的没有。可能在我生活的那个年代（没有人讲过）。我知道他们现在会有，在我们那会没有。

【调查者】你问过你身边的朋友吗，有人告诉他这个不能玩吗？

【个案 20】我身边的朋友，他们是通过自己的感受、自己看到的，也不是说通过学校开始教育……

【调查者】除了学校以外呢，还有哪些？

【个案 20】可能就是一些传媒啊。

【调查者】现在防艾滋病的宣传的比较多，能不能像防艾那样大张旗鼓地来做呢，对冰毒的预防，像濮存昕，做公益大使，但还没有人做冰毒的公益大使。

【个案 20】 我觉得很需要，因为我觉得起码作为一种心理暗示也很重要，你每天都会听到有人对你讲，你不要……

【调查者】 而且我觉得有一个问题啊，就是它（毒品）很抽象，媒体宣传没有明确到冰，明确到合成类的毒品，像你们玩的这样的，你觉得有没有必要单独把它提出来，就是溜冰，溜冰是有毒的，是有危害的，会危害自身的……这种宣传。像冰毒这种东西，现在还流行着，是不是以后不流行了，因为我们从台湾、从香港、从东南亚了解的，都有玩这个，因为要有一个过程，2004 年以前流行玩摇头丸，我不知道到 2016 年、2020 年会不会又玩新的了？

【个案 20】 肯定会有。现在的趋势啊，还不确定。

【调查者】 还不确定，哈哈哈哈，美国包括欧洲都、都很厉害，很难抵御，现在全球很多都在玩（冰毒）。

【个案 20】 对对，它其实也是全球毒枭在使力，现在不仅中国，整个东亚，包括日本、东南亚、泰国，以及台湾地区、香港特区，只要是能渗入的国家和地区，都在渗透，它都在渗入，无孔不入的，金三角早就不在做罂粟和海洛因合成了，现在全是在做冰，它的危害非常大。

【调查者】 谢谢你啊！

几进宫的她

出生在偏僻的地区，没有接触过毒品相关知识，在她的认知里，毒品就只是海洛因。她认为一些毒品的宣传教育应该深入到乡村、偏远地区或者外来打工人群中去。

访谈对象：个案 21，女性，25 岁，上到小学四年级，第一次吸毒年龄 21 岁，言谈举止比较沉稳。

访谈地点：江苏省强制隔离戒毒所。

【调查者】 我是××大学的，做一个有关戒毒的研究，想通过和你的谈话了解现在社会上溜冰的一些情况，你的所有信息都保密，我也不问你名字，绝不泄露个人信息，但是需要录音，就是为了记录。

【个案 21】 没事。你说吧，你问吧。

【调查者】 简单说说你的家庭情况吧？

【个案 21】 嗯，我小时候，不识字，我念到小学四年级，就不念了，因为家里条件不允许，哥哥生病，家里边呢，就是要帮哥哥看病，家里边房子呀什么的都卖掉了。到我十二岁那年的时候，我自己就主动下学，在四年级就主动不要念书了，叫家里人省钱为我哥哥治病吧。到十六七岁的时候(哭了，很伤心)，家庭条件好起来了，因为，我还有一个姐姐，我姐姐就是在外面，就是要结婚了。我姐夫就把我哥哥的病治好了，也帮我哥哥买了房子，家里边条件也算好了吧。但是我从小到大一直都很独立，所以，很少在父母身边，很早就出去打工，十六七岁的时候。

【调查者】你性格是什么样子的呢？

【个案 21】我性格是属于很开朗活泼的吧。

【调查者】开朗活泼的？

【个案 21】但是，溜完冰之后就不是这样子了，变得有点孤僻的感觉。

【调查者】你小时候就要自己外出打工挣钱是吧？

【个案 21】对，那时候小，我想为家里边，就是，稍微改善家里边的生活呀，给家里边稍微能够补贴一点，生活方面的东西吧。

【调查者】你现在外面有没有男朋友啊？

【个案 21】在没抓进来之前有过一个，然后我抓进来，就没有联系了。

【调查者】那个男生他不吸毒吧？

【个案 21】他呀，他也吸毒。

【调查者】那你接触冰毒的话和他有关吗？

【个案 21】这一次，我抓进来，就是我签了社区戒毒三年。社区戒毒就是在我们没有执行这个(强制戒毒)两年之前，就是我们有第二次机会，不是有三次机会嘛，第一次拘留 10 天，第二次拘留是 15 天，然后是社区戒毒三年，签了这个之后，如果我下次再被抓的话，就是强制戒毒两年，就到这个里面。之前我是第二次抓进来的时候，就是行政拘留 10 天然后签了社区戒毒三年，就是意味着，下次如果抓进来的话就是两年。出去之后，我真的是决心不玩了，但是我还是跟我男朋友在一起……总归我跟他在一起，跟他在一起的话，还是会碰这个东西，但是，那时候没想这么多，这个，然后，就变成这样了。抓进来就两年。

【调查者】那在你成长过程中有没有让你特别难忘的事情呀，特别印象深刻的，人也行、事也行。

【个案 21】最难忘的就是我谈的第一个朋友，谈了四年，最后我们就是，后来还是因为性格不合，不在一起了，这就是最难忘的。

【调查者】你没进来的时候你都是靠什么打发时间的？

【个案 21】就是溜冰，为什么溜冰，就是因为，溜冰觉得时间能过得快点，还有一个就是可以减肥。在外面你说时间，怎么打发时间，每天溜冰的话时间过得很快，真的很快，就这样，溜冰嘛。

【调查者】然后又能减肥？

【个案 21】对。

【调查者】你那时候不是还有工作吗？

【个案 21】跟我朋友在一起之后，他就不让我上班，我就不工作了，基本上在外面溜冰的女孩子、男孩子呀一开始都是有自己的事业呀，自己的工作，可到最后总归是没有了。

【调查者】但是那个冰毒不是还要用钱买吗？那你们那个溜冰钱的问题怎么解决呀？

【个案 21】当然了，如果说我没钱，我不会说去偷去抢呀，或者说去骗点钱，跟家里边要点钱，说去溜冰呀，那不会。就是，一般情况下都是（男）朋友，他自己还有自己的，属于自己的什么公司吧，每个月他自己有（经济）来源，其实跟他在一起什么都是他提供的，就是这样子，他不需要我说，我去关心没有钱用呀，还有要钱拿东西（毒品）呀。或者都是他自己，他在外面拿很多很多东西（毒品），在家里边玩。

【调查者】那你平时一起溜冰的都是些什么人呀？他们都是干什么的？

【个案 21】这个每个人的圈子不一样吧，但我的圈子就是我的，除了跟我朋友，就是所谓的我男朋友，在一起，他们就是属于从小一起玩到大的朋友呀，我们一共就这几个人。别的呢，其他的呢，外面跟我不是太好的（朋友），我们也不会和他们在一起玩。

【调查者】你们玩的一般都是年龄相仿的？

【个案 21】不是，都是四十几岁呀，三十几岁呀。

【调查者】你是怎么接触这个冰毒的？

【个案 21】嗯，冰毒是 2009 年的 5 月份吧，那时刚学会溜冰，刚去溜冰，然后，那时候根本就没有，因为我小学都没有毕业，对这个溜冰呀是什么意思根本就没有多大的（理解）意思，就只觉得很好奇，还有最主要的我感觉溜冰就是一个还能减肥，一个就是时间过得真的很快，主要的就是这两点。

【调查者】那时候谁让你去溜冰的？

【个案 21】嗯，是我的一个朋友，小姐妹，那时候我们是天天在一起上班。在外面我是很独立的一个人，我是很活泼很开朗的一个人，任何人都能和我成为朋友。我性格比较好的吧，就是，不管做什么我不喜欢和人家斤斤计较，很多女孩子呀都喜欢跟我一起玩。当时吧，女孩子总归有一两个贴心的，对吧，就是在一起玩。然后，那时候，她们溜冰但我不知道，我对这个，根本就没有（了解），小时候是从农村上来的，根本就不懂毒品这个的是什么的，只觉得好玩，还能减肥，时间又过的快，就这样。然后直到 2009 年 6 月 26 号那天，禁毒日嘛，就那天是禁毒日我还不知道，我根本就不知道还有这样的一个国际反毒品日——禁毒日。那天我到无锡去，我到无锡去找我的一个朋友玩，那时候已经接触上了，但是那时候一个月吧，一个月最多溜冰两三次吧。那时候还不是完完全全地就是全部在（溜冰）上面，那时候也是（玩不玩都）无所谓。但是到我朋友那边，我一个朋友跟我接触，但都不是特别深的那种，一般像他们溜冰呀，像我一开始我都不知道，他们不会在我面前溜冰，为什么，因为我们关系还没到那种地步，所以人家不会让我看到他们溜冰呀。后来我到无锡去，自己去玩嘛，当时那边没有什么朋友，所以就打了一个电话给她，她也是我老家的，然后就到她那边去玩，没想到，一到她房间里边，一看，她也在玩这个东西，然后，她问我（玩不玩），本来我在家里边也玩过，但玩得不多。正好那天不是禁毒日嘛，她们拿那个身份证开的房间，她也不知道，她拿她朋友身份证开的房间，她朋友正好有案底，现在身份证只要有案底的话，不可以开（房间），开的话公安局会跑过去，只要有案底的人你拿身份证去开的话，公安局那边会有警示灯，会亮的，然后直接过去，查房嘛。然后她那个朋友，本来就是说，在家里边出了什么事情，她们不知道。我刚到那边没多久，就是才溜了几口嘛，然后没几分钟公安局就过去查了。

【调查者】然后就被抓了？

【个案 21】嗯，那是第一次，第一次就是在无锡，然后，被拘留了 10 天，罚了 2 000 块，那是第一次吧。当时，在里面学了很多东西，关于毒品呀，什么的，在里面 10 天很后悔，当我出来的时候，10 天我出来的时候，我就远离了，但是之前的一些朋友（拉我），我就（又溜冰了），因为对毒品一些有限认识，那时候是有一点认识，不像是现在，现在是属于彻底的认识了。

【调查者】那你们溜冰都是怎么玩的？是一个人还是和朋友啊？

【个案 21】基本上嘛，最多就两三个人。

【调查者】两三个？那你们就是主要玩的是什么？

【个案 21】玩的是冰毒呀。

【调查者】那个海洛因、大麻那些呢？

【个案 21】那些我们从来不玩。虽然我不识字，但是在我的脑海当中，什么叫毒品，毒品就是海洛因。如果说冰毒在我的脑海中和海洛因一样的意思，那我现在，那第一次的时候，我根本就碰都不会碰，连他们人我都不会接触。

【调查者】自己溜完有什么感觉没有哇？

【个案 21】感觉啊，溜完之后就是很兴奋。但我，自己的脑子好像比不溜冰的时候，喜欢动脑筋了。

【调查者】喜欢动脑筋了？清醒了？

【个案 21】对，我不溜冰的时候觉得自己很笨，但是我溜完冰之后就是觉得自己很聪明。溜完冰之后亢奋嘛，就是，能好几天，能几天几夜不睡的，我那时候，刚学会溜冰的时候，一溜完冰，我一个星期都不吃不喝，连水也不想喝，就这样子。

【调查者】你觉得溜冰对你身体有影响吗？

【个案 21】有哇。溜冰，溜冰的话对自己的，自己体质啊，抵抗能力呀完全都没有以前的好，还有就是记忆力，以前觉得记数字呀、什么电话号码，我没溜冰的时候，朋友的电话号码我全部记到脑子里边，就是跟我说一两遍，我就能全部记住，但是现在，你知道，我们刚到这边要我背书呀，在小学虽然也没毕业，但是我觉得我在学校语文背书什么都挺好，但是现在有时候，你跟我讲了一句话之后，没过多久，你再问我我就不记得了，这就是记忆力减退了，就是。

【调查者】溜完后你还知道其他的人会有什么表现吗？好的不好的都行？

【个案 21】你说我还是别人呢？

【调查者】就是，其他的人。

【个案 21】其他的人，比如说我朋友吧，我看过很多就是，溜完冰后，他们所说的叫叉道。叉道就是溜完冰，喜欢钻牛角尖。就是他一样事情，会反复地去想，不停地去思考，所以我说为什么我溜完冰好像自己变得聪明了，因为不溜冰的时候一件事情我不会仔仔细细地去想一件事，用大脑去想，但是溜完冰之后，不一样，你如果让我做一道题目，这道题目会在我脑海里面，一直会想一天，就往里面钻，就是这样。所以我说溜冰会变聪明就是这样，喜欢动脑筋了，知道嘛。我那个朋友，她溜完冰她会多疑。像我基本上和我(男)朋友一起玩，晚上不会自己在家里，很早就出去，后来因为溜冰变得孤僻了嘛，不喜欢和朋友们在一起玩了，就是基本上都是整天在家里。就是出去买衣服吧，有时候都不想出去，是这样的，逛街都不想去，就是整天闷在家里。但是我(男)朋友，他就喜欢多疑，我只要在家里边，他溜完冰之后就会想象，像如果电话响了呀，虽然说不避(他)，但是我还有一两个玩得比较好的朋友，就是玩得比较好的，女的。他还会多疑，像溜完冰之后我只要有电话响呀，他就会多想，会怎么样，怎么样。我天天在家里面待习惯了，我如果说出去一趟呀，今天把头发梳得好好的，衣服穿得好好的出去玩，那他就会多想，他就会乱发脾气呀，或者怎么样，怎么样的。还有看过的，也就是最严重的看过一个，那时候也就是 2009 年吧，刚玩没多长时间，我一个朋友她就是在我们老家那边，她自己爬到五楼上面去，要往下跳，就是发展到了这种地步。

【调查者】就是她吸食了冰毒之后吗?

【个案 21】对对。

【调查者】你感觉和你朋友一起溜冰快乐吗?

【个案 21】嗯,不是快乐,就是觉得自己已经沉迷于那样的云里雾里的那种生活,就每天那个冰毒就跟吃饭一样,就是形成了一种依赖,就是好像每天你必须要睡觉,你必须要吃饭,但是我们每天不吃饭行,不睡觉行,不能不溜冰,就是好像成为一种生活习惯,我生活就是,如果在外面的话就是,已经离不开这样的一个东西。就是说如果没有的话,只要说外面还能拿到,或者买得到呀,就想尽一切办法(溜冰)。但是如果说买不到的话,那也就死心了。

【调查者】那你这一次是怎么进来的?

【个案 21】我这一次,其实我是二月二十八号到三月三十号进来两次。

【调查者】进来两次?

【个案 1】对,我是二月二十八号的那一天,我在房间里边,本来就是已经(戒了),我不是 2009 年(被)抓过一次嘛,然后从那个以后我就不玩了,戒了嘛。然后,又换了一个地方,到苏州去。到苏州去一年多,就是在我爸爸妈妈那边。后来又到溧阳三年,到了溧阳之后,然后,才碰了这个东西。

【调查者】你为什么又去碰它了呢?

【个案 21】因为又接触到了这样的人呀。

【调查者】接触的人?

【个案 21】就是接触到像我后来的男朋友,知道吧。跟他在一起我就抓过两次,就是一个月我(被)抓了两次。但是这两个月呢,第一次(被抓后),我都已经,就是,四五天,我已经五天没玩那个东西了,就自己已经想打算不玩那个东西了。后来,我是在房间里边的,正好那次不是严打嘛,我一个朋友被抓起来之后,她住在我隔壁,但是她房间里好像应该有东西(毒品)呀。警察正好去查房的时候,她正好在电梯里,然后警察就问是哪个房间的,她不敢把警察带到她房间去,但我房间里边什么都没有,知道嘛。她可能也不知道我在房间里边吧。然后,我在房间里边睡觉已经四五天了,她然后,把警察带到我房间去,然后就被带走了呗,拘留十天,那是第二次。这次送来强制嘛,就出来的时候,三月九号签的社区戒毒三年,出来的那一天,就是里边的那个警官还说出去不要再玩了,如果再玩的话就是两年的了。真的我自己在里边真的是不想再玩了,其实我想,踏出那个戒毒所门的时候,我走的方向错了,我如果选择回家,选择回家那我就不会有今天这样子,但是我还是选择去了溧阳,去了我男朋友那里,所以才导致这样子。

【调查者】你两次吸毒都是与你男朋友有关，对吧？因为他你才接触的。

【个案21】对。

【调查者】你感觉一些溜冰的人男女关系混乱吗？

【个案21】这个，在我后来接触毒品之后，我感觉身边的朋友哦，她们，我所说的她们，我有两个小姐妹，她们就是每天在外面玩，东玩玩西玩玩呀。很多就是，像她们，我们属于什么呢，像我还好就是，我朋友不让我乱，就是生活上钱呀什么的都是他给我，所以我不像她们一样，因为我有一个人管着。她们属于呢，男朋友很多，她们有几个男朋友，几个都会给她钱，但是不受他们约束呀，怎么样的。她们反正男朋友很多，但我不知道不溜冰的话会不会有这么多男朋友，是吧？

【调查者】你进来之后你家人是什么态度呀？

【个案21】当时我在常州，爸爸妈妈去看过我，很伤心吧，他们一直都不知道（我溜冰）。后来我（被）抓了两年他们才知道，就是到常州他们才知道，很伤心。但是主要是看我自己吧，如果我自己在他们面前坚强一点的话，他们也就放心了。因为这么多年我一个人在外面，他们只要说我平平安安就行了，就是，也从来没有管过我那么多。他们管也管不了，因为我很少在他们身边，所以我一些事情呀，他们什么都不知道，只要说，现在像我在这里边两年，我跟他们说了，我说，其实，这两年进来哦，对于我来说我一点都不后悔，因为如果说我不进来的话，我就在外面的两年生活还是云里雾里，还是同样地吸毒，还没有说想彻底地真正地离开冰毒的意思，但是到这里边就不一样了，到这里边，我感觉就是让我重新开始，我的人生的转折点就是这里。所以我跟我爸妈说了，你们不要伤心，我说我在这里边其实也挺好的。在外边两年，也许不一定好。我看到的那个纪录片真的好可怕，好害怕。我当时就想，如果在外面的话，也会有一天，溜多了，肯定也会说像他们一样杀自己的父母哇，或者说自杀呀，或者说自伤自残呀，这样子，真可怕。我说，这两年对于我来说是件好事，我不怕吃苦，真的，吃苦什么对于我来说一点都不重要，关键的就是，我现在，我自己能找回我自己，以前在外面的时候，溜冰的时候，方向都没有。但是到这个里面，每天都是统一吃饭呀，一起唱歌呀，还有我们一起看电视呀，一起睡觉呀，什么都有，生活帮我们规划得真的已经很好。就是，仿佛好像就是，上学校的时候，每天早上必须起来吃早饭，吃完早饭上学校，就是在里边找到了自己，就是感觉我自己人生也有目标了，我现在的目标是什么，虽然在里边失去自由。但是我的目标，我有我的目标，我的目标就是希望早点下队，因为那样时间过得很快。

【调查者】你周边的人对吸毒的人有歧视没有呀？就是对溜冰有什么看法？

【个案 21】对溜冰呀。我一开始到溧阳的时候，就是还没有接触溜冰这个圈子的时候。不溜冰的圈子呢，没有人谈到冰，所以就认为溜冰呢，就是吸毒。但是溜冰的圈子里边，溜冰的不叫吸毒，好像就是，跟吃饭一样，家常便饭，休闲一样就是。但是我到这里边，看过很多纪录片，我就认为，那就是吸毒，只是有些症状没有发生在我们身上，所以我们没有感觉到那种可怕，在外面。

【调查者】你在劳教所里边有没有特别难忘的事情？

【个案 21】就在这里面吗？

【调查者】嗯，对，在这里边。

【个案 21】我觉得每天我都很难忘。

【调查者】每天都很难忘？

【个案 21】对，因为，现在，我每天都很努力地去改变自己。

【调查者】你对社会有什么看法吗？

【个案 21】哎哟，我以前在还没有接触冰毒的时候，那个时候有自己的目标，还像是自己要奋斗的什么，虽然说挣不了多少钱，但是我有我的方向，就是前途，就是我觉得这个社会很好，就是人间的所有什么真善美，所有的都能体现出来。但是，从我溜过冰毒之后，就是我所有的一些观念都改变了，甚至我的一些性格也变了，就是孤僻呀。因为，在这个溜冰的圈子里边，好多人他们溜得时间长了呀，自己所有的钱都吸完了呀。还有就是，变的就是，本来自己的性格并不是这么样子的，但是（溜冰）就把自己的性格变得，让你无法去想象。就是本来一个很要好的朋友，但是，因为溜冰，经常会多疑呀什么的，就是，所以说。然后在我溜冰的那个世界里呀，我仿佛看透了好多好多人，就是也认识了好多好多人，那时候在外面溜冰的时候觉得这个社会真的很黑暗。

【调查者】你是第一次进来对吧？然后你刚进来的时候心里有什么想法吗？

【个案 21】因为没签之前，我还抱有想出去的希望，但是签了两年之后，我的心定下来了，见到我父母之后，我家里边的人不是去见我嘛，我见到他们之后，我的心全都定下来了，从那个时候，包括到现在我只有一个念头，就是好好地，好好地争取，好好表现自己，就是说在这边每天我一直都在努力。

【调查者】你感觉你进来对你戒毒有效吗？

【个案 21】有。最感触的就是，我们到这边，每天像我们，别的大队我不知道，像我们在这个大队，我们的大队长，对我们都是很关心的，像看纪录片呀……我感觉，像在上学校一样。对，你想我们都有 45 分钟的时间学习法律常识，每天都会学。虽然说我识字不多，但是说每天学，我也喜欢认真去听呀，所以我学到了很多，在这里边。

【调查者】你戒毒有什么感受吗?

【个案 21】我没什么感受,我就觉得,就是认识到自己以前,所做的一切(太不好),就是自己真的很后悔。现在对于我来说,重获自由,也许到外面我不知道我自己会变成什么样子。现在我也不想说去重获自由或是什么的。我现在只想安安心心地把这个两年做完,就这样。

【调查者】你出去之后有什么打算吗?

【个案 21】出去之后有啊。因为我们在这边,每天有老师给我们讲课呀,讲那个创业呀或者什么的。我在这里边,我就想好好表现自己呀,争取早一点出去。出去了之后有打算,因为我姐姐家庭条件好,一直要帮我开店,那时候我喜欢玩,一直就是(不愿意开店)。

【调查者】经历了这么多之后,就觉得要好好做。

【个案 21】对对,我姐一直要帮我开店,但是我不要,因为自己知道自己做不下来,就是不想浪费她的钱,或者什么的,让自己胡闹下去。但是我在这里边,我觉得在这里边矫治出去了之后,我肯定就是,出去的那一天就是我重新开始的那一天。

【调查者】那么和你的那个男朋友呢?

【个案 21】不会再联系的。我从被抓进来的那一天,到现在我没有打一个电话给他。因为我觉得没有必要再打电话给他。

【调查者】毕竟是他害的你?

【个案 21】不是,不是,我自己进来,我没有抱怨过任何人,我也没有去恨他,我为什么不打电话给他,打了电话给他有什么用呢,自己强戒两年,他见了我会让我伤心,我只会哭,我也不想见到他,所以就这样结束也挺好。外面什么事情我什么都不想,就是,我到这边,我爸爸妈妈还没来过,就是到 29 号的话,他们就过来,因为那天是接见日嘛,他们过来之后,我估计我可能会,我的心态会比现在更好吧。

【调查者】你认为禁绝毒品最主要应该是哪方面呢?

【个案 21】就是,我觉得就是脱离圈子。

【调查者】脱离圈子?

【个案 21】我不是说了嘛,2009 年的时候,我不是第一次出去之后,出去过后我就脱离了,离开了那个地方,又换了一个地方,就是重新开始,好像过上新的生活。再重新生活的时候,你不要认识社会上的那些人,知道吧。所以我说,出去了之后,我就在这里边早就打算好了,我出去的那一天,我就跟爸爸妈妈他们回去,然后自己在家里边,陪在爸爸妈妈身边,因为现在他们都六十几岁了,陪在他们身边,跟姐姐他们在一起,开个店呀,跟姐姐两个人忙忙。然后每天,生活有规律点吧,就是早上去开店呀,中午回家去吃饭呀,还像小时候的那样,一样的,虽说没有钱,但是过得很幸福。

【调查者】你认为在禁毒方面应该怎么做呢?

【个案 21】这个我不知道,反正我们到这边来,我认识这才是人性化的教育,因为我们在外面太散漫了。

【调查者】你觉得政府应不应该加强对毒品的宣传力度,因为你就是无知,就是你不了解的情况下,你误食的。

【个案 21】对,是的,是的,因为现在基本上就是在你们这个大城市里面不识字的有很多。

【调查者】对,就像一个从小地方去的,就对这些就不了解。

【个案 21】你们大城市的基本上都是很有文化的人,就是我讲的意思就是说,比如说南京它也有小学没毕业的,但是很少,但是他对毒品还是有一定的了解。但我们农村呀,或者什么的,你去问这个毒品呀,冰毒呀,没人会知道。

【调查者】然后就可能造成误食。

【个案 21】就是现在虽说这个社会上条件都基本上都好起来了,但都是城市里面的一些人呀。但是你说在偏僻的一些地方呀,很穷的人也很多,出来打工的人也很多,他们对这个毒品的意思根本就(不大理解)。我觉得如果加强对这个宣传呀什么的,我觉得应该到乡村啊,或者就是工人呀,就是偏远地区,往那些地方去一点。

【调查者】那些地方消息闭塞呀。

【个案 21】到那个地方宣传一下,让他们也认识到,毒品的危害,我们之前真的是对毒品一无所知。但是到这边我真的学到了很多。

【调查者】嗯,好的,谢谢。

玩一夜情的年轻人

他喜欢溜冰后找冰妹玩一夜情,又不用安全套,却谜一样地自信自己不会感染性传播疾病。同时又坚持自己的老婆不能是溜冰的。

访谈对象:个案 14,男性,21 岁,初中毕业,第一次吸毒年龄 21 岁,家中还有两个姐姐。

访谈地点:江苏省强制隔离戒毒所。

【调查者】请问是怎么开始接触冰的？

【个案22】朋友影响。那个还是怪自己，我们俩关系蛮好的，我自己把持不住自己，人家又没硬塞给我，我去他家找他，看到这个东西，好奇，他说怎么玩，我就拿着玩。就跟抽烟一样，吸进去，拿吸管。我是在我哥承包的工地上收卡，是在别的地方溜，溜完之后去工地。

【调查者】能聊聊你的情感经历吗？

【个案22】这个怎么说，谈过两个女朋友都是我们老家的，一个是同学，一个是社会上认识的，她们两个都不溜冰。

【调查者】吸完之后什么感觉？

【个案22】没什么感觉，也不会很快乐，嘴里麻麻的。

【调查者】当时为什么不继续读书？

【个案22】当时我家人想送我去当兵，然而我不想，就跑出来了，喜欢玩，不喜欢读书。

【调查者】朋友中间溜冰的多吗？

【个案22】不多。

【调查者】平常一起溜冰的都是些什么人？

【个案22】我一般都是自己，和朋友，连我加在一起，两个人，最多的，在家里和宾馆溜。一般情况下，我都是一个人在家里，两个人的时候，也不怎么固定，不用我的身份证，用别人的身份证开房。

【调查者】和你一起溜冰的人的年龄是多少？

【个案22】差不多吧，大个4岁，他说的方法，我自己溜的，我是"自学成才"的，本来就看见过，不会玩，但是说了之后就马上会玩了，不难，和抽烟一样。有的人会吸进去，有的人到了嘴里，又会吐出来，都要吐出来的。我不会，不会带身边没有玩过的朋友一起玩，这个东西不好到处宣扬的。要么是我单独溜，要么是和我那个朋友一起。

【调查者】那你和你正常的朋友一起时，会有什么反应吗？比如说突然很想溜。

【个案22】没有，这个又没有瘾的，又不是海洛因、大麻，没有瘾的，我平常只玩冰，不玩其他的。

【调查者】溜完冰之后是什么感觉？

【个案22】花钱消灾，就是这个感觉。

【调查者】那你们溜完之后男女会发生性关系吗？

【个案22】差不多，发生关系的也都是溜冰的冰妹。

【调查者】发生关系时，假如对方是冰妹，会带安全套吗？

【个案 22】一般情况下不会，不会担心她们有艾滋病，这个肯定的，一块溜冰的冰妹也不是太熟，朋友介绍的。

【调查者】那溜冰对身体有没有影响？

【个案 22】有，一开始玩这个东西的时候，身体扛得住，到后来，就有点问题了，这就是花钱受罪。身体差了，就会出现幻觉，幻觉是每个人都不一样的，我还没到那个程度。脾气会暴躁一点，容易发脾气，打架什么的也不会。

【调查者】讲讲你认识的冰妹吧。

【个案 22】年龄都和我差不多，做小姐的。之前的女朋友没有是冰妹的，找老婆是过一辈子的，那个只是过一夜的，找老婆要找个正经的，坚决不找冰妹。

【调查者】你认为溜冰容易感染艾滋病吗？

【个案 22】嗯，听说过，这个怎么讲，那就相当于溜冰过后滥交，又不是你一个，你怎么知道人家有没有。

【调查者】家人对你进来是什么态度，有没有来看过你？

【个案 22】来看过，她们说让我安静点，变得清醒点，她们讲不怪我，在这里可以受很好的教育，知道什么是该做，什么不该做。

【调查者】你进来这边之前，你身边的人、家人，知道你溜冰吗？

【个案 22】有些人知道，有些人不知道，家人不知道。

【调查者】那知道你溜冰的人对你是什么态度？

【个案 22】人家就是不太会相信你说的话，人家不会太相信你这个人，溜冰的人不可信嘛，没有人会表面歧视我们，都是心里面(有些歧视吧)。

【调查者】在这里面有什么难忘的事吗？有没有认识的混得很牛的人？

【个案 22】认识了很多朋友，一般进来这边的人，都不会是混得很好的。混得好的人，人家不会玩这个东西，人家知道这个东西不好。

【调查者】那你认为作为一个人活着，什么最重要？

【个案 22】家庭最重要，(之前)脑子坏掉了，在这里面清静清静。

【调查者】那你对这个社会有什么看法？

【个案 22】这个社会蛮好的，赚钱不是太难，一分耕耘一分收获，有付出就有回报。

【调查者】那你的人生观是什么？

【个案 22】有失去就有得到，我得到了一个教训，让我看清了，对自己好的，就只有家人。进来之后，朋友也来过。

【调查者】你是怎么进来这边的？

【个案 22】 我帮人要钱，他说他姐来还钱，然后就带警察来了，我身份证有案底，带到派出所验出来了。

【调查者】 你认为进到这边对你们戒毒有没有效？

【个案 22】 冰毒没有瘾，但国家有法律，我们违法了，就要受到惩罚。

【调查者】 在这里面感触最深的是什么？

【个案 22】 没什么，每天都是一样的，最开心的是家里人来，家人每个月都来。

【调查者】 在这里面有没有什么需要的东西？

【个案 22】 没有，家里人每次来，打钱到卡上，想吃什么，想要什么，自己买，我们家的情况还行，不缺什么。

【调查者】 出去之后有没有什么打算？

【个案 22】 有，回到家好好过日子，计划没有变化快，走一步看一步。

【调查者】 那你出去之后有没有信心彻底戒掉冰？

【个案 22】 这个东西比戒烟还容易。一个人没有事情做得时候，孤独寂寞的时候，肯定要寻求物质上的快乐。之前我是在我堂哥的工地上，我去那里收卡，每天 5 分钟不到，拿过来就回去啦，又不用我看，然后我就到别的地方去玩。

【调查者】 你认为禁绝毒品最主要取决于哪方面？

【个案 22】 朋友圈。

第三部分　最近的五年

(2015—2019)

曾经的百万富翁

访谈对象：个案1　男性　南京人　1980年生　已婚

访谈地点：江苏省强制隔离戒毒所

【调查者】你现在和父母分开居住吗?

【个案1】我十八岁就和父母分开生活了，我的父亲属于海归人士，由于他接受的西方理念比较前卫，在我年满十八岁的时候就给了我一套房子，我就开始了自己一个人的生活。

【调查者】你父母是怎么把你带大的?

【个案1】在中国人的传统观念当中，“养儿防老”仿佛是贯穿于个体生命历程中基本的义务所在，但我们家庭情况有所不同，因为我父亲常年留学国外，我从小便是由我母亲带大的，直到我年满七岁之时才第一次见到我的父亲。在我的印象里，对父亲有一定的感情，但这种父子间的感情并不是特别地强烈。而我母亲从小就比较宠爱我，长时间处于一种“饭来张口、衣来伸手”的生活状态中，任何经济方面的要求我母亲都会满足我，这也间接地促使我一直比较任性，这种任性给我带来了许多同龄人所不应该吃的苦，比如说“打架”“在社会上乱窜”“拜金”等行为和观念都让我付出了极大的代价。另外，我从小就比较叛逆，读小学的时候便沉迷于“电玩”游戏，也不顾家。对于我来说，从小生活在西方的父亲和中式养育方式的母亲之间，从七岁到我十八岁这段时间里，正是母亲的一味宠爱才塑造了我任性、叛逆的性格，这与后来选择吸食合成毒品也存在很强的关联。从我的整个经历来讲，那句古话最合适，叫“棒下出孝子，慈母多败儿”。

【调查者】你十八岁以后呢?

【个案1】在我十八岁生日那天，我父亲给了我一套房子，我就与父母分开居住了。在后续的生活当中，包括我上学需要的钱，都是通过我去肯德基、麦当劳等餐饮店当临时工所赚得的。对于我而言，在一定程度上受到我父亲的影响，属于独立性比较强的人。倘若完全按照我母亲那种溺爱方式养育我，那么我现在应该会由于犯罪蹲监狱当中，而不仅仅只是在这个小小的戒毒所里。对于我们这个年龄段的孩子来讲，父母对我们成长的影响很大，像对于我自己的孩子来讲，我深知自己没有很好的养育方式去教导她，因此从幼儿园开始就选择一种全托式的养育方式，等她进入小学阶段，我打算将她送到日本去上学。这并不是考虑中国式教育模式的缘故，更多的是一种基于家庭环境下的理性选择。对于我岳父而言，他是一个文化素质相对较低、比较粗俗的城管，包括我妻子也是属于文化程度较低的人。在我原有的家庭环境下，我与父母间交谈不允许讲粗话、脏话一类的带有侮辱性的词汇，相对比较文明。对此，我父亲强烈要求让自己的孩子去一个全托的相对较好的生活环境当中，我也就应允了我父亲的要求。因为对于我而言，全托费用虽然相对较高，但也能负担得起。虽然小孩长时间不在自己身边，必然父女感情会受到一定的影响，但等孩子长大了，具有基本的自我判断能力的时候，她应该能够理解我的初衷。对于我而言，我深信环境造就人的说法，我在电视台的工作环境当中根本就接触不到毒品，正是在工作之余，去社会上混的时候才逐步接触到毒品，然后关于毒品的朋友圈子也越玩越大，正所谓没有不透风的强，正是在自己的"好玩"心理、过度任性自我、缺乏责任感等自我因素的综合作用下，我才在毒品的世界里不断地自甘堕落。

【调查者】你能谈一谈第一次接触合成毒品的经历吗？

【个案1】我第一次接触合成毒品大概是在2012年的时候，当时主要是好奇、时尚、朋友圈三种方面的交互作用下才选择了尝试冰毒。对于我来讲，从小家庭教育我什么都可以沾，除了毒品。对于那个时期而言，谈到毒品更多地是指海洛因、"白粉""K粉"一类的传统毒品，从小通过媒体接触到的关于海洛因的教育片、宣传片、资料片等太多了，包括我身边的亲戚也有因为吸食海洛因而变得"人不人，鬼不鬼"的样子，由此在我内心深处便竖起一道"警戒线"。但就冰毒而言，在我选择初次尝试之前我已经听说过许多次了，我看到身边吸食冰毒的朋友四五年里也没有太大的变化，从自己接触到的吸食冰毒的朋友中获知冰毒并不等同于传统的生理成瘾性较强的毒品。对我而言，我并不知道冰毒对内在身体的伤害，至少从毒友们的外在表现而言，仿佛并未给他们的身体带来多大不利影响，由此我的戒备心理就有所放松。与此同时，"毒友"(接触毒品的朋友)又对我说："玩冰毒代表一种时尚潮流，现在不玩冰毒简直就out了。"正是在这种话语的影响下，我就和他们一起去朋友的单身公寓玩冰毒。第一次，我还是有所戒备，就在旁边选择观望，在两三次类似的接触过程当中，我也就选择初次尝试吸食冰毒了，然后就像决堤的洪水一样，一发不可收拾。

【调查者】第一次吸毒后做什么？

【个案1】我第一次吸毒是与“毒友”一起打麻将，持续了大概有十七八个小时，感觉比较执着。无论是“溜冰”后的线下的看书、写字行为，还是线上的赌博、打游戏，都能够持续相当长一段时间。不过结束之后却没有太多的记忆存留下来，整个人感觉就是“稀里糊涂”的，很迷茫。回头想想，“溜冰”行为对自己的智力、记忆力、头发等身体因素影响很大。

【调查者】你有没有想过自己为什么会上瘾？

【个案1】对于我朋友而言，吸食能够助性，对个体的性欲有刺激或增强作用，可能对他们而言吸毒后的性行为满足是其吸食的首要目的。但对于我而言，吸食冰毒对我有诱惑力的并不是助性作用，而是吸食冰毒后更有助于我赌博。

【调查者】你以前就好赌吗？

【个案1】并不是，我以前很少接触赌博场所。我一开始吸冰的时候，总感觉无所事事，那会儿我就会选择练字，十几个小时不停歇地练字。然后我就接触到了不涉及赌博的网络游戏，比如“魔兽世界”“CF”等，但总感觉还是无所事事。后来就接触到了网络赌博，比如毒友们常玩的“电玩”“百家乐”等，先是小赌怡情，然后“胃口”日益变大，一天玩下来就有至少几万块的输赢。好在以前自己有点私房钱，结果全部都给输完了，无论是吸毒后自己的金钱损失，还是因为吸毒导致的身体上的伤害，都让我付出了很大的代价。

【调查者】你是通过什么渠道获得毒品的？

【个案1】一开始是每次给朋友一两千块钱，然后由他安排（吸食的场所、时间、人员等要素）。后来觉得那样比较麻烦，安全性也不高，就选择向朋友购买，然后回家自行吸食。刚开始妻子是极力地反对我在家“溜冰”，但因为我对冰毒“着魔”了，时常因为“溜冰”和她吵架，逐渐地，妻子已经对我完全丧失了信心，只能选择对我说：“你要吃可以，不要在家吃，因为家里面还有小孩。”最后就发展到我自己坐在顶楼楼梯口或车里“溜冰”的地步。

【调查者】你现在是怎么看待这段经历？

【个案1】只能说往事不堪回首吧，我工作快十一年了，辛辛苦苦工作赚得的上百万的金钱用于溜冰“吃完了”，“溜冰”后沉迷于赌博输完了。也因为“溜冰”使美满幸福的家庭一次次地面临破裂的风险，就现在而言，我和妻子仍然瞒着自己的父母因为吸毒进戒毒所的事情。对于我父母而言，他们仍然以为自己的儿子是因为“好赌成性”而进监狱的，因为在他们的潜意识里吸毒是不负责的表现，意味着一个孩子已经无可救药了，我父亲必然会与我断绝父子关系。对于我父母而言，他们虽然不用“养儿防老”，但我还是属于比较孝顺的儿子，我已经因为

“溜冰”丢掉了工作、花光了私房钱，倘若再与父母断绝了亲情关系，那就太得不偿失了。（相比较于溜冰所损失的有形的时间成本、金钱成本而言，受访者似乎更加看重的是溜冰行为本身可能造成的亲属关系破裂格局——关系成本）

【调查者】你所接触到的关于毒品的南京“行话”有哪些？

【个案 1】冰毒本身我们称之为“绵羊”“牙签”“冰籽”“大冰糖”（“冰籽”指代冰毒比较琐碎、“大冰糖”是指代一整块的冰毒），吸食冰毒行为我们称作“溜冰”“走两步”“咕噜咕噜”（拟声词），“溜冰”后的反应又分为“上头”“下头”两种，分别指由溜冰行为产生的过度执着、无法自拔的状态以及回归正常身体状态两种情况。“溜冰”后找女人的行为称之为“散冰”，长期因为吸食冰毒呈现出上瘾、很能睡的症状称之为“犯冰困”，吸食冰毒后在床上瘫坐着的状态称之为“烂屁股”，分不清白天黑夜叫“见光死”，“溜冰”时所使用的锡纸又称作“板子”“条子”，用锡纸吸食冰毒的行为称之为“走板子”，整理裁下的不平滑的锡纸的行为称之为“抹板子”“刷条子”，做出来的“板子”像飞机一样，又将其称作“飞机板子”。“溜冰”过程中使用的充汽式打火机称之为“飞火”“豆芽火”或“长明灯”，“溜冰”过程中使用的电炉丝式的打火机称之为“喷枪”，娱乐场所付钱陪吸的女性称之为“冰妹”，“冰妹”又分为坐台和出台两种不同的类型，前者指只是陪同吸食助兴，不提供性服务；后者更多地是指吸毒助“性”，提供性服务。溜冰过程中使用的工具壶种类较多，有“双口壶”“单口壶”“四口壶”“龙壶”等各种类型。

【调查者】你是如何安排自己的日常时间的？

【个案 1】周一到周五一般是我正常的上班时间，最开始只是选择在周六与周日两天“溜冰”，但发展到最后就开始请假“溜冰”了，每次公司的月假、年假，同事一般会选择携家外出旅游，而我一般都选择待在家里没日没夜地“溜冰”，最后弄得整个人“人不人，鬼不鬼”的样子。（时间的不规律性、时间成本以及由此可能衍生的工作损失代价）

【调查者】你最好的朋友大概有多少？

【个案 1】没吸食冰毒之前，那种假如我现在得了绝症，能够拿出十万元来救命的真心朋友至少有数十个，自从选择“溜冰”之后，真心朋友越来越少，现在身边大概就只有两三个真心朋友了。（关系需要互动机制得以维持，溜冰倾向于使人懒惰，由此导致朋友关系逐渐淡漠、丧失）

【调查者】你最好的朋友中间有没有接触冰毒的？

【个案 1】有，没有他们也就没有今天的我。不是最好的朋友我是不会选择相信他们的，对于我而言，始终有两条警戒线：第一，因为我从事的工作，对于普通朋友而言，我是不会选择到那种相对比较陌生的场合当中去的；第二，如果不是真心的朋友，我不会把我手上的大量金钱交给他，由他安排具体的“溜冰”时间、场地、人员等。

【调查者】那他是诱骗你“溜冰”的吗？

【个案1】这倒没有，对于我来讲，能够称得上好朋友的，至少他是不会出于利益考量主动地将我往“火坑”里拉的。在一次的聊天过程当中，他对我说现在社会上“混的”一百个人里面，多说有八十多个“溜冰”的，少说也有四五十个“溜冰”的。此时我心里就在想，难道我与这个社会脱节了、难道我就 out 了吗？在这种自我质疑的心理驱动下，我就对我朋友说下次我一定得尝试尝试。然后我朋友就劝我说“没有碰过最好就别碰”，我就反问他“溜冰”是否会像海洛因那样弄得“人不人，鬼不鬼的”？我朋友说这倒不会，他就给我分析了冰毒本身是化学合成的成瘾性物质，它不是生理性的上瘾，而是一种由于自制力不足导致的“心瘾”，如果你第一次使用它是出于“找女人”后的助性目的，那么以后你“找女人”的时候总会想要溜冰，赌博也是这样。此时我就在心理暗想，我自制力还算可以，为什么不选择赶潮流尝试一下呢，就这样，越陷越深。

【调查者】那你平时有什么不良嗜好吗？

【个案1】其实带我“溜冰”的那个好朋友也劝过我，他说自己最后悔的事儿就是带我接触到了冰毒。就如他所言，他平时觉得我就是一个自控能力比较强的人，无论是自己滴酒不沾、不抽烟的良好习惯，还是他三番五次试图带我去酒吧、夜总会等娱乐场所我都婉言拒绝的行为表现。没想到最后在冰毒面前完全失去自我，可能自己平时对生活中许多东西的戒备心理较强，当遇到一种打破自己原有戒备心的东西之后，便一发不可收拾，选择自我放纵、完全堕落。但有一点比较好，我和最好的朋友之间从不牵涉金钱，因为在我看来，无论是夫妻间的情感、朋友间的感情或是兄弟亲情，一旦牵涉到金钱，感情必然“变味了”。

【调查者】那你觉得“溜冰”对你的人际关系影响大吗？

【个案1】肯定有影响，这种影响有主动性的社会关系断裂与被动性的社会关系两大类别，一方面，由于工作的丧失，导致原有的行业领域的人脉关系部分断裂。另一方面，人与人之间的关系是通过彼此互动才得以延续的，自己因为“溜冰”，选择瘫在床上，懒得参加外出活动。当朋友叫我出去玩，或许一次选择拒绝后他仍然会叫你，但倘若两次、三次甚至更多次都没有得到回应，朋友就不会再叫你了，两个人之间必然就接触得少了，关系也就越发淡化了。加之自己不通过社会交往拓展原有的关系网络，自然人际关系网络就越发缩小。包括以前和我关系比较好的朋友都会打电话直接问我是否身患绝症，或是家里发生什么变故，性情大变而又不愿意和我们讲，此时我都会说没事儿。朋友在多方打听下发现自己家里确实没有什么大变故，此时就会质疑我们彼此关系产生裂缝或是自己做了什么不恰当的事让对方感到有所隔膜，时间一长也就习惯了不来往了。

【调查者】那你觉得你“溜冰”给家庭带来了哪些影响呢？

【个案 1】对于妻子而言，给她的陪伴减少了，对父母、岳父岳母的关怀也相应地减少了，这些都是次要的。我感到最愧疚的还是自己的子女，因为自己的父亲的吸毒史，将来小孩当兵当不了、公务员考不了、从政从不了，这些体制内的工作的审核都会因为我吸毒的缘故过不了。将来我也会有一种内在的自责感，而孩子内心也会有一种谴责感，她会不自觉地想“上辈犯的错，为什么要我来承受”，所以这也是我一心想把小孩送到国外的主要原因之一。对于我来讲，戒毒所的两年不过是“弹指一挥间”的事儿，大不了七百多天而已，真正影响大的是进来付出的各种代价：第一，工作没有了、养老保险和社会保险全断了，这都要靠以后自己上交。第二，对小孩后续试图在体制内工作的限制太大了。第三，对个人声誉的影响太大了，毒品不像“打架、斗殴、贪污”等犯罪行为，社会对这些行为的包容度还相对较高，但当一个人听说另一个人是吸毒的，那他肯定会选择避而远之，这种社会观念上的歧视、个体行为上的排斥太明显了。

【调查者】你觉得来这里以后，戒毒所的戒毒方法对你有帮助吗？你出去后还会吸毒吗？

【个案 1】现在吸毒，复吸的概率实在是太高了，戒毒机构推出的各种戒瘾性举措的帮助有限。对于我来讲，以后进入社会后我不会选择“溜冰”了，但我并不是因为戒毒治疗，而是因为再吸后面临的代价我实在是承受不了，倘若再一次进来，我将面对的会是家庭破碎、妻离子散、亲情丧失，这些都令我无法承受的代价，我没有资本再去碰冰毒了。在这里一同戒毒的学员当中，也有那种所谓的“三无”产品（没有亲人来看、没有电话打、没有人关怀的），自己一个人有时只能躺在被子里流眼泪，这是十分落魄的。

失意的四川青年

访谈对象：个案 2　男性　四川遂宁人　1990 年生

访谈地点：江苏省强制隔离戒毒所

【调查者】你从小是谁带大的？

【个案 2】我亲生父亲在我十二岁那一年就去世了，从我十二岁到上高中之前都是我妈妈一个人把我带大的。后来在我上高中之后，我妈妈给我找了一个继父，我和继父间平时虽然没有太多的语言交流，但是整体上他对我还是挺好的，我需要什么他也都会满足我。

【调查者】你妈妈平时对你严厉吗？

【个案 2】我妈妈是比较“话痨”的，但她却管不住我，我从小到大都属于特别顽皮的那种。但从我内心深处来讲，还是挺爱我妈的，不过我和我妈无法沟通，特别当我遇到什么难处，或是有什么想法的时候，我无法找到合适的方法对她讲述。

【调查者】那你妈妈平时是怎样教育你的呢？

【个案 2】从小到大，我母亲都把我当小孩看待，像教育小学生一样地教育我，包括到现在也不例外。比如我想要买一个比较昂贵的玩具车，她就会不断地责骂我或者轻微地敲打我，但等到长时间的谩骂结束后，她还是会满足我的要求，当我熟悉她这种“刀子嘴，豆腐心”式的脾性之后，我就会忍受或是忽视她的谩骂，让她不断地满足我的要求。

【调查者】那你现在是组合式家庭了？

【个案 2】算是吧，我在家属于独生子女。我继父的妻子去世了，他就带过来一个姐姐，我们就五个人住在一起。

【调查者】你可不可讲述一下接触毒品的经历？

【个案 2】在 2008 年的时候，我想要去部队当兵，这也是我从小的梦想。当时我家里人，特别是我舅舅和父母就想方设法地替我去找关系，在这个过程当中家里人花了太多的钱，结果也没有顺利地入伍，当时我就感到自己的梦想破灭了，整个人萎靡不振。另外，懵懵懂懂地自己在那个时候谈了一场恋爱，因为没有顺利当成兵，女朋友觉得自己没有前途就提出了分手的要求。在这样的双重打击下，我感到十分地绝望。正好在这个时候，我有朋友过年从省外回来，他们本来也就是玩冰的，他们对我说现在“溜冰”是非常时尚的行为，在社会上混的人没有一个不接触这个东西的。我觉得既然当兵的梦想已经破灭了，也没有其他的打算，就干脆选择“混社会”算了，我就慢慢地开始接触冰毒。

【调查者】可不可以向我描述一下第一次吸食冰毒的经历和感受？

【个案 2】我第一次“溜冰”大概就吸了两三口，然后整个身体有一种“飘飘欲仙”的感觉，仿佛整个身体就只剩下一个头一样，在这种幻境中感觉十分地美好，眼前布满了金钱、女人和各种自己想要的东西。但当我醒来之后，发现现实中的自己却是一无所有，这种幻灭感、梦幻与现实的落差让我感到窒息。

【调查者】你从接触冰毒之后，吸食的频率都是一样的吗？

【个案 2】不一样，刚开始我吸食得并不频繁，大概每间隔半个月吸食一次。

但在2010年之后，大概间隔了两年左右，我在一次与母亲一同外出旅游的过程当中，发现自己整日整夜地无法安睡，大概持续了七天时间。那时候我感到十分不解，我就询问带我一同吸毒的朋友，他们对我说我自己有了点“毛毛瘾”，我此时就感觉十分地害怕。但在我朋友的耐心劝说下，我认识到这只是吸毒后正常的生理反应，倘若放任自流，也可以“生理性戒毒”，由此打消了我的顾虑。从那以后，我就整日整夜地吸食冰毒，完全堕落下去。

【调查者】你在选择吸毒之前有没有了解过吸毒的危害吗？

【个案2】其实小时候我妈妈也对我说过：“你在社会上玩也好，打架也罢，这些都可以，唯独毒品不能碰”，但是那个时候我对母亲的话不当回事，是一种不以为然的态度。

【调查者】你给我说一说现在你对毒品的感觉。

【个案2】毒品对我来讲，我觉得自己陷入得实在太深了，有一种在漫漫人生长路中越走越远的感觉。我第一次进入管教场所是因为高中打架斗殴的事情，那个时候深刻地体会到监狱中生活的艰苦。从监狱中出来之后就持续了大半年的时间没有接触毒品，后来在过去毒友三番五次的邀请下还是选择吸食了，结果就又一次进入了强制隔离戒毒所。在第二次从管教场所出来之后，我当天就选择吸食了，因为当我越发地接触冰毒，我越发对自己戒除毒品失去信心，感到一种莫名的无力感。其实在这个过程中，我母亲也将我送去过重庆沙坪坝的自愿戒毒所，不过间隔一两个月我就“跑掉了”。对于自愿戒毒所而言，他们通过为我提供一些药物，让我感到昏昏欲睡，不再去想吸食冰毒。但这只是停留在生理性的麻痹层面，对我们而言，“溜冰”更多地是一种“心瘾”，只有通过心理上的帮扶才能真正克服“溜冰”的想法。

【调查者】你在上一次从戒毒所出去后到进来，又经历了什么？

【个案2】从某种意义上讲不是自愿的，其实就我所接触的吸毒人群而言，我们都不是自愿吸食毒品的。我在上一次从戒毒所出去之后，我去参加一个朋友的婚礼，我们以前时常聚在一起“溜冰”的朋友就一起去喝酒唱歌，时间一长就感觉比较无聊了，我们就一起闲聊过去，追忆往昔，结果其中一个朋友就去弄了点“冰毒”来，然后忍耐力较弱的一些人就开始不自觉地吸食起来。最开始有的人不愿意继续“溜冰”，然后在毒友们的多方劝说下，就还是不自觉地开始玩起来。当时我就属于后面那种人，我深知因为毒品让我付出的时间代价巨大，但我却又想要再次尝试它，这两种矛盾心理在不断地做斗争，每次我都会选择妥协，结果就变得更加不信任自己能够成功戒除毒品，产生一种莫名的无力感。

【调查者】你是如何获得毒资的呢？

【个案 2】一开始主要是向家里面要钱，后来在“混社会”的过程中也就找到赚钱的“路子”了。那时候我家附近就属于红灯区，一条街大概有几十家按摩店，在“老大”的带领下，我们一行大概五六个人就向他们收取保护费，这是主要的经济来源。除此以外，就是在周围的麻将档和各种娱乐场所安装“老虎机”“打鱼机”，总之各种“擦边球”“野路子”，都是我们赚钱的渠道。那个时候虽然每天的收入并不固定，但完全能够满足我吸毒、从事各种娱乐活动等的要求，完全不用担心自己会遇到没有钱的情况。但后来自己因为长期接触毒品后，不仅有了毒瘾，还沉迷于赌博，就陆陆续续地把家里的几十万存款都给输光了。

【调查者】有没有因为你频繁进入管教场所，感觉亲戚朋友和你的关系有所变化呢？

【个案 2】亲戚朋友都刻意地疏远了我，特别是亲戚表现得最明显。因为我母亲是开麻将档的，以前三天两头地叫我去吃饭，后来因为我时常进入管教场所，他们再也没主动叫我去家里吃饭，每次来我家打麻将，只是礼貌性地点点头。我亲耳听见过我五姨叫他儿子不要和我玩，不要像我一样去打架、吸毒，这些我心里都是知道的。

【调查者】你觉得以后出去会遇到一些什么阻碍呢？

【个案 2】社会歧视吧，一种是制度层面的，假如以后我去社会上办事需要刷身份证，一刷身份证就意味着要尿检，这样会加深我们在内心里觉得自己和正常人不一样的想法。另外就是体制内的工作、国营单位是不可能接受一个有吸毒前科的人，就业会遇到极大的阻碍。就算是待遇稍微好一点的工厂，决定招聘人员之前也会要求应职人员到当地派出所开具一份无犯罪记录证明，这些都是很明显的阻碍。另一方面是社会层面的，只要听说我们是吸毒的，必然就会选择“避而远之”，对吸毒人员的恐惧感是很明显的。

四处闯荡

访谈对象：个案 3　男性　南京人　1991 年生

访谈地点：江苏省强制隔离戒毒所

【调查者】能不能说说成长过程中父母对你的教育方式？

【个案 3】父母工作比较忙，一直都没有时间照料我，大部分时间都是爷爷奶奶在抚养我，在他们的宠溺下导致了极度的逆反性心理，这也为后期走上吸毒泥潭打下了一定的性格基础。

【调查者】你有哪些逆反表现呢?

【个案 3】我从很小的时候就开始吸烟、上网,这些都是正常青少年没有尝试过的。

【调查者】您这次是因为接触哪种类型的毒品进来的呢?第一次接触它是在多少岁的时候?

【个案 3】这次主要是因为吸食冰毒进来的,我第一次接触它大概是在十八岁的时候。

【调查者】可不可以大概给我叙述一下整个接触过程?

【个案 3】初中辍学之后,我就和我一个亲戚去外面"闯荡",想要找点事儿做。后来,由于年龄较小,又缺乏特别的劳动技能,不能够找到令我满意的工作。几经波折之后,我最终还是选择回家,结果就和社会上"混"的那些朋友"勾搭"在了一起。一次偶然的机会,看到朋友们在"搞"(吸食冰毒)。当时,还是比较抗拒的,因为毕竟是毒品嘛。但是,这个时候我的那些朋友就对我说:没事,这个不像那些"吊东西"(海洛因),这个抽了之后不会上瘾,是能够控制的。当时,我就比较相信他们,然后就选择试着抽了一下。

【调查者】你能不能给我大概描述一下你的吸食感受呢?还有吸食之后一般做什么呢?

【个案 3】心理感觉非常地兴奋,感觉很舒服。此时我一般就玩玩手机、打打游戏。

【调查者】吸食周期大概多长?

【个案 3】刚开始,一周就一两次,每次也都能控制使用量。后来,一周就三四次了,因为感觉有点上瘾了。每玩一次基本上就会持续两三天左右,基本上天天都在吸毒。

【调查者】你是通过什么渠道获得的毒品呢?

【个案 3】一般就是朋友吧,而他们一般是从那些小毒贩那里提货。

【调查者】你现在怎么看待这些贩毒的人呢?

【个案 3】应该说,他们也冒了很大的风险从事毒品贩卖行当,而这种行为本身是一直不被社会所认可的。一方面,我不会同情他们,因为他们的盈利是建立在个人,甚至是家庭的痛苦之上;与此同时,我也不愤恨他们,因为买卖双方是一种公平的关系,只有"你情我愿",买卖才能持续下去,正是因为我们有这个需求,才催生了这样一个"行当",所以我走上今天这条路不能完全怪他们。

【调查者】现在冰毒的"行情"如何呢?

【个案 3】以前比较便宜,2003 年左右的时候一克冰毒大概就是一两百块钱；这些年来，国家管得比较严，买一克冰毒需要花到 1 000 元左右，一般人是无法长期性负担的。所以现在那些长期吸食冰毒的基本上都是纨绔的富家子弟，或者是那些暴发户群体，比如拆迁户、煤老板，等等。

【调查者】一克冰毒你能够吸食多久？“毒资”是从哪里来的？

【个案 3】一克冰毒我一般能够吸两天，买冰毒的钱基本上都是我自己的工资，没有伸手向家人要。

【调查者】有没有系统性地了解过冰毒对身体的危害？

【个案 3】以前并没有发现和了解冰毒有什么危害，但在长期性吸食的过程中，我们都能够切身体会到身体许多方面的变化。但都防不住了，因为都已经“吃上架子了”（吸毒上瘾），也就管不了那么多了。

【调查者】在戒毒所里的生活还适应吗？

【个案 3】刚开始的时候，衣食住行每一方面都不习惯，渐渐地就适应了。其实，到了这边之后感觉生活轻松了很多，也规律了很多。想起进来之前被毒品支配的日子，生活没有丝毫的意义，得过且过。进来之后，我深刻地体会到了家人、亲情的重要性，相对于吸食“毒品”带来的感觉而言，我发现来自家庭的温暖才是最让人“上瘾”的。

【调查者】进来之前你的时间一般是怎么安排的呢？

【个案 3】我一般凌晨四五点的时候回来睡觉，睡到下午两三点，然后起床吃个饭，顺道看一下有没有朋友打我电话。然后玩玩手机或是到处闲逛，到了晚上八九点的时候，吃过饭就去找朋友吸毒了。像我们这样的人，一般都是“黑白颠倒”的，弄得“人不人、鬼不鬼”的，和普通人的生活作息完全不一样。

【调查者】出去之后有什么样的打算呢？

【个案 3】其实我现在也在做相应的规划，我就打算在这里面一定要把毒瘾给戒掉，出去之后继续做工地上的工作。

【调查者】你觉得出去之后，吸毒经历会对你造成什么影响呢？

【个案 3】因为我一直是做工地上的工作，吸毒与否对我的工作不会造成太大的影响；不过，在日常生活中，“讲出来肯定是不好听的”，社会上对我们这个群体的歧视还是挺大的。

【调查者】你最好的朋友大概有几个？

【个案 3】大概有五六个吧，既有小学、初中阶段的同学，也有自己的发小。

【调查者】他们有没有吸食毒品呢？知不知道你接触这个东西呢？知道的话有没有劝你呢。

【个案 3】他们并没有吸毒，但也是知道我碰这个东西（冰毒）的。他们平时也都在电话里、吃饭的时候等多种场合讲，但是自己控制不住，完全没有用。

【调查者】 能不能和我谈一谈吸毒对你的婚姻造成了哪些影响？

【个案 3】 主要是没有时间陪老婆孩子。

【调查者】 吸食冰毒之后，亲戚朋友有没有刻意地疏远你呢？

【个案 3】 感觉主要是我疏远了他们，因为在“搞”了这个东西之后，他们偶尔会规劝我，我就听不进去，就感觉很烦躁。时间一长，别人也就不愿意再讲了，彼此的关系渐渐地也就淡化了。

老板的婚礼奇遇记

访谈对象：个案 4　男性　上海人　1968 年生　再婚

访谈地点：江苏省强制隔离戒毒所

【调查者】 你是如何接触到毒品的呢？

【个案 4】 我有一次去参加一个朋友的婚礼，正常的婚礼开席时间大概是晚上六点半左右，然而我那些朋友大概在四点左右的时候就打电话让我过去玩。当我进入酒店的包间之后，发现里面有“一帮子”人，桌子上摆的全是冰毒，我就发现在现在这种大趋势、大环境下，使用新型毒品的现象实在是太普遍了，每次遇到朋友间的聚会、招待一些顾客，基本都会把“冰毒”拿出来作为一种娱乐消遣物品，就我所接触到的“朋友圈”，无论人的好坏、有钱还是没钱，他们都或多或少地接触“冰毒”。因为我经常去国外出差，先后去过美国、加拿大等地，特别是在美国的很多州，吸食大麻是合法的，而在中国的特殊整治制度环境下，（新型毒品）就被认为是非法使用的成瘾性物质，这都是制度设置上的问题。对于我而言，一方面，自己的生活条件相对较好，选择“溜冰”并没有产生危害社会的行为，顶多是在危害自己的身体，自己乐意而为之，又有何不可呢。另一方面，既然进来了，我是作为一名“吸毒受害者”，强制性戒毒所里的两年期限过长，被迫承担的劳动强度过大，完全丧失了自由，既然话语上承认我们“病人”“学员”的身份，那在实际操作过程中应该充分尊重我们的人权，加大对“学员”戒毒效果的考核力度、评估次数，大幅度减少表现良好的“学员”的强制性隔离戒毒期限。与此同时，放宽亲属探亲的时间限制和频次限制，让我们在强制隔离戒毒的同时充分体验到亲情的温暖。

【调查者】 平时父母或者其他亲人会到这边来看你吗？

【个案 4】 家里人和我的想法是一样，都想要互相见见面，心里会好受一些。

但并不是想来看就能来看的，这就导致我的心理完全不能承受。此外，戒毒所规定只有直系亲属才具有探望资格，打个比方，我的妻子和姐姐算是直系亲属，但如果我姨妈想要来看我就基本上是不可能的了。对于我们吸毒群体来讲，国家一直提倡我们的“病人”身份，既然是病人，肯定就需要来自社会、亲戚朋友的关怀，而这种只限于直系亲属才具有探望资格的制度设定，在无形当中就会割裂我们与其他亲属、朋友间的相互联系。另外，与家里人通电话时的“监听”制度、写信后需要经过多重审核，这一系列的制度性涉及都是在剥夺我们的“人权”。

【调查者】能给我讲讲你第一次吸毒吗？

【个案 4】我所开的两个信贷公司，主要是放“零用贷”，收取一定利息。这种公司非常注重关系网络的构建，对于同处于一个地区的信贷公司，我们往往会共享客户的相关信息，防止出现“老赖”的情况，以避免不必要的损失。在这样的从业背景下，我们公司成员之间时常聚集在一起交流、吃饭，然后再去娱乐场所消费。后来，我觉得与其到其他地方消费，还不如自己与人合伙开一个娱乐场所，能够减少很多不必要的开支。在这种观念的影响下，我就和台湾一个老板一起在南京 1912 酒吧街合伙开办了“棒棒糖”酒吧，正是在经营酒吧的过程当中，碰到同行的几个老总和一群年轻人在“溜冰”，当他们见到我之后，就对我说“高总，来抽两口”。我当时下意识地觉得那是海洛因，就说这个东西不能玩，然后他们就说自己是在“玩冰”，与使用成瘾性太大、依赖性比较强的海洛因完全没有关系，然后我发现在场的男女老少都在“玩冰”，碍于面子我就第一次试探性地吸食了。吸过之后，当天晚上虽然比较兴奋、欲壑难填，但是到了第二天、第三天就完全没有太多的感觉了，没有什么难受的症状，完全不影响我正常的上班作息，我当时就觉得“溜冰”并不像海洛因成瘾性那么强，也就逐渐地放下了自己的戒备心理。等到过几天遇到自己的另一帮朋友，对他们讲述了前几天与同行一起“溜冰”的事情，他们对我说“这个没什么大不了的，我们早就玩了”，和另外一个朋友圈子交谈后，他们也差不多是这个反应，此时我就觉得“溜冰”实在是再正常不过的事儿了。

【调查者】你怎么看待吸毒行为？

【个案 4】其实我们自己并不认为我们是在“吸毒”，对于我们自己而言，我们通常将吸食类似于海洛因那样依赖性比较强的、传统类型的毒品称之为吸毒，但对于南京许多本地人而言，他们都会将传统意义上的吸毒与吃摇头丸、“溜冰”“刷 K”等区分开来，但是对于社会上大部分人的传统观念来讲，他们倾向于将使用新型成瘾性物质片面化地等同于那种因为吸食海洛因随时可能死在马路边、产生“艾滋病”、发生犯罪行为等危害社会治安的吸毒行为，但对于我们来讲，吸食成瘾物质与使用海洛因完全是两个不同的概念，我们吃摇头丸、“溜冰”以及“刷 K”等完全就是一种娱乐消遣行为，并没有产生太大的社会危害。

【调查者】那你是如何看待那些贩毒的人？

【个案 4】应该这样说：“没有贩毒的，哪里会有吸毒的呢？如果市场上都没有毒品，又怎么会有毒品可以吸食。”国家现在对贩毒人员的打击力度还有待加强，现在社会上充斥着“只抓吸毒的，不抓贩毒的，只要一个贩毒的上交两三个吸毒人员就可以逃避法律惩处”，为完成上面下派的任务实行的“钓鱼执法式”的行为等不合理现象。与此同时，对于贩毒人员来讲，公安限于证据的有限性，每次只能根据少数一两次的贩毒量加以定罪量刑，但就客观现实而言，贩毒人员展开贩毒活动绝对不仅仅只是屈指可数的一两次而已，如果不能加大刑侦力度、加大惩罚力度，贩毒人员是不会对公安机关产生敬畏心理的，(他们会)在金钱驱动下、抱着侥幸心理继续从事毒品贩卖活动，危害一个又一个和谐的家庭。对此，必须从源头抓起，严厉打击贩卖毒品行为，而不是将惩罚的重点放到戒毒人员身上，毕竟我们也是毒品“受害者”，是一种“病人”身份，对于青少年吸毒群体与老龄吸毒群体，应该深刻贯彻一种“感化”政策，如果一味地采取高压性政策必然会加剧我们心理上的不平衡状态，结果出去之后还是会选择再次吸毒，戒毒效果成效甚微。在我看来，无论什么类型的人，“一半是天使，一半是魔鬼”，再恶的人也有他善良的一面，只有合理地引导我们向善向美，辅之以关怀式的“感化”政策，才能让我们更容易从心理上戒除毒品。正是由于现在社会上存在着“严厉打击吸毒行为，宽松对待贩毒行为”的不合理处置方式，使得许多纯粹的吸毒人员在经历长达两年的强制性隔离戒毒后选择走上“以贩养吸”的刑事犯罪之路，对他们来讲，少量的贩毒也不会被判刑太长时间。

【调查者】那你如何看待这里的戒毒环境？

【个案 4】这边相当于是一个大染缸，充斥着形形色色的社会上“混迹”的人，那种新进入这个环境中的、懵懵懂懂的青少年，在进入这样一个环境之后也会逐渐“学坏”。对此，我觉得现在这边的收容人员良莠不齐、鱼龙混杂，完全就没有试图根据年龄、个体经历等因素采取更为精细化的分类收容制度，其结果必然适得其反，这都是比较深刻的问题。

【调查者】你是怎么看待“溜冰”后对社会的影响？

【个案 4】客观地讲，从我身边所接触的“溜冰”的群体，以及媒体上的戒毒宣传片来看，社会上确实存在着极个别的人因为“溜冰”成瘾导致家庭破裂、“溜冰”后产生幻觉，然后发生了刑事案件的，这都是客观存在的现象。但我却能够很好地避免“溜冰”后对家庭、社会、事业等造成不良的影响，我觉得社会上应该根据

“溜冰”后能否带来一定的不良社会后果来决定是否进行强制性地隔离戒毒，避免“一刀切”式的处理方式，这样才能够让更多人接受。

【调查者】以后出去之后有什么打算？

【个案4】出去之后我还会继续经营我的信贷公司，但不能保证自己一定就不会再次选择吸毒。因为对于我来讲，自己进来的两年时间受到了太多不公正的待遇，而现在对导致我们走向吸毒道路的贩毒人员的打击力度较弱，在这种双重因素的综合作用下，我心里感觉相当地不平衡。我一直属于自控能力较强的那种人，毒品对我来讲只是一种娱乐性物质，我完全能够控制吸食量、吸食频率，能够确保不会因为吸食毒品而影响到家庭幸福和正常工作，如果我选择不再吸食毒品，并不是因为它影响了我的正常生活，更多地还是因为我这次进来的两年的时间代价太大。

【调查者】你觉得现在的强制隔离戒毒制度还有哪些问题？

【个案4】从我的角度，我本来接触毒品的时间不长，自制能力较强，没有因为吸毒危害家庭、社会，影响自己的工作，又是属于第一次进强制性隔离戒毒所。不应该采取长达两年的戒毒期限，应当根据初吸、复吸来调整戒毒期限，第一次应该予以两三个月的戒毒惩罚，对于屡教不改、多次进入戒毒所的“学员”才给予两年甚至更多期限的戒毒惩罚，不应该全是“一刀切”式的两年，这才能体现对初吸人员的关怀。

圣诞聚会

访谈对象：个案5　男性　南京人　1987年生　再婚

访谈地点：江苏省强制隔离戒毒所

【调查者】说说父母怎么把你带大的？

【个案5】小时候父母对我管教得非常严厉，但我本身从小逆反心理就比较重，他们完全管不住我。每次我基本上做错什么事儿的话，我父母对我就又打又骂，双管齐下，但这也就加深了我对他们的恨意，这种教育方式用到我身上就相当于“物极必反”。

【调查者】你能不能大概给我讲述一下你的吸毒经历呢？

【个案5】我第一次接触毒品大概是在2008年的时候，那会儿接触的毒品类型主要是以“K粉”为主，那会儿刚好过圣诞节，我们大概二三十个朋友聚在一起，其实在此之前我也或多或少地了解过使用“K粉”对身体带来的伤害，以及使用过程中给自己带来的享受，但在我的自我观念当中，我觉得除了海洛因不能玩，其他的毒品也都能够接受。在经过三番五次的利弊考量之后，我与朋友们一同计划着在圣诞节一起尝试一下“K 粉”。我之所以选择要去尝试吸毒，主要还是我觉得吸食毒品对我来讲完全无所谓，一方面我是属于长期在社会上“混”的那种人，不接触毒品的现象本身与我的社会身份不相称。另一方面，我当时尚未组建家庭，父母离异得比较早，他们也不需要我养老什么的，我的身上完全没有责任担子，缺乏责任意识的我需要的是毒品给我带来的快乐，正是基于这种“风险—快乐”的权衡之下，我选择了尝试毒品。

【调查者】能不能给我说一说第一次吸毒之后的感受？

【个案 5】当时感觉很不舒服，完全无法适应“K 粉”。不过考虑到当时社会上比较流行使用“K 粉”，为了赶新潮，我也就强忍着不舒适的感受继续选择吸食毒品，多用几次之后再吸食“K 粉”就没有前一两次那种不舒服的感觉了，慢慢地也就适应了。（社会性习得的过程）

【调查者】以后进入社会上有什么打算？

【个案 5】我现在可能和许多戒毒所里的“学员”一样，我们都感到非常地迷茫，现在以我们特殊的身份，我们出去以后不可避免地要被正常的社会公民当作“他者”对待，他们难免会以异样的眼光来看待我们，想方设法地排斥我们，不和我打交道，更不用说成为好朋友了。另外，像我们这种缺乏社会资源、社会关系部分断裂的群体出去之后，加之就业方面的制度性歧视，在这一系列主客观因素的影响下，我们所能够从事的行业都是基础得不能再基础的了，比如清洁工、保安人员、看门人员等，工资水平较低，福利待遇又差，像我们这些进来之前的大部分人都是社会上“混”的无业游民，通过从事一些不被社会认可的边缘性工作获得了一些灰色收入，都是“大手大脚”惯了的，这些基础性工作的福利待遇是完全达不到我们的心理预期的，福利待遇较好的工作一方面又不要我们这种人，即使不歧视我们，我们也没有能力去从事技术性较强的工作，每次我考虑到这些问题的时候，我都会感到十分地迷茫，完全不知道自己出去之后能够从事什么样的能够使自己满意的工作。

【调查者】你自己有没有感觉到家庭关系有一定影响？

【个案 5】肯定是有的。首先，吸毒之后我脾气一般会变得更加暴躁，每次都是老婆忍让我，但是偶尔也会产生激烈的争吵，这不利于整个家庭的和谐。其次，因为沉迷于吸食毒品，用在孩子身上的时间相应地也就越来越少，导致孩子成长的过程中长期性地父爱缺失，再加上与妻子长期争吵，不利于孩子的健康成长，我对自己的孩子感到非常地愧疚。

"溜冰"青年

访谈对象：个案6　男性　南京人　1985年生　未婚

访谈地点：江苏省强制隔离戒毒所

【调查者】您父母间的关系如何呢？

【个案6】总体上来讲，我父母之间的关系还是比较融洽的。但倘若在我父亲酗酒的情况下，老两口总会"拌拌嘴"，闹得整个家庭不愉快。

【调查者】那你从小是由父母带大的吗？

【个案6】在我刚生下来的时候，那会儿父母亲还没有属于自己的房子。在这种背景下，我们就跟着我爷爷奶奶他们一起住，而我父母亲又基本上常年在外工作，从出生到12岁这个成长阶段，我基本上都是由爷爷奶奶带大的。后来，在我年满十二岁的时候，父亲所在单位分配了员工住房，从此我才由我父母亲自抚养。应该说，爷爷奶奶对我的教育方式与父母的教育方式之间肯定存在着较大的差异，限于爷爷奶奶的受教育程度有限、精力不足，也无法对我的学习、思想教育等方面有所帮助。另外，"隔代亲"的说法也贯穿到我整个成长过程当中，爷爷奶奶始终不会像父母一样对我所犯错误加以责骂，他们更多地选择一种"溺爱"的方式来尽力满足我的要求，这与父母的教育方式是存在较大差距的。

【调查者】能不能大概给我讲一下你的整个吸毒历程。

【个案6】我第一次真正意义上接触毒品大概是在2006年的时候，那个时候第一次接触"K粉"和摇头丸，但对这两种类型的毒品并没有太大的兴趣，吸食的次数屈指可数。在2008年的时候开始接触到"冰毒"，一开始都是别人带着我"溜冰"，直到2015年的时候我才开始尝试着独立性地"溜冰"，自此以后，几乎天天都沉迷于吸食冰毒，真正到了吸毒成瘾的地步。

【调查者】你能不能详细地向我介绍一下第一次"溜冰"经历呢？

【个案6】在2008年的时候，那会儿和朋友一起约着去夜总会玩，在这个过程当中我遇见了一个夜总会的陪唱小姐。在陪唱的过程当中，她中途出去了一下，回来的时候手里拿着一个自制的简易的"冰壶"，当时我知道社会上存在着冰毒这一类的毒品，也从未尝试过"溜冰"。她当时就把"冰壶"拿过来，希望我也尝试着吸食几口，一开始，我出于自身的戒备心理是表示拒绝的。但在她三番五次的打动下，我就尝试着吸食了五口，然后整个人就有一种"腾云驾雾"的、飘飘然的感觉。我以为这种感觉很快就会消失掉，但事实却并非如此，就因为我吸食了五口冰毒，吸食后的飘飘然的感觉整整持续了三天三夜，我也就三天三夜都睡不着觉，这就是我第一次“溜冰”的大致经历。刚开始，接触的频率还比较低，但在整个吸食过程当中，不断地认识其他的“毒友”，到了后来，我发现自己居住的小区里的朋友基本上都在“溜冰”，“溜冰”行为本身也逐渐成为我与他们的日常互动活动。

【调查者】群聚群吸与自主性吸食有什么不同？

【个案6】其实刚开始接触冰毒的时候，基本上都不会是一个人在玩。最少都是三到四个人，“溜冰”过后大家都是一起进行聊天、打牌等群体性活动较多。发展到现在，基本上都是一到两个人“溜冰”，即使是三四个人一起“溜冰”，大家玩过以后基本上都倾向于选择一种缺乏彼此交流的个体性娱乐活动，比如玩手机、网上赌博、电子游戏等，逐渐丧失了进行传统的聊天、打牌等集体性活动的习惯。对于我现在的体会来讲，我觉得还是刚接触冰毒时的群聚群吸式的吸食方式美好一点，后来伴随着自己吸毒成瘾以及个体性的“溜冰”方式，“溜冰”仿佛已经成为一种不可或缺的事务性工作，已经丧失了最初那种美好的感觉。

【调查者】你在选择“溜冰”之前了解过它的危害吗？

【个案6】其实早在我接触毒品之前，大概是在2003年我上初中的时候，我一个表姐就因为吸食海洛因离开了人世。正是因为这个缘故，让我从潜意识里对海洛因有一种天然的抵触心理，但是我却不知道其他不同于海洛因的毒品的危害。所以当我在那个夜总会小姐的多番劝说下，碍于男人的面子，才试着去尝了几口。

【调查者】你现在对毒品是一种什么感觉？

【个案6】现在对毒品主要是一种由衷的恨意，其实一开始对毒品就有一种天然的恐惧。但后来因为阴差阳错地沾了冰毒，因为它强烈的成瘾性，让我感到无法自我控制，最后只能是越陷越深，走上了这样一条不归路。

【调查者】来这里之前，你的日常时间是如何安排的？

【个案6】基本上都是晚上出来，早上睡觉。有的时候就是几天不睡觉，或者一睡就是好几天。我们与正常人的生活时间是完全冲突的，是一种相对来讲比较混乱的生活作息。这种生活作息与我自身的“溜冰”行为、交往的朋友圈是存在密切的关联的。

【调查者】平时每次吸毒的开销大吗？钱从哪里来？

【个案6】其实毒品行情也是千变万化的，伴随着国家对贩毒行为惩罚力度的加大，严厉管控制毒贩毒行为，每次用于吸毒的开支也从前几年的一两百块上升到四五百块，而“溜冰”后的关联性消费往往金额更大。对此，一般情况下自己的工作收入来源能够负担大部分吸毒开支，不足部分一般会通过欺骗性的方式从父母那儿骗得。而这种“伸手要钱”的行为往往也让父母感到伤心，因为毕竟自己年龄比较大了，又有了相对稳定的工作，按常理不应该再向父母伸手要钱。正是因为自己的要钱行为，父母常常当面教育我，这让我自己也感觉特别的难堪。但由于我是家里的独生子女，父母或许会唠叨几句，唠叨结束后也还是会给我一些金钱。

【调查者】如何看待那些贩毒的人？

【个案6】应该说没有贩毒的也就不会有吸毒的，正是他们出于赚取一定的金钱的目的，从事贩毒行为，破坏了一个又一个家庭的幸福。从这个层面上来讲，制毒贩毒的人才是真正的罪魁祸首。其实，想要真正戒除吸毒行为，最主要的还是要掐断源头。但现在国家层面对于吸毒人群往往都是进行长达两年的强制性隔离戒毒惩罚，但对于有些轻微的贩毒行为的惩罚都达不到两年的刑期，这是完全不合理的处置方式，我们会产生极大的心理不平衡的感受。对此，应该要再加大对贩毒人员的惩罚，严查“毒贩子”的制毒贩毒行为。

【调查者】你因为“溜冰”，有没有导致和朋友疏远？

【个案6】这是比较明显的事情，一方面，自己所认识的比较交心或不交心的朋友有些因为长期接触毒品去世了；另一方面，无论是交心还是不交心的朋友，当他们知道你接触毒品，也会主动地选择与你疏远。对于交心的不一起吸毒的朋友而言，因为自己接触毒品，导致彼此缺乏必要的行为互动来维持既有的关系，两个人的距离自然也就拉远了；对于不交心的朋友来讲，出于一种社会性的歧视，自然会选择远离吸毒人群。即使是一起吸毒的无论交心或不交心的朋友，因为现在大多是以个体性地吸毒为主，都是各做各的，即使聚在一起吸毒也没有太多的语言交流、行为互动，关系也比较淡薄。所以毒品真的是害人害己，“溜冰”让我付出了太大的金钱成本、时间成本、亲情成本、社会关系成本，这一系列的代价实在让我难以承受。

【调查者】前一段的恋爱什么缘故分手的？

【个案6】就是因为吸食毒品，我们大概恋爱了两年多，其实一开始选择在一起之前她就隐约知道我存在着吸食毒品的“毛病”，但就像她自己对我说的那样，只要以后不“溜冰”了，我们还是能够在一起的。不过，在这两年的相处过程当中，我一次又一次地背着她“溜冰”，时常还是会被她发现，在经历一次又一次的失望之后，她最终还是向我提出了分手的决定。从我心里来讲，我对前女友更多地是悔恨与愧疚，但我不想因为自己的缘故一味地拖累她，因为我感觉自己没有能力给予她应得的幸福。想她现在也组建了一个新的家庭，我只能把我对她的那份爱与愧疚深深地埋在心里。

【调查者】你想过，自己为什么无法摆脱毒品？

【个案6】对我而言，今天所讲了很多道理以及“是是非非”，但当我真正出去面对冰毒之后，就会将很多事情抛到脑后，因为毒品本身的诱惑力、成瘾性实在太大。同时，自己所交往的朋友圈里接触毒品的人实在太多，即使你不想复吸，在朋友们三番五次的鼓动下，也会不自觉地选择再度尝试。对于新型毒品而言，它不同于海洛因等生理成瘾性较强的传统毒品，它更多地是一种可控制的“心瘾”。当你换了一个交往圈子，接触不到冰毒了，你也就不去想、不去再度尝试“溜冰”了，所以交际圈真的很重要。

【调查者】进来之后对父母的感情有什么变化？

【个案6】在进强制隔离戒毒所之前，可能对父母平时的唠叨感到特别地心烦，但在进来之后，每天、无时无刻不在想念他们，从内心深处就希望他们能够和我多“唠叨唠叨”，正是这样的经历，让我懂得更加理解父母的苦心、珍惜与父母在一起的时光。

【调查者】对你而言，以后想要更好地融入社会将遇到那些阻碍呢？

【个案6】我觉得主要是两个方面的困难吧：就业与找对象。这一段戒毒经历肯定会进入自己的档案，这对我今后进入社会后找工作将会产生很大的麻烦；与此同时，考虑到自己还是单身，以后找对象、结婚的时候担心女方会有一定的成见，这都是与我息息相关的两个方面。

【调查者】你觉得社会层面需要为你们这个人群做些什么？

【个案6】其实挺难的，如果我不吸毒的话，我看吸毒的人也会有一定的成见的。但现在我是作为一个吸毒者的身份，我希望这个社会在吸毒者进入社会后能够给予工作、生活、学习等方面平等的待遇，不带有有色眼光看待我们。只有通过这种减少社会歧视的方式，营造一个公正、包容的社会环境，才能让我们这个群体更好地戒除毒瘾，融入大的社会环境当中，而不是作为一种“边缘人”的身份加以对待。其实现在社会层面也在向这个方向发展，比如在戒毒所里都将我们称作“学员”，而不是过去的“劳改犯”，这边的警官更多地是将我们视作“病人”，管理方式也渐趋人性化，不过想要完全消除社会性的歧视，这条道路还是十分漫长的。

混 社 会

访谈对象：个案7　男性　无锡人　1989年生　未婚

访谈地点：江苏省强制隔离戒毒所

【调查者】讲一讲你的受教育经历?

【个案7】我主要讲一讲我的高中生活吧,我高中时代进入一所全封闭式的学校读书,一般是针对比较调皮的孩子开设的,一种只有家长去接孩子、孩子才能出来的学校。因为它是一所武术学校,进去之后的感觉就和现在"坐牢"差不多,加上训练强度实在非常大,就感觉非常地辛苦。因此在上学一年之后,我中途就选择辍学了。

【调查者】辍学之后呢? 直接工作还是(其他)?

【个案7】辍学之后我就去家里面的洗车店帮忙,直到现在也还是在自家的洗车店工作。算上这次,我自己进来也三次了,每一次离开戒毒所后想要找点别的工作做,无论什么单位都要让自己开具无犯罪记录证明。由于自己本身就三番五次进入戒毒所,也就别想进正规的公司上班了,就还是拾起自己的"老本行"。

【调查者】你父母之间的关系还好吧?

【个案7】我父母在我八岁的时候就离婚了,两人的关系一直就不是很好。不过我的父母是属于那种"离婚不离家"的类型,至于为什么选择这种生活方式,我就不知道了。从我小时候开始,我父母之间就极力地想要"讨好"我,就希望通过一味地对我好的方式来争取我,形成一种博弈关系。再加上我的家庭环境一直较好,父母就争抢着满足我的各种要求,极度地溺爱我,这或许也就是我三番五次进入强制隔离戒毒所的原因了。

【调查者】能谈谈你第一次吸毒经历吗?

【个案7】我第一次吸毒大概是在我十八岁的时候,那个时候接触的是摇头丸。那会儿一个很要好的朋友打电话让我去酒吧玩,在酒吧那种躁动的环境下,我就像失去了理智一样。当朋友拿来摇头丸,说吃了这个东西会很"嗨",我当时也比较好奇,然后就吃了下去,之后感觉还比较适应。其实当时也没有说就"上瘾"了,但是后来每次和那个朋友去酒吧那种环境下,看到别人玩摇头丸,就很憧憬玩之后的那种感觉,内心不自觉地就想玩,玩得次数多了之后就感觉有点上瘾了。

【调查者】你是怎么接触到冰毒的?

【个案7】摇头丸玩多了,自然而然地就接触到冰毒了,当时也就没有什么顾虑了。因为对我来讲,冰毒和摇头丸其实都是一个样,没有什么本质的区别,顶多冰毒吃了之后没有像摇头丸那么兴奋,只是感觉比较执着罢了。

【调查者】你一般是怎么玩?

【个案7】这个就不好讲了。有的时候我们是五六个人一起玩摇头丸、"溜冰”,但有的时候就是一个人在家“溜冰”,摇头丸都是很多人一起玩的,因为一个人玩体验不到乐趣、比较没意思。对于冰毒来说,一起玩的人很多就意味非常地嘈杂,“溜冰”后每个人的状态都不一样,有的比较激动,喜欢砸东西,让人觉得非常地不安全。所以我平时基本上都是选择一个人“溜冰”,即使是一起玩,最多也不能超过两三个人。

【调查者】你买毒品的钱一般从哪里来的?

【个案7】主要是自己平时的工资所得,不过因为毒品行情千变万化,有时价格非常的高昂,自己无法完全负担之时也会以其他借口向家里人要钱。刚开始还好,家里人都愿意拿钱支持我所谓的“事业”,但次数多了之后家里人就有意见了,自己也不好再向家里人要。于是就选择向借贷公司借钱,等到借到的数额过大以至于自己无法偿还的时候。还是不得不由家里人出面还,结果必然就会和家里人发生许多矛盾,影响自己和父母、姐姐之间的关系,这个也是很正常的现象。

【调查者】吃摇头丸、溜冰之前,有没有了解过相关危害?

【个案7】平时也时常在电视上看到类似的宣传,比如关于吸食冰毒过量致死的、毒驾致死的、吸毒后家破人亡的等,其实自己也有点怕,不过每次在朋友的多番诱导下,加上自己的自控力也比较差,也就不自觉地“溜冰”、玩摇头丸了,而且每次我用完摇头丸之后,间隔一段时间自然就“下头”了,并没有感觉什么不适,慢慢地也就适应了。至于冰毒嘛,每次吃完之后非常地兴奋,两三天不吃不喝、十分疲惫,等到药效过了之后就感觉非常的疲惫,除此之外感觉也没有其他什么影响,就习惯了。

【调查者】你戒过毒?

【个案7】我第一次戒毒是在家门口的太湖强制隔离戒毒所,后面两次都是在这儿进行强制隔离戒毒。离家近一点的戒毒所,父母时常可以来看看我,心里会有一种亲切感,也会有很深的羞耻感。而现在处于外地强制隔离戒毒所当中,考虑到离家较远、探望时间有限等多方面的原因,我就让自己的父母不用大老远地为了我这个不孝子来回折腾了。由于无法时常与亲人相见、对这边环境的陌生感等多方面因素,我就非常地挂念自己的亲戚朋友。

【调查者】多次来这里了,有没有反思过?

【个案7】自从上次从戒毒所里出去之后,隔了很长一段时间我都没有沾染冰毒。在最近一段时间里,一个以前的朋友想要我帮他拿点货(冰毒),出于对朋友负责的角度我肯定就要尝一下货好不好,验货结束后就和朋友分开走了。自己在路过查报站的时候被检查身份证,发现有吸毒前科,我就被抓去做尿检,结果“运气不好”就被查出来了，然后我就又一次地进来了。

【调查者】当亲戚朋友得知你吸毒事实之后，和你的关系有变化吗？

【个案 7】朋友倒是没有，因为大家都是玩这个东西的人，也就不存在彼此歧视的情况，关系就没有变化。至于亲戚嘛，当得知我“溜冰”之后，也或多或少会责备我几句，不过大多出于关心的角度，彼此关系并没有因此改变。

【调查者】你平时有没有关系很好、可以交心的朋友？

【个案 7】我的朋友基本上都玩冰毒，大家都是在“社会上混”的人，彼此更多地属于那种“酒肉朋友”的关系，关系比较一般。

【调查者】您现在应该有属于自己的家庭了吧？

【个案 7】嗯，我与妻子结婚之后就离开父母，单独居住了。

【调查者】那你和妻子之间的关系怎么样？

【个案 7】我和妻子之间的关系讲起来就比较复杂了。我们彼此相识快十八年了，我是在十八岁的时候与妻子结婚，就在结婚之后大概一两年的时间里，我就因为吸毒被抓了，然后我妻子就想要和我离婚。不过好在当时有小孩了，我妻子也就还是决定给我一个改过自新的机会，也就从娘家回来了。其实在我们认识之前我就接触毒品了，不过当时并没有上瘾，她并不知道我吸毒，结果不明不白地就和我在一起了，后来知道我吸毒之后就觉得非常的生气，吵着和我离婚，这也是理所当然的事儿。

老　秦　淮

访谈对象：个案 8　男性　南京人　1970 年生

访谈地点：江苏省强制隔离戒毒所

【调查者】请你介绍一下你家里的大致情况？

【个案 8】从小我父母就比较恩爱，父母平时的教育方式也比较普通，就和平常家庭一样。犯错了该惩罚的也会惩罚，平时的话也时常关心、教导我，并不存在过度严苛或过度溺爱的情况，我走向吸毒这条路与我自身的家庭环境并没有太大的关系。但是我小时候有一定的逆反心理，有时当我父亲对我进行比较严厉的惩罚的时候，我就会感到比较反感，甚至想要反抗。小时候因为自己比较小，比较依赖父母，就会选择忍气吞声。当我长大了之后，父母就完全不能管教我了，许多时候我就公开与他们做斗争。

【调查者】你是怎么接触到合成毒品的？

【个案8】在我二十一二岁的时候，朋友在一起比较好玩。加之那个时候国家对海洛因这类毒品的宣传力度不大，惩治力度也不够，初入社会的自己对毒品并没有太多清晰的认知。只是单纯地听过"海洛因"是一种毒品类物质，但是当时自己经济条件较好，好奇心比较重、贪玩，认为海洛因比较好戒，就选择尝试了。

【调查者】那你初次吸食海洛因过后就上瘾了吗？

【个案8】并不是第一次吸食后就上瘾了。其实吸食海洛因的上瘾时间是与人的身体状况、抵抗力之间息息相关的，身体状况较好的群体真正吸毒上瘾的周期是相对较长的，身体状况较差的群体极易在吸食一两次后就完全上瘾了，所以虽然吸食海洛因这种成瘾性较强的物质必然会上瘾，但真正上瘾的时间周期还是因人而异的。就我自己来说，平时都坚持锻炼身体，真正感觉无法离开"海洛因"是在初次吸食后的两个月之后，在这个过程当中，我一共吸食了大概有五六次吧。

【调查者】当初吸食海洛因的时候，一般是多少人一起吸食呢？

【个案8】当初吸食海洛因的人比较多，基本上都是一种"群聚群吸"式的吸食模式，基本上就是在宾馆开房之后，三四个关系比较好的异性朋友间一起吸食。

【调查者】那时候你们是如何获得海洛因的呢？

【个案8】我吸食海洛因的时候还比较早，非常前卫，那会儿南京市还没有开始出现专门的"贩毒"人员，我们平时吸食的海洛因基本上都是靠关系比较好的朋友提供的。当然了，后来随着吸毒人数的上升，国家管控力度的加大等多方面因素的作用下，海洛因的价格飙升，单纯地以获利为目的的"贩毒"人员泛滥，提供毒品的就不再仅仅局限于关系较好的朋友了，更多地是通过"毒友圈"中的交情浅薄的毒友牵连的，大多数都是从陌生人手里拿货。

【调查者】把你带进吸毒圈的朋友与你是什么关系呢？

【个案8】从小玩到大的最好的朋友，对于那个年龄段的我来讲，如果不是非常要好的朋友，我也不会主动去接触社会上的那群人，因为从我内心深处来讲，我还是比较抵触社会上"混迹"的那群人，更加害怕吸食自己不熟悉的东西。可是那个时候朋友间的关系其实比较纯粹，没有太多功利性的考量，我们就想着有什么有趣的、新潮的东西大家都可以分享，他可能也是出于朋友义气将我带上吸毒的道路上的，我也出于朋友义气走上这条不归路的。

【调查者】在你接触毒品的整个过程中，南京市海洛因"行情"如何呢？

【个案8】以前的话，每次吸食海洛因可能每个人就只需要300块钱左右，后来海洛因慢慢地淡出了人们的视线范围了。后来我就接触“冰毒”，在我进来之前，每次“溜冰”每个人需要大概一千块钱，而且往往还拿不到东西。

【调查者】那你觉得自己所接触的不同毒品，吸食后感受有没有显著的差异呢？

【个案 8】我在吸食海洛因以后整个人感觉就是“昏昏欲睡”，可能如果吸食得比较少的话，还是有一种特别兴奋的感觉。我在吸食海洛因过后，感觉整个人性欲特别强，能够获得一种性满足。对于“K 粉”而言，吸食过后会有一种致幻作用，年轻人比较喜欢，因为吸食过后感觉世界都改变了，非常新奇有趣，不过我接触“K 粉”较少。更多地还是和朋友一起“溜冰”，在我内心深处十分抗拒海洛因的基础之上我逐渐地选择一种对身体危害性相对较弱的替代品——“冰毒”。在断断续续的“溜冰”过程当中，我觉得自己完全能够掌控每次“溜冰”的数量，但是每次使用后总会非常执着，反反复复地做一件事儿，持续到药效结束之后。

【调查者】你是如何看待毒品的成瘾性呢？

【个案 8】在我看来，只要是让人感觉比较快活的东西，都是有瘾的。诸如：网瘾、烟瘾、酒瘾等，一个人只要过度沉迷于一个特定的物质，或是沉迷于做一件特别的事儿，那就成了一个“瘾君子”。有所不同的是，有的人的“瘾”是为社会所认可的，甚至是一种高尚的“瘾”，比如沉迷于搞科学研究的科学家、能够从帮助他人的行为中获得快感的“活雷锋”，其实都是一种“瘾”。但我们这种吸毒成瘾行为是不被社会所认可的，或是说是一种低俗的“趣味”，由于社会对吸毒者的这种贬斥，吸毒者成为社会中的“他者”，承受着来自社会观念层面的社会歧视以及行为层面的社会排斥的双重压力。（标签化的“瘾”）

【调查者】那您一般会选择在什么时候吸毒呢？

【个案 8】一般情况下我是不会选择一个人“溜冰”的，因为我是在棋牌室工作的嘛，难免会结交一些社会上的朋友，像我们这种“社会人”，往往朋友们总会让我帮忙从毒贩子哪里拿冰毒，拿去之后大家难免聚在一起吸食。可能对于平常人而言，不会轻易地接触所谓的“毒品”，但对于我们长期在社会上混的人来讲，毒品对于我们就像香烟一样，是作为一种社交媒介的角色存在的。每逢社会上的朋友来家里玩，“溜冰”会是我们必要的一种选择，而且像我们平时常在一起“溜冰”的基本上都是很要好的朋友，因为如果和不熟悉的人一起“溜冰”的话，可能带来许多不必要的麻烦，比如溜冰后疑神疑鬼导致的争吵、打架等，会带来许多安全隐患，从而影响溜冰后的体验。

【调查者】像你平时认识的朋友当中“溜冰”的多不多呢？

【个案 8】应该说很多，认识的绝大部分社会上混的朋友都接触这个东西。

就是在进来之后也还遇到好多个以前一起吸毒的朋友，我所接触的圈子当中“溜冰”太普遍了，简直是一种潮流。因为吸食冰毒始终不像吸食海洛因那样，吸食海洛因之后固定时间就会犯瘾，那个时候感觉整个人就完全不正常了。但“溜冰”之后往往自己能够控制，感觉和正常人并没有太大的不一样，如果控制得当的话也不会影响正常的家庭、工作。

【调查者】有没有因为吸毒这个缘故，和朋友之间的关系有所变化呢？

【个案 8】这个还是有的，因为吸毒之后感觉整个人比较自卑，心理上认为自己“不正常”，特别是在每一次戒毒失败后感觉尤为强烈。正是在这种心理作用下，一方面，与正常的朋友之间就会主动地划开界限，长此以往，彼此之间的关系也就变淡了。另一方面，吸毒之后整个人会变得很自私自利、过度以自我为中心，这也会对朋友间的相处带来很大的负面影响。

【调查者】那你在这里面有没有想过以后自己的个人问题呢？

【个案 8】对于我们这一群人来讲，吸毒者、劳改犯、自我自卑这三个层面的因素限制了我接触正常的女性，像我们这个群体，所接触到的基本上都是社会上混迹的女性。正常的女性群体的话，一方面别人看不起我们这种人；另外，即使真正想要走到一起，自己也不想辜负别人，因为自己并没有足够的能力（主要是心理上）去给予对方一个相对稳定的家庭，始终会存在这方面的顾虑。

【调查者】你觉得社会层面针对吸毒群体的隔离戒毒方式、观念等方面需要有何改变呢？

【个案 8】想要真正地杜绝吸毒现象的发生，最根本的还是要从源头抓起。只有严格管控贩毒行为，加大对制毒、贩毒群体的惩治力度，杜绝警察“钓鱼执法”式的行为，保障执法的公正性、公平性，才能避免越来越多的人步入吸毒泥潭无法自拔。

大 年 三 十

访谈对象：个案 9　男性　南京人　1979 年生

访谈地点：江苏省强制隔离戒毒所

【个案 9】为什么选择初中就辍学呢？

【个案 9】初二上学期的一个早读课上，我和几个同学一同迟到，结果老师就单独惩罚了我。对此，我感觉受到了不公正的待遇，在老师体罚我的时候，我就还手了。结果就和自己的老师厮打起来，自己也受了伤，最后校领导就决定开除了我，从此我就开始"混"社会了。

【调查者】那你是第一次进入管教场所吗？

【个案9】之前也因为故意伤害罪进过监狱，因为我自己时常在社会上"混迹"，难免帮派之间、团伙之间，甚至是个体间会因为利益关系、朋友义气等缘故发生冲突。

【调查者】那你现在和妻子之间是什么关系呢？

【个案9】我们在去年就离婚了，大体上是由于两方面的缘故：其一，自己接触毒品后变得越发不负责任，缺少对妻子的关心。其二，在吸毒之后我又喜欢到外面去"找女人"，而妻子或许也发现了这个事实。出于这两方面的原因，我和妻子就选择"离婚不离家"式的生活模式，因为我们有一个十多岁的孩子，都不忍心割舍。

【调查者】你第一次接触毒品是什么时候呢？

【个案9】我第一接触毒品是在2005年的大年三十晚上，由于我家住六合，当时我在家吃完年夜饭之后，我社会上混的"大哥"就约我一同去南京KTV玩耍，结果他就拿出"K粉"来助兴，当时对这个东西也比较好奇，而且也不敢忤逆"大哥"的意思，破坏了大家的好心情，就选择尝试了，结果就一发不可收拾。

【调查者】你在吸毒之前有没有系统地了解过毒品和吸毒者呢？

【个案9】吸毒后对身体的危害方面我不是很清楚，但吸毒的社会危害我还是有所了解的。社会整体上对吸毒人群持有一种排斥性的态度，而且一个人在吸毒成瘾后是"不要脸"的，他什么事情都能够干得出来。

【调查者】有没有因为吸毒导致与家人、朋友之间的关系有所变化呢？

【个案9】肯定是有的，在我吸毒之后，我感觉自己与家人、朋友之间的关系变得不像以前那么重要了。也许是因为吸毒的人极易以自我为中心，变得毫无责任感。像我玩过之后，我把诸如亲情、爱情、友情等的感情都看得很淡薄，仿佛是可有可无的，这和吸毒之前完全是不一样的状态。

【调查者】像你们一般在什么地方"刷K"呢？

【个案9】一般是在十二点以后的KTV场合当中，等到十二点KTV晚场散场后，老板会把卷帘门拉上，然后我们人就会在里面"刷K"或是"溜冰"。

【调查者】像你接触的不同类型的毒品给你带来的感受是否有所差异呢？

【个案9】肯定是不一样的，吃完摇头丸之后，我整个人就会非常地亢奋，无法镇静下来。"K粉"给我的感觉就是致幻，吃完之后脑袋里会产生各种各样的幻觉，而冰毒给我的感觉就像是一种"镇定剂"，吃完之后整个人就比较执着于做特定类型的事，容不得他人打扰，倘若有人打扰，"溜冰者"马上就会不自觉地发火。

【调查者】像你吸毒的花销从何而来呢？

【个案 9】能够自己承担就自己承担，如果实在负担不了就伸手向父母要，少数几次之内父母可能会给我，但次数多了父母也都不给了。此时我就不得不向朋友借钱了，一次两次朋友或许会借给你，次数多了也都刻意地回避我了。本来无论是亲情、爱情、友情等的情感都需要经济来维持的，没有钱的话家里面的人也会看不起你，结果就不停地吵闹，这些都是我亲身经历的事实。

【调查者】你现在对毒品是一个什么样的态度呢？

【个案 9】我从不后悔自己做过的事情，但是在我潜意识里对毒品持有一种排斥的态度。回顾我这么多年的生活历程，正是因为毒品导致我付出了太多的经济成本、时间成本、亲情成本，进而造就了今天的我。

【调查者】你觉得社会上对吸毒群体有没有一定的歧视呢？

【个案 9】就我切身经历来讲，社会上对于打架进监狱和吸毒进戒毒所秉持不同的态度。我之前时常因为打架进入监狱，出去之后，朋友们也不会小看我，都认为年轻气盛，为了点“利益冲突、朋友义气”大打一架都是无所谓的。但这次回去情况就不一样了，当朋友知道我是因为吸毒而进戒毒所的话，他们就会不自觉地看不起你，因为普通人潜意识里就排斥毒品本身。

【调查者】你平时有没有特别交心的朋友呢？

【个案 9】我没有比较好的朋友，因为我长期在社会上混迹，我接触的基本上都是所谓的“活闹鬼”，我们彼此之间大多是基于利益关系建立起来的酒肉朋友，完全就没有真感情。另外，其实在社会上待的时间长了，什么样类型的人我都见过一些，早已看透了人心。

独　子

访谈对象：个案 10　男性　南京人　1989 年生　未婚

访谈地点：江苏省强制隔离戒毒所

【调查者】能不能给我讲一讲你的职业经历呢？

【个案 10】辍学之后，我跟着自己的表哥学电脑，限于自己的教育程度有限，就只能学一些简单的电脑组装、五笔打字等内容。时间长了，觉得没意思。我就去了印刷厂做了两年的工人，之后就开始在社会上“鬼混”了。

【调查者】从小到大，父母是怎样养育你的呢？

【个案 10】我是家里唯一的男孩子，而且父母也算得上是“老来得子”嘛，他们从小就非常地宠爱我，即使犯错了也不会过多地惩罚我。正是在这样一种环境下成长，我从小就比较顽皮、任性，这可能和我后来接触毒品也存在一定的关系。

【调查者】能不能给我说说你第一次接触毒品的情况呢？

【个案 10】我第一次接触毒品是在 2002 年的时候，那个时候我大概也就二十多岁的样子，那个时候因为自己在“混社会”，就认识了许多兄弟，一个兄弟正好过生日，然后大家就聚集在一起，其中一个人就拿出了 K 粉来一起“嗨”，在半推半就下我就吸上了这个东西。

【调查者】你想过自己为何“刷 K”吗？

【个案 10】主要是圈子里面的人都玩这个东西（毒品），你如果不玩的话难免就会显得不那么合群。而且像我们这种人，平时接触的大多是麻将档、KTV 等群体性比较强的场合，在麻将档赌博的时候想要通过“溜冰”来让自己兴奋起来，以消减长时间赌博后产生的疲劳感。在 KTV 里面就不一样了，当我们在 KTV 或酒吧的时候，就想玩玩“摇头丸”“刷 K”什么的，让自己随着音乐兴奋起来，那样就会感觉很爽。归根到底，还是自己想要通过这个东西获得一种快乐的感觉。

【调查者】你出去之后有什么打算呢？

【个案 10】如果出去之后以前接触的那个圈子中的人都不玩这个东西了（毒品），那我可能也就不玩了，如果他们还继续吸毒，那我可能在他们的影响下也会重新吸毒。一方面，我整日整夜地寻思着出去之后自己应该找个什么样的工作，但与此同时，我觉得自己并没有太多可以选择的工作类型，毕竟自己知识、技能有限。即使找到了一个工作，一个月三千块钱也起不到什么实质性作用。

【调查者】你觉得社会上对吸毒者有没有一定的歧视呢？

【个案 10】肯定是有的，我家住小县城，在一定范围内大家都是互相认识的，在我整个家族里面，我是唯一一个吸毒的，没有吸毒之前，亲戚朋友见了面还会主动和我打招呼，自从他们知道我接触这个东西之后，看我的眼光就不一样了。以前自己想要向亲戚借个几千块钱，那都是小事情，自从吸毒之后，他们都会对我避而远之，更不用说借钱了。自从自己吸毒成瘾之后，整个人性格就变得比较暴躁，基本上就丧失了所谓的理性，平时就变得目中无人，吸毒后自己大手大脚惯了，金钱对我来讲仿佛就只是一个数字而已。

餐 饮 老 板

访谈对象：个案 11　男性　湖南人　1983 年生

访谈地点：江苏省强制隔离戒毒所

【调查者】在你进来之后自己的亲人有没有来看过你呢?

【个案11】因为我进来的时间比较短,还不足三个月,期间我的妻子过来探望了一次。我的父母也很想过来看看我,不过考虑到距离太远的缘故,我也就没让父母过来,毕竟来回比较折腾。

【调查者】父母对你的养育方式是怎样的呢?

【个案11】应该说是放养吧,相对来讲还是比较宠爱的。因为年轻的时候我自己的学习相对比较优秀,加之自身家庭条件不差,相对于同龄人而言我的起点比较高。在家里人的影响下创业比较早、成功比较早,接触的社会层次也相对较高,关系网络也更为复杂。正是在做生意的过程中,认识了几个"老哥",在有一次一起去株洲玩的时候,第一次接触毒品,然后慢慢地就染上了毒瘾。

【调查者】那你第一次玩哪种毒品呢?大致经历是怎样的?

【个案11】麻果。第一次大概是在2006年的时候,和一个生意上的伙伴去株洲给一位七十岁的老人祝寿,在祝寿结束之后,我们就一起相约去KTV唱歌,结果玩到了很晚,我们都感觉非常地疲惫。从KTV结束后,当我们回到住宿的地方,他们就拿出了麻果来消除疲劳,我当时也不了解这个东西,在好奇心的作祟下我就尝试了一下,结果当时就吐了。看到我吸食后的"不良反应",他们就主动过来教我如何正确地吸食麻果,正是这样"一来二去"的过程中,我就感觉好多了。

【调查者】那你当时就上瘾了吗?

【个案11】并没有,毒品这个东西,吸食一次往往不那么容易上瘾。我记得我在第一次用麻果之后,大概有一年没有接触"毒品"一类的东西。大概在2007年的时候,当初一起吸毒的那些做生意的朋友就回家了,当时我们聚在一起就打算"组一个赌局",叫别人过来赌钱,每天向他们提供"东西"(毒品),然后我们就"抽水钱"。一开始还好,我就是单纯地为他们提供东西,也赚到了不少钱。后来一起组局的朋友就不断地向我传输"间隔着玩是不会上瘾的""自己都是组局的,怎么能不玩"等一系列的观念,然后我就又一次地选择尝试毒品了,这一次是"冰毒"。在这一次"溜冰"的过程中,那些朋友为了让我更好地获得所谓的"快感",就替我找了女人来"助性",结果我就迷恋上了那种感觉,或许这也就意味着成瘾了吧。

【调查者】你吸毒之后一般就"找女人"吗?

【个案11】也不全是吧,在2009年之前,对于我来讲,"除了毒品就是女人"(吸毒后通常的辅助性娱乐活动是"找女人")。但2009年的时候,当时"圈里"比较流行在电脑上玩"百家乐",我也不甘于落伍,就跟着那些"老大哥"一起从事线上赌博活动，也是从试一试逐渐过渡到赌博上瘾，“一来二去”地输了大概有六七十万吧。但是我就想要赢回来，当时我们接的“那条线”是缅甸那边的（毒品的来源地），我就顺着这条线去缅甸继续赌博，去了之后就接触了多种多样的毒品。

【调查者】那你是如何看待毒品的呢？

【个案 11】我觉得它能够调节心情、缓解疲劳，而我其实只是偶尔吸食，虽然有点小瘾，但其实自己还能够控制使用。（对毒品的错误性认知）

【调查者】家里人是怎么发现你吸毒的呢？

【个案 11】就像我之前说的，我在生意场上还是比较成功的。在 2009 年之前的拼搏过程中，我拥有了八家自己的门面。但在 2009 年之后，自己迷上了各种线上线下的赌博活动，在这个过程中就输掉了七家门面。结果我就和家里人吵得不可开交，后来我就选择换一个城市，就去了连云港，选择在 KTV 替人打工，也认识了现在的老婆，结果也是持续到 2015 年的几年时间都没有吸毒。正是在 2015 年的时候，因为几年来的工作业绩，老板看得起自己，就给了我许多 KTV 的股份，让我负责 KTV 的夜场这一个业务板块。而像 KTV 夜场的话，往往潜在着许多种类型的毒品，时间一长也就不自觉地吸上了。

【调查者】像你平时一般都是多少人一起玩毒品呢？

【个案 11】每个时期其实都是不一样的，在我迷上“百家乐”的那个时候，就喜欢一个人“溜冰”，然后赌博。后来来到连云港，在 KTV 工作的过程中，我一直都克制自己吸毒，每次吸毒也大多是源于朋友聚会时的应酬，就像喝酒一样，如果聚在一起玩的朋友都在吸，你不吸，那就是不给别人面子。

【调查者】你是如何看待那些贩毒的人呢？

【个案 11】就我接触的那些小毒贩而言，特别是“以贩养吸”的那种，其实我觉得他们也挺可怜的。一方面，毒品其实也是一种商品交易，许多“不爽快的”“缺钱的”吸毒者就习惯于运用个人的人际交往技巧，把毒品从毒贩那里骗过来吸食，然后不给他们钱，毒贩就“亏大了”。另一方面，其实那些“以贩养吸”的小毒贩自己每天的开支也挺大的，他们大多属于社会的底层人员，因为缺乏生存技能、赚钱渠道，想要获得“毒资”，不得不承担着巨大的风险从事毒品买卖活动，他们也挺不容易的。

【调查者】你在选择吸毒之前对毒品是怎样的态度呢？

【个案 11】我潜意识里觉得我一辈子都不可能接触毒品，也完全不应该接触毒品。因为在我还没有接触毒品之前，和我关系很好的一个发小就染上了海洛因的瘾，我亲眼见证了他是如何从一个有着理想抱负的正常人沦落为一个精神失常、萎靡不振的瘾君子的。而他最后也是因为注射海洛因过量致死的，这个经历对我整个吸毒生涯影响很大，到现在为止，虽然我尝试过的毒品种类很多，但我从来没有选择用注射的方式吸毒。

【调查者】你在吸毒之前有没有系统地了解过毒品的危害呢？

【个案 11】吸毒之前肯定没有了解过。基本上都是长期性地吸食过程中自己亲身体会到的。

【调查者】你每次能不能控制毒品的使用量呢？

【个案 11】这得分两种情况讨论，如果从长时间来看，我通常不会平白无故地选择吸毒，吸毒都是有一定的契机的，要么就是应酬，或是一时兴起，从这个意义上讲还是能够控制的。如果从每次吸毒的过程来讲，我是这样一种性格，要么我就不接触毒品，如果要玩的话我就要玩尽兴，玩到我能忘记所有的东西才会停，从这个意义上讲，这也就算是无法控制吧。

【调查者】你平常的生活作息一般是怎样的呢？

【个案 11】两种生活状态并存吧，如果没有吸毒的话，我生活作息相对比较规律，都是早睡早起的良好作息习惯。但如果接触了毒品，往往就两三天不睡觉，也就意味着两三天不回家，一回家就睡上一两天。

【调查者】你成长的过程中有没有遇到对你影响特别大的事儿呢？

【个案 11】主要是两件事儿，一件是升学方面的，另一件是接触毒品。关于前者，我有一个爷爷是长沙炮兵学院的校长兼国防科大的教授，通过他的那一层关系，我能够以相对较低的分数进入国防科大读书。因此，在我高三放暑假那一年，别人都在努力地玩耍，而我在这长达两个月的时间里却在补习机构疯狂地补习英语，希望能够通过校招的途径进入国防科大读书，结果在个人信息审核的环节当中，由于我的一个远方亲戚迷信"法轮功"的不良档案的牵连，我也就失去了这个名额，这彻底地改变了我的人生路径。关于后者，因为吸毒我付出了太多的时间成本、经济成本和亲情成本，这些成本叠加在一起改变了我的整个人生走向。但是回想一下这个生命历程，或许接触这个东西也不一定完全只有坏处，虽然毒品本身是百害而无一利，但我较早地接触它能够让我不至于丧失了生命的本钱。

买醉以后

访谈对象：个案 12　男性　安徽人　1985 年生

访谈地点：江苏省强制隔离戒毒所

【调查者】谈一谈第一次接触毒品的经历呢?

【个案12】我结婚比较早,大概十九岁就结婚了,二十岁就有了第一个孩子。另外我也较早地在外面做生意,刚开始几年都顺顺利利的,积累了几十万。或许正是因为有了一点钱,就在外面"瞎玩",比如赌钱、混迹娱乐场所,慢慢地就接触了一帮"狐朋狗友",结果在2009年的时候,和几个朋友在外面"买醉",当时也不能开车,我们就一起入住了宾馆。到了宾馆不久之后,与其中一个朋友一起混社会的"小弟们"就带了许多冰毒来宾馆一起玩。他们说这个东西(冰毒)能够醒酒,我当时是属于迷迷糊糊的状态,他们把这个东西就往我嘴里塞,结果吸了几口之后我感觉整个人就清醒了很多,也感觉不那么难受了,对这个东西也就产生了好感。

【调查者】那之后是如何上瘾的呢?

【个案12】有了第一次往往就会有第二次,因为当你已经尝试过这个东西之后,再和这些朋友相聚的时候,肯定还是会被带着玩的。第二次他们就叫了几个女孩过来一起玩,"溜冰"之后能够寻求性的满足,也迷上了这种感觉。就经常和这几个女孩联系,她们也"三天两头"地给我打电话让我过去玩,就是在这样的长期性的互动过程中,对冰毒也就没太多的抵抗力了,就一发不可收拾,天天沉迷于"溜冰"。

【调查者】你第一吸食的时候知不知道那是毒品呢?

【个案12】这个还是知道的,不过他们(毒友)给我描述的是这个东西不像白粉那样,是不会上瘾的,想不吸就不吸,也就减少了我的抗拒心理。其实刚开始的话,我也没有上瘾的感觉,自己能够控制它,但是后来就不一样了,等到感觉上瘾了之后也已经离不开它了。其实我潜意识里还是抵触它的,不过自己有一种"贪玩"的心态,当遇到了那些朋友,看到了"冰毒"之后,就控制不住了。

【调查者】你第一次吸毒的时候大概有多少人呢?

【个案12】七八个人吧,当时我喝得醉醺醺的,吸过之后感觉人一下子就清醒了,兴奋得完全不想睡觉。我醒来之后就和他们一起打牌,那个时候感觉非常地执着,大概持续了一天一夜才缓过来。

【调查者】你吸毒之后一般参加什么娱乐活动呢?

【个案12】刚开始的时候,比较喜欢找女人,后来主要是参加赌博活动。

【调查者】你在第一次进入戒毒所之后有没有遭到社会上的歧视呢?

【个案12】这是肯定的,因为我在家族的孩子里算得上比较年长的了,自己做生意得早、发财也早,在没进去之前我都是家族的榜样。后来因为"溜冰"进了吸毒所,出来之后大家都躲得我远远的。正常的朋友也是一样,都不怎么和我联系了,所以毒品真的害人不浅。

【调查者】出来之后因为什么又选择再一次地吸毒呢?

【个案 12】主要还是没能把持住自己吧,其实上一次出来之后,我就外出做生意了,并把以前所有的号码都换掉了。结果今年快过年的时候,我回到了老家过年,就遇到了以前的那帮朋友,就一起吃了晚饭,结束之后和他们一起去 KTV 唱歌。当时我下定决心戒除毒品,我就明确地给他们说:"唱歌、喝酒都是可以的,东西(冰毒)我是不会玩了。"所以第一天即使他们拿了冰毒出来我也都没有玩。大概过了两三天,家里遇到了不顺心的事,结果又和这帮朋友一起吃饭、唱歌,他们又拿出了冰毒,刚开始我心想:"我就看着他们玩,而我如果能够克制住自己不玩,那我就已经能够真正做到不玩了。"这就相当于一种"赌徒"式的心态吧。我就努力地坚持了一会儿,然后他们就拿着"冰毒"来诱惑我,半推半就下,我就再一次吸食上了。

【调查者】能不能给我谈谈你的情感经历呢?

【个案 12】我结婚得比较早,十九岁开始了第一段婚姻,刚开始家庭比较圆满,二十岁的时候有了自己的第一个孩子。但是后来吸毒上瘾,而且迷恋吸毒之后的性行为,就搞起了婚外恋。结果不久就被妻子发现了,最后就选择协议离婚。大概过了两年吧,我就重新交往了一个"好赌成性"的女孩子,最后我们也就结婚了。其实在和她结婚之前,我吸毒还是有底线的,顶多是没事的时候"玩两下",基本上不会影响正常的工作作息。在这第二段婚姻之后,她时常赌博不回家,家庭生活混乱,"家"仿佛就是形同虚设,我也就完全没有了归属感,整个人都崩溃了,选择不断地堕落下去。后来直到 2011 年的时候,第二次离婚,结束之后就一直没有再结婚了,孩子也较早地进入社会,父母也不需要我养老送终,感觉更无牵无挂。所以回顾一下我整个吸毒历程,之所以陷入毒品的泥潭无法自拔,更深层次的根源在于家庭的影响,无论是父辈家庭还是自己后期组建的"混乱"家庭。

【调查者】你觉得以后进入社会上会遭受那些阻碍呢?

【个案 12】像我这种复吸的人,如果想要完全摆脱社会歧视是不可能的,如果想要减少社会歧视、重建正常的社会关系网络的话,我需要付出更多的努力。(制度设计层面如何能够降低吸毒人员构建正常社会关系的困难度)

【调查者】这次出去之后有什么打算呢?

【个案 12】考虑到自己的小孩也已经上高中了,也需要去外地上学。这次回去我打算和以前的那些"毒友"完全杜绝联系,同时带上自己的父母,跟随着小孩换个生活环境,重新交往正常的朋友。

【调查者】你觉得社会层面应该做些什么呢?

【个案12】主要是社区层面需要发力吧,社区戒毒机构应该通过线上线下两方面的途径对社区内部的吸毒人员发挥好积极的监督工作,同时加大吸毒戒毒宣传力度,让人更多地了解毒品的危害。

大 专 生

访谈对象:个案13 男性 南京人 1990年生

访谈地点:江苏省强制隔离戒毒所

【调查者】能不能给我说一说你大致的工作经历呢?

【个案13】毕业之后我先是进入金城集团实习了大概两个月时间,然后去了禄口机场做了一年多,然后去社区做了两年,最近的话是自己开了一个沙厂,专门为搅拌机提供原料那种。

【调查者】能不能向我讲一讲你第一次吸毒经历呢?

【个案13】大概是在2010年的时候,我当年也才21岁左右,我记得当时我去一个朋友家里找他玩,当我进入他家之后,发现他在"溜冰",我当时就比较好奇,因为之前也没有接触过冰毒,然后我就竭力地询问他玩这个东西(冰毒)是一种怎样的体验,他就给我大致描述了"溜冰"后愉快的体验,当时我也没有立即就尝试"溜冰"。等我从他家回来之后,大概隔了几天,他打电话叫我过去,当我过去之后发现他还在玩这个东西,我就试探性地尝了"一条子",整个人感觉就非常地亢奋,像"腾云驾雾"一样,结果就迷上了"溜冰"。其实刚开始还好,大概一个月两三次,玩的次数相对较少,后来慢慢地上瘾之后就天天都在玩,完全就离不开冰毒了。

【调查者】你在"溜冰"之前有没有了解过冰毒呢?

【个案13】其实我很早就在社会上"混迹"了,在没有"溜冰"之前就从社会上的兄弟那儿听说过冰毒这个东西,就觉得冰毒其实不像海洛因那样容易上瘾,对于"溜冰"的人来说,想吸就吸,完全不受它的控制,而且吸食之后也不会出现什么戒断反应,也不清楚长期性吸食是否会给身体带来什么不良影响,从而就降低了我对"冰毒"的抵抗力。

【调查者】像你每次"溜冰"能不能控制它的使用量呢?

【个案13】对于我而言,每次都能够控制"溜冰"的使用量,但却控制不了使用的次数。我基本上就是属于那种"少吃多餐型"的溜冰方式。

下篇　解释性研究

——合成毒品滥用问题研究

一、吸毒行为研究

（一）合成毒品滥用行为——对人群、行为、场域的一种描述

当今吸毒问题与艾滋病、恐怖活动等渐已成为世界公害。受国际毒潮泛滥和国内涉毒因素的影响，合成毒品迅速蔓延。所谓“合成毒品”主要是指除鸦片、海洛因等传统毒品以外的摇头丸、K粉、冰毒、麻古等能直接作用于人的中枢神经系统，使人兴奋或抑制，连续使用能使人产生依赖性的人工化学合成的致幻剂、兴奋剂等由国际禁毒公约和我国法律所规定管制的精神药品。[①]

2000年以来，合成毒品开始在国内出现并在城市娱乐场所迅速蔓延，青少年在好奇心、赶时髦等心理驱动力的作用下，迅速接受合成毒品，并开始群体尝试，在摇头丸、K粉药性的作用下，在娱乐场所疯狂摇头蹦迪，流行一时。但由于当时公安机关和相关执法部门对合成毒品的危害认识不足，导致吸食合成毒品行为在这些娱乐场所的蔓延没有得到有效遏制，愈演愈烈。在急剧上升的吸食合成毒品人群中，其人数呈逐年递增趋势，特别是青少年占有相当高的比例。伴随吸食合成毒品行为，“乱性”“群交”“卖淫”“陪嗨”“陪溜”“地下赌档”等问题也纷纷出现，以及严重的违法犯罪活动和多种疾病（性病、艾滋病）开始扩散传播，并导致社会价值观败坏、伦理道德观念沦丧和社会风气恶化。

笔者认为，要遏制乃至根除这一社会毒瘤，就必须对这一社会现象进行分析并探究其根源。从目前国内的现有相关研究来看，公安部“合成毒品问题研究项目”阶段性成果认为，吸食合成毒品的特点在于蔓延速度快、高发人群年龄段集中、群体吸食普遍、涉毒场所和地区逐步扩大化。[②] 王宏敏等基于调查认为，暴利驱使娱乐场所涉毒是合成毒品流行的一个重要原因。[③] 遗憾的是，目前国内对于合成毒品滥用问题的已有研究成果大多集中在滥用现状、原因和对策的一般性描述分析上，缺乏有独特视角的深入理论研究，相关文化社会学研究更是极少。

---

① 杨凤瑞.合成毒防范手册[M].法律出版社，2005，9：2-5.

② 宋晓明.吸食合成毒品的特点及其防控对策[J].西南政法大学学报，2006，6：92.

③ 王宏敏等.合成毒品的流行趋势调查分析[J].上海食品药品监管情报研究，2007，01：26.

对吸食合成毒品行为涉及概念的解释是理解本研究的前提。有关符号建构理论认为,"符号建构"包括给集体的社会文化特征下定义,即用以说明自身基本理解的一系列观点和符号在周围世界中的位置以及其组成群体、社会类别和相互之间的关系。集体的社会文化特征,可以看成是人们自身在应对内外环境而进行互动的过程中自发产生的。而这一符号体系在合成毒品圈子中也在被建构,一些专属于合成毒品圈子的符号化概念,如"嗨""嗨大了""溜冰""陪溜"等概念开始出现。"嗨"一词就是合成毒品圈子最早产生的一个概念,它是英文"High"的音译,是很多年轻人在公共娱乐空间吸食摇头丸、K粉以后,在强劲的音乐下不停摇头、跳舞的一种圈子里的玩法。"嗨"已经成为合成毒品吸食者形容"摇头"行为最简单明了的术语。围绕着"嗨"这个概念,合成毒品圈子还建构了"嗨大了[①]""陪嗨[②]"等概念。"溜冰"这个概念是2004年以来在城市的合成毒品亚文化圈子中流行起来的一种用专用工具吸食冰毒、麻果的娱乐方式,据描述性研究第一部分个案11的陈述:"溜冰,就是拿一个像味精一样的小袋子冰毒,一般400块一克。塑料瓶子和吸管做一个壶,在塑料瓶上搞两个孔,把吸管插进去,一个管子是吸的,一个管子是把锡纸摆在下面烧的。用嘴通过另一个管子吸。"而"陪溜[③]"概念也迅速出现。

本书的研究对象是当前在国内流行起来的吸食合成毒品行为,从前面描述性研究的个案访谈中,也许可以展现出这一不为常人所知的人群的冰山一角,人们也不难从中透视到一个另类人群的生活世界与别样生活方式。下面主要借助其第一部分即来自南京市的22例个案访谈资料(更详细的资料可参见韩丹《吸毒人群调查》,江苏人民出版社2008年版),对吸食合成毒品的人群、行为和场域等作进一步的社会学解析。

1. 合成毒品吸食人群概览

吸食合成毒品行为的巨大诱惑力,必然引出一个不能回避的问题:合成毒品的吸食人群状况如何?国内已有研究认为,青少年是吸食合成毒品的主要人群,如上海开展了"合成毒品滥用现状、发展趋势及应对策略"的实证研究[④],提

① 吸食摇头丸或K粉后会使人极度亢奋、口若悬河、滔滔不绝,可引起幻觉、幻视、眩晕、空间定向力障碍,使人极度兴奋、摇头不止,可造成行为失控。吸毒人群所说的"嗨大了"就是上述这种行为失控、大脑不能控制自己的状态。

② "陪嗨"是在国内的蹦迪场所里出现的一些小姐,她们专职陪客人蹦迪摇头,当然,客人要免费提供她们摇头丸、K粉等合成毒品,并给她们金额不等的台费。

③ "陪溜"是在一些隐蔽的娱乐场所和社会圈子里出现的一些专门陪客人溜冰(吸食合成毒品)的小姐,她们不仅陪客人溜冰,还要和客人过夜。

④ 国内首次合成毒品大型调查报告[J].社会观察,2007,06.

出了合成毒品使用者的五大基本特征：男性"势众"、女性"速疾"的性别差异；低龄浪潮涌现的年龄结构；"低等"密度高、"高等"势迅猛的学历分布；非稳定就业占据半壁江山的职业状况；四成"分崩离析"的婚姻状况。① 该研究还分析了上海合成毒品使用人群的"群体性"特点，提出群体心理导致个体理性泯灭的观点。② 而笔者认为，吸食合成毒品人群和海洛因最大的差异是合成毒品人群向一般社会群体的扩散，特别是向一般年轻人的扩散，在人群构成、职业状况上有着许多新的特点：

在人群构成上，"年轻人"是合成毒品的主要吸食人群。合成毒品吸食人群的阶层分布来看，已经不仅仅局限在以往的吸食海洛因的底层人群这个社会阶层中，已经开始向社会的中层和上层阶层扩散，个案10的自述反映了吸食合成毒品人群的年龄和阶层构成：

(个案10　女性　1982年生)都是新潮的现代一族的人，赶时髦的人，这些人也是好奇心强的人，多数是这样，像安安分分、稳稳当当的人，本身性格上就不追求刺激，这些人也不会玩新型毒品。……我觉得合成毒品绝对比海洛因厉害多了，接触海洛因的多数是社会底层的人，但是合成毒品就不是了，社会的中上层、上层，甚至是一般社会成员，都会接触到。涉及的人越来越多，像文艺圈里面的好多人都是最早接触到合成毒品的。像青少年、未成年人，接触合成毒品的这些孩子太多了。还有就是社会的上层，也接触这个。

在职业状况上，基于个案资料来看，合成毒品的职业状况，男性和女性之间还存在较大差异。从男性人群的职业构成来看，以无业年轻人、社会闲散人员、生意人、公司的白领、学生等一般社会年轻人群为主：

(个案11　女性　1990年生)(调查者：这些喜欢嗨的男性，都是些什么人?)好多都是在社会上混的，打架的活闹鬼什么的，也有一些做生意的。

(个案12　女性　1989年生)有很多南京的活闹鬼，有老板，白领也有，我感觉，现在摇头，什么样的人都玩。我对溜冰比较熟悉，反正溜冰什么人都玩，五十几岁的老头都还溜冰呢。

---

① 沈康荣.合成毒品使用者的群体特征[J].社会观察，2007，06：10－11.

② 王水.疯狂的群体——群体心理学对合成毒品使用群体的解析[J].社会观察，2007，6：15－17.

（个案 16　女性　1993 年生）……能看到各种各样的客人，三十到四十多岁的都有，像生意人、在外面玩的人、集团的老总、农企（农民企业家）、白领也有。他们经常出来找冰妹（陪溜冰的女孩子）。

（个案 5　女性　1982 年生）这些客人，什么人都有，有钱的也有、没钱的也有。……现在吃摇头丸的人太多了，在公司上班的人、在学校里的学生，都嗨。

尽管如此，笔者却发现，男性吸食人群选择赌档或贩毒等违法犯罪活动为职业的比例依然很高，个案 11 的男朋友以及个案 17 的自述都说明了这一点，他们也成为社会问题的滋生人群：

（个案 11　女性　1990 年生）我谈的男朋友搞赌球的，有的时候能赚几万块钱，只要有球赛的时候就去。

（个案 17　女性　1981 年生）去年世界杯期间，很多人一边赌球一边嗨。……有很多地下赌球赌场，他们也很疯狂地下注，2 000 块、5 000 块、1 万的都有。我也曾经赌过一次，很幸运地赢了，但是大部分人都是输的。

（个案 17　女性　1981 年生）现在溜冰的价钱高……我身边也有很多朋友是贩冰的（贩卖冰毒），一个月都是十几万、二十几万的收入。

（个案 9　女性　1981 年生）开赌档、到处打打杀杀的，赚钱的。他们有点黑社会性质的赚钱方式。……我喜欢和朋友一起去赌档看，看他们赌大的，边上看看拿点红钱，他们一次能赢十几万，最起码的都是这个数目，都是当场拿钱，还有港币和美金。大档（比如开的厂里面、很隐蔽的地方、不是什么人都能进去的、车接车送）里面都是带着保镖备好了钱去的。

而女性吸食人群的职业状况，从访谈资料来看，主要是无业年轻女孩，她们过早离开学校并进入社会，在公共娱乐空间通过“坐台”“出台”“陪嗨”“陪溜”的方式生存并解决毒资来源问题，并逐渐习惯于这种生存方式：

（个案 5　女性　1982 年生）……原来小费是 200 块，后来是 300 块，几乎南京每一个场子我都做过的，都多少年下来了，很熟悉，习惯了。

（个案 16　女性　1993 年生）还好吧，都习惯了。没事情做，在这里也挺快乐的。一方面可以拿小费，也可以玩。而且能看到各种各样的客人……

2. 快感、身体与性：合成毒品吸食行为

西方流行文化的冲击在中国书写着快乐文化，公共娱乐空间的感官世界有着西方化想象的重要成分。西方流行文化对于中国青年人来说，意味着体验快感（感受快乐）、身体愉悦与性观念的开放，这在吸食合成毒品的体验过程中体现得尤为明显。

（1）体验快感的身体游戏

“嗨”作为一种群体性的身体游戏，有着其独特的游戏规则，访谈中，个案1和个案9都说到这种游戏规则：

（个案1　男性　1985年生）我们一般嗨都是十一二点开一个包间，通宵嗨，一直到早上六七点钟。吃了摇头丸，就不知道哪里来的劲，能一直摇到早上都不觉得累。我们那个时候，都是关系比较好的人，一起开一个包间，喝喝酒，吃了药，就开始嗨。一般一个包间里面七八个人，也有多的。后来，南京疯狂的时候，也有一百多人开一个包间在嗨的，一般都是公司聚会，或者是大型的嗨场。

（个案9　女性　1981年生）一般嗨都是一男一女，抱在一起嗨，我经常带着不太会嗨的男孩子一起嗨。我们嗨一般不脱衣服……

而“嗨”的目的是体验快感，即达到一种“嗨大了”的状态，感受幻觉带来的快乐与愉悦，而这种愉悦与快感超出了常人本能快感的数倍。个案3说出了这种幻觉状态：

（个案3　女性　1978年生）嗨大了以后，就上了另外一个空间，那个世界好像比我们这个世界美好得不得了，漂亮得不得了。也许是现在的人太假了，在这种境界中，感觉人比平时亲切……

（个案4　男性　1980年生）感觉人在飞，飘，感觉人在开航空母舰，什么都有，有的时候还有鬼影，都是一些幻觉，很神奇。我有一次嗨大了，我感觉我死了，哎呀，我感觉自己到阴间了，我已经死了……

快感的吸引让这些年轻人魂牵梦绕，他们开始没日没夜长时间连续摇嗨，加之一般并不吃饭，久而久之身体迅速消瘦，并导致健康状况恶化。很多年轻人已到了“再嗨就要嗨死”的状态。2004年以后，合成毒品冰毒开始出现在中国的各大城市，由此出现了不再去“嗨”、转而“溜冰”的流行热潮。原因就在于，“溜冰”对体力的消耗很小，不需要剧烈的摇摆，只是坐在房间里说说话，同样可以感受快乐：

> （个案11　女性　1990年生）我们一般都是四五个人、五六个人在一起溜，在外面开宾馆，我们经常去LG、BL、NF，溜了以后，感觉蛮舒服的，感觉自己飘飘的，什么烦恼都没有了，减肥效果非常好，溜了以后都不想睡觉，兴奋、精神好得不得了，生病了溜了都能溜好，而且要不停和人家说话、聊天，有的时候画眉毛能画十几个小时，然后化妆。有的时候也打打牌（跑得快），输了就溜一口。有的时候会产生幻觉，就感觉旁边总是有人讲话，而且疑心病非常重，感觉人家总在讲自己的坏话，上个厕所都要去听一下子人家有没有讲我坏话。溜冰一般都是一天一夜，也有几天几夜的，反正我最长溜过四五天。但我感觉，如果不溜冰了，人还是会生病，而且觉得全身都没劲。

但“溜冰”同样会产生“陪溜”“卖淫”“乱交”等社会问题，加之冰毒的毒副作用对个体的神经系统造成伤害，较易导致“精神病样症状”。

（2）身体之间：一群人的互动游戏

很多工作在一线的公安干警喜欢用“蔓延速度快、高发人群年龄段集中、群体吸食普遍、涉毒场所地区扩大化”①来形容这样一种吸食合成毒品行为，而笔者却认为，他们吸食合成毒品是为了更好互动的一种游戏行为，即吸食合成毒品行为是一群人在一起游戏的互动行为。

从笔者对传统吸毒（海洛因）行为的研究来看，吸食传统毒品是个体吸食，一位饭店老板（1973年生，大专文化）这样讲述他的吸毒行为：“我从来不乱，就是我一直都是一个人抽（海洛因），要不就是开一个房间，自己抽。”而吸食合成毒品的行为却不是这样，而是为了满足互动而进行的一群人的公开游戏。1977年出生的女性个案15告诉笔者：“溜冰一定要多一点人，抽粉一个人可以，但是溜冰一个人不行的。”

笔者认为，“一群人的互动游戏”是合成毒品行为比较典型的特点。从对访谈资料的分析来看，溜冰一般要有4—8人才能溜得起来，群“嗨”人数较多，一般从几人到数十人不等，有的多则上百人。

> （个案1　男性　1985年生）像南京XRDS的场子，有一个包间七八十人在里面都不嫌挤。

① 宋晓明.吸食合成毒品的特点及其防控对策[J].西南政法大学学报2006，06：92.

(个案9　女性　1981年生)都是朋友之间,比如今天想嗨了,就由一个人给大家打电话,"今天嗨不嗨,叫两个小姐妹!"或者是我给别人打电话,"今天有方向吗?"就是这样大家就聚到一起了。

在其他的受访者中,也有一位1976年出生的男性提到:"我在XRDS和HS也吃过摇头丸,一般一去都是十几个人,包间很大,和干部的办公室差不多(有20平米)。"

有些吸食合成毒品个案先在包间内吸食,然后到娱乐场所的大厅集体"摇嗨",这似乎令人不可思议,但又合情合理,他们俨然已经把这种行为看作一种追逐时尚、挥洒个性、展现自我的消费行为,而迎合他们的娱乐场所如雨后春笋出现在大中城市,南京当然也不例外:

(个案11　女性　1990年生)(调查者:你觉得南京的嗨吧多吗?)多,要是在YJYE抓嗨的人,一抓能抓一箩筐。随手就一大堆嗨的。R、M、BF、BD、MS都有蛮多的人在里面嗨。嗨的人一般都是晚上11、12点以后,在大厅里面也有人玩。

(3) 肉体与性——行为本身的社会危害

作为"肉体"的女性身体和"性",是合成毒品吸食人群特别是男性吸食人群追求"毒品快感"以外的两个原动力:

(个案6　男性　1983年生)兴奋,那个场合,女孩子穿着都比较前卫和暴露,都很时尚,让人看了很兴奋。虽然吃了摇头丸有一点晕,但后来很舒服,很刺激。

而恰恰是这样的一些取向,导致以"肉体""性"与金钱交换的社会交换行为,出现了"乱性""卖淫""陪嗨""陪溜"等社会危害,造成了社会价值观败坏、伦理道德观念沦丧和社会风气恶化。

(个案11　女性　1990年生)我身边也有一些小女孩陪溜,一般要给她们1 500块、2 000块,溜了冰以后,客人要和小姐做那个事情。……以前像四川、湖南、安徽这些外地坐台的女孩子主要靠出台赚钱,现在都是陪嗨、陪溜冰了。出台给1 000块、2 000块,而陪嗨是500块、800块,陪溜也至少2 000块。

(个案17　女性　1981年生)现在溜冰的价钱高,所以很多女孩子都陪别人溜冰,陪溜一次都1 500、2 000块。我身边也有很多朋友是贩冰的(贩卖冰毒),一个月都是十几万、二十几万的收入。

大量吸食合成毒品女性也抓住了男性人群的需求,纷纷"陪嗨""陪溜",这一现象是一种双重越轨行为,既包括吸食合成毒品行为,也包括"卖淫"行为,值得学术界关注。

3. 公共娱乐空间:体验合成毒品的场域

系统论的理论观点认为,个人行为与社会环境之间存在着密切的联系,人被看成是在环境中与各种系统持续互动的人,这些系统包括家庭系统、朋友系统、教育系统、社会系统等,而社会环境对于个人的影响是不可忽视的。[①] 场域(field)概念是法国社会学家布迪厄提出的重要概念,指在各种位置之间存在的客观关系的一个网络,或一个构型。[②] 场域在本文特指吸食合成毒品人群出入的社会空间网络。很显然,吸食合成毒品行为一般发生在公共娱乐空间,这里成为体验合成毒品的场域。城市中的大批星级宾馆、娱乐场所,重新装修包房,在包房内添置影碟机、低音炮等音响设备,作为"嗨场":

(个案11　女性　1990年生)南京的嗨吧多,要是在YJYE抓嗨的人,一抓能抓一箩筐。随手就一大堆嗨的。R、M、BF、BD、MS都有蛮多的人在里面嗨。嗨的人一般都是晚上11、12点以后,在大厅里面也有人玩。

(个案16　女性　1993年生)我在××夜总会坐台。里面有好多的组,每个组都有一个妈咪、十几个小姐组成。陪他们喝喝酒、摇色子、唱唱歌、跳跳舞。很多客人都不规矩,喜欢摸啊、亲啊什么的,这个也正常。有些小姐坐得时间长了,比较会应付。南京有很多这样的场子,比如JBHH、SRJC、JNH、AX、SNYH、SGLFQB、BD、TSRJ、HFJR、YQ……很多很多。有的大场子都有100多小姐。

公共娱乐空间何以藏污纳垢?在市场经济的今天,在暴利的驱动下,娱乐场所老板想尽办法,周旋于公安、政府和娱乐场所之间,为开"嗨"包不惜花大本钱。娱乐场所的老板与所在地公安部门之间可能建立和保持着一种良好的默契关

① [美]查尔斯·扎斯特罗.人类行为与社会环境(第六版)[M].中国人民大学,2006:5.
② 布迪厄、华康德.实践与反思[M].中央编译出版社,1998:133-134.

系，娱乐场所老板通过各种手段，收买或寻求公安部门的关照、避免娱乐场所被查处也是重要的原因。

由此导致的公共娱乐空间的社会控制不力问题就显而易见。正如公安部禁毒局合成毒品处处长王刚解释认为："公共娱乐空间它是经过国家工商部门申报正式登记的，是许可的，那么每一个进来娱乐场所进行娱乐的人民群众是不可能每个人都搜身的，这是第一；第二，客人在娱乐场所的房间里面正在娱乐活动，公安不可能经常去抽查或者进行尿检，这就显得很不和谐。一些地区、一些地方的个别领导也认为动不动警察就去冲击公共娱乐场所，会影响了领导所在的地方招商引资、发展经济，这种观念对公安部禁毒工作的确带来一些压力。"①加之各种潜规则、关系网络的存在，很难遏制公共娱乐空间群体性公开吸食合成毒品的行为。

（个案1　男性　1985年生）南京的嗨场太多了，讲一句难听话，今天查过了，过两天，这个场子又有人嗨了，很正常的。因为场子里面主要靠嗨来赚钱，讲句难听话，场子老板手下人在发药，这样可以赚更多的钱。

（二）流行文化视野中的亚文化认同——解释吸毒行为的社会学视野

1. 进入流行文化视野

社会学关注于文化和人类行为的关系。流行文化作为文化概念下的子范畴，同样和人类行为有着密不可分的关系。从本质上说，流行文化就是广泛通行于社会大众层面的一种文化形态。流行文化与精英文化或高雅艺术有明显区别，它是一种消费性、娱乐性的文化类型，其基本面孔和蕴涵的文化信息在更多的情形下趋同于大众文化。流行文化具有世俗性、反常性、广泛性、娱乐性、时尚化、形式化等现时性特征。②

流行文化作为当代人类生活中的一种重要的文化现象，对人们心态和精神状况的紧密关系，更重要的是，流行文化俨然成为社会区分化和阶层化的重要杠杆，社会权力分配和再分配的强大象征性力量和指标，也成为推动社会改革和社会现代化的重要因素。不仅如此，流行文化作为文化、商业和意识形态并重的三重性质，流行文化作为当代人类生活中的一种重要的文化现象，与人们心态和精神状况关系紧密，成为最活跃的力量和酵母，通过媒体和各种大众传播中介渗透到各个角落，改变和更新着社会的基本结构以及人们的基本心态和生活方式，并

---

① http：//www.cctv.com.cn/news/society/20051221/101082.shtml.

② 吴圣刚.当代流行文化的形成机制与作用[J].中州学刊，2007，02：60.

成为协调个人与社会整体的相互关系的基本中介，成为社会大众实现个人社会化和社会整合的重要环节，更重要的是，流行文化是社会大众精神面貌、生活喜好、内心欲望和整个心态的表现。相反，社会大众的各种社会行为也在不断建构流行文化。法国社会学家布迪厄指出，要从日常生活实践和行动者"生存惯习"(habitus)的互动关系角度去分析流行文化的性质及其区分化社会功能。当代英国及西方各国大多数文化研究者，干脆就把"大众文化"当成"流行文化"的同义词。英国社会学家吉登斯认为，流行文化通过全球化、媒体化、信息化和符码化的过程改造了现代社会的基本结构，并成为社会现代化过程的重要力量。

因此，只有从流行文化的视野，才能更深刻地揭示当代大众文化的丰富性和多样性特征而更好地解释相关社会行为，特别是本文要探讨的吸食合成毒品这一越轨行为。

诚然，就文化本身的发展逻辑来说，一切文化都需要通过一段精密和细致的选择、排除的竞争和筛选过程，才能实现文化本身的提升。在选择和竞争过程中获胜而被社会肯定和确认的文化产品，往往成为该类文化产品的标本或模本。"流行文化"作为高度商业性的文化，随着当代商业和西方文化的全球化而来到了中国。中国改革开放以来，流行文化受到全球化的影响而得到了迅猛发展，"全球化"作为一种改变现状的变化范式，已经成为替代"现代化"的一种话语和社会想象。很显然，全球化已经不再是一个单纯的经济、政治或社会学问题，它同时也是一个文化认同的问题，这一文化认同问题与全球化所造成的"时间一空间"观念上的巨变是联系在一起的。反观西方，倡导的是什么样的流行文化呢？我们认为，对中国影响最大的是"消费文化"与"享乐主义文化"。在这个意义上，流行文化对年轻人吸食合成毒品这个现象行为有较强的解释力，即走入了消费文化和享乐主义文化观念主导下的合成毒品消费与合成毒品享受。

从消费文化来看，消费行为俨然已经成为一种非物质性的实践，它已经不是一种单纯的和满足需求的"被动"程序，而是一种"主动"的关系模式，是人与集体、世界之间的关系，是一种系统性的活动和全面性的回应。消费文化对于日常生活的侵袭，并不是在抽象的理论层面实现的，而是通过兼具市场和观念两大特征的大众文化潜移默化地渗透。因此消费文化深刻改变了我们的私人生活空间和社会空间，互联网与大众媒介通过娱乐性的"狂欢文化"场面"复制"着年轻人的口味、兴趣、幻想和生活方式。人性中诸如"冲动、本能、快感、体验、不确定性、多元观念"等欲望开始萌动并影响日常生活和行为。这种观念对所有中国人，特别是年轻人的影响是深远而彻底的，在消费主义文化的纵容下，合成毒品也进入了年轻人的视野，两者之间的契合性恰到好处，从而出现了合成毒品的消费。所以，在我们看来，消费文化观念对合成毒品亚文化观念的冲击不可忽视。很多青少年对合成毒品缺乏科学认识，将之作为“娱乐消费品”对待。与此同时，前卫、时尚、狂欢、刺激……这些词语及其描述的生活在大众媒体上频繁出现，无意间为合成毒品亚文化的入侵提供了基础，一个认识的误区由此产生：合成毒品＝另类。合成毒品被这一亚文化群体贴上了“流行前卫”的标签，合成毒品的使用者希望通过K粉、摇头丸的刺激作用来达到纵欲和欢乐的目的。令人忧虑的是，在“娱乐、狂欢”的名义下，很多人根本不知道合成毒品不是消费品，而是国家禁止的毒品：

> （个案7　女性　1981年生）合成毒品比起海洛因，在生理上不会上瘾，身体不痛。
>
> （个案5　女性　1982年生）（调查者：嗨对身体有什么伤害吗？）我觉得没有什么，我认识一个朋友，从1990年代就开始嗨，一直到现在，还不是好好的吗？胖胖的。
>
> （个案15　女性　1977年生）但是玩的很多朋友都觉得无所谓，还灌输给我一些理论，说冰毒没关系，不会上瘾什么的……

他们认为摇头丸、K粉危害不大，吸食一点属于正常消费，工作之余放松放松，是一种“新潮和时尚”，这种“消费性”假象在很大的程度上掩盖了合成毒品“毒”的本质。在他们看来，他们不过是追求流行文化的一种消费行为，这种消费行为不过是他们彰显个性、加强情感、追求快乐、体验激情的一种途径，只不过他们走到了极端，走入了自我放纵、堕落与迷茫。

而从享乐主义文化来看，钟情于肉体欲望和感官快乐的享乐主义导源于古希腊哲学家亚里斯提卜为鼻祖的西方哲学。这种哲学认为一个人想要快乐幸福，他需要做的一切不过是使身体器官愉快而已。享乐主义的哲学家们沉浸在肉体感觉的欢乐之中，从感觉、品位、触摸、呼吸到肉欲与性交。现代化的西方社会，继续沿袭着这一享乐主义传统，在色情、放荡、纵欲以及永不满足的快乐和欲望上达到极致。随着全球化对中国的影响，这种享乐主义文化在中国生根发芽，对中国人的价值观念和行为方式产生了重要的影响，也就成为通过吸毒寻找快乐的文化根源之一。因此，他们通过合成毒品不过是为了体验这种感觉到来的快乐感受，享受快感，“嗨大”的快感（见前文）是这样，溜冰的感受同样如此：

> （个案10　女性　1982年生）后来发现，溜冰不是很累，就开始溜冰。溜了冰，就不想再摇头了。我感觉溜冰蛮好玩的，天天在家里坐着，也不吵、

也不闹，几个人坐坐聊聊天，挺好的，特别是溜冰也不想吃、不想睡，人就像神仙一样的，一坐就是几天几夜，自己都感觉不出来。反正溜了冰，人有点颠三倒四的。这个东西和抽粉不一样，但有一点，溜冰的心瘾也重，有的时候几个朋友聚到一起要玩了，就像猫抓心一样痒痒的，就一定要玩。这可能就是心瘾。反正怎么能尽快玩起来，就怎么做，所以有的时候为了溜冰也在酒店开房。就有点顾不了许多了一样。看个人体质，很多人能溜好多天。这个东西，也没有什么，但就是想玩……我就觉得，玩了合成毒品了，人就像两个人，生活在两个世界，就像《三毛流浪记》里面三毛在光明世界里一样，感觉世界上没有坏的东西，一切都太美好了。人非常开心。而且人都非常真实，几个人溜了冰以后，他们的真实嘴脸和面目都暴露出来了。

我国正处于一个转型时期，各种各样的享乐主义思潮的泛滥影响了很多人，为什么很多中国人为了寻找快乐而选择吸食合成毒品？我们认为，很大程度是因为转型时期一些人在自我为中心的价值观下，为了抛弃烦恼，寻求生活中短暂的快乐。而这种快乐是没有止境的，随着现代社会生产力和科学技术的发展，人类在肉体方面的欲求也会向追求那种极度的舒适延伸，会继续“无止境地要求舒适、再舒适”。在这方面，人们的要求可以说是“永远不满足”“永远还会再增加”。正是不断追求“更舒适、更快乐”的感觉，很多人在享乐主义文化观念的引领下在合成毒品世界越陷越深。

早在20世纪90年代，世界禁毒专家预测合成毒品将成为21世纪主流毒品是有充分的依据的，随着消费主义和享乐主义文化观念在全球，特别是亚洲等发展中地区的影响日甚，而什么是合成毒品、合成毒品对人和社会的危害在这些地区却缺乏宣传教育，这就导致许多青少年误入合成毒品不是毒品的误区，以致青少年吸食合成毒品的人数不断攀升。

2. 亚文化认同：吸食合成毒品行为分析

一个问题就摆在我们面前，流行文化是如何影响吸食合成毒品行为的呢？从社会学理论视角，笔者认为，合成毒品亚文化影响及亚文化认同是吸食合成毒品行为的社会学解释视域。

亚文化理论视角，是社会学的重要研究进路，国内关于吸食合成毒品主观原因的研究主要集中在“好奇、同伴影响、寻求快感、认识不足”等四个方面，[①]代表

① 赵留记等.我国合成毒品滥用流行原因与对策研究评述[J].中国药物依赖性杂志，2007，16(5)：390-394.

了现有研究的最新概括。但本研究认为，从社会学的亚文化理论视角审视吸食合成毒品问题，是挖掘吸食合成毒品问题症结的关键。

何谓亚文化？学者詹森(Johnson)认为，亚文化所包含的是一个较大文化里的某种文化。它的主要特性在于它本身拥有与其他团体相区别的价值观、行为常规、社会情境与角色，它还往往与中产阶级的文化格格不入。[①] 而美国社会学家萨瑟兰(Sethelan)提出了差异交往理论，他用差异交往理论来解释亚文化群体。他认为，人的越轨行为并非与生俱来，而主要是由于同有越轨行为的人交往的结果。根据萨瑟兰的这一理论，一个人吸食合成毒品的行为，正如其他行为一样，是从其他人那里学来的。但这种学习是在与其他人的交往过程中通过文化传播过程实现的，因此这种学习的过程往往完成于特定场域下关系密切的群体中。在这样的群体中，青少年所受到的影响远远大于在其他环境中所受的影响。

合成毒品亚文化群体，在笔者看来，就是娱乐场所的亚文化圈子。而吸毒亚文化对吸食者的影响并使其实现高度的文化认同是吸食合成毒品问题的主要根源。合成毒品亚文化迎合了青少年崇尚个性张扬、叛逆家庭与社会、追求人生享乐的心理。目前，在中国的吸毒圈内，合成毒品亚文化正在以各种新的话语和更具诱惑力的方法不断适应毒品种类的变化和对抗禁毒宣传。具体地说，合成毒品亚文化在社会学习实现观念认同、亚文化氛围、行为方式的学习模仿、文化压力等方面产生影响并实现认同：

(1) 社会学习实现文化认同

亚文化理论认为，遵从亚群体的观念也许会产生同主流社会法律和价值观念背道而驰的越轨行为。如他们常常以自我为中心，情绪化比较严重，冲动时不计社会后果等。由于吸毒者绝大多数身心仍未发育成熟，加之环境因素的被动接受、模仿、学习远远大于他们对环境的能动选择，其行为的实施和个性的形成都相当程度受到周围环境的影响。从前述 22 名合成毒品吸食个案的访谈资料分析来看，合成毒品亚文化的价值观念是西方“前卫、时尚、狂欢、刺激”的高峰体验理念：

> (个案 10　女性　1982 年生)所以玩合成毒品的多数还是像我们这样喜欢挑战、喜欢追求刺激、喜欢走在社会的最前沿、每一个流行趋势都想赶的人。

这种理念是流行文化观念，即“消费文化”与“享乐主义文化”。而认同这种亚文化是需要过程的。西方社会学习理论在解释人们的越轨行为时兼容了那些

---

① [美] O.瑞等.毒品、社会与人的行为(第八版)[M].中国人民大学出版社，2001：447.

促使个体去越轨或守法的社会因素，认为人们对越轨行为的学习正是在这两种相互矛盾的交替影响下进行的，对一个人的行为影响最大的是这个人与之交往的社会群体，而这个社会群体掌握着能够影响人们行为准则的资源，具备规范行为准则的能力，群体自身也拥有特定的社会行为规范。如果一个人受越轨行为的影响大于守法行为的影响，同时又认为越轨行为是妥善的、可行的，那么这个人越轨的可能性就很大了。笔者认为，社会学习理论在合成毒品亚文化观念认同的解释上，同样适用。在青少年群体中，他们能够通过这类共同的价值理念获得小群体范围的认同感和归属感。受这种亚文化环境影响的一个重要特征，就是青少年在吸毒过程中所表现出来的暴力性、凶残性、反复性和不择手段、不计后果等。

（2）亚文化氛围渲染

社会心理学在研究社会群体的情感问题上认为，集体行为会产生集体情绪，基本的集体情绪是恐惧、敌视和欢乐。在集体欢乐情绪下，群体围绕欢乐所唤起的集体情绪而出现各种集体行为，这种情绪是一种着迷似的“压倒一切的情绪、狂热的喜悦”和“强烈的情绪冲动”，但要达到集体欢乐情绪，氛围是至关重要的。[①] 因此，群体亚文化氛围是影响个体合成毒品使用行为的又一特殊机制。有学者提出群吸氛围助长了人的行为的心理遵从性，[②]也是从这个视角展开研究的。

（个案7 女性 1981年生）而且摇头丸这个东西，如果你不听到音乐、不去那个场合还好，也不会太想；但是如果经常出入这样的娱乐场所，在那个气氛下听到那种音乐，人就会特别想嗨。

在一个合成毒品亚文化群中，个体在从初次接触摇头丸、K粉、冰毒、麻果到彻底成为合成毒品吸食者的过程中，群体亚文化氛围对其起着推波助澜的作用。尤其是当群体成员聚集在酒吧、歌舞厅、夜总会等特殊化的社会情景中时，合成毒品亚文化氛围会被极大渲染。特殊的音乐节奏、疯狂的舞蹈、鼓点，均会激起年轻人对吸食合成毒品（摇头丸、K粉）的参与和冲动。而这些合成毒品就成为他们疯狂摇摆和寻求刺激的兴奋剂。

（3）学习模仿

犯罪的学习理论是英国心理学家特拉斯勒在《对犯罪性的解释》（1662）中提出来的。其认为，犯罪行为是通过条件反射作用学会的，幼年时期不恰当的教养

---

① 沙莲香.社会心理学[M].中国人民大学出版社，2002：162.

② 夏国美.青少年滥用毒品的成因与禁毒教育模式的转换[J].青少年犯罪问题，2006，02：60.

活动往往使个人形成不正确的条件反射联系，使个人为了追求快乐和避免痛苦而进行犯罪行为。[①] 合成毒品使用是一种经由后天的学习模仿所习得的行为。在一个成员互动频繁、价值意识相同且凝聚力强的亚文化群体中，成员无论在态度、观念还是行为上均可能以他人为参照体系，认识、判断和选择事物，并有意或无意地效仿同伴行为。尤其是在主要成员吸毒的小群体中，学习模仿机制会很快发生作用，通过一对一的模仿，逐渐学会了合成毒品吸食的技能和方法，导致吸食合成毒品行为会很快蔓延：

(个案10　女性　1982年生)现在外面很流行合成毒品，像摇头、溜冰，我接触的同龄人都是玩这些合成毒品的，然后我慢慢地就玩会了。觉得玩这个很有意思，就频繁地玩这个。……就像我们这么大的年轻人，有的年轻人家里条件也蛮好的在外面玩不学好，有的家里条件不好就在外面苦钱；当我接触到合成毒品以后，就感觉人玩得开心得不得了，我这个人又贪玩，然后就慢慢不停地玩这些东西。我经常在赌档里面，是我男朋友先接触到毒品的，他先在外面玩，后来也带我到外面玩，我也觉得蛮好玩、蛮刺激的，也认识了一些女孩子，就自己和女孩子在外面玩。一开始我都是玩摇头丸，后来慢慢有了溜冰，大家就转成溜冰了。我们这种女孩子不抽粉，只是跟着外面的流行，外面流行什么我们就跟着趋势走。

群体成员在学习使用毒品的过程中还会逐渐改变对合成毒品的态度，最终使毒品成为其根深蒂固的不良嗜好，这也就是萨瑟兰(Sethelan)所说的“特定的动机、驱动力、合理化的方式和态度”。这也说明了，合成毒品吸食者的心理也经历了一个从恐惧、刺激，到无所谓、兴奋、习以为常、模仿的过程。此所谓“习以为常”，正如屠夫之屠宰牲畜，天葬师肢解尸体。

(个案15　女性　1977年生)但是玩的很多朋友都觉得无所谓，还灌输给我一些理论，说冰毒没关系，不会上瘾，什么的，所以，这个圈子里面人对于毒品的看法对于我们的行为影响很大。

(4) 文化压力

此外，文化压力的存在也是另一固有机制。在青少年吸毒亚文化群体中，存

---

① 王牧.新犯罪学[M].高等教育出版社，2005：96.

在一套被群体所共享的价值、观念和行为，这就对个体形成一种文化压力。在合成毒品亚文化情境中，文化压力最容易使个体产生担心被团体排斥的心理，从而成为导致合成毒品吸食行为发生的具有最后作用的危险杠杆。如果某个体试图在群体中表现的不愿意尝试或者反对尝试合成毒品，那么就会被视作反群体的叛逆，最终受到其他成员的疏远甚至是群体的惩罚。在这种亚文化群体的压力下，个体只有服从并强化共享的价值观念，才能赢得群体的承认和肯定。对于一些价值偏离者而言，群体会经过文化途径对其施加影响，迫使其接受吸毒群体的社会规范。为了顺应群体文化的要求，个人甚至不得不做出某种牺牲，修正自己的观念、行为，来接受群体文化的价值。①

（个案 14　女性　1982 年生）我觉得合成毒品是人没有办法去抗拒的，诱惑力太大了。如果想远离，首先你结交的朋友圈子不是这个圈子，身边没有在娱乐场所玩的人，因为人是跟着环境走的，人必须去适应环境，不是环境适应人。如果所有人都不溜冰，就你一个人溜，还有什么意思！一般都是大家做什么，我才做。……我的自控能力不强，我估计我要是回去再接触这个圈子的人，我可能还会溜冰。

（个案 6　男性　1983 年生）你可能对我们这个圈子里的人并不是很熟悉，现在的年轻人，特别是在外面玩的，一般都能接受一些新的观念，大家在一起玩，如果放不开，玩不开心的。像一夜情这种事情，在我们这个环境中非常普遍。而且，大家都不在意。女孩子来这边嗨的，很多都是空虚无聊，想体验一些刺激和快感。

总之，合成毒品亚文化的影响是吸食合成毒品行为的主要根源。从流行文化特别是亚文化的吸引力上去挖掘，从另一个侧面凸显了主流文化吸引力不足的问题，而这是包括南京在内的中国城市吸食合成毒品行为迅速蔓延症结所在，也是需要进一步研究的问题。

3. 结语：流行文化的困境

吸食合成毒品行为虽然来势汹涌，吸食人群陡升，基于现有的调查，它还没有越过其扩展蔓延的最高峰。因此笔者认为，以后的几年间，人群还可能继续膨胀。从文化视角来看，这个问题根本上就是主流文化如何克制导源于西方以“消费文化、享乐主义文化”为代表的流行文化的问题。因此，进一步挖掘社会主义

① 方贻儒.迷失的乐园——烟、酒、毒品成瘾行为案例[M].上海人民出版社，2003：78.

核心价值体系中的优秀文化成果，寻找适合吸食合成毒品人群的各种社会干预手段，来引导和代替合成毒品吸食人群头脑中内化了的亚文化观念，是社会学界亟待思考的新问题。

（三）“快乐—风险”分析：解释吸毒行为的社会学视域

2007 年至今，中国《禁毒法》颁布实施后的十多年，政府和社会在合成毒品问题的理解上存在比较大的差异。由政府官员、预防科学专家、大部分的媒体构成的官方的态度认为，娱乐场所和夜店、会所等娱乐空间为吸毒提供了过分危险的空间，需要整治。这种官方看法或专家模式，把娱乐场所、夜店、聚会等类型的活动和摇头丸、氯胺酮(K 粉)、冰毒、大麻等合成毒品联系在一起。尽管这些活动和合成毒品存在广泛联系，但官方看法主要集中在两个要素：一是注意力主要在青少年参加的活动上；二是这些活动都在晚上举行。青少年和夜生活的结合意味着充满了乱性和毒品的危险。这种视角让娱乐场所产生了危机感，客观上也确实让很多在娱乐场所溜冰的青少年转移了滥用冰毒的地点。但另一种来自青少年群体和大众消费群体的视角，却强调了这些场所对青少年的重要性，这些参加者大体上都描述了夜店、娱乐场所的经历对他们是多么的重要，因为他们从音乐、舞蹈和毒品中得到了无比的快乐。他们强调这些公共空间带给他们身心的愉悦、压力的释放和寂寞无聊的排遣，而政府和主流媒体对此并不是很了解。

以上两种截然不同的态度，反映了政府专家的观点与吸毒者所持的常民知识在对待风险方面存在的巨大分歧。这样的分歧并不令人吃惊，从笔者在美访学与社会学家和文化研究者的交流及大量文献来看，相关研究学者花费了大量的时间梳理风险概念的完整含义，以及在公共健康领域为何某些含义会变得如此家喻户晓。事实上，在 20 世纪末，风险的概念已变成生物医学和流行病学研究工作中的显著特征之一，尽管关于风险在当代社会中所扮演的角色的讨论非常广泛，对于揭示普通青少年日常生活知识的文献资料也越来越多，但是目前在全球合成毒品研究领域却研究甚少，涉及青少年冒险行为的社会文化意义的解释与分析的相关研究更少。比如在美国，一方面健康专家和美国政府已经把青少年的吸毒活动视为高风险行为，而另一方面美国也缺乏有关青少年自己对吸毒理解的相关研究，这样的状况确实令禁毒界感到惊讶。在中国，让青少年自己去理解吸毒的实证研究就更是少得可怜。基于此，本书认为，对青少年的忽视可能来自一种偏见与刻板印象，即政府和研究者常会认为青少年比较被动，易于被贴上失业者、青少年怀孕、吸毒等标签，而中国改革开放多年的发展确实也印证了一个真理，即忽视对青少年的精神层面的了解及管理导致了诸多包括吸毒在内的青少年问题。

另一个青少年吸毒研究中比较缺乏的研究问题，是对“快乐”研究的忽视。尽管有人认为吸毒的目的就是为了体验那种麻醉带来的快感，但奇怪的是在所有的文献中都没有提及风险所带来的快乐。在美国国家药物滥用研究中心(NIDA)官方网站上关于青少年吸毒的文献资料，特别是预防吸毒的文献，很少提及青少年有可能对如何提高快感和降低有害后果感兴趣。大部分的预防研究文献，或假设青少年所知甚少，不能完全明白吸毒带来的严重后果；或认为青少年吸毒是因为在社交方面受挫并在心理脆弱时接受了不良信息。这些假设并无实证数据支持。奇怪的是，几乎所有预防文献没能够指出毒品为何对青少年有如此大的吸引力。相反，大部分研究视角通常把青少年吸毒视为固有的负面的问题和风险，并没有考虑到青少年会将毒品视为正常的、积极的和愉悦的替代品。

鉴于这种情况，这里有必要借助前述访谈资料和其他有关被调查者(受访者)的陈述，从青少年对风险和快乐的理解上来探讨他们中一些人误入吸毒之坑的认识根源和心理上的动因。

1. 青少年对合成毒品知识和信息的理解

并不令人惊奇的是，被调查者对他们所使用的毒品的理解各异，他们愿意为了解这些毒品所付努力的程度也不相同。但是，与大众和学术界持有的观点——“青少年选择吸毒因为他们在毒品真正的后果方面非常无知”相反，我们调查的被调查者的吸毒行为通常是为了更好体验合成毒品的药性和产生的效果。

诚然也有一些被调查者对毒品的药性和风险知之甚少，但是更多的被调查者在首次吸毒之前或之后，都会花时间通过网络或书籍、班级或从有经验的朋友那里学习毒品的知识。当然不是所有的被调查者都会像有些人那样那么彻底和积极地研究毒品。很多人使用不同的渠道组合，因人而异，每个人看重的渠道不同。除了网络和出版物之外，许多被调查者信任来自他们的朋友和有经验的吸毒者的信息。通过他们自己的研究，被调查者对使用毒品而产生的药性和后果有了较好的理解。令人惊讶的一点是，从许多被调查者的叙述中可以看出，他们对毒品的了解非常复杂。以下是一位18岁的女性被调查者关于摇头丸对大脑的影响的见解：

当你开始在大脑上开洞时，接受血清素的受体所接受的血清素开始耗尽。因为多巴胺和血清素联系紧密，多巴胺和血清素很相似，故受体便开始吸收多巴胺。多巴胺同时便开始破坏受体。这就是实际发生的情况。每件事都错了，所有的东西都在衰落。而你还在嗨。你的身体仍在找寻血清素，但是已经没有了。

许多被调查者即使不能像上述的被调查者那样清楚，但对摇头丸和血清素的关系还有一点点的知识。通过了解毒品的药性和后果，被调查者常感觉他们能使用一些伤害减少策略以减缓某些风险。在与被调查者的讨论中，很清楚地可以看出他们中的大部分人都知道预防消息和信息，但是他们对这些消息，包括可能对大脑造成的严重损伤和其他可怕的后果，持怀疑态度或不确定其真实性，他们或觉得这些信息来自政府的宣传，或他们认识的吸毒者并未罹患这些可怕的疾病。例如，下文中的被调查者这样表达了他的观点，并相信自我教育可以减少风险：

我以前摇头，都没出过问题。我听说过一些不好的事情……你知道的，禁毒宣传片，那些都是带有政治色彩，假的，你知道，教育或……好像是挺有道理的，其实就是恐吓技巧。我的吸毒经验就证实了这点。我的意思是，你自己亲自做了，你才能辨别。像那样的宣传不真实。毒品究竟是不是像一些人说的那样有害，我觉得可疑。特别是后来，我对毒品开始越来越了解，我会更加小心的。

被调查者对合成毒品的成瘾性要么一无所知要么知之甚少，但是关于毒品的科学知识，特别是来自“官方”途径的信息和知识，并非他们了解毒品的唯一来源。被调查者经常将这些信息和他们从自身或吸毒的朋友处得到的情况结合起来。年轻的吸毒者以他们日常经历为基础，建立起另一套风险理论，形成了一整套亚文化圈子“话语”。他们并没有忽视预防或政府资助的信息，而是这些信息只被看作他们全部毒品知识的一部分而已。但是，无论信息是来自官方或书籍、朋友圈、网络或他们自己的经历，他们所了解的信息确实对他们理解风险有影响。

2. 青少年对风险的理解

有许多因素，包括毒品的性质、毒品改变吸毒者的行为的程度、吸毒者吸毒的社会背景、他们所采取的预防措施等，都影响到被调查者对与毒品相关的风险的理解和评估。他们不仅仅认为风险有心理上的影响，他们还认为风险和他们实际的经历（如一次糟糕的吸毒经历）以及他们当时所处的社会场景有关。

许多关于摇头丸的信息都强调潜在的对大脑的损伤是最危险的风险之一。这点在媒体上也可以看到。在样本中的大部分被调查者都清楚这点，因而几乎所有被调查者都会使用“脑袋上打洞”这个词组，以表达对摇头丸的长期作用的担忧。尽管都听说过“脑袋上钻洞”理论，但是他们对风险的理解还是有差别。一些人认为是严重的问题，另一些人则认为是某种恐吓策略，还有些人对摇头丸的感觉比较复杂。许多被调查者清楚长期服用的潜在后果，一部分人比其他人更相信后果的可怕，但是对这些风险在媒体和预防信息中是如何具体描述的，这些被调查者的意见是不一致的。

被调查者对吸毒的副作用和其他不良反应，包括脱水、恶心、多疑和抑郁，同样也显示出有意见分歧。一些人比另一些人更关心。但是令人感兴趣的是，他们对副作用常常是用一种不带感情色彩、实事求是的态度说出来的，尽管对于他们存在不同程度的必然性。这些副作用还是被被调查者承认是吸毒的一个组成部分。在一些样本中，被调查者也许并未把某些吸毒后的反应看成内在的负面的反应。例如，呕吐经常被认为是服用摇头丸后的一个症状，因为它会减缓胃疼和提高大脑的兴奋度。在使用期间，部分被调查者仅轻描淡写地提到这些后果和风险，认为是很好处理的问题，无需过分担忧。如一位22岁的女性所说：“我感觉至今我只有过短期反应，可以对付，你可以做点工作将这些副作用尽可能最小化。”

在描述具体的某种毒品的风险时，被调查者往往会将一种毒品和另一种进行比较。他们留意到不是所有的毒品都具有同样的风险。这种方法就质疑了认为年轻吸毒者对毒品都通用一种理解方式的见解。例如，大麻和迷幻蘑菇经常被拿来比较，因为两者都被认为是天然的，故比其他毒品的危害小；摇头丸被许多人认为是可以带来欢愉且危害较轻的毒品。但还是有不少人对毒品中的掺杂物、副作用和可能存在的长期影响表示关注。一位22岁女性被调查者对摇头丸的担忧被许多人认同：

> 我想在所有毒品中摇头丸是危害最小的。吸食海洛因对身体有害，吃摇头丸没有。而且这种东西是一种高消费的娱乐产品。大家在一起嗨一次，一般都要几千块钱到上万。

总体来看，冰毒因为会成瘾并且过量的话有副作用，故被认为比较危险。在建立毒品危险的等级时有无潜在的成瘾性是非常关键的因素，这也是摇头丸尽管被公认有风险但仍被普遍认为比冰毒、海洛因，甚至可卡因而言更易接受的原因。

他们并未孤立地评价毒品的风险程度，而是将各种不同的毒品放在一起进行比较。不是所有的毒品都具有同类的风险，甚至是相同的风险程度。正因为使用不同毒品的风险程度不同，故一些被调查者坚持认为任何一种毒品的潜在伤害都是相对于其他日常生活中的风险而言的，这些日常生活中的风险有时伤害性更大。因此，没必要过于关注吸毒的风险。尽管冒险，但是毒品带来的欢愉感还是让他们觉得吸毒是值得的。不是所有的风险都是有害的或不好的，每天的生活都离不开风险。例如，一位32岁的男性，当问及他是否担忧摇头丸的副作用时，他的观点就得到了其他被调查者的认同。他说：

> 至于自己的健康，我考虑得很多。我老婆可能和你讲过的，我给她买的中华基金保险，都是在为自己留一些保障。因为做生意成功也好不成功也好，都要为自己提供一些保障，人无远虑、必有近忧。

最后，当描述摇头丸潜在的风险时，许多被调查者觉得危险并非来自摇头丸固有的性质，而是来自药丸中的掺杂物。因此，被调查者把风险和毒品本身分离开了，而与毒品的非法地位结合起来了。

预防性宣传主要针对与毒品的药性相关的危险，然而，被调查者们则认为毒品的风险存在于与毒品相关的外部环境因素中。即便有副作用，如脱水、发热，甚至紧张和妄想症，也都是和个人吸毒时的环境条件联系在一起的。不仅如此，被调查者还认为，毒品具体的药性还与其他一些强调吸毒潜在危险的社会因素相互影响。在叙述中，他们常把吸毒比作“危险的旅行”，这种危险往往和许多因素有关，包括吸毒前的心情、在一起的同伴、吸毒的场合。此外，许多被调查者还把“危险的旅行”看作是毒品和吸毒时的社会场合共同作用的结果，并且可以人为地降低这种危险。

3. 是否吸毒：好处大于危害时的复杂选择

大多数被调查者并不是仅看到毒品带来的快乐而忽视它的危害或后果。他们或许对吸毒风险的性质或严重性以及如何应付这些风险意见不一致，但是绝大多数人都权衡过利弊——考虑风险和快感之间的轻重。在决定是否吸毒的时候，风险与快感之间的平衡非常重要。许多被调查者明了一些毒品的潜在危害，但是他们觉得吸毒所获得的快感可以抵消毒品带来的危害。吸毒者会比较风险的长期威胁和毒品所带来的即时效果，考虑更多的是文化和社会方面的正向影响，而不是考虑合成毒品可能造成的生理伤害。例如，一位17岁女性指出，在第一次吃迷幻药之前她斟酌过并认为利大于弊。

吸毒了以后，我的反应迟钝了(她说话明显很慢)。但我觉得很开心，压力小了，日子过得快。

当反思他们与毒品的经历时，被调查者不仅谈论与毒品相伴的快乐，不少人还认为他们得到了很多。益处不仅包括吸毒时短暂的快感，如从日常生活压力中的解脱，还包括长期的效果，如与朋友的交往，甚至有时还有在心理健康方面和随后社交行为方面意义深远的变化。一位 29 岁男性被调查者谈到摇头丸是如何积极地帮助他得到友谊和自尊时，如是说：

(个案 1)比较兴奋，而且要有音乐，没有音乐就会吐，同时会产生一些幻觉。我们一般嗨都是十一二点开一个包间，通宵嗨，一直到早上六七点钟。吃了摇头丸，就不知道哪里来的劲，能一直摇到早上都不觉得累。我们那个时候，都是关系比较好的人，一起开一个包间，喝喝酒，吃了药，就开始嗨。一般一个包间里面七八个人，也有多的。后来，南京疯狂的时候，也有一百多人开一个包间在嗨的，一般都是公司聚会，或者是大型的嗨场。

(1) 吸毒之后的风险管理

决定吸毒之后，许多被调查者开始积极地进行风险管理，从而在享受最大化的快感的同时降低可能的伤害。他们对风险的理解和如何将其最小化，与他们吸毒的社会场所和社会性质紧密地联系在一起。

从访谈调查中可以看到，被调查者会采用多种策略将快乐最大化、危险最小化，常常通过一整套的具体操作法和个人的偏爱，从而决定吸食毒品的类型和场合。这并不表示我们的被调查者总在这个可选择的框架中吸毒，也不是说每次吸毒时都经过精心计划，而是通过检查他们的偏好，我们能够发现他们对风险和快乐的概念以及如何在两者间进行权衡。虽然许多被调查者承认有潜在的危险后果，但是他们对风险的理解和如何应付这些风险的方法，要比我们通常所知的复杂很多。

除此之外，被调查者也采取个人手段降低生理上的负面影响，包括使用伤害减少策略，如在跳舞的间歇时喝水或休息以免脱水，服用维生素和保健品增强身体对副作用的抵御力。在毒品吸食量或吸毒频率方面的节制，被认为是可以减轻某些可能发生的短期和长期的不良后果，故可以限制有害后果的潜在伤害。他们认为，在他们自己能力范围之内控制好这些因素，这些风险至少是可以降低的。许多被调查者相信只要做出正确的选择和给予适合的条件，毒品可以在一种安全和可控制的范围内使用。

尽管被调查者确实使用了上述一些策略，但是，在对毒品以及如何权衡快乐与风险利弊的描述中，令人吃惊的是他们对吸毒的社会性质的看法。许多关于毒品的文献资料倾向于关注个人毒品的药理学方面的性质和药性，而大多数被调查者则认为吸毒和与之相伴的风险并非仅仅在药理方面，他们认为这些毒品的使用和药性与社会场合有关。这种社会性质表明，消费完全是社会的、理性的、主动的，而不是私人的和被动的。被调查者讨论在现有结构关系和社会背景下的毒品消费，强调他们在一定程度上意识到他们的社会环境和他们在其中所扮演的角色，他们对毒品和潜在风险的理解完全是嵌入在社会背景之中并且由社会所决定的，他们很少脱离社会背景因素考虑毒品内在的风险和带来的快感。相反，他们常讨论具体毒品在某个社交场所中的风险和快乐。他们从诸多不同角度描述和分析毒品使用的利与弊，包括相关的人和非正式群体，以及他们理想中的吸毒场所。因此，他们不是把风险和快感的理解与体验看成是分裂的个人反应，而是一个考虑了社会因素的慎重决定。他们发展了一系列的社会实践活动，能够决定这些他们偏爱的社交场合和吸毒的整体自然社会属性，因为在他们看来，不是毒品本身有害，而是毒品使用的方法和场合有风险。

通过选择与某些特定的人在特定的场所吸毒，被调查者相信他们可以在降低毒品风险的同时增加快感。很多吸毒者都谈到某些毒品的药性如何与社会的以及具体的情境互动从而共同影响吸毒的潜在危险，包括不愉快的经历的特征。例如，一位 20 岁的女性被调查者如此强调了朋友和周围环境的重要性：

> （个案 10）在外面，就经常吵架，而且一溜冰上了头就吵架，也蛮奇怪的，和其他人溜冰有好多说不完的快乐的事情，但是和自己的男朋友溜冰，就会把以前好多不愉快的事情翻出来讲，就不停地吵，吵着闹分手。我估计我们也危险了。因为我家里人也不给我和他谈了。我家人想通过这一次，让我和他彻底断了。

（2）社会环境的重要性

青少年使用毒品所处的现实生活环境，对理解毒品消费文化的真正含义是至关重要的，并且只有考察吸毒发生时的情境，我们才能理解他们是如何评估“风险和快乐”的。几乎所有被调查者都对吸食具体毒品的最佳地点和场合有自己的理解，所偏好的地点和毒品因人而异。在迪厅和夜店吸食毒品是很多人的最爱，这也产生了额外的风险，因为吸食者对环境没有控制权。其中的一些和毒品联系在一起的风险和毒品本身没有关系，而是与吸毒的环境有关。正如这位被调查者所言：

> （个案 13）我知道，有一个人曾经溜冰溜死了。是一个 TJD 酒店的原来的一个带班，他是溜冰后来刷 K 粉，一起玩这个，量太大了，就死了。其实溜冰很伤身体的，我那时候溜冰以后，都要去挂水，身体太虚了。而且溜冰的时候，酒不能喝，喝了会出事。

被调查者因为相信一些与毒品相关的风险实际与环境相关，所以他们坚持选择好吸毒的合适环境就可以减轻风险并让吸毒更愉快。有时被调查者对使用某种具体毒品的最佳地点持相反观点，但是他们所持的理由却很相似。许多被调查者认为，场合在对于吸毒是否变成一次糟糕的经历或得到能够提供安慰的朋友或物品，或总的来说是否好玩中扮演一定的角色。

在舞会和吸毒之间有紧密的联系，许多被调查者会在舞会上首次尝试新毒品，但是就"第一次选择在迪厅上服用新毒品是否是个好主意"的话题存在着不同的意见。例如，一位 16 岁的女性被调查者说："我迪厅很少去，因为我怕吵。也不喜欢在那里嗨。"而对于另一些人来说，在迪吧或夜店首次尝试吃合成毒品要看舞会的性质和规模，是否影响到被调查者的安全感。被调查者访谈中提及的安全问题是吸毒时需要考虑的一个重要因素，安全是由场合和吸毒者个人所在的社交团体决定的。

被调查者认为，一定的场合总是更适合某些具体的合成毒品的使用，而不适合另一些毒品的使用。这样的毒品与场合的匹配进一步表明，在何种程度上我们的被调查者不仅了解毒品本身的情况，而且对何种场合适合某种毒品的使用也相当了解。换言之，被调查者采用了一系列的策略，通过毒品与场合的配对从而将快感最大化。例如，一些被调查者认为，大麻不适合在摇头舞会或派对中服用，因为服后会感觉变麻木和疲惫；而摇头丸适合在嗨场上服用。许多被调查者都一致认为，嗨场和摇头丸是绝配，他们也开发出关于其他具体毒品的使用技巧，并形成独特的亚文化话语，可以让他们更好地为吸毒的经历做准备，更好地控制风险并体验快乐。

（3）朋友的重要性

通过被调查者的叙述，被调查者坚持和信任的朋友在一起吸毒。如同选择好吸毒的场合一样，和可以信任、依赖的朋友在一起，对于一次愉快的吸毒经历来说也是必不可少的，同时还可以增加安全感，因为有朋友在身边，遇到不愉快的吸毒情况发生时可以相互照应。一些研究者已经注意到信任与风险的关系，发现青少年常常通过团结一致的方式来应付风险。如果是首次吸毒，那么和朋友一起显得尤其重要。三位青少年在描述他们第一次服用摇头丸的经历时很好地表达了这个观点：

(个案 1)我们关系蛮好的。我们这群人关系都非常好。我好多朋友都很好，大家都很讲义气。我还是很欣慰。

(个案 10)玩玩就能发现好多在这个环境中间"志同道合"的朋友，我感觉，物以类聚、人以群分，一点都不假。

(个案 9)都是朋友之间，比如今天想嗨了，就由一个人给大家打电话："今天嗨不嗨，叫两个小姐妹!"或者是我给别人打电话："今天有方向吗?"就是这样大家就聚到一起了。

尽管被调查者感到利大于风险才选择吸毒，但是他们仍会意识到一些很糟糕的经历、体验到不好的副作用，甚至是更大伤害的危险。有朋友在场，特别是一些值得信任和有经验的朋友，可以提供安慰，他们能够依赖朋友一起应付任何问题。一些被调查者注意到，朋友所提供的保护措施对女性来说特别重要。因为女性吸毒之后比较脆弱，容易被别人占便宜或受到伤害，和朋友们待在一起既可以增加吸毒经历的快感，又可以将风险最小化。朋友可以强化吸毒的快感，因为大家都有吸毒的经历，彼此相互理解，这样的社交联系对于和朋友一道吸毒来说是非常重要的特点。

(4) 风险胜过快乐

当我们列出相关数据以显示被调查者在做出是否吸毒的决定时是如何理解风险与快乐的，也应注意到有时候他们对与毒品有关的风险的评估会促使其停止吸毒或减少毒品的用量。对于一些被调查者，首次吸毒之后体验到的风险和副作用超过了毒品带来的快乐，所以他们选择不再吸毒；有些人或许最初的快乐大于风险，但是到了某一点上，副作用和对风险的担忧渐渐变得越来越明显。对于不同的被调查者，这种变化发生的方式也不一样。但是共同点是，他们都感觉在毒品中得到的东西够多了，积极的作用在减少或消极的作用在不断增加，或由于生活方式的改变而逐渐成长从而不再需要毒品。最终在某个时间点，一些被调查者在"吸毒的风险和后果大于利益"这一问题上达成了共识。

在访谈中，被调查者始终在权衡某种毒品的潜在不良后果和潜在的快乐。一些被调查者说，他们因为不良后果太不愉快或者越来越关注健康问题，所以已经停止吸毒或减少了吸毒量。在这些例子中，不良后果的影响大于毒品带来的好处。如一位 19 岁女性所说："一晚的享乐不值得付出随后两周的难受。"这位被调查者虽仍强调她体验到的积极的方面，但最后她的结论是毒品的不良后果破坏了毒品的快乐。另一些被调查者采用了稍稍不同的手法。他们在即将体验到更多不利的后果之前就决定减少或停止吸毒。他们做出"停止"决定的前提是，他们已经认识到该种毒品会出现严重问题或不良后果。

正如社会因素在被调查者控制风险和快乐之中发挥作用一样，这些社会因素同样也影响着被调查者做出减少或停止吸毒的决定。一些被调查者感到，他们的吸毒和派对生活开始对他们生活的其他领域，如社会关系、专业技术或学业方面产生不良影响。对于一些人来说，在工作或学校取得成功的责任或渴望，变成他们决定戒毒的重要原因。对于另一些人来说，他们之所以想戒掉某种毒品是不愿意和他们的人际关系发生冲突。一位 16 岁的女孩称她不得不在脱氧麻黄碱和不同意她吸毒的男友之间做出选择：

> 你得考虑哪一个更重要……不可能继续吸毒并还和他待在一起。因为我身边的生活圈子有两个朋友把毒戒掉了，我是亲眼所见。一个朋友以前在南京抽，一天要抽到最起码一个货，后来到甘肃以后，他在那边开了一个厂，然后他两年以后才到南京来，因为我们都是相当好的朋友，到南京以后呢，我和他聊，他说我现在什么都不想，一点都不想抽，所以他现在一滴都不沾，对我的触动很大。

在理解被调查者评估吸毒的风险和利益的过程中，很重要的一点是，我们要知道许多被调查者正处在人生从中学转向大学或从大学转向工作的转型阶段。因此，吸毒的不良后果可能会因为责任的增加和生活方式的改变而变得更加突出。

4. 初步结论

国内外研究者都注意到青少年和青少年的行为受到越来越多的监督和干预。当涉及青少年问题时，公共政策的设计师们更多地转向社会学去理解和解决这一问题。社会学在监督和控制青少年行为方面的介入在毒品研究领域非常明显。流行病学家研究青少年吸毒的模式和行为，预防和干预研究者建议进行大量的研究和报文鼓励青少年克制毒品的使用。今天，这个担忧已经关注到青少年合成毒品的使用和在一些音乐狂欢舞会上的行为，认为吸毒和参加舞会或派对是非常危险的行为，青少年应该避免参与。于是主流社会把青少年的行为定性为“有内在的风险”，导致流行病学家在预防和干预研究中把风险的传播作为十分关键的因素。但不幸的是，这些预防和干预研究却很少涉及青少年对毒品的实际理解和对相关风险的知识探讨。这种矛盾，让人不禁质疑青少年吸毒者和他们对毒品的理解与那些鼓励青少年不要吸毒的预防方法之间到底有无必然因果关系。

概言之，本研究已经发现，我们的被调查者对于服用毒品及其后果既不是一无所知也不是知之甚少。认为吸毒者或被误导或不能够做出正确决定的观点，都过于简单化且忽视了青少年选择参与这些活动和如何看待自己行为的多种原因。他们对自己吸毒经历的描述强调了他们对吸毒和潜在的风险与快乐的理解。当然这些理解常常比政府或媒体描述的要复杂得多。许多被调查者权衡潜在风险和快乐的利害时，尽管意识到有风险存在，仍最终相信值得使用某种毒品。有时他们吸毒前并未仔细考虑，一时冲动而为之，受到朋友或周围环境的影响，并非每次吸毒都经过仔细权衡利弊，但是总的来说（或在吸毒经历的具体时期），他们确实进行过信息收集并仔细研究过吸毒的问题。

被调查者做出吸毒的决定后，使用了许多策略最大化快乐、最小化风险。这些策略并不完全针对某种毒品内在的特点，而是紧密地和他们吸毒的社会性质联系在一起。对于被调查者来说，风险和快乐既与毒品本身也和吸毒时所处的社会环境有关。个人对于吸毒的决定，尽管要考虑毒品的性质，也要考虑许多结构性的关系，如选择本身的领域和过程。这并非表示被调查者低估了具体毒品的药性，而是说明了他们对药性的评估加上对潜在风险和快乐的评估都发生在具体的社会环境中。这证实了美国社会学者道格拉斯的观点，即不能孤立于社会文化背景之外看待风险。对风险及风险的社会文化研究，或将成为未来中国社会学在合成毒品研究上的方向。

5. 对策建议

(1) 打破吸毒亚文化，构建积极的青少年文化

合成毒品吸食者多将吸毒行为视为先锋式的生活方式，认为吸毒是引领流行文化的一种表现形式，他们通过吸毒行为，形成了一套将自己与其他群体区别开来的独特语言与亚文化系统，构成了独特的吸毒圈子亚文化。对吸毒行为干预需要从大众文化层面入手，打破吸毒者对吸毒亚文化的推崇与认可，对亚文化视角下的青少年吸毒行为分析及干预，需生产并发展适合青少年特点与需求的文化内容。宏观层面，在全社会范围内形塑积极向上的青少年文化，包括引进国外优秀的青少年文化作品，创造适合本国青少年需求的文化作品；塑造多元化的、积极向上的青少年榜样，发挥榜样的示范效应；发展多种形式、内容丰富的青

少年文化产品与休闲娱乐形式，丰富青少年的业余生活。中观层面，规范对娱乐等消费场所的管理与制约，从年龄层面制定娱乐场所的准入制度，重点打击在公共场所及其他场所的聚众吸毒行为，消除吸毒亚文化产生的土壤。微观层面，从青少年个体出发，加强对吸毒青少年的教育与法律方面的宣传，消除其秉持的吸毒亚文化，鼓励并引导其发展积极的亚文化形式。总之，以文化建设为切入点，从价值观层面为青少年的健康成长引领方向，遏制颓废文化的扩张，在文化传播层面控制边缘文化对青少年的不良影响。从社会管理层面出发，限制并消除吸毒亚文化对青少年的影响与腐蚀作用，为青少年的成长提供良好的社会环境。从青少年自身出发，通过宣传教育的方式使其形成健康的消费娱乐方式。

（2）分化吸食群体，降低复吸率

由于合成毒品本身的特性，合成毒品吸食者具有圈子吸食的特征，圈子的存在使得吸食者的复吸率很高。为降低复吸率，需要充分动员家庭、朋辈群体、社区、社会组织的力量分化毒品吸食者的圈子，并将青少年纳入新的社会群体之中。在此过程中，要注意减少吸毒行为污名化对青少年的影响，防止因社会融入问题而产生的复吸现象。具体而言，学校、工作场所、社会组织、家庭、朋辈群体等正式与非正式组织需要加强合作，分化吸毒圈子群体，将吸毒圈子成员分化到不同的社会群体或社会组织之中。就操作层面而言，在正式组织内的成员更易分化，非正式组织成员的分化难度较大，可行的方式是将吸毒青少年划归到不同的正式组织中，借助正式组织引导分化吸毒群体。可采取兴趣小组与任务小组的形式，引导吸毒人员加入不同类型的社会组织之中，进而将其整合到新的社会群体中。

（3）提供社会服务，加强社会工作的介入

对吸毒成瘾的青少年而言，在戒毒所的矫治虽能消除其生理上的成瘾，但无法解决其心理上的成瘾，心理成瘾的消除需要通过社会康复的形式完成，需要修复并构建吸毒青少年良好的社会支持系统，即构造家庭—学校（工作场所）—社区三位一体的支持系统，以实现彻底的矫治。社会工作的三大方法是我们借助的具体形式。其一，对特殊案例进行个案工作的介入，以青少年个人和其家庭为工作对象，通过生活方式的辅导，使青少年脱离吸毒的生活模式，向主流生活方式回归；对存在亲子冲突的家庭来说，通过家庭结构治疗模式，解决家庭冲突，为青少年创造温暖的家庭环境，防止他们通过吸毒逃避家庭生活，加入吸毒圈子。其二，针对群体性的吸食特征，对有共同问题的吸毒青少年开展小组工作，通过互助小组、朋辈教育、禁毒教育等方式，呈现吸毒圈子的文化特征与危害性，使吸毒青少年认识到任何形式的吸毒行为都属于越轨行为，吸毒圈子追求新奇、先锋文化、狂喜式体验的亚文化经验导向的是无序的生活状态，通过小组工作改变青少年吸毒的行为方式使之形成有序的生活模式。其三，针对无业、游离在正式社会组织之外的毒品吸食者开展社区社会工作。充分调动、整合社区资源，帮助戒毒者进行社区康复，改变其闲散状态，助其实现经济自立。尤其针对在社区服刑的吸毒青少年，通过社区矫正的方式，消除对吸毒青少年的污名化，建立对青少年的社会支持系统，通过教育与助其就业的形式将其纳入正式的社会系统之中。

二、合成毒品违法犯罪问题研究——以陪吸为例

(一) 问题的提出

在吸食合成毒品问题导致的违法犯罪中，一个特别值得关注的问题是女性"陪客人吸食合成毒品"问题。年轻女性吸食者中"陪嗨、陪溜"的比例相当高，对社会的危害较大。因此，合成毒品吸食行为及连带的女性卖淫等行为(即"陪吸"行为)造成的社会危害问题，不仅包括大量的违法犯罪活动以及多种疾病，特别是性病的扩散传播问题、艾滋病通过性接触传播的问题，而且涉及社会价值观败坏、伦理道德观念沦丧和社会风气恶化等问题。本研究运用社会学的理论来解释这一双重越轨行为。

(二) 资料来源、研究方法与概念解释

这里以 2007 年 1 月对南京市强制戒毒所和江苏句容女子劳教所 18 例合成毒品戒毒劳教人员的个案访谈为主要资料。个案访谈资料采用无结构式深度访谈，口述资料通过录音形式整理成第一手文字，不加处理，保证了资料的真实性。

"陪嗨"是在"嗨"的基础上衍生出来的概念。"嗨"作为合成毒品圈子最早产生的一个概念，它是英文"High"的音译，是很多年轻人在公共娱乐空间吸食摇头丸、K 粉以后，在强劲的音乐下不停摇头、跳舞的一种圈子里的玩法。"嗨"已经成为合成毒品吸食者形容"摇头"行为最简单明了的术语。围绕着"嗨"这个概念，合成毒品圈子还建构了"嗨大了"[①]"陪嗨"等概念。"陪嗨"就是在国内的蹦迪场所里出现的一些小姐，她们专职陪客人蹦迪摇头，当然，客人要免费提供她们摇头丸、K 粉等合成毒品，并给她们金额不等的台费。"陪溜"亦是"溜冰"概念基础上产生的概念。"溜冰"这个概念是 2004 年以来在城市的合成毒品亚文化圈子中流行起来的一种用专用工具吸食冰毒、麻古的娱乐方式。"陪溜"是在一些隐蔽的娱乐场所和社会圈子里出现的一些专门陪客人溜冰(吸食合成毒品)的

---

① 吸食摇头丸或 K 粉后会使人极度亢奋、口若悬河、滔滔不绝，可引起幻觉、幻视、眩晕、空间定向力障碍，使人极度兴奋、摇头不止，可造成行为失控。吸毒人群所说的"嗨大了"就是上述这种行为失控、大脑不能控制自己的状态。

小姐，她们不仅陪客人溜冰，还要和客人过夜。符号互动论认为，“符号建构”包括给集体的社会文化特征下定义，集体的社会文化特征，可以看成是人们自身在应对内外环境而进行互动的过程中自发产生的，而这一符号体系在合成毒品圈子中也在被建构，一些专属于合成毒品圈子的符号化概念，如“嗨”“陪嗨”“溜冰”“陪溜”等概念就出现了。

（一）“陪吸”现状及社会危害

1. 人群现状描述

“陪吸”人群构成以无业年轻女性吸毒者为主，特别是以娱乐场所“坐台、出台、陪嗨、陪溜、被包养”作为主要生活来源，也有少数学生、年轻上班族参与：

（个案7）（调查者问：现在很多女孩子都找不到工作，她们是不是只能到这种环境来上班？）对于一些自身条件比较好的、有点姿色的女孩子，本身学上得不多，又不满足低工资，就在社会上找赚钱快的工作，找来找去就发现了这个工作——坐台。她们想有钱、想过物质富足的生活，只有这样，别无他法。因为这样的工作，社会也是默认了，也不抓，所以才有大量的女孩子做这个。而且很多档次比较高的酒店有这样的夜总会，好多生意都可以在这种场所给签下来，好多合同也是在小姐的服侍下给签下来的。这一点是不能否认的。所以，这个东西是不可能避免的。

社会的容忍程度的宽松固然是一个方面，但同时，也和以生意人、有钱男性为主流的“客人”群体的出现有着密切关系，因为这个群体客观上正建构了一个庞大的所谓的“小姐”群体：

（个案16）而且能看到各种各样的客人，三十到四十多岁的都有，像生意人、在外面玩的人、集团的老总、农企（农民企业家），白领也有。他们经常出来找冰妹（陪溜冰的女孩子）。

（调查者）这些喜欢嗨的男性，都是些什么人？

（个案11）好多都是在社会上混的，打架的活闹鬼什么的，也有一些做生意的。

（调查者）有没有白领？

（个案11）不多。

随着娱乐场所如雨后春笋般的出现，客人群体和“陪吸”群体都在这种以娱乐和性为目的的日常生活方式中逐渐被建构和强化的。在这个过程中，“陪吸”女的身份也在这个娱乐场域中，在客人群体的消费中而实现了一种合理性的自我表达。“陪嗨、陪溜”的年轻女性也就自然在圈子内部被称作“嗨妹”“冰妹”，随之出现大量“陪吸”行为。

2. “陪嗨、陪溜”行为描述

从对江苏访谈资料的分析来看，江苏合成毒品的“陪吸”趋势较 2005 年以前以“陪嗨”为主有较大改变，转向“陪溜”行为。

个案资料讲述了 2005 年及以前的“陪吸”状况：

（个案 9）（问：在酒吧、迪厅坐台的女孩子中，有多少是嗨的？多少是愿意和客人出去的？）太多了，比例很高。能坐台的女孩子基本上都能和客人出去，我们叫出台。你知道，常州的歌厅、迪厅太多了，歌厅也开嗨包，这些场所的小姐也太多了，本地的、乡下的、外地的。我那时候不在歌厅做，我就是在家，自然会有圈子里的朋友打电话找我要小姐，有的要陪摇头的，有的要陪麻果的，也有要陪溜冰的，他们讲讲他们的标准，我选好了人送过去，好的就留下来，不好的给 100 块打的费回来，就这样。因为现在喜欢出来玩的人，都是赌完钱再去找小姐，摇头基本上到 11 点以后。所以很多小姐都不愿意坐台，坐了几个小时才给 100、200 块的小费，还不如陪人摇头赚得多。

（个案 21）一般都是 20 个左右，都是他的朋友和我的朋友。我们曾经嗨过三天三夜不睡觉的。因为吃了药身上不由自主就有无穷的力量。以前很多迪厅里面有很多小女孩子陪嗨，嗨大了以后都被男孩子带走了，这个很正常。你知道，很多小女孩子都不懂事，被很多男人利用了，被占便宜，很多很多。

（个案 11）吃摇头丸能坚持一夜，而刷 K 粉只能坚持一两个小时。南京以前嗨的人很多，现在有点不流行了，因为公安抓得太严。我身边的朋友嗨的人很多，都嗨过。好多嗨的人都是未成年人。这里有一个小女孩才 14 岁，很小的。现在外面也有裸嗨，在迈皋桥那边我听说有，叫“坐裸台”，小姐上班都是把衣服脱光了，小姐陪嗨都是裸嗨。小场子的裸台是 200，大一点的是 300 块。……我也陪人家嗨过的，就是帮人家摇出来，因为人家吃了药，要是摇不出来，会很难过，摇出来的感觉就是产生幻觉，也叫嗨大了。陪嗨都是先帮人家摇出来，摇头我一般都是穿连衣裙，抱在一起摇。

随着公安机关对娱乐场所打击力度的加大，娱乐场所的公开摇嗨的行为逐渐被遏制，以摇头丸、麻果为主要滥用药物的吸食行为减少，而以吸食冰毒为主的“陪溜”行为逐渐流行，行为场域也从娱乐场所转向宾馆、桑拿、出租屋和民宅中，由此产生了大量越轨行为，包括“坐台、出台、陪嗨、陪溜、被包养”等行为：

(个案 11)我身边也有一些小女孩陪溜，一般要给她们 1 500 块、2 000 块，溜了冰以后，客人要和小姐做那个事情……以前像四川、湖南、安徽这些外地坐台的女孩子主要靠出台(陪人睡觉、性行为)赚钱，现在都是陪嗨、陪溜冰了。

(个案 7)其实，这个东西如果没有这个方面的吸引力，也不会这么吸引这么多的青年男女。所以，男的为什么会愿意花一两千去找陪嗨的小姐过来？陪嗨的小姐就要尽职，要做到位。一般嗨过了，有的男人还溜冰，溜了以后要散冰(就是发泄一下的意思)，就找个小姐出台。

(个案 17)无锡溜冰的人在一起也有冰文化，溜了冰的人就比较喜欢做爱，所以一个晚上好几次都不会嫌多的，这个在年轻人中间很流行。现在溜冰的价钱高，所以很多女孩子都陪别人溜冰，陪溜一次都 1 500、2 000 块。我身边也有很多朋友是贩冰的(贩卖冰毒)，一个月都是十几万、二十几万的收入。一般一个人一晚上溜 1 克差不多，很多人每天都溜的，一两个星期都不睡觉的，光讲话。

(个案 20)我这一次是在昆山被抓的，因为我有一个表姐，也是坐台，她嫁到了昆山，我呢就跟着她也来到了昆山坐台。我就一直在这边。这边我也陪溜，讲是讲给 2 000 的，但都不止的。这边陪溜，是按小时计算的，讲好几个小时多少钱，时间如果更长，就多一点。一般我们陪溜都是出来开房间。一般找我们的很多都是上海过来的一些 30 多岁的，从 2006 年开始，陪溜的很多，也有很多人喜欢溜冰。我不陪嗨。

3. 社会危害：艾滋病的潜在风险

“陪吸”的社会危害，最直接的风险和危害就是通过性的方式传播艾滋病的潜在可能性被极大地放大了。合成毒品如同春药一样，激发了客人和“陪吸”女性的本能的欲望，极易引发其他违法犯罪尤其是暴力型案件和群体淫乱行为。“陪吸”合成毒品诱发的“乱性”“群交”行为，一旦没有百分百使用安全套，就有可能导致艾滋病等疾病在陪吸女性和客人之间迅速传播和扩散，导致多种疾病(性病、艾滋病)的传播，并恶化社会风气。此外，吸食合成毒品(例如冰毒和摇头丸)

会产生活动过度、情感冲动、自我约束力下降和暴力倾向等现象，严重的会导致一定程度的精神障碍，甚至会产生妄想、幻听等精神症状。在这些精神症状下，吸毒者可能实施暴力行为，[①]从而危及社会治安和人民的人身安全。据有关资料显示，为了筹集毒资，男性吸毒人员 80%有犯罪行为，女性 80%有卖淫行为。在许多省份发生的抢劫、抢夺、盗窃等案件，30%以上是涉毒人员所为，一些毒情严重地区甚至接近 70%。[②]

此外，合成毒品的吸食多以群体方式进行，少则近十人，多则数十人。当苯丙胺类毒品进入人体内后，吸食者能感到情绪亢奋，群乐群狂。他们把吸食冰毒的行为称为“溜冰”，诱使朋友不断地加入“溜冰”行列，形成一个个圈子，彼此互称“冰友”。他们也常去异地聚集吸食(例如公司聚会等形式)。由于在药物的作用下，吸毒者的行为无法按正常人应有的道德伦理准则来判断，或者意志薄弱，缺乏自我约束力，这使他们易于受毒贩控制，使“毒”与“黑”挂起钩来，从而危害社会安定。特别是在合成毒品背后存在着庞大的利益链，从而毒品买卖的过程往往会由利益集团控制，甚至受社会黑势力的支配。例如在南京市，一些毒品犯罪分子为了争夺在娱乐场所贩卖合成毒品的控制权，相互持刀持枪砍杀。南京市共破获枪、黑、毒合流的案件 9 起，缴获各类枪支 17 支。毒品犯罪的暴力化程度不断增加，给缉毒工作带来了更大的风险。

(二)“陪吸”行为的社会学解释

为什么在中国大陆会出现女性“陪吸”(“陪嗨”“陪溜”)行为？这其中有很多方面的解释，包括生理的、心理的和社会的解释。这里仅仅从社会学视角来解释陪吸行为，本文认为，对这些行为进行社会学分析，可以从“亚文化理论”“社会控制理论”和“社会交换理论”三维视角进行社会学阐释。

1.“亚文化理论”解释视角

亚文化理论视角是揭示女性“陪吸”行为的重要理论视阈，也是理解和解释她们陪吸行为的社会场域。

根据美国社会学家萨瑟兰的差异交往理论，一个女性发生“陪嗨、陪溜”行为，和其他行为一样，是从其他人那里学来的。但这种学习是在与其他人的交往过程中通过文化传播过程实现的，因此这种学习的过程往往完成于特定场域下关系密切的群体中。在这样的群体中，女性青少年所受到的影响远远大于在其

---

① 贡士.什么是合成毒品？它们的危害更大嘛？[OL] http：//ks. cn. yahoo. com/question/1306101400765.html.2007.6.

② 吴兴国等.禁毒：承载着千万家庭与民族的命运[OL].学习月刊. http：//www. xxyk. cn/ReadNews.asp？NewsID=432.2005，11.

他环境中所受的影响。合成毒品亚文化群体，就是娱乐场所的亚文化场域。

布迪厄指出，一个场域可以被定义为在各种位置之间存在的客观关系的一个网络，或一个构型。[①] 场域是以各种社会关系联结起来的表现形式多样的社会场合或社会领域，场域对影响社会行动者及其实践的外在力量有自主的形塑机制。场域表现为不同类别或不同形式，各种场域都是在特定的社会结构或阶级结构中存在的，都具有某种特殊的利益要求和政治作用。场域制约着个人心理、个人行为及个人的地位和作用，等等。场域的规则是共同的，但是行动者却因自己的资本与位置不同在场域中发生不断的争斗。

而吸毒亚文化对吸毒女性的影响并使其实现高度的亚文化认同是陪吸（"陪嗨、陪溜"）的主要价值观念根源。合成毒品亚文化迎合了女性青少年崇尚个性张扬、叛逆家庭与社会、追求人生享乐的心理。

（1）观念认同

亚文化理论认为，遵从亚群体的观念也许会产生同主流社会法律和价值观念背道而驰的越轨行为。如他们常常以自我为中心，情绪化比较严重，冲动时不计社会后果，等等。由于吸毒者绝大多数身心仍未发育成熟，加之环境因素的被动接受、模仿、学习远远大于他们对环境的能动选择，其行为的实施和个性的形成都相当程度受到周围环境的影响。从许多合成毒品吸食女性个案的访谈资料分析来看，合成毒品亚文化的价值观念是西方"前卫、时尚、狂欢、刺激"的高峰体验理念。

这种理念是流行文化观念，即"消费文化"与"享乐主义文化"。而认同这种亚文化是需要过程的。西方社会学习理论在解释人们的越轨行为时兼容了那些促使个体去越轨或守法的社会因素，认为人们对越轨行为的学习正是在这两种相互矛盾的交替影响下进行的，对一个人的行为影响最大的是这个人与之交往的社会群体，而这个社会群体掌握着能够影响人们行为准则的资源，具备规范行为准则的能力，群体自身也拥有特定的社会行为规范。如果一个人受越轨行为的影响大于守法行为的影响，同时又认为越轨行为是妥善的、可行的，那么这个人越轨的可能性就很大了。本文认为，社会学习理论在合成毒品亚文化观念认同的解释上，同样适用。在青少年群体中，他们能够通过这类共同的价值理念获得小群体范围的认同感和归属感。受这种亚文化环境影响的一个重要特征，就是青少年在吸毒过程中所表现出来的观念。

而大量女性在亚文化氛围里都已经对"开放的性观念"习以为常：

---

① 布迪厄、康华德.实践与反思[M].北京：中央编译出版社，1998：135.

（个案6　男性　1983年生）你可能对我们这个圈子里的人并不是很熟悉，现在的年轻人，特别是在外面玩的.一般都能接受一些新的观念，大家在一起玩，如果放不开，玩不开心的。像一夜情这种事情，在我们这个环境中非常普遍。而且，大家都不在意。

(2) 学习模仿

犯罪的学习理论是英国心理学家特拉斯勒在《对犯罪性的解释》(1662)中提出来的。其认为，犯罪行为是通过条件反射作用学会的，幼年时期不恰当的教养活动往往会使个人形成不正确的条件反射联系，使个人为了追求快乐和避免痛苦而进行犯罪行为。[①] 合成毒品使用是一种经由后天的学习模仿所习得的行为。在一个成员互动频繁、价值意识相同且凝聚力强的亚文化群体中，成员无论在态度、观念还是行为上均可能以他人为参照体系，认识、判断和选择事物，并有意或无意地效仿同伴行为。尤其是在主要成员吸毒的小群体中，学习模仿机制会很快发生作用，通过一对一的模仿，逐渐学会了合成毒品吸食的技能和方法，导致吸食合成毒品行为会很快蔓延：

（个案10　女性　1982年生）现在外面很流行合成毒品，像摇头、溜冰，我接触的同龄人都是玩这些合成毒品的，然后我慢慢地就玩会了。觉得玩这个很有意思，就频繁地玩这个。……就像我们这么大的年轻人，有的年轻人家里条件也蛮好的在外面玩不学好，有的家里条件不好就在外面苦钱；当我接触到合成毒品以后，就感觉人玩得开心得不得了，我这个人又贪玩，然后就慢慢不停地玩这些东西。我经常在赌档里面，是我男朋友先接触到毒品的，他先在外面玩，后来也带我到外面玩，我也觉得蛮好玩、蛮刺激的，也认识了一些女孩子，就自己和女孩子在外面玩。一开始我都是玩摇头丸，后来慢慢有了溜冰，大家就转成溜冰了。我们这种女孩子不抽粉，只是跟着外面的流行，外面流行什么我们就跟着趋势走。

群体成员在学习使用毒品的过程中还会逐渐改变对合成毒品的态度，最终使毒品成为其根深蒂固的不良嗜好，这也就是萨瑟兰(Sethelan)所说的“特定的动机、驱动力、合理化的方式和态度”。这也说明了，合成毒品吸食者的心理也经历了一个从恐惧、刺激，到无所谓、兴奋、习以为常、模仿的过程。

---

① 王牧.新犯罪学[M].北京：高等教育出版社，2005：96.

（个案15 女性 1977年生）但是玩的很多朋友都觉得无所谓，还灌输给我一些理论，说冰毒没关系，不会上瘾，什么的，所以，这个圈子里面人对于毒品的看法对于我们的行为影响很大。

青少年进入了合成毒品亚文化群体，主要是进入了以歌舞厅、迪厅、夜总会、酒吧为载体的娱乐场所，就意味着进入了一个相对严密的亚文化组织体系，他们自愿进入到娱乐场所，说明娱乐场所的吸引力极大：

（个案7 女性 1981年生）我们接触合成毒品，都是觉得这个东西好玩，才想尝试。我一般白天在档里打麻将，一到晚上那个点，大家不约而同地就会往那个方面去想：晚上到哪里去嗨？到哪里去溜冰？而且摇头丸这个东西，如果你不听到音乐、不去那个场合还好，也不会太想；但是如果经常出入这样的娱乐场所，在那个气氛下听到那种音乐，人就会特别想嗨。一般来说，都是男的去拿货，几个男人拿了货以后，不可能只是几个男人在一起嗨，也没意思，就要叫我们女孩子，肯定是要找一点异性在一起玩。说白一点，嗨大了，有的时候也会嗨上床，就是大家嗨得很和谐可能就会去做一些男女之间的事情。

她们在朝九晚五的工作中找不到乐趣，但在这样的环境中，可以自由自在地选择自己的生活方式，选择一种既可以快乐有可以赚钱的生存方式，而这背后的是合成毒品亚文化的价值观念（“拜金主义、不劳而获”等生活理念）和消费方式：

（个案16 女性 1993年生）（问：你们喜欢这个环境吗？）还好吧，都习惯了。没事情做，在这里也挺快乐的。一方面可以拿小费，也可以玩。而且能看到各种各样的客人……

（个案10 女性 1982年生）我的衣服太多了，都有两三橱，好多衣服我自己都记不得了。到了换季的时候，自己都忘了还有这件衣服。我太喜欢时髦了。比如长筒靴子，我家里有几十双。外面流行什么，我就买什么。我的头发也是的，当时是烫的，还留了一个尾巴。

2. “社会控制理论”解释视角

中国“倒丁字形”的社会结构导致的“结构紧张”[1]不仅仅造成了贫富差距的

---

① 李强.“丁字形”社会结构与“结构紧张”[J].社会学研究，2005，2：55.

不断扩大，而且导致了底层大量年轻女性越轨行为的出现，这些年轻女性的越轨行为，已不能简单从失业、贫困去解释，因为她们不再是传统的社会底层民众，而是新生代的有一定文化水平的城市年轻人群。因此，笔者认为，社会控制理论视角可以较好地解释年轻女性“陪嗨、陪溜”等越轨行为。

社会控制理论产生于西方。随着对年轻女性卖淫等违法犯罪的深入研究，西方学者注意到用社会控制理论观点来分析年轻女性卖淫的成因。很多学者提出了“社会特异增援理论”，对少女卖淫的社会病因做出了较为深刻的解释。他们认为，年轻女性不良行为的出现并误入歧途是“与底层社会的衰败和消沉紧密联系的”，他们的卖淫等越轨行为与下列一些因素有关：人们对性关系的敏感观念大为减弱，对某一类行为是否会破坏道德规范和其他社会规范已很少担心，对是否应当依照传统观念办事已漠不关心。[①②] 而个案 7 的自述恰恰说明了这一点：

(个案 7　女性　1981 年生)……就找个小姐出台。其实讲实在话，也是社会造就了我们。因为以前 1980 年代，哪里有坐台的？都不允许的，人的思想都是很传统的，但现在呢？出台都司空见惯。

社会控制理论还认为，很多青少年走向卖淫等越轨行为，是由某些因素诱发，并在社会舆论和社会规范没有起到应有的抑制阻碍作用情况下得以继续存在的。从我们的访谈资料来看，吸食合成毒品本身就是一种严重的越轨行为，而“陪嗨、陪溜”等“陪吸”行为是吸毒与卖淫的双重越轨行为，这一行为的产生，与缺乏社会规范约束、家庭教育和学校教育有关。

由于家庭中父母与她们的关系不和，给她们的实际关心较少，正面接触少，缺乏通过合适的教育方法的引导，子女和父母间缺乏必要的亲切交流，缺乏思想的沟通和情感的交流，使父母和孩子之间存在着较深的代沟，因此，家庭的教育效果不佳。一位受调查者(女性　1985 年生)就曾谈到：

青少年的时候，家长哪怕是少赚点钱，也要把自己的孩子管管好，但方法一定要合适。我那个时候，和爸爸就是有点转不过弯。我爸爸不会像我妈妈心平气和和我沟通的，三句话没说完就来火了。所以那个时候也有逆

① [美] 伦纳德等：性犯罪研究[M].武汉：武汉出版社，1988：91.
② 韩丹.吸毒人群调查[M].南京：江苏人民出版社，2007.

反心理。像我们这些小孩，都有自己的思想，所以我觉得家长应该改变一下教育方式，但是社会在进步，旧问题解决了，总有大量新的问题层出不穷。

吸食合成毒品女性的家庭教育不力、学校教育缺乏，使青少年个案过早离开学校走上社会，个案 16 和个案 12 在未成年期的经历就是最好例证：

(个案 16　女性　1993 年生)我是南京秦淮区人，我爸爸经常在外面出差，我妈妈是××厂的。我中学读的工读学校，读了一年，我小学的时候很贪玩，喜欢上网聊天打游戏，是我家里人把我送过去的，希望我能好一点。到了工读学校放假结束了我也不回去。后来就不上学了。一开始我妈妈还管我，但后来就不管了。

(个案 12　女性　1989 年生)我是淮安人，从小我爸爸妈妈都不在我身边，我是我家姑姑带大的。我读书读到初二下学期，就不想读了。

从社会规范来看，社会规范缺乏对她们走进社会紧密、严格的约束，进而导致在她们的头脑中，社会规范的控制成了一张白纸，缺乏必要的法律、道德约束，一些同龄人、同地位的伙伴群体的价值观念、行为方式就成为她们"社会学习"的唯一参照，久而久之，在合成毒品亚文化群体中，逐渐习得和浸染了大量亚文化观念，进而接受并实践着吸毒亚文化群体中的吸毒行为和"陪嗨、陪溜"行为。

3. "社会交换理论"解释视角

社会交换理论是当代西方社会学理论流派之一，产生于 20 世纪 50 年代末期的美国。社会交换理论强调对人和人的心理动机的研究，认为人类的相互交往和社会联合是一种相互的交换过程。因此，用社会交换理论来解释"陪吸"行为，把它作为女性与客人之间的一种相互交换的行为，有较强的解释力。

社会交换论的基本研究范畴和概念包括价值、最优原则、投资、奖励、代价、公平和正义等。霍曼斯是交换理论的创始人。他提出了一组普遍性命题：(1) 成功命题。一个人的某种行为能得到相应的奖赏，他就会重复这一行动；某一行动获得奖赏愈多，重复活动的频率也随之增多；获得的奖赏愈快，重复活动的可能性就愈大。(2) 刺激命题。相同的刺激可能会带来相同或相似性行为。如某人过去在某种情况下的活动得到了奖赏或惩罚，而在出现相同的情况时，他就会重复或不再重复此种活动。(3) 价值命题。如果某种行为的后果对一个人越有价值，那么，他就越有可能去重复同样的行动。(4) 剥夺与满足命题。某人(或团体)重复获得相同奖赏的次数愈多，那么，这一奖赏对该人(或团体)的价值就愈小。(5)攻击与赞同命题。该命题包括两方面:一是当个人的行动没有得到期待的奖赏或者受到了未曾预料到的惩罚时,就可能产生愤怒的情绪,从而出现攻击性行为;二是当个人的行动得到预期的奖赏,甚至超过期待值,或者没有遭到预期的惩罚时,他就会高兴,就会赞同这种行为。霍曼斯将5个命题看成是一组"命题系列",强调它们之间相互联系的重要性,并认为只要将5个命题综合起来,就能够解释一切社会行为。

霍曼斯指出,利己主义、趋利避害是人类行为的基本原则,由于每个人都想在交换中获取最大利益,结果使交换行为本身变成一种相对的得与失。对个人来说,投资的大小与利益的多少基本上是公平分布的。

而"陪溜、陪嗨"行为,用社会交换理论来解释,就是看"钱与肉体"的交换中能否获得最大利益,从得与失来看,陪嗨、陪溜的所得不仅仅包括金钱,还有价格不菲的合成毒品(摇头丸、K粉、冰毒),失的是自己的肉体和因吸食合成毒品伤害的身体。

(个案18　女性　1982年生)这些药(指摇头丸、K粉等合成毒品)都是客人提供的。一般一个陪一个,也有些在社会上混得好的、今天赢钱多的客人也会多找几个小女孩陪他。一个包间大家在一起玩。

她们能够通过和客人一起摇头、溜冰的行为,自己找到比较快乐的幻觉(也即她们所说的"嗨出来了、溜大了"),而她们付出的仅仅是她们的肉体,况且在她们的吸毒亚文化群体观念中,"性行为"在这个圈子中是司空见惯的,因此在她们看来这种交换是可以获得最大利益。此外,社会交换理论更可以解释那些长期被包养起来的女性,她们也在包养期间,和客人摇头、溜冰,她们用自己交换获得的金钱利益更多:

(个案6　男性　1983年生)而且聪明的女孩子,手上都有一个固定的客户,拴住这些客户的办法,当然包括出台,这样才能保证自己的收入比较稳定。我感觉,她们会把出台和谈对象截然地分开,毕竟如果能找到一个很好的男人把她包养起来,她也很高兴的。她们心中也都有一本账,自己还是要给自己留足够的钱的。

(个案9　女性　1981年生)我记得那个时候,很多客人都愿意把某个喜欢的小姐包月一样地包起来,每个月给她多少钱,即便如此,被包的小姐也不是就不能有其他客户了,小姐一般都有几个这样的客户,因为每一个客户都是有钱人，都比较忙，还有家人、各种事情，所以，像我们，都有几个这样的客户。这样，我们的钱就比较多了。

（个案18　女性　1982年生）一开始为了赚钱没办法，到了最后呢，那时候就不高兴去嗨了，2004年9月就搭了一个男的，是做工程的，等于是他把我养起来了，一个月给我的钱，比我自己在外面陪嗨赚的钱多，一开始包我是1万多、两万不到。而且他那时候经常到外地，回来的时候就给我带一些衣服。

（个案21　女性　1982年生）或者就是女孩子被有钱人包起来。我以前在上海坐台的时候，还被一个台湾老板包起来了。我在2000年的时候，我到上海，是因为那时候上海比南京繁华，人也更有钱。而且我又是南京人，碰到一个熟人，都不好意思，上海呢，谁和谁都不认识。我一开始坐台，一天都是300块。后来觉得钱少，正好一个台湾人，是五星级酒店的老板，在上海有合作项目，每个月24日的时候到上海来一次，来个三天五天，最多一个星期，把我包起来以后，每个月给我3万，有的时候也多给一点。我在上海租的华光公寓，那里面有很多外来的坐台的女孩。

（三）初步结论

"陪吸"行为很难简单从单一理论视角阐释清楚。本文认为，"亚文化理论""社会控制理论"与"社会交换理论"视角的多维综合是解释此类行为的三维解释框架。本文的结论是，"陪吸"（"陪嗨""陪溜"）行为是长期浸泡在合成毒品亚文化群体中的年轻女性在认同合成毒品亚文化观念的基础上，在缺乏社会规范控制的社会场域中，与客人进行的一种社会交换行为。

三、合成毒品的戒毒问题

（一）社会学视野下的合成毒品的戒毒理念

《戒毒条例》颁布实施以来，全国各地围绕海洛因人群的戒毒体系建设做出了有益探索，但戒毒人员回归社会难问题依然十分突出，医学界和心理学界都在寻找途径，但社会学界没有解决一个核心问题：是不是戒毒人员难以回归社会的社会学理念有问题了？因此，中国戒毒理念的社会学视野在哪里？这一问题是医学界、心理学界和社会学界都关心的一个核心问题，而且这一问题也是找到戒毒人员回归社会长效机制的关键所在。这里试图在当前特殊的形势下，回答这个问题，它既是社会管理创新的迫切需要，可以为各级政府制定和完善政策提供科学依据，同时也有助于在实践环节更好执行新颁布的《戒毒条例》。

直到21世纪初国内学术界开始关注“戒毒人员戒毒问题”，最初的研究局限在少数不多的社会学研究者和以禁毒一线部门、警官学院系统为主体的研究力量。他们从再社会化理论、社会支持理论等视角探讨了吸毒人群回归社会的问题。此后，相关研究也大体沿用了国外同类研究的路径和研究方法，归纳来看，国内学者在戒毒人员回归社会的模式选择上主要沿着两条路径：第一条路径是过渡社区视角，也就是国际上的流行的治疗社区视角，这一视角中比较有代表性的研究集中在云南，他们创建了戒毒康复场所为载体的“雨露”社区并以之为样本展开禁吸戒毒模式和社区戒毒模式的研究，但这些社区主要是专门为戒毒人员建造的过渡型社区。这一视角把戒毒人员安置在一个封闭的戒毒康复场所进行生产生活，是基于云南的实际情况的因地制宜，过渡型封闭社区对所在地区的戒毒人员治疗有一定效果，但缺陷是这一模式并没有给出“如何从过渡性社区真正回归社会”的有效途径和长效机制。另一条路径是以经济发达地区（如上海、广东）的禁毒社会工作模式，如有学者从社会工作视角提出了以专业社团和专职禁毒社工，以家庭融入、个案管理为主体的禁毒社会工作模式。该模式是一种基于社会工作信条的治疗过程，在帮助戒毒人员个体及其家庭接纳方面做了有益的探索，但关注视角偏于微观，有必要进一步拓展社会学的宏观视野。

美国在戒除毒瘾理念上比较早地出现了治疗的理念，其实就是一种医学模式。

吸毒成瘾在医学上的定义为“是一种成瘾性的、反复发作的、慢性脑疾病”。吸毒者对毒品依赖包括生理依赖和精神依赖两个方面，戒毒治疗也应包括戒除毒瘾的生理依赖（体瘾）和精神依赖（心瘾）。有研究证明，在使用合成毒品的人群中，虽然承认生理成瘾的人数只占11.8%，但承认心理成瘾的人数却达到了37.4%。故而如何戒除合成毒品的“心瘾”已成为戒毒治疗的重点和难点。一般戒毒分四个阶段：脱毒、防复吸、康复、回归社会，其中最重要的就是防复吸，这也是世界性戒毒难题，目前国际上公布的复吸率高达80%—90%，基于此，学者们一致认为戒毒是一种长效的慢性脑疾病康复工作。McKay等学者多年对药物滥用的研究证明，有效的药物滥用干预主要在于两个关键点：一是坚持持久的戒毒康复工作（至少12个月），二是通过有效的干预措施改变药物滥用者的行为模式。这种医学模式，需要依赖专业化治疗设施的发展，利用这些设施，经过专业训练的人员能够排查、评估、诊断、治疗受到酒精和其他药物成瘾问题困扰的个人和家庭。这种方法为现代戒瘾治疗产业奠定了基础，并从微观系统层面（个人和家庭）定义了成瘾的源头和解决办法，还将临床干预限制在微观系统中，开展医学心理干预和治疗（如美沙酮、丁丙诺非药物维持治疗），同时结合家庭治疗和治疗社区(TC),从而形成一种多元治疗模式,[①]但它并没有把社区作为一个"病人"来看待。[②] 这条路径是从传统的病理学研究范式出发,基于生理—心理—社会范式的急性治疗模式,通过关注成瘾者的生物医学及心理特征,提出从戒瘾者自身的治疗视角展开医学心理干预和治疗(如美沙酮、丁丙诺非药物维持治疗),并结合家庭治疗和治疗社区(TC)相结合的多元治疗模式。但这种范式的缺陷也很快被国外学者的科学依据如戒断率低、就业困难等指标所验证,并主张向持久的康复模式转换。[③④⑤]。

从现行的实践效果来看,这种医学视角(急性治疗模式)对于今天中国的传统毒品戒毒人员是有效的,至少通过医务工作者、心理治疗医生和社会公共团队的个体化治疗方案,让生理上成瘾程度很深的海洛因戒毒人员能够在生理上脱毒,延长戒断症状等方面都有比较明显的效果,对于合成毒品戒毒人员在心理依赖方面也会有较好的急性治疗效果,在中国戒毒观念还较为陈旧的今天,这种治疗模式依然是最主要的社区戒毒康复模式中不可缺少的部分。

1. 从急性治疗理念向长期康复理念的范式转换

在对国外戒毒研究的梳理中我们发现,治疗理念指导下的戒毒模式在实践中固然很重要,但很快,治疗理念就发生了动摇和变化,当行为健康关照系统将焦点由病理学转向康复和康复弹性时,其视线和服务技术也不可避免地要转向生活在家庭和社区中的个人。如此一来,个人、家庭和社区健康之间的联系就会变得越来越明显,关于个人和家庭康复的话题也会扩大到社区康复方面。临床戒瘾治疗被看成是挖出一棵生病垂死的大树,将它移栽到一片肥沃的土壤,提供充足的日照、水和肥料,当它恢复健康时再移回原来的土地上。这种理念呼吁要治愈的不仅是病树,更应该是土地——创造出一片治愈之林,在这片树林中个人、家庭、街道和社区以及更大的社区都同时改善健康状况,而治愈之林即康复的社区。

为了将个人、家庭和社区康复统一起来,势必要求戒瘾治疗项目和康复社区

---

① Gary Stein, Smith CL. (1998). Fluconazole: A drug use evaluation and algorithm for use in critically ill patients with candidal infections. Formulary 33: 1003, 1998.

② White, W. (2003). The road not taken: The lost roots of addiction counseling. *Counselor*, *4*(2), 22-23.

③ Dennis, M.L., Foss, M.A., & Scott, C.K. (2007). An eight-year perspective on the relationship between the duration of abstinence and other aspects of recovery. *Evaluation Review*, *31*(6), 585-612.

④ McLellan, A.T., Lewis, D.C., O'Brien, C.P, & Kleber, H.D. (2000). Drug dependence, a chronic medical illness: Implications for treatment, insurance, and outcomes evaluation. *Journal of the American Medical Association*, *284*(13), 1689-1695.

⑤ O'Brien. C. P., & McLellan, A. T. (1996). Myths about the treatment of addiction. *Lancet*, *347*, 237-240.

服务机构超越将治疗对象限定于个人的戒瘾康复模式，关注更广泛和更持久的干预。具体而言，既需要外展策略（将治疗机构的治疗和影响范围扩大到社区）和内挖策略（在治疗环境之中引入本地的社区康复支持资源），也需要以社区为本的康复资源发展（促进更广泛的社区治疗过程的发展）。①

因此，向康复理念转变的模式呼吁训练专业顾问来动员社区资源支持长期戒瘾康复。训练中最关键的技能包括那些和社区动员与发展相关的能力，以及斡旋于需要帮助的个人家庭与本地康复支持资源之间的能力。这些康复资源中虽然在康复启动阶段有来自康复机构中的专业帮助，但是其重点还是自愿的、互惠的、持久的、非商业化的支持。② 这一方法动员了社区资源支持个人和家庭的康复，但是却因为没有将社区康复过程作为一个整体对待而最终导致停滞不前。

在戒瘾领域，"康复"的概念常指个人严重的药物成瘾问题的解决。近来出现的家庭康复的新概念已经超越个人界限，个人的社会系统方面也会因药物成瘾及其相关问题而受损，同时也存在康复的可能性。从"康复"理念逐步发展到社区康复，又是一个较大的飞跃。

"康复"作为一个核心观念出现在戒瘾治疗转型以及更为广泛的行为医疗保健领域中也不过十几年时间。国外学术界也正在努力进一步明确它的定义，强调把"重建"和"社区的关系"视为康复过程中的两个核心要素。美国洛杉矶贝蒂福特学院组织的研讨会在 2007 年一致认为，这种"重建"要以"公民权"为特色去康复。英国毒品政策委员会康复团体在 2008 年把康复定义为"积极地参与和承担社会权力、角色和责任"。美国学者威廉怀特 2007 年在借鉴了在美国土著部落和黑人社区中更为广泛的戒瘾康复经验之后，把康复描述成一个超越了个人和家庭的局限，涵盖了整个社区的治愈过程（如图 2 所示）。

长期的严重药物滥用问题（成瘾）会伤害到个人、家庭和社区。传播广泛的以及过度的成瘾会腐蚀掉社区康复力量的源泉（如关系良好的家庭、亲密团结的亲属关系网络和活跃的当地社区组织构架），同时它还会附带产生各种问题和状况，这些问题进一步刺激了成瘾的滥用，从而给家庭和社区造成更大的伤害。

近年来，国内外学术界大致从两种不同角度研究成瘾问题的起源。第一种是将成瘾问题归结于个人身体上的脆弱性（属于基因方面的疾病，需要医学治疗）。第二种则把成瘾问题定义为个人道德上的罪孽（属于道德或性格方面的问

① White, W. (2009). The mobilization of community resources to support long-term addiction recovery. *Journal of Substance Abuse Treatment*, *36*, 146 - 58.

② Mulford, H. (1978, September). *Accelerating the natural alcoholic recovery process*. Presented at the 32nd International Congress on Alcoholism and Drug Dependence, Warsaw, Poland.

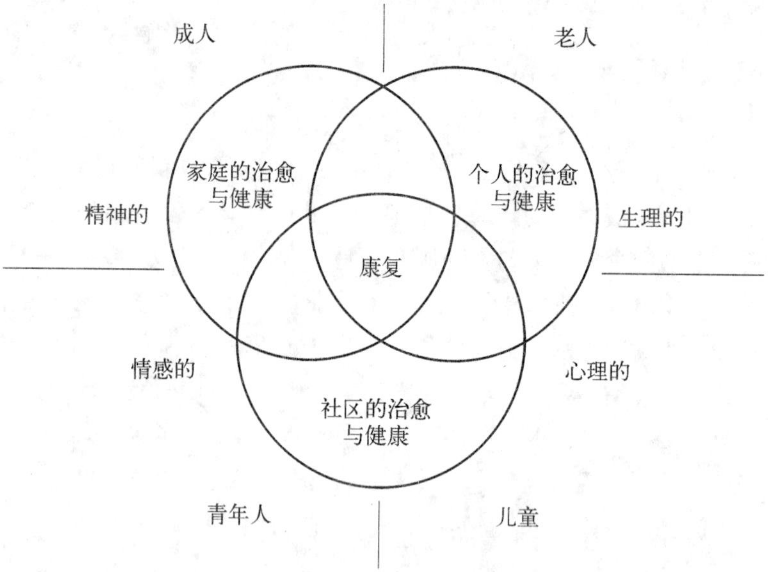

图 2　个人、家庭和社区康复和生命的周期

题,需要惩罚和控制)。在社区层面存在一些与各个方面上下相关的影响因素,推动着成瘾问题的传播发展。这些影响因素既提供了成瘾问题得以迅速发展的土壤,又具有在个人、家庭和社区层面摧毁成瘾问题的能力。同时,它们同时决定了严重的成瘾问题是否可以预防、早期干预、治疗和康复支持干预。

社区可以感受到三种不同的影响成瘾问题流行的压力。第一种是所有社区在面对来自内部和外部变化过程中都会产生的正常压力。大多数的社区都具有内部的资源,可以应付这些变化。在这样的社区里成瘾问题仅仅存在于少数对成瘾相关问题特别脆弱的社区成员中。第二种形式的压力是一种悲观心理,产生于自然灾害、经济基础损失、极端的社会破坏行为等事件的出现。这些事件超出了社区成员集体应付能力,到达了一个临界点时就会导致个人/社会种种问题的泛滥。个人、家庭和社区的情况开始恶化并相互影响,加速了成瘾问题的传播和恶化。这些问题及它们之间的纽带(如家庭解体、虐待儿童、疏忽照顾儿童、无家可归、犯罪、暴力、传染病)都会变得越来越棘手,并且会使沮丧、无望、冷漠、逃避的心理在大众中蔓延,或导致产生针对有这些问题的人群的不友好行为,如回避他们、把他们看作替罪羊、惩罚他们、在社区里排挤他们。第三种形式的压力属于历史创伤。当一个民族遭遇到未遂的种族灭绝或长期的殖民统治,势必在生理和文化两方面都受到创伤,从而产生这种独特形式的压力。这种压力会腐蚀掉这个民族在文化和个人两方面恢复活力的内在源泉,从而导致面对种种个人和社会问题时愈发无能为力。历史创伤特别之处在于它深深地融入民族精神内部，在极其漫长的时间里在数代人的心里留下烙印。当历史创伤和当下压力相结合时，社区、社区机构、邻里、家庭和个人都会在成瘾问题面前变得不堪一击。[①] 长期以来，面对成瘾问题产生的无助无望的情绪已成为社区文化的一部分，深深地埋在数代人的心中。

在饱受历史创伤和备受压力困扰的社区中，药物发挥着多种功效。首先，它们是心灵的安慰剂，帮助人们摆脱悲伤无助的情绪，成为发泄愤怒的借口。其次，它们象征着一种文化抗议。作为亚文化的核心内容，它们可以使那些被排斥在主流社区生活之外的人们相互支持。[②] 它们诞生了各种地下经济和职业。[③] 再次，它们还被掠夺性的产业当作经济剥削的工具，以及个人追求心灵平静和社区追求文化上平和的工具。

社会学和心理学的一些研究结果可以指导我们将研究重点由成瘾问题的社区背景转向社区层面的康复过程。在这些研究结果中，最重要的发现包括以下几点：第一，当家庭、亲属网、邻里和自然社区的联系受损时，易产生促发个人和社会问题发生的环境；第二，当家庭、亲属网、邻里和自然社区受损时，个人和集体应付压力和创伤的能力就会减弱；[④]第三，复苏的和新兴的社会结构（如帮派、互助团体、以手机和网络为联系手段的社交网络）正在迎合一定的社会支持功能，这些功能过去是由传统社会机构（如教会、学校、工作单位、城市组织）承担的（White，2002）；第四，个人同情心（通过不断增长的健康和社会服务机构）和社会控制（通过不断增长的警力、法院、教养所、儿童保护机构）的工业化和商业化或许已加速了家庭、亲属关系、邻里关系和社区纽带的瓦解（McKnight，1995）；第五，我们必须开始创造一种自然发生的治疗环境，可以为康复者提供至关重要的改正体验。

社区发展和复兴的策略（这里包括社区康复的概念习俗）能够给成瘾问题的医学干预治疗模式提供补充，在某些病例中甚至可以替代治疗。在美国，早在20世纪60年代至70年代，人们已开始初步研究社区层面的康复资源发展和动

---

① Morgan, P. (1983). Alcohol, disinhibition, and domination: A conceptual analysis. In R. Room & G. Collins (Eds.), *Alcohol and disinhibition: Nature and meaning of the link* (pp. 405 - 422). Washington D.C.: U.S. Government Printing Office.

② White, W. (1996). *Pathways from the Culture of Addiction to the Culture of Recovery*. Center City, MN: Hazelden.

③ Waldorf, (1973). *Careers in dope*. Englewood Cliffs, NJ: Prentice Hall.

④ Bloom, S. (1997). *Creating sanctuary: Toward the evolution of sane societies*. New York: Routledge.

员。社区康复资源可以得到改善并进行大规模的重新配置，从而促进了个人、家庭和整个社区的康复。这些策略反映了土著印第安人的信念：“个人、家庭和社区不是分裂的，它们是三位一体。伤害其中一个即伤害全体；治愈一个即治愈全体。”

当成瘾相关的问题泛滥到威胁全民健康和正常功能运行的程度时，街道、社区或文化都需要康复。总之，成瘾问题以及在更广泛的领域中引起的成瘾问题会损伤各种社会系统，直至威胁到它们未来的活力和存在。在社区层面康复的需要可以用一个流行病学的光谱来量化。

2. 康复理念下的社区康复

社区康复之所以是自愿的过程，在于社区使用积极手段致力于全民治疗成瘾问题、复兴社区、加强儿童青年中年和老年人的活力。社区康复不仅仅指社区成员的个人康复，它涉及在提高社区生活的质量并保持这种高品质的生活的同时，强化社区中存在成瘾问题的成员和不存在问题的成员间的联系。

社区康复是自愿的，其意义在于它需要社区不断增长自我意识（承认有成瘾问题并对此有清楚的认识）、社会的认真投入和具体的行动。这三个关键步骤必须是由社区内部自发产生的，而非外力强加给社区的。社区康复与个人和家庭康复经历相似的过程：(1) 康复预备期（顿悟式或渐悟式的体验——寻求改变的催化剂）；(2) 启动治疗和复兴过程；(3) 在社区关系、角色、规矩、仪式方面实现持久稳定的改变；(4) 在主要社区机构内部和整个社区中促进长期的健康和改善生活质量。

社区康复是一个过程，其意义在于即使不是终身持续进行的，康复至少也需要长期坚持。这并非是一个事件或一系列特别项目中的某一部分。保持社区康复的因素和启动社区康复的因素是异质的。社区康复过程是否取得最后的胜利并不取决于一代人的集体康复，而是要看是否打破了成瘾问题代代相传的模式，是否已将个人、家庭和文化对成瘾问题的抵抗能力和康复能力作为宝贵的遗产持久地传遍社区的最基层。社区康复是积极的，其意义在于采取了一致的集体行动解决成瘾问题及其相关的各种问题，而不是消极地坐观存在严重成瘾问题的社区成员的成熟、退出或死亡。

解决成瘾问题会在街道、家庭和个人三者中产生多种结果，包括彻底停止使用毒品、将成瘾的使用量降至相对较安全的水平、减少那些威胁到公共健康和安全的成瘾使用模式、降低成瘾使用对家庭和街道产生的边缘效应。是否已解决成瘾问题要观察从家庭和社区生活中减少了什么。

康复包括集体愈合、社区复兴和恢复活力等方面，是否康复则要观察戒毒人员在家庭和社区生活中到底给自己增加了什么。可添加的内容包括个人恢复健康、在社区内部修复紧张或已中断的关系、诞生出本土的领导者、发展重要社区机构、强化代际间的联系沟通、促进个人(特别是儿童、青少年和转型期的青年)、家庭和邻里之间的活力和弹力。

社区康复资本的水平可以衡量成瘾问题的普遍度、严重度和复杂度,从而预测社区康复的可能性。社区康复资本指在启动和维持社区康复和社区复兴过程的可利用资源,可以从质和量两方面分别进行考察。在个人、家庭康复中人作为社区康复资本中的一个重要因素,可以动员起来在日常社区交流互动中成为康复力量的载体。随着康复资本的不断增加,戒瘾的推动力(对成瘾的滥用及其后果充满恐惧痛苦之情)和康复的牵引力(对康复充满向往之情)将保持平衡。[①]

社区康复和复兴有多种途径和方式。社区康复和复兴成功的策略和战术必须适合每个特定的社区文化。每个家庭、街道、社区也必须寻找到适合自身的文化的有意义的比喻,帮助重建一个全新的以康复为基础的社区身份。在这个过程中必须要回答以下 4 个问题:

(问题 1) 在这些问题得到圆满解决之前我们是谁,在做什么?

(问题 2) 在这些问题出现之后我们能怎么做?

(问题 3) 是什么激发了康复过程?

(问题 4) 现在我们是谁,正在做什么和我们将来想成为什么样儿,想做什么?

持续的社区康复更需要各种社区机构的参与,这些社区机构包括政府部门、工商业企业、城市和街道组织、健康和社会服务机构、教育机构、司法系统、宗教团体、运动和休闲组织、艺术社团等。社区康复可能从以上任何一个机构团体中激发起来,但是长期持续的社区康复和复兴离不开所有这些机构团体的共同努力。社区康复可以用病理学上某些数据的减少来衡量,但最佳的办法是用康复资本的长期增加来衡量,例如康复流行度、支持康复的社区政策和康复支持资源(互助团体、康复社区组织、康复之家、康复学校、康复工业、康复教会、康复咖啡馆、以康复为名的体育运动和休闲活动等)的增加。社区康复降低了个人和家庭的脆弱感,提高了个人和家庭的康复弹性,从而降低了针对个人和家庭康复采取行动的必要性。社区康复提高了外部康复资本,创造了康复得以蓬勃发展的生理、心理和文化空间,有助于更精准地预测个人/家庭的康复。

---

① White, W. (2010). *Recovery is contagious*. Retrieved from www.facesandvoicesofrecovery.org.

4. 基于社区康复理念的中国戒毒模式选择

如何在康复理念下重构戒毒新模式？笔者认为，要以中国经济社会发展水平和戒毒人员现实状况为基础，以戒毒条例和社会管理创新为依托，以戒毒人员社会关系的重建、回归真实社区为目标，构建治疗模式与康复模式的连续统体系，努力打造以社区戒毒模式、社区康复模式为主要时间序列的无缝长效机制，即先通过社区戒毒模式巩固戒毒成果，再继续通过社区康复模式重建由于戒毒人员的个人、家庭和社区关系破裂而断裂的社会关系。

社区戒毒模式阶段是戒毒人员回归社会的第一个阶段，通过生理脱毒机制、心理治疗机制、社会适应机制来治疗。如果顺利通过科学评估，戒毒人员将进入回归社会的第二个阶段——“社区康复模式一”阶段，即通过生活来源保障机制、反歧视机制和康复资本整合机制来实现阶段性康复。戒毒人员通过评估后进入第三个阶段——“社区康复模式二”，通过就业安置机制、康复文化构建机制和家庭与社区融入机制实现康复并最终回归社会。（详见图 3）

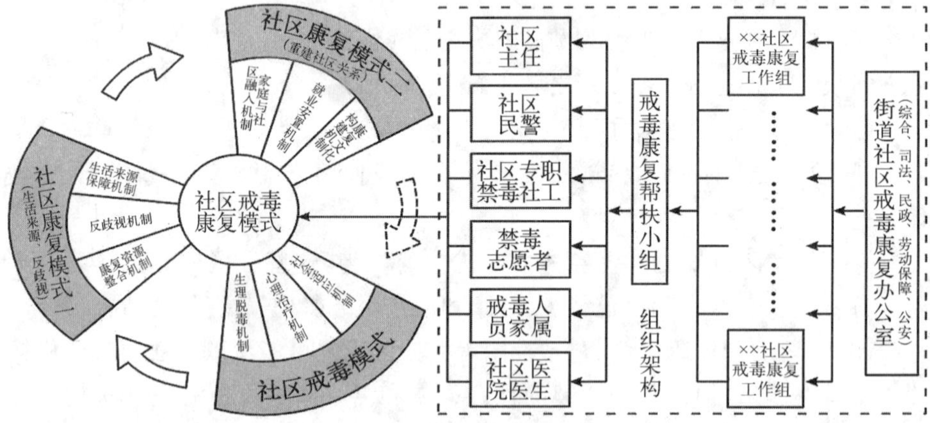

图 3 主要内容和基本思路

子模式 1——社区戒毒模式

社区戒毒模式是将美沙酮社区维持治疗（生理）、吸毒人群人格重塑与拒绝毒品的自我效能感（心理）、家庭治疗（家庭支持）和社区戒毒、帮教（禁毒社工帮扶）相结合，每个环节无缝连接，心理治疗机制、社会适应机制是核心。心理治疗机制包括心理评估和心理干预。心理评估：主要用心理学量表对目标群体的心理行为状态进行外显评估（拒绝毒品自我效能感量表、毒品复吸高危量表等）和内隐评估（吸毒内隐联想测验）。心理干预主要包括团体干预、同伴干预和个案干预。社会适应机制是通过专业化禁毒社会工作体系为干预体系，以家庭治疗与社区帮教为主要治疗手段，初步实现戒毒人员适应社会、回归社会的内在动力和外部环境。

子模式 2——社区康复模式一

在第二阶段，生活来源保障机制的构建，要结合康复资源整合机制共同展开，即整合社区内外的一切有利于戒毒人员获得生活来源的资源（专业戒毒治疗机构服务的社区延伸；社区资源与专业导向的戒毒治疗结合），对戒毒人员展开职业技能培训、职业指导以及利用这些资源为戒毒者就学、就业、就医提供援助。在反歧视机制中，将调查和分析戒毒人员回归社会的现实困境（社会排斥与吸毒亚文化圈子），并寻求消除社区歧视（把他们看成由于自身弱点或社会系统的机能障碍导致的受害者即慢性病人，让戒毒者“能够康复”理念宣传感染整个社区）的有效途径。

子模式 3——社区康复模式二

在第三阶段，重点从“社会关系的重建”理念出发，搭建戒毒人员就业平台、康复文化平台和家庭与社区融入平台，这些平台需要一系列长效机制的保证：（分类）就业安置机制是戒毒人员回归社区的重要环节，戒毒人员就业安置以分散安置、鼓励自主创业与集中安置（慈善类企业）、提供公益岗位相结合。康复文化构建机制的构建要通过社区活动营造社区康复文化氛围，营造戒毒人员可以康复的社区观念，清除让成瘾文化生存的自然、经济和文化环境，构建一种充满活力的康复文化。在此基础上，构建家庭与社区融入机制，将专业化社会工作方法（个案管理、家庭治疗等）与党委领导、政府负责、社会协同、公众参与的社区管理体系相结合，最终实现戒毒人员回归家庭与社区，并逐步回归社会。

（二）强制隔离戒毒制度的现状与完善

截至 2014 年底，冰毒滥用人群增长迅猛，全国滥用冰毒（含片剂）人员 154.7 万人，同比上升 42.1%，占吸毒人员总数的 34.2%。从这些数据可以看出我国禁毒工作依然面临着严峻的挑战，特别是合成毒品使用人数在逐年增加。近些年青少年成为吸食合成毒品的主要成员，并以未婚者、个体从业者和有稳定经济收入工作者为主，在心理和行为方面呈现出易激惹、焦虑、空虚无聊、敏感、烦躁、幻想性等显著性特点。合成毒品与传统毒品最大的区别是具有伪装性，看似不会成瘾、对身体无损伤，但却具有更强的心理成瘾性。因此对“合成毒品”滥用者心理和行为障碍的矫治工作应根据该人群上述心理和行为特点有针对性地开展。

我国自 2008 年 6 月 1 日起正式施行新的《中华人民共和国禁毒法》，将原由公安机关负责执行的强制戒毒与由司法行政机关执行的劳教戒毒合并为强制隔离戒毒，同时废止了《全国人大常委会关于禁毒的决定》。强制隔离戒毒制度是指行政机关将符合法定条件的吸毒成瘾人员实行隔离，对其强制进行戒毒，帮助其戒除毒瘾、健康回归社会的法律制度。而相对于海洛因等传统毒品，合成毒品成瘾性主要是以心瘾为主，并且更多地是一种群体性吸食行为，周围环境对合成毒品滥用行为的影响很重要。因此，这里再结合前述访谈资料，分析一下我国现行强制戒毒制度对合成毒品使用者的效果和有待改进之处。

1. 强制隔离对合成毒品戒断的有效性

对于强制隔离戒毒的效果众多受访者有不同的看法，但不可否认的是当前强制隔离戒毒模式对毒品戒断有效性还是很明显的。首先，强制戒毒所环境优美、设施先进，与传统印象中的劳教所不同，很多学员表示强戒所更像是学校。而且目前的强制戒毒机构并不是主要以劳动为主，适当地也会让学员学习一些技能和课程，帮助他们早日走上正常的生活道路。不少受访者表示对所内的生活表示比较满意。“我在这里面学习还挺多的，你说在这边像坐牢吧，我感觉还蛮像校园的……学习到蛮多的，像个校园生活（女，19 岁）。”“我感觉，像在上学校一样……你想我们都有 45 分钟的时间学习法律常识，每天都会学。虽然说我识字不多，但是每天学，我也喜欢认真去听呀，所以我学到了很多，在这（戒毒所）里（女，25 岁）。”其次，强戒所规范化的管理使得不少学员都表示生活比以前（进所前）规律了，生理和心理健康都得到了改善。如一位 26 岁的女学员说：“（这里戒毒）有效的……最起码是正常的生活规律，因为在家的话，是不可能每天过这样正常的生活的，进来后我都长胖了二十斤。”还有一位 24 岁的男学员表示：“现在心情好多了，因为这里的生活规律太多了，主要是吃饭，和我读书的时候一样……吃饭、住宿舍，然后就是那个（能够）按时学习技术。”再者就是戒毒所里人性化的管理和教学使学员们感到了温暖，也增强了他们戒毒的信心。一位 21 岁的女学员说：“挺感动的，（管理人员）就和家人一样，就说天气热了你们一个星期洗一次澡怎么行啊，就让我们洗两次澡……就是看教育片啊，还有看管我们的民警就找我们谈话，给我们上心理课。”因此在所里很多学员都感觉自己已经戒毒了，或者表示未来有戒毒的决心，因为在强戒所的环境中没有毒品。比如有一位 25 岁的女受访者说：“我很有信心（戒毒）……就是不管戒毒之后，还有自己出去了之后（都不会再吸毒）……我觉得就是脱离圈子（就可以戒毒）。”

由上可以看出，封闭式的强制戒毒制度由于让戒毒人员完全脱离了外界毒品的诱惑，而使较多戒毒人员认为自己在所里已经戒毒了，同时强戒所里大学一样的环境、规律的生活方式和个人性化的管理让学员们不仅在身体上健康了许多，更多的是在心理上感觉到了温暖并拥有了戒毒的信心。因此，强制性隔离戒毒制度对于心理成瘾性较强并容易受环境影响的合成毒品滥用者来说，还是有一定效果的,特别是在强制戒毒期间很多受访者都表示自己有信心彻底脱毒。

2. 强制戒毒制度有待改进之处

可以肯定的是,在强制封闭环境下有规律的生活会对戒毒有一定的效果。但是这部分强制戒毒人员占总共吸毒人数的比例较低,再加上国家提供的补贴以及两年彻底脱离社会对个人所造成的损失相加,对于这种强制隔离戒毒政策是否高效、节约资源还有待商榷。同时,由于我国新的强制戒毒条例施行时间较短,在矫治方式上难免会留有以前戒毒模式的痕迹。因此,在许多方面还存在需要进一步完善的地方。主要体现在以下几个方面:

(1) 学员回归社会后适应能力不够

强制隔离戒毒将吸毒人员与其所在的吸毒环境隔离开来,减少了社会环境对吸毒行为的诱惑和获得毒品的机会,因此在强制戒毒期间戒毒人员基本都能戒除毒瘾。但是多年的实践及有关部门的研究表明,这些人在强制戒毒机构中都能诚心悔过并成功戒除毒瘾,但是在回到社会以后,复吸的比例也非常高,有些地区甚至达到90%以上。因此,戒毒人员在解除隔离之后的状况更应该被重视。研究人员在访谈中发现,关于回归社会后如何生活这一问题,不少被访者对未来表示迷茫,不知道出去做什么工作、如何生存。目前社会经济发展迅速,与社会隔离两年很可能会让人跟不上时代步伐,再加上强制戒毒可能带来的社会歧视,吸毒人员回归社会之路会难上加难。其中有受访人员这样表示:"(出所后)最大的困难啊,就是起步有点难了,毕竟两年,说长也不长说短也不短,出去总归会有点脱节(男,25岁)。"有另一位学员表示:"像我们基本不可能上班……上班的话像我们这种总会有歧视,再说工资也不会高,自己开销也大(男,25岁),所以也不知道以后能干什么。"戒毒两年一般会导致戒毒人员脱离社会,不少受访者都表示戒毒最重要的是脱离吸毒的圈子,而不是象征性地与社会隔离。而且与外界隔绝不一定会使他们远离圈子,反而使他们脱离社会,可能导致在回归社会的过程中因为出现种种不适、心情低落而复吸,所以仅靠强制隔离措施脱毒有时候是治标不治本。

(2) 社会对强制戒毒人员存在歧视

不少被访者表示,社会对强制戒毒人员的歧视是存在的。有些强制隔离戒毒人员会因为受到歧视而产生强烈的自卑心理,也会产生深深的自责和破罐子破摔的矛盾心理。一位30岁的男性受访者如是说:"(进了强戒所)就是恶性循环,被人看不起就破罐子破摔,心情郁闷了,然后又想到吸毒,麻醉……整个社会都歧视,说不歧视是假的,除非是你自己创业,你的亲戚朋友真心想来帮你,其他的都会排挤你,如果你想进到一个公司上班,如果他知道你吸毒,那进都不会让你进……我也是百分之六七十因为这个，整天无所事事，再碰到一些烦心事，比如说人家说我吸毒什么的，烦了、郁闷了，然后又想到吸毒什么的来麻醉自己，想麻醉自己。”正如有学者证明，学员从戒毒所出来后好像进入了与社会格格不入的另一个圈子，得不到别人的重视和尊敬，经常处于一种苦闷、悲伤、孤独、恐慌的心理状态，因为对生活极度缺乏信心而复吸。同样，因为歧视戒毒人员回归社会之后可能会缺乏亲密的人际交往和情感交流，这些不利的归属剥夺处境也是复吸的诱发因素之一。

(3) 强制隔离的集体生活强化了吸毒的“群体效应”

在访谈中研究人员了解到，合成毒品的复吸率较高，甚至有不少受访者直言对戒毒不抱太大的希望，其中最主要的原因之一是无法摆脱吸毒的圈子。有一位受访者这样表示：“(要戒毒)最主要就是离开，在一个没有吸毒的人(圈子)。就像过年的时候，我回老家我就拿不到(毒品)，就一个多月没有买。回到这个生活圈子后，就又跟着他们一块玩了(男，28 岁)。”另外一位受访者说：“有句话叫戒冰(毒)先戒友，要先戒掉吸毒的朋友……不管什么，圈子对什么影响都大，你进入不好的圈子就很容易染上恶习(女，26 岁)。”因此，无论是男性还是女性，大都认为戒毒最重要的是脱离吸毒的圈子。但是强制戒毒所是群体化生活，在增进学员之间友谊的同时也存在负面效应，即在戒毒所里可以认识更多的吸毒伙伴，这些朋友都是出去后潜在的“毒友”，这样反而扩大了戒毒人员的吸毒圈子。正如一位女性受访者说：“她们在这里(戒毒所)互相留号码约好出去(出所后)一起玩(吸毒)，我却不喜欢跟她们多玩，没有意思(女，22 岁)。”

(4) 强制戒毒所缺乏足够的亲情交流

合成毒品与传统毒品最大的不同之处是心理成瘾，因此，最关键的是合成毒品滥用人员要能够从心理上自我控制住不复吸。很多研究证明，家庭、朋友和社会的感情支持是吸毒人员能够彻底脱离毒品、回归社会的重要条件之一，他们需要得到社会的认可，心理上就要有一定归属感和基本的安全感。但是强制戒毒人员由于脱离社会生活，很多人感觉自己与家人和朋友的感情交流比较匮乏。当问受访者在戒毒所里最需要什么的时候，其中一位 27 岁的男学员回答说：“最需要的东西，物质上面的东西不现实……最重要的估计，我认为就是关心吧，比如说我身边的女朋友啊，父母啊，我打电话过去(给他们)，他们能安慰一下我问一下我，就是说给我一点关心，我认为这是最重要的，最有用的。”强制戒毒人员在隔离期间与家人分离，精神上爱与被爱的需求得不到满足，在访问中大部分受访者都表示思念父母，还有受访者直接表示自己戒毒最大的动力来自亲人的关心。其中一位女学员说：“我今天还收到家里人的来信，我以为家里人把我放弃了，前些天就天天哭，这次错犯得蛮大的，家里人可能不会原谅我，打电话也没人接，然后我写了一封信，今天收到信，我妈妈应该 18 号就寄来了吧……在没收到这封信之前，我是没啥感受的，本来想这两年嘛，在里面瞎混就算了呗，现在就不一样了，现在也想好好的……如果不来这封信，我可能，应该说是绝对会复吸的。”

3. 相关建议

（1）强制戒毒所内要以教育和技术培训为主

《禁毒法》第 31 条规定：“国家采取各种措施帮助吸毒人员戒除毒瘾，教育和挽救吸毒人员。”在访谈中研究人员发现，合成毒品滥用人员大都是青少年，存在心理上的不成熟，且受教育的程度普遍较低、认知社会的能力不强、法制观念淡薄，所以加强对戒毒人员的文化教育、法制教育、形式教育等势在必行。由于合成毒品身体成瘾性较弱，短期内生理反应较小，通常短期的隔离就可以暂时脱离毒品，但脱离毒品只是戒毒的一部分，更重要的是出所后如何克服外界吸毒圈子的诱惑，控制住心瘾避免复吸，这其中教育是漫长戒毒道路中的第一步。许多戒毒学员在接触合成毒品之前对海洛因有所了解，但不了解冰毒等合成毒品，以致走上歧途。因此在实际的管理教育工作中，可以通过开展丰富多彩的管理教育活动，促使戒毒人员能够对合成毒品的危害性有准确的认知，对家庭和事业有理性的预期，对重归社会有正确的态度，具备重新开始生活的勇气和正确的人生观。在教育内容上，强制隔离戒毒场所应开展丰富多彩的教育和培训活动，配以丰富多彩的文体活动，以使戒毒人员养成良好的兴趣爱好，形成纪律观念和集体观，消除因为戒毒所产生的自卑感，帮助戒毒人员重新树立自信心。同时还要加强对一些技能的培训，比如电脑、维修等技术类工种，以让他们出所后可以有一技之长以更好地适应社会，在社会中立足，找到新的人生方向脱离以前的吸毒圈子，从而彻底摆脱毒品的影响。

（2）消除歧视、注重心理辅导

在中国，因为新的国家禁毒法实施时间较短，大多数人对吸毒管制中的权利保障问题的认识水平还有待提高，另外一个重要的原因是，一百多年来中国不断强调毒品对社会的危害性，已造成吸毒成瘾人群在社会层面的妖魔化、边缘化、标签化，这给进一步救治成瘾者带来法律和观念上的障碍。强戒人员在解除隔离后戒毒后需要一个积极向上的环境，这不仅需要周围家人和朋友的支持，还需要社会有关部门做好后期工作，可以在学习、就业、创业等方面予以支持，帮助他们尽快融入和适应社会，最终回归到正常生活中去，因此是否能消除或降低社会大众对他们的歧视是至关重要的。逐步消除社会歧视，具体来说主要有以下几方面内容：第一，加强戒毒人员解除隔离后的心理辅导。回归社会需要一个过程，由于长期与外界隔绝，戒毒人员刚出所时会出现一些不适，不能完全适应社会，从而通过吸毒来麻痹自己，形成一个恶性循环。因此，在戒毒人员解除隔离后仍要定期接受心理治疗，以保证能够尽快地适应社会。第二，除了大力进行戒毒宣传降低社会歧视外，相关部门可以提供一些岗位以保障戒毒人员的基本生活。由于当前社会对吸毒人员普遍存在歧视，而且在相当长的一段时间内无法改变这一现状。例如，一般的雇主大多不愿雇用有吸毒史的员工，导致吸毒人员很难甚至找不到合适的工作，回归社会变得更加困难，从而带来社会隐患。因此，政府及相关部门应该重视起吸毒人员在强制戒毒后的就业问题，为他们提供一定的工作机会，使他们有正当的收入来源。第三，重视亲情的作用。从访谈中可以看出，戒毒人员都很看重家庭对于他们的态度，家庭接纳在很大程度上成为他们戒毒的最主要动力。戒毒人员无论是在强制戒毒期间还是结束后都需要亲人及周围朋友的照顾与鼓励。强制戒毒结束出所后的环境对他们能否真正脱离和戒除毒品起着至关重要的作用，可以说，良好的家庭及周边环境能够让他们更快地适应社会。吸毒人员中有不少人家庭破裂，没有了对亲人的挂念，导致他们有一种"破罐破摔"的心理。因此，强制戒毒中心工作人员在促进家庭关系方面要发挥一定的作用，比如，允许服刑人员定期与家属多通电话、写信，并适当增加通话与探望次数，鼓励亲人多多写信给学员等。对于家庭破裂的人员，工作人员可以担起居委会的工作，缓和家庭矛盾、促进家庭和谐，帮助他们解除后顾之忧。

（3）分类管理，个性化教育

我国现行的强制戒毒制度是把所有的毒品滥用人员统一集中混合在一起封闭管理，不管毒品种类和成瘾程度，不管年龄、教育水平的差异，不管是首次强戒还是多次进所，不管进所前的工作生活环境差异等，将吸毒人员全部放在一个场所戒毒。封闭的环境有时成为吸毒人员交流经验的场所，非常不利于不同吸毒人员的戒治。这样的混合管理首先会影响教育改造的效果，不同的学历和拥有不同工作生活环境的学员对知识的渴求度和对教育方式、技术学习的接受能力是不同的，因此要对不同的学员进行分类教育改造，这样有利于教育质量和教学效率的提高。其次，这种统一集中的混合管理会引起吸毒人群间的"交叉感染"，第一次强制戒毒的学员和多次进来的学员，不同年龄段和吸食不同毒品的学员在心理状态、悔过态度、人生看法和戒毒信心等方面都是不同的，把一些"老油条"甚至是贩毒人员跟初次进来相对"乖巧"的学员集中在一起管理，会促使不良观念和恶习的滋生并扩大他们的吸毒圈子，从而让戒毒改造难度加大。因此，要将多次进来的学员和初犯学员分开管理，对于有其他违法违纪行为的学员与表现良好的学员，也要分开来，营造出有利于戒毒的“小社会圈子”，从而可以尽量避免“交叉感染”和采取不同的改造教育模式。

(4) 加强社区戒毒

社区戒毒是否有效发挥出它应有的作用，对戒毒人员出所后能否打破强制戒毒“戒而不除、归则复吸”的恶性循环至关重要。合成毒品的身体成瘾性较弱，更适合社区戒毒，因此社区戒毒的设立可以有效解决这一问题，针对不同的吸毒人员采取不同的措施，也能有效节约资源。很多学员出所后面临的最大问题就是如何戒断心瘾、脱离吸毒的圈子，从而最终融入社会正常生活，这就需要一个缓冲过渡的时间，学员出所后如何保持不复吸？除了自身控制能力外，外在的环境影响也很重要，既能让学员与社会接触又要进行适当的环境控制的社区戒毒则是首选。社区戒毒相对于强制戒毒更能增强戒毒参与者的心理认同感，社区戒毒是一种全新的戒毒康复模式，更加体现以人为本的戒毒工作理念，对广大戒毒康复者和家属具有极强的亲和力，可大大提高他们的心理认同度，从而更易于激发他们戒毒康复的潜能增强他们戒毒康复的主动性和积极性从而可以最大限度地提高戒毒康复的效果。因此建议相关部门加强社会戒毒的有效性，强戒所内也要进行相关的心理辅导，以帮助戒毒人员出所后能顺利适应社会戒毒模式，最终让吸毒人员彻底摆脱毒品，回归社会。

四、结论与展望

(一) 结论

1. 合成毒品滥用问题的主要观点

吸毒亚文化对吸食者的影响并使其实现高度的文化认同是吸食合成毒品问题的主要根源。合成毒品业文化迎合了青少年崇尚个性张扬、崇尚叛逆、追求人生享乐的心理，在观念认同、亚文化氛围、行为方式的学习模仿、文化压力等方面产生影响并实现认同。

许多吸毒者权衡潜在风险和快乐的利害，尽管意识到有风险存在，最终仍相信值得使用某种毒品。虽然他们也许不是每次吸毒前都经过仔细考虑或权衡利弊，但总的来说或在吸毒经历的具体时期，他们确实进行过信息收集并仔细研究过吸毒的问题。

合成毒品滥用者做出吸毒的决定后，使用了许多策略最大化、快乐最小化风险。这些策略并不完全针对某种毒品内在的特点，而是紧密地和他们吸毒的社会性质联系在一起。对于被调查者来说，风险和快乐既与毒品本身也和吸毒时所处的社会环境有关。个人对于吸毒的决定，尽管要考虑毒品的性质，也要考虑许多结构性的关系，如选择本身的领域和过程。

2. 关于戒毒与回归社会

成瘾康复的过程，是一次物质世界和精神文化世界的二元世界旅程，是从成瘾文化世界走向康复文化世界的过程。身体、情感和文化的康复过程就是一个满身伤病的治愈者经历的个人和家庭康复经历，并且可以更好地把这些康复经历在更多的社区中传播。康复更流行于邻里关系、社会工作机构（如学校、工作场所）、社区或那些提供康复的文化氛围中。正在致力于康复的戒毒人员会把希望传递给那些依然深陷毒瘾中的吸毒者。在人际中传递康复的信息不仅对于康复项目的提供者来说是大有裨益的，对于康复人员来说也是很有好处的。康复理念的推广和被大家所知以及社区里康复项目的数量和质量（在社区中从事康复服务的人数）是社区康复资本的最核心的两个因素，这两个因素可以更好地动员当地社区资源，来支持戒毒者个体和家庭来开始实施康复计划。长期康复的效果与成瘾治疗、康复导向的互助社区、同伴康复支持组的参与度有关，而这个参与度指标影响着社区康复资本的出现、可获得性、范围及深度。政府和基层社区的康复计划密度在战略上能够通过举办定期康复庆祝典礼、表彰社区康复提供方的优秀代表、培训康复积极分子和康复教练，以及提供康复导向的针对戒毒人员的讲故事方法训练等途径来实现。社区康复资本在战略上可以通过培育一些互助组、康复支持小组、同伴康复支持服务项目来实现，也可以通过支持那些康复导向的积极分子的活动来更新社区的思想和意识（态度、政策、康复的成功可见性）。在战略上，扩大康复支持机构和发展充满生机的康复文化能够产生许多重要的结果：第一，自然康复的比例在增加——康复的人数中就包括那些成瘾程度不深、经历不复杂且没有参加过成瘾治疗的成瘾者；第二，增加那些接受过戒毒治疗和加入过康复互助组织且康复资本较低的戒毒人员的保持率和康复率的新康复运动的出现，新的康复机构的出现，以及在全国出现的康复文化的发展令人激动地改变了社区康复的观念。社区的邻里关系或整个社区被毒品文化侵蚀的观念要通过社区层面重新注入康复理念来实现改变。一种整合个人、家庭和社区的康复干预工作需要在一个相当长的阶段通过不断整合预防、早期干预、治疗、康复支持以及健康和康复计划来实现。这个过程将包括搭建急性治疗模式和关注戒毒人员整体生态环境的公共健康模式之间的桥梁。对于成瘾治疗的提供者，要将传统关注个体的医疗干预模式和康复理念指引下的社区发展和文化复兴战略结合起来。

社区康复的意义在于它需要社区不断增长自我意识（承认有成瘾问题并对此有清楚的认识）、社区的大量投入和具体的行动。这三个关键步骤必须是由社区内部自发产生的，而非外力强加给社区的。社区康复与个人和家庭康复经历相似的过程：(1) 康复预备期(顿悟式或渐悟式的体验——寻求改变的催化剂)；(2) 启动治疗和复兴过程；(3) 在社区关系、角色、规矩、仪式方面实现持久稳定的改变；(4) 在主要社区机构内部和整个社区中促进长期健康和改善生活质量。康复包括集体愈合、社区复兴和恢复活力等方面，是否康复则要观察戒毒人员在家庭和社区生活中到底给自己增加了什么。可添加的内容包括个人恢复健康、在社区内部修复紧张或已中断的关系、诞生出本土的领导者、发展重要社区机构、强化代际的联系沟通、促进个人(特别是儿童、青少年和转型期的青年)以及家庭和邻里之间的活力和弹性。

基于上述理念，需要以社区为载体构建戒毒人员回归社会的长效机制，这一长效机制的立足点是“个人与社会的关系”这一社会学的基本原理，围绕着“社会关系的重建”一层一层地展开。形象地来说，一种整合个人、家庭和社区的长期的康复干预工作需要在一个相当长的阶段，通过不断整合预防、早期干预、治疗、康复支持、健康与康复计划来实现，这个过程将包括搭建急性治疗模式与关注戒毒人员整体社区环境的公共健康模式之间的桥梁。对于成瘾治疗的提供者(基层政府和社区)，将传统关注个体的医疗干预模式与康复理念指引下的社区发展和康复文化复兴战略结合起来。

戒毒人员回归社会的总体设计以当地经济社会发展水平和戒毒人员现实状况为基础，以《戒毒条例》和社会管理创新为依托，以戒毒人员社会关系的重建、回归真实社区为目标，构建治疗模式与康复模式的连续统体系，努力打造以社区戒毒模式、社区康复模式为主要时间序列的无缝长效机制，即先通过社区戒毒模式巩固戒毒成果，再继续通过社区康复模式重建因戒毒人员的个人、家庭和社区关系破裂而断裂的社会关系。

“社区戒毒模式”阶段是戒毒人员回归社会的第一个阶段，通过生理脱毒机制、心理治疗机制、社会适应机制来治疗。社区戒毒模式是将美沙酮社区维持治疗(生理)、吸毒人群人格重塑与拒绝毒品的自我效能感(心理)、家庭治疗(家庭支持)和社区戒毒、帮教(禁毒社工帮扶)相结合，每个环节无缝连接，心理治疗机制、社会适应机制是核心。生理脱毒机制更多的是一种医学治疗机制，针对传统毒品戒毒人员和合成毒品戒毒人员两类戒毒人员的不同戒断症状而进行个性化、有针对性的医学治疗机制。传统毒品生理脱毒机制主要是通过美沙酮替代递减脱毒治疗、丁丙诺啡替代递减脱毒治疗；苯丙胺类等合成毒品生理脱毒机制主要通过针对幻觉、妄想等精神症状、兴奋躁动症状和抑郁症状的相关药物治疗。心理治疗机制包括心理评估和心理干预。心理评估主要用心理学量表对目标群体的心理行为状态进行外显评估(拒绝毒品自我效能感量表、毒品复吸高危量表等)和内隐评估(吸毒内隐联想测验)。心理干预主要包括团体干预、同伴干预和个案干预。社会适应机制是以专业化禁毒社会工作体系为干预体系,以家庭治疗与社区帮教为主要治疗手段,初步实现戒毒人员适应社会、回归社会的内在动力和外部环境。

如果顺利通过科学评估,戒毒人员将进入回归社会的第二个阶段——"初级社区康复模式"阶段,即通过生活来源保障机制、反歧视机制和康复支持服务机制来实现阶段性康复,戒毒人员通过评估后进入第三个阶段——"高级社区康复模式"阶段,通过就业安置机制、康复文化构建机制和家庭与社区融入机制实现康复并最终回归社会。

社区戒毒康复模式需要相应的组织框架。在中国,只有当地主要领导真正重视了戒毒问题,并真抓实管,社区戒毒康复模式及其支持系统才有可能不流于形式。因此,一个非常核心的问题就出现了,即构建社区戒毒康复模式本身之外,如何改变目前仅公安和司法部门两家独大的尴尬境况?课题组认为,社区禁毒康复办公室应该在区禁毒委的直接领导下,而在机构设置上,禁毒委的常设机构不应该是公安机关,而应该是放在能够协调各部门的综合部门,理顺目前的组织架构,为戒毒康复模式的顺利开展提供组织保障。

社区戒毒康复模式的支持系统,它既包括相关社区平台,即综合、司法、民政、劳动保障、公安在内的社区平台,也包括专业化的社区医疗机构(美沙酮维持治疗机构)、专业化的禁毒社工队伍、戒毒人员组成的同伴互助组织、针对戒毒人员的康复支持小组(戒毒康复帮扶小组)、康复社区中的康复之家,以及各种其他支持服务机构。尽管在中国支持系统的主体是政府主导的社区平台和社区医疗机构以及禁毒社工队伍,但在不远的将来,这一支持系统的构成会发生大的变化,新的平台和力量将走进社区,成为戒毒人员回归社会的主平台。

(二) 讨论及展望

本书没有太多涉及合成毒品的预防教育,但这实际上是非常重要的。在本书的最后,我们有必要对这个问题进行一个简短的讨论,因为预防合成毒品滥用问题是极为重要的。在我们看来,预防年轻人开始使用合成毒品的逻辑主要包括早期干预,减少伤害或治疗药物使用问题。预防干预措施是典型的人口层面的干预措施,具有不同的目标。他们的目标是减少年轻人对使用毒品的兴趣,限制了毒品的可得性也就是使他们更难获得或使用毒品,或使用犯罪或其他社会制裁而制止年轻人使用毒品。早期干预的目的是识别出可能有危险的年轻人,或显示出有问题的、有使用药物迹象的年轻人,并在药物使用规模扩大之前减少使用。减少危害的方法侧重于限制或尽量减少药物使用对年轻人、他们的家庭和同龄人的负面影响。对有问题或依赖药物使用者的治疗旨在解决药物使用的严重性或依赖模式;这些干预措施通常针对个人,尽管也可能包括家庭或年轻人生活中的重要个人,也可能包括更广泛的社区焦点。

在签署了《联合国麻醉品单一公约》的国家,禁止非医疗用途的大麻、阿片类药物、安非他明和可卡因。对毒品使用实行严厉刑事处罚的禁令仍然存在争议,因为只有微弱的证据表明,严厉的制裁总体上减少了犯罪,特别是减少了毒品使用。在过去的 5—10 年里,乌拉圭、葡萄牙和美国的政策都发生了变化,已经允许对将大麻用于医疗和非医疗目的的犯罪行为中脱离出来的潜在影响进行一些审查。重要的是,要禁止广泛种植、制造和贩运对健康和社会有不利影响的药物。这些因素包括不安全注射毒品的使用对健康的影响,如艾滋病毒和丙型肝炎病毒的传播(感染的高峰年龄在注射毒品的头几年);监禁和管控有犯罪记录的年轻人的社会和法律影响。此外,不良影响还包括在毒品来源国和消费毒品市场发生的暴力行为。

大众传媒的方法,通常是一种作为简短的广告风格的运动,旨在展示积极的榜样力量来使大众拒绝使用药物,这些行为的目标观众可能会模仿。总的来说,关于大众媒体运动在减少青少年药物使用和相关危害方面的效果是复杂的。它们是否总是能减少使用和减轻危害尚不清楚,因为一些研究表明,针对非法药物的大众媒体运动可能反而会增加年轻人的使用。

在教育环境中提供预防干预措施。学校和其他教育机构(如小学、中学或高等教育)为预防提供了一个适当的环境,因为青年人易于接触,其中许多人完成了中学教育。这些干预措施大多是学校上课时间的一部分;很少有人评估通过互联网提供的预防干预措施的有效性。校本预防研究的质量存在着实质性的问题。虽然旨在减少使用和问题的发生率,但许多研究报告只是关于态度上的变化以及学生的知识。仅针对非法药物危害的知识和认识的干预措施不会改变年轻人的药物使用情况。大多数预防干预措施都提供了一些拒绝技巧培训。一些多通道项目吸引了儿童、家长、教师和社区。旨在防止年轻人使用大麻的心理干预措施也产生了很小的积极影响。几乎没有证据表明,预防规划可以防止安非他明、海洛因和可卡因(包括可卡因)的使用。一个以学校为基础的预防方案的主要限制是,它们不包括经常缺课或辍学的年轻人,而这是一个吸毒的高风险群体。

家庭也可成为预防药物使用的重要环节。许多以家庭为基础的预防干预措施侧重于心理社会发展,而不是预防目标药物的使用。他们有潜力改善年轻人发展的几个方面。其他以家庭为基础的预防干预措施提供有关药物使用的信息、制定规则、鼓励父母监测和监督，并改善亲子沟通。关注父母技能建设和亲子关系的干预措施可以推迟药物使用的开始，并减少过去一个月的使用频率。一些证据表明，家长培训（使用认知行为疗法）、家庭技能培训和有组织的家庭治疗可以预防在年轻人中非法药物的使用。

减少各种干预措施的对象都是已经开始使用药物的年轻人。这些措施旨在减少药物使用、减少药物使用的危险模式，并减少使用药物可能产生的危害。虽然这些早期干预措施的理由很清楚，但关于其有效性的证据很少，而且质量很差。旨在减少药物使用的不良后果的干预措施（而不是减少药物使用本身）通常被称为减少危害干预措施。这些干预措施可以在人口一级进行（例如，在路边随机进行药物测试，以阻止年轻人在使用药物后驾车，从而减少相关危害），也可以针对个别目标进行（例如，通过针和注射器展开，以减少注射吸毒者危害的规划）。

未来将以社会发展模型为基础，结合社会控制理论和社会学习理论，提出了一种预防青少年犯罪的综合发展途径。该模型认为，社会化、家庭、学校、同伴和社区的最重要单元依次影响行为。当青少年有机会在每个单元内参与符合规范的活动，当他们发展了成功参与活动所必需的技能，当与之互动的人不断奖励所期望的行为时，就能实现积极的社会化。这些条件应该增加对他人的依恋、遵守行为的承诺和对传统秩序的信念。这些与传统社会的社会联系抑制了青少年与不良同龄人的交往，进而阻止了不良行为的发生。

参考文献

一、中文

BBC 中文网."中国毒品报告：全国吸毒人数逾 1400 万".2015 年 6 月 24 日.Retrieved March 7，2015，from http：//www.bbc.com/zhongwen/simp/china/2015/06/150624_china_drugs_report.

陈帅锋.当前合成毒品滥用引发的肇事肇祸问题及思考[J].北京警察学院学报，2016(02)：70－75.

陈文飞."K"粉中毒 21 例救治分析[J].医学理论与实践，2011；24(19)：2334－2335.

崔连义.近十年内我国新型毒品滥用问题的总体变化趋势[J].辽宁警察学院学报，2011(5)：48－52.

董安琪，康殿民，段曦等.烟台市新型毒品吸食者性行为特征与梅毒感染情况[J].山东大学学报：医学版，2017，55(4)：101－106.

段曦，黄鹏翔，廖玫珍等.青岛市某社区新型毒品吸食者艾滋病知识及艾滋病/梅毒感染状况调查[J].预防医学论坛，2014(5)：325－328.d

樊盼英，汪宁.合成毒品滥用对艾滋病流行的影响[J].中华流行病学杂志，2010；3(31)：340－343.

韩丹，耿柳娜.生活方式：吸毒成瘾的社会学解释视阈[J].社会科学论坛(学术研究卷)，2009(02)：77－81.

韩丹，赵群，耿柳娜.青少年新型毒品使用行为的"快乐—风险"分析——基于江苏的个案研究[J].中国青年研究，2015(06)：66－72.

韩丹.国内吸毒问题的社会学研究述评[J].唯实，2008(05)：73－77.

韩丹.流行文化视野中的吸食新型毒品行为研究——以南京市为例[J].青年研究，2008(03)：43－49.

韩丹.南京新型毒品现状调查及其防范[J].江苏警官学院学报，2009，24(05)：128－131.

韩丹.吸毒的社会成因分析——南京吸毒人群个案研究[D].南京大

学,2006.

韩丹.吸食新型毒品问题的亚文化视角分析——以江苏省为例[J].消费导刊,2008(04):11-13.

何荣功.十年来我国毒品滥用趋势与特点的实证分析——兼论我国毒品治理方向的调整[J].辽宁大学学报(哲学社会科学版),2012,40(2):117-123.

胡军,康殿民,王国永等.山东省新型毒品滥用人群吸毒相关行为的定性研究[J].中国艾滋病性病,2013(12):883-885.

黄鹏翔,廖玫珍,康殿民等.青岛市吸食新型毒品人群的行为调查及性病感染情况[J].中国艾滋病性病,2015(9):803-806.

黄鹏翔,廖玫珍,康殿民等.山东某地吸食冰毒人群的行为特征定性研究[J].中国艾滋病性病,2013(6):416-418.

蒋凌月.男女两性吸毒群体社会性别意识调查——基于云南省强制隔离戒毒所收戒的吸毒群体研究[J].云南警官学院学报,2015(5):6-12.

蒋凌月.社会性别视角下的女性吸毒者个案研究[J].云南警官学院学报,2011(03):24-28.

蒋凌月.社会性别视角下的女性吸毒者个案研究[J].云南警官学院学报,2011(03):24-28.

李光懿,阮惠风.新型毒品违法犯罪及法律适用问题研究[J].武汉公安干部学院学报,2010,24(2):78-82.

李光懿,阮惠风.新型毒品违法犯罪及法律适用问题研究[J].武汉公安干部学院学报,2010,24(2):78-82.

李骏.吸毒人员的群体特征:海洛因和合成毒品的比较分析[J].青年研究,2009;1:19-29.

李文君,聂鹏.毒品文化辐射研究[J].中国人民公安大学学报(社会科学版),2008(01):122-127.

林少真,仇立平.结构视野下的新型毒品使用行为研究[J].青少年犯罪问题,2009(06):29-34.

林少真.话语建构视角下的新型毒品吸食行为研究[D].上海大学,2010.

林少真.论吸食新型毒品的管制[J].中国人民公安大学学报(社会科学版),2011,27(06):77-81.

林少真.全球化背景下的毒品治理政策分析[J].赤峰学院学报(汉文哲学社会科学版),2012,33(04):73-75.

林少真.我吸的是冰,不是海洛因:比较视野下的吸毒者自我表达——以上海市新型毒品使用者为例[J].前沿，2010(01)：154－1.

刘晖，刘霞.女性吸毒特质诱因的社会学述评——以新型毒品为解释视角[J].学术界，2011(06)：166－173，288.

刘晖，刘霞.女性吸毒特质诱因的社会学述评——以新型毒品为解释视角[J].学术界，2011(06)：166－173，288.

刘晖.从社会成因看娱乐场所女性吸毒的防控[J].新疆警官高等专科学校学报，2011，31(01)：27－31.

刘柳，段慧娟.毒友圈与圈子亚文化：青年女性之吸毒生涯扩张期探析[J].中国青年研究，2018(01)：11－17.

刘志明."合成毒品"及其危害[J].药物不良反应杂志，2005；4：272－274.

罗思英.我国新型毒品犯罪若干问题研究[D].西南政法大学，2009.

莫关耀，杜敏菊.云南35岁以下青少年滥用合成毒品的现状及原因分析[J].中国药物滥用防治杂志，2016，22(01)：4－9.

南方日报"广东青少年吸毒人数增加心理脆弱复吸率高".2015年06月24日. Retrieved March 7, 2015, from http://www.chinanews.com/sh/2015/06-24/7361943.shtml.

阮惠风，李光.云南新型毒品滥用行为相关指标调查报告[J].云南警官学院学报，2008(02)：21－29.

阮惠风，徐南，杨光.云南新型毒品滥用群体家庭因素的实证分析[J].云南警官学院学报，2009(01)：30－34.

阮惠风，徐南.云南新型毒品滥用群体相关指标及分类实证研究[J].犯罪研究，2008(2)：53－61.

阮惠风.新型合成毒品滥用原因、主要人群及治理对策——以云南省保山市为例[J].政法学刊，2015，32(05)：5－12.

阮惠风.云南新型毒品滥用危害评估探析[J].云南警官学院学报，2007(2)：62－65.

阮惠风.云南新型毒品违法犯罪形势与对策研究[J].云南警官学院学报，2007(01)：29－37.

王宏敏.上海女性药物滥用分析研究[J].上海食品药品监管情报研究，2009；2(96)：39－41.

王婷，王秀菊等.病毒滥用者84例脑电图分析[J].中国实用神经疾病杂志，2008；11(12)：39－41.

王艳芬，刘志民.我国"新型毒品"的滥用特征及其危害[J].中国药物滥用防治杂志,2007,13(2):63-66.

夏国美,杨秀石,李骏,缪佳.合成毒品滥用的成因与后果[J].社会科学,2009;3:73-81.

夏国美,杨秀石,李骏,缪佳.新型毒品滥用的成因与后果[J].社会科学,2009(03):73-81,189.

夏国美.时尚文化的可怖陷阱新型毒品滥用的社会学调查[J].中国社会科学报,2009(02):15.

夏国美.新型毒品泛滥及其社会文化背景[N].文汇报,2009-06-29(005).

杨静,王晖等.甲基安非他命(病毒)诱导基因表达变化研究进展[J].法医学杂志,2007;13(6):567-569.

张黎,张拓,陈帅锋.合成毒品滥用引发的公共安全问题研究[J].中国人民公安大学学报(社会科学版),2014,30(02):28-36.

张云,阮惠风,甘开鹏.新型毒品滥用原因的实证分析[J].云南师范大学学报(哲学社会科学版),2010,42(1):101-107.

赵金仙,蔡英,陈黎跃等.社区新型毒品滥用人群对毒品成瘾性的自我解读与建构[J].现代预防医学,2016,43(06):1041-1043.

钟田飞,姚晓欣,夏希等.广州市高校学生新型毒品滥用意向及其影响因素[J].中山大学学报(医学科学版),2014,35(03):476-480.

周光明.我国合成毒品的滥用与犯罪问题研究[D].中央民族大学,2010.z

二、外文

China Anti-drug Report. (2015). Retrieved March 7, 2015, from http://www.nncc626.com/index/ndbg.htm.

Colfax, G., Guzman, R. Club drugs and HIV infection: a review. Clinical Infections Diseases, 2006; 42(10): 1463-1469.

McElrath, K. MDMA and Sexual Behavior: Ecstasy Users' Perceptions About Sexuality and Sexual Risk. Substance Use & Misuse. 2005; 40: 1461-1477.

Mckay, J.R. Continuing care research: What we have learned and where we are going. Journal of Substance Abuse Treatment. 2009; 36(2): 131-145. PMID: 19161894

Schaef, A. W. When society becomes an addict. 1987; New York: Harpercollins.

UNODC. United Nations Office on Drugs and Crime. (2018). World drug report 2018 Retrieved January 16, 2019, from https: //www. unodc. org/wdr2018/prelaunch/WDR18_Booklet_2_GLOBAL.pdf.

后　记

本书是继韩丹2008年版的个人专著《吸毒人群调查》之后，我们针对吸食合成毒品人群进行考察的新作。2008年版的《吸毒人群调查》是中国社会学界第一本吸毒人群的口述史著作，当时的71例访谈个案中有49例是海洛因成瘾人群，合成毒品滥用人群的个案总数只有22例。斗转星移、时过境迁，十多年过去了，吸毒人群发生了较大变化，合成毒品滥用人群比例大幅增加，已经占到吸毒人群总人数的80%以上。可以说，合成毒品滥用问题已经上升为禁吸戒毒的主要问题，对这一人群的调查也成为当务之急。我们在完成国家社科基金项目(戒毒人员回归社会的长效机制构建研究)和国家自然科学基金项目过程中，对合成毒品滥用人群展开了长期持续的调查，近十年来访谈了大量合成毒品滥用人群，并整理出30多万字的口述史。我们从中间筛选出典型个案，会同2010年的22例个案，一起构成描述性研究。50多例合成毒品滥用人员的口述史和吸毒史，在一定程度上丰富了吸毒问题的定性研究，因为社会学首先要让社会大众了解某一社会行为的全过程和细节，了解某一社会群体丰富的生活世界。因此，本书既是合成毒品滥用人群的口述史，又是合成毒品滥用问题的解释性研究成果。本书作为国家出版基金项目，得到了上海社会科学院出版社的资助，在此深表感谢！我们也为他们关注学术、扎实工作的敬业精神所感动。

禁毒事业是利在千秋的伟大事业，能够在这个领域为中国禁毒事业做一点实事，我们感到非常欣慰。

图书在版编目(CIP)数据

吸毒人群调查：基于口述史的合成毒品滥用问题研究/赵群，韩丹著. —上海：上海社会科学院出版社，2019

ISBN 978-7-5520-2921-5

Ⅰ.①吸… Ⅱ.①赵… ②韩… Ⅲ.①禁毒—研究—中国 Ⅳ.①D669.8

中国版本图书馆CIP数据核字(2019)第204731号

吸毒人群调查

——基于口述史的合成毒品滥用问题研究

著　　者：赵　群　韩　丹
责任编辑：袁钰超
封面设计：夏艺堂
出版发行：上海社会科学院出版社
　　　　　上海顺昌路622号　邮编200025
　　　　　电话总机021-63315947　销售热线021-53063735
　　　　　http://www.sassp.org.cn　E-mail:sassp@sassp.cn
排　　版：南京展望文化发展有限公司
印　　刷：上海景条印刷有限公司
开　　本：710×1010毫米　1/16开
印　　张：21
插　　页：1
字　　数：374千字
版　　次：2019年11月第1版　2019年11月第1次印刷

ISBN 978-7-5520-2921-5/D·551　定价：98.00元